Chr. Braungart

HEYNE BÜCHER

Von Ingmar Bergman sind außerdem
als Heyne-Taschenbücher erschienen

Szenen einer Ehe · Band 5275
Von Angesicht zu Angesicht · Band 5486
Das Schlangenei · Band 5625

INGMAR BERGMAN

WILDE ERDBEEREN

und andere Filmerzählungen

Mit 42 Film-Fotos

WILHELM HEYNE VERLAG
MÜNCHEN

HEYNE-BUCH Nr. 5695
im Wilhelm Heyne Verlag, München

Titel der schwedischen Originalausgabe
FILMBERÄTTELSER
Ausgewählt und aus dem Schwedischen
übersetzt von Anne Storm

Printed in Germany 1980

Umschlagfoto: Stiftung Deutsche Kinemathek, Berlin
Innenfotos: Stiftung Deutsche Kinemathek, Berlin, NEF-Diffusion, München,
Saarfilm, Saarbrücken
Umschlaggestaltung: Atelier Heinrichs & Schütz, München
Gesamtherstellung: Ebner Ulm

ISBN 3-453-01139-2

INHALT

Wilde Erdbeeren
Seite 7

Wie in einem Spiegel
Seite 73

Licht im Winter
Seite 129

Das Schweigen
Seite 175

Die Schande
Seite 221

Das Reservat
Seite 273

Die Berührung
Seite 313

Schreie und Flüstern
Seite 363

Wilde Erdbeeren

(Smultronställlet)

VORWORT

Ich glaube, nun im Alter von sechsundsiebzig Jahren bin ich viel zu alt, um mich selbst zu belügen. Doch ganz sicher bin ich nicht. Schon diese Ruhe gegenüber der Wahrheit ähnelt maskierter Verlogenheit. Wenn dies aber der Fall wäre, wüßte ich nicht, was ich eigentlich verbergen oder beschönigen sollte. Ich will zwar nicht behaupten, daß ich (weil ich dieses Gefühl habe) ein Wahrheitsfanatiker geworden sei. Eher das Gegenteil. Wenn jemand unvermutet meine Ansicht über mich selbst hören wollte, würde ich sie ohne Zögern und ohne Rücksicht auf mein Prestige sagen. Wenn ich dagegen gebeten würde, mich über einen Mitmenschen zu äußern, würde ich bedeutend vorsichtiger sein. Nichts ist schwieriger als solch ein Urteil. Man kommt mit größter Wahrscheinlichkeit zu Mißgriffen, Fehlurteilen, Übertreibungen, ja, zu aufsehenerregenden Lügen. Lieber schweige ich, als daß ich solche Dummheiten beginge. Das hat dazu geführt, daß ich freiwillig von jedem sogenannten Umgang Abstand genommen habe, denn der größte Teil unseres Zusammenseins mit anderen Menschen besteht ja darin, daß wir über das Verhalten unserer Nächsten sprechen und es werten. In gewisser Weise bin ich daher im Alter ein wenig einsam geworden. Ich beklage mich nicht darüber, ich konstatiere es nur. Ich verlange nichts anderes vom Leben, als daß ich in Frieden gelassen werde und Gelegenheit habe, mich den wenigen Interessen zu widmen, die mich immer noch, wenn auch äußerlich, anregen. Es macht mir zum Beispiel Vergnügen, den unablässigen Fortschritten meiner Wissenschaft zu folgen (ich bin Professor der Bakteriologie), und ich finde Erholung im Golfspiel, außerdem lese ich dann und wann Memoiren oder einen guten Detektivroman.

Mein Leben war erfüllt von Arbeit, und dafür bin ich dankbar. Es begann als mühsamer Broterwerb, und daraus wurde Liebe zur Wissenschaft. Ich habe einen Sohn, der ist Arzt in Lund und seit mehreren Jahren verheiratet. Die Ehe ist kinderlos. Meine Mutter lebt noch und ist ziemlich vital trotz ihres hohen Alters (sie ist sechsundneunzig). Sie wohnt in der Nähe von Huskvarna, wir sehen uns äußerst selten. Meine neun Geschwister sind tot, haben aber eine Anzahl Kinder und Enkel hinterlassen. Ich habe

sehr wenig Kontakt mit meinen Verwandten, meine Frau, Karin, ist vor vielen Jahren gestorben. Unsere Ehe war ziemlich unglücklich. Jetzt bin ich froh darüber, eine gute Haushälterin zu haben.
Das ist es, was ich über mich selbst mitzuteilen habe. Vielleicht sollte ich hinzufügen, daß ich ein alter Pedant bin, was zuweilen ziemlich anstrengend sein kann, sowohl für mich selbst als auch für die Menschen, die in meiner Nähe leben; ich verabscheue Gefühlsausbrüche, Frauentränen und Kindergeschrei. Überhaupt sind mir sehr starke Geräusche und unvorhergesehene Geschehnisse zuwider.
Ich werde in einem späteren Zusammenhang darauf zurückkommen, warum ich diesen Bericht geschrieben habe, der, soweit möglich, wahrheitsgetreu Rechenschaft über die Ereignisse, Träume und Gedanken eines bestimmten Tages geben soll.

Am Samstag, dem 1. Juni, hatte ich gegen Morgen einen eigentümlichen und sehr unbehaglichen Traum.
Ich träumte, daß ich meinen Morgenspaziergang in den gewohnten Straßen machte.
Es war sehr früh, und kein Mensch war zu sehen. Das verwunderte mich etwas. Auch bemerkte ich, daß an den Trottoirs keine Fahrzeuge parkten.
Die Stadt lag eigentümlich verlassen da, ungefähr wie an einem Sonntagmorgen im Hochsommer.
Die Sonne schien sehr hell und warf scharfe schwarze Schatten, sie wärmte jedoch nicht. Obwohl ich auf der Sonnenseite ging, war mir ein wenig kalt.
Auch das Schweigen ringsum war ungewöhnlich. Ich pflege einen breiten baumbestandenen Boulevard entlang zu gehen, wo zumindest die Spatzen und Krähen gewöhnlich schon vor Sonnenaufgang kräftig lärmen. Außerdem ist immer das dumpfe Brausen vom Zentrum der Großstadt zu hören.
Aber an diesem Morgen war nichts zu hören, die Stille war vollkommen, nur meine Schritte hallten fast beängstigend von den Häuserwänden wider, und ich begann zu überlegen, was wohl geschehen sei.
Ich kam in diesem Augenblick an einem Optikerladen vorbei, dessen Aushängeschild immer aus einer großen, genaugehenden Uhr bestanden hatte. Unter dieser Uhr hing eine Brille, durch die starre Augen schauten; ich habe bei meinen Morgenspaziergängen immer ein wenig über dieses etwas groteske Detail im Straßenbild gelächelt.
Zu meiner Verblüffung waren die Zeiger der Uhr verschwunden, das Zifferblatt war blind, außerdem hatte jemand die beiden Augen zerschlagen, sie starrten mich wie wäßrige, entzündete Wunden an.
Unwillkürlich zog ich meine Uhr, um die Zeit zu kontrollieren, stellte aber fest, daß auch meine zuverlässige alte Taschenuhr ihre Zeiger verloren hatte. Ich hielt sie ans Ohr, um festzustellen, ob sie noch ging. Da hörte ich meinen Herzschlag, sehr schnell und ungleichmäßig. Gleichzeitig überkam mich ein sehr unangenehmes, unwirkliches Gefühl von Gehetztsein.
Ich steckte die Uhr ein und stützte mich für einige Augenblicke

gegen die Hauswand, bis sich meine Atemnot gegeben hatte. Das Herz beruhigte sich, und ich beschloß, nach Hause zurückzukehren.
Zu meiner Freude sah ich jetzt auch jemanden: er stand, den Rükken mir zugewandt, an der Straßenecke. Ich eilte zu ihm und berührte seinen Arm.
Er drehte den Kopf, und ich sah zu meinem Entsetzen, daß der Mann unter dem weichen Filzhut kein Gesicht hatte.
Ich zog meine Hand zurück, und im selben Augenblick fiel die ganze Gestalt in sich zusammen, als hätte sie aus Staub oder dünnen Latten bestanden.
Auf dem Trottoir lag ein Haufen Lumpen, der Mann selbst war spurlos verschwunden.
Ich sah mich ratlos um und entdeckte, daß ich mich offenbar verlaufen hatte und mich in einem Teil der Stadt befand, in dem ich noch nie gewesen war.
Ich stand auf einem offenen Platz zwischen häßlichen hohen Mietskasernen, und von diesem kleinen, engen Platz aus gingen Straßen in alle Richtungen. Alle waren ausgestorben, es gab keine Spur eines lebenden Wesens.
Hoch oben brannte die Sonne völlig weiß, und das Licht drang messerscharf gleißend herunter zwischen die Häuserwände. Ich aber fror so, daß ich am ganzen Körper zitterte.
Endlich gelang es mir, mich wieder zu bewegen, und ich wählte aufs Geratewohl eine der engen Straßen. Ich ging so schnell, wie es mein klopfendes Herz zuließ, dennoch erschien mir die Straße unendlich lang.
Da hörte ich Glockenläuten, und plötzlich stand ich auf einem offenen Platz bei einer häßlichen und unansehnlichen Kirche aus roten Ziegeln. Sie hatte keinen Kirchhof und war von allen Seiten von grauen Häuserwänden umgeben.
Auf die Kirche zu bewegte sich langsam ein Begräbniszug, an der Spitze ein altertümlicher Leichenwagen, dem einige altmodische Mietwagen folgten, sie wurden von mageren Pferden gezogen, die mit schweren schwarzen Schabracken bedeckt waren.
Ich blieb stehen und entblößte den Kopf, ich war erleichtert, endlich lebendige Wesen zu sehen und das Geräusch von Pferdehufen und Kirchenglocken zu hören.
Nun ging alles sehr schnell und war so erschreckend, daß ich noch beim Niederschreiben dieser Erinnerung deutliches Unbehagen verspüre.

Der Leichenwagen wollte gerade vor dem Kirchenportal einschwenken, als er plötzlich zu schaukeln und zu schwanken begann wie ein Schiff im Sturm. Ich sah, daß sich ein Rad gelöst hatte und klappernd auf mich zu gerollt kam. Ich mußte mich zur Seite werfen, um nicht von seiner Wucht getroffen zu werden. Gleich hinter mir schlug es gegen die Kirchenmauer und zersplitterte. Die Kutschen hatten weiter entfernt angehalten, doch niemand stieg aus und kam zu Hilfe. Der riesige Leichenwagen schwankte und balancierte auf seinen drei Rädern, plötzlich kippte der Sarg heraus, stürzte auf die Straße und ging entzwei.
Es schien, als richtete sich der Leichenwagen erleichtert auf, die Pferde bäumten sich, und der Wagen jagte davon, in eine Querstraße hinein, gefolgt von den übrigen Wagen.
Das Glockenläuten war verstummt, ich stand allein mit dem umgekippten zerschlagenen Sarg. Gepeinigt von quälender Neugier, näherte ich mich. Eine Hand ragte aus dem Haufen von zerbrochenen Brettern und Sägespänen. Als ich mich vorbeugte, faßte die Hand des Toten meinen Arm und zog mich mit unerhörter Kraft zum Sarg hinunter. Ich stemmte mich dagegen, und aus dem Sarg hob sich langsam der Tote. Er trug einen Frack.
Zu meinem Entsetzen entdeckte ich: der Tote war ich selbst. Er hielt mich mit festem Griff und richtete sich langsam auf. Ich versuchte mich loszumachen, aber unbeeindruckt hielt er meinen Arm fest. Die ganze Zeit betrachtete er mich ungerührt und gleichsam hohnlächelnd.
In diesem Zustand des Schreckens erwachte ich und setzte mich im Bett auf. Es war drei Uhr morgens, und die Sonne schien schon auf das Dach gegenüber. Ich schloß die Augen und murmelte meine Beschwörung gegen die bösen und erschreckenden Träume, die mich in den letzten Jahren verfolgt haben.
Isak: Ich heiße Isak Borg. Ich lebe noch. Ich bin sechsundsiebzig Jahre alt. Ich fühle mich eigentlich wohl.
Nachdem ich diesen beruhigenden Spruch gemurmelt hatte, trank ich ein Glas Wasser und legte mich hin, um über den Tag, der vor mir lag, nachzudenken.
Mit einemmal wußte ich, was ich machen würde. Ich stieg aus dem Bett, zog die Gardinen zur Seite, fand das Wetter strahlend schön und atmete die frische, leichte Morgenluft ein. Dann zog ich meinen Schlafrock an und ging durch die Wohnung – in der die Uhren drei schlugen – zu meiner alten Haushälterin.

Schon als ich an die Tür faßte, setzte sie sich im Bett auf, vollständig wach.

Agda: Ist der Professor krank?

Isak: Will Fräulein Agda wohl so nett sein und ein bißchen Essen zurechtmachen, ich nehme das Auto.

Agda: Das Auto, Herr Professor?

Isak: Ja gewiß. Ich fahre nach Lund, völlig eigenhändig. Ich habe Flugmaschinen nie getraut.

Agda: Lieber Professor! Gehen Sie, und legen Sie sich schlafen, dann komme ich mit dem Kaffee um neun und wir fahren um zehn, wie es abgemacht ist.

Isak: Bitte sehr, dann reise ich ohne Essen.

Agda: Und wer soll den Frack einpacken?

Isak: Das mache ich selbst.

Agda: Und was soll mit mir werden?

Isak: Fräulein Agda kann im Auto mitkommen oder das Flugzeug nehmen, wie es dem Fräulein beliebt.

Agda: Ein ganzes Jahr habe ich mich darauf gefreut dabeizusein, wenn das fünfzigjährige Doktorjubiläum des Professors begangen wird, und wir haben wahrhaftig alles aufs beste organisiert, und nun kommt der Professor und sagt, daß er im Auto fahren will.

Isak: Die Promotionsfeier ist nicht vor fünf Uhr, und wenn ich sofort fahre, habe ich vierzehn Stunden Zeit bis dahin.

Agda: Alles wird ja auf diese Weise verdorben. Was soll denn der Junge des Professors sagen, wo er doch auf dem Flugplatz in Malmö wartet.

Isak: Fräulein Agda wird sich wohl eine Erklärung ausdenken müssen.

Agda: Wenn der Professor das Auto nimmt, wird die Feier ohne mich stattfinden.

Isak: Hören Sie, Fräulein Agda.

Agda: Nehmen Sie nur das Auto und fahren Sie und verderben den feierlichsten Tag meines Lebens.

Isak: Wir sind nicht verheiratet, Fräulein Agda.

Agda: Ich danke Gott jeden Abend, daß ich nicht mit dem Professor verheiratet bin. Vierundsiebzig Jahre lang habe ich nach meinem eigenen Verstand gehandelt, und der soll mich auch heute nicht verlassen.

Isak: Ist das Fräulein Agdas letztes Wort in dieser Sache?

Agda: Das ist mein letztes Wort. Aber ich für meinen Teil werde einiges zu sagen haben über boshafte alte Herren, die nur an sich denken und nicht im mindesten an andere, die ihnen vierzig Jahre lang treu gedient haben.

Isak: Eigentlich ist es unbegreiflich, daß ich es all diese Jahre mit der schrecklichen Herrschsucht des Fräuleins ausgehalten habe.

Agda: Ein Wort genügt. Es kann ab morgen Schluß sein.

Isak: Jedenfalls fahre ich jetzt mit dem Auto, und dann kann Fräulein Agda machen, was sie, zum Teufel, will. Ich bin zufällig erwachsen und brauche mich nicht von ihr kommandieren zu lassen.

Der letzte Teil unseres Gesprächs wurde – das muß ich zugeben – mit ziemlich lauter Stimme geführt, einmal wegen Fräulein Agdas ungebärdiger Gemütsverfassung und zum anderen weil ich hinaus ins Badezimmer gegangen war, wo ich mich rasierte und meine Morgentoilette machte.

Als ich herauskam, entdeckte ich zu meiner Verwunderung, daß Fräulein Agda vollauf damit beschäftigt war, meinen Frack und sonstige Gebrauchsgegenstände einzupacken. Da sie also wieder zur Vernunft gekommen zu sein schien, versuchte ich ihr mit ein paar freundlichen Klapsen auf den Rücken begreiflich zu machen, daß ich ihr ja schon verziehen hatte.

Isak: Nein, wirklich, keiner kann so packen wir Fräulein Agda.

Agda: Hm.

Isak: Alter Sauertopf.

Es ärgerte mich sehr, daß sie nicht antwortete. Der letzte Ausdruck war natürlich nicht besonders glücklich gewählt, aber Fräulein Agda hat eine Art, sauer zu sein, die selbst den heiligen Geist bis aufs Blut reizen würde.

Agda: Soll ich ein paar Eier zum Frühstück kochen?

Isak: Danke, ja, das ist sehr freundlich von Fräulein Agda. Danke, liebes Fräulein Agda.

Ohne von meinen Anstrengungen, trotz allem freundlich zu sein, Notiz zu nehmen, verschwand die alte Dame in der Küche.

Isak: Ehrendoktor! Pfui Teufel, wie dumm. Die Fakultät könnte mich ebensogut zum Ehrenidioten ernennen. Ich werde etwas für das Tantchen kaufen, damit es wieder freundlich wird. Ich hasse nachtragende Menschen. Ich, der ich keiner Fliege was zuleide tun kann. Noch viel weniger Fräulein Agda.

Nun tauchte das Fräulein in der Tür auf.

Agda: Wünscht der Professor geröstetes Brot?

Isak: Nein. Nein, vielen Dank. Bloß keine Mühe meinetwegen.
Agda: Worüber ist *er* sauer?
Bevor ich antworten konnte, schloß sich die Tür wieder. Ich kleidete mich an und ging hinaus ins Eßzimmer, wo das Frühstück wartete. Ein Streifen Morgensonne lag auf dem großen Eßtisch. Fräulein Agda kam leise mit der Kaffeekanne herein und goß den dampfenden Kaffee in meine Tasse.
Isak: Will Sie sich nicht auch eine Tasse nehmen?
Agda: Nein, danke.
Fräulein Agda ging dazu über, die Blumen am Fenster zu gießen, und wandte mir den Rücken auf eine ganz natürliche und dennoch außerordentlich demonstrative Art zu.
Nun wurde die Tür zu einem angrenzenden Zimmer geöffnet, und Marianne, meine Schwiegertochter, trat ein. Sie war noch im Pyjama, rauchte aber eine Zigarette.
Isak: Wieso ist meine hochverehrte Schwiegertochter schon so früh am Tage auf, wenn man fragen darf!
Marianne: Es ist etwas schwierig zu schlafen, wenn du und Tante Agda randalieren, daß die Wände zittern.
Isak: Hier hat niemand randaliert.
Agda: Nein, hier hat wirklich niemand randaliert.
Marianne: Du willst mit dem Auto nach Lund fahren?
Isak: Ich habe es vor, ja.
Marianne: Darf ich mitfahren?
Isak: Was? Du fährst nach Hause?
Marianne: Ja, ich will nach Hause.
Isak: Nach Hause, zu Evald?
Marianne: Genau.Du brauchst nicht nach dem Grund zu fragen. Wenn ich es mir leisten könnte, würde ich mit dem Zug fahren.
Isak: Selbstverständlich kannst du mitfahren.
Marianne: Ich bin in zehn Minuten fertig.
Marianne machte ihre Zigarette in einem Aschenbecher auf dem Tisch aus, ging in ihre Zimmer und schloß die Tür.
Agda stellte noch eine Tasse hin, sagte aber nichts. Wir waren beide gleichermaßen verwundert, konnten aber leider nicht miteinander über Mariannes plötzlichen Entschluß sprechen, zu ihrem Heim und meinem Sohn Evald zurückzukehren. Ich fühlte mich gleichwohl veranlaßt, den Kopf zu schütteln.
Agda: Ja, Herrgott!
Kurz nach halb vier fuhr ich das Auto aus der Garage. Marianne

kam aus der Tür, in langen Hosen und einer kurzen Jacke (sie ist eine stattliche junge Frau). Ich schaute zum Fenster hinauf, um zu sehen, ob Agda dort stand. Sie stand da.
Ich winkte ihr zu. Sie winkte nicht zurück. Verärgert stieg ich ins Auto, schlug die Tür zu und ließ den Motor an.
Schweigend fuhren wir aus der morgenstillen Stadt.
Maianne wollte gerade eine Zigarette anzünden.
Isak: Wenn du freundlicherweise nicht rauchen wolltest.
Marianne: Bitte sehr.
Isak: Ich kann Zigarettenrauch nicht vertragen.
Marianne: Ich vergaß es.
Isak: Außerdem ist Zigarettenrauchen teuer und schädlich für die Gesundheit. Es müßte ein Gesetz geben, daß Frauen nicht rauchen dürfen.
Marianne: Es ist schönes Wetter.
Isak: Ja, aber schwül. Ich glaube, es kommt ein Gewitter.
Marianne: Glaube ich auch.
Isak: Nein, ich lobe mir eine Zigarre. Die Zigarre ist Ausdruck für die eigentliche Idee des Rauchens. Stimulanz und Entspannung. Ein Laster für Männer.
Marianne: Und welche Laster darf sich eine Frau leisten?
Isak: Weinen, Kinderkriegen und schlecht über ihren Nächsten sprechen.
Marianne: Wie alt bist du eigentlich, Onkel Isak?
Isak: Warum fragst du?
Marianne: Ach nichts weiter. Wieso?
Isak: Ich weiß, warum du gefragt hast.
Marianne: Ja?
Isak: Zier dich nicht. Du magst mich nicht und hast mich nie gemocht.
Marianne: Ich kenne dich nur in deiner Eigenschaft als Schwiegervater.
Isak: Warum fährst du wieder nach Hause?
Marianne: Ein Impuls. Nichts weiter.
Isak: Evald ist zufällig mein Sohn.
Marianne: Ja, das ist er gewiß.
Isak: Da ist es vielleicht nicht so verwunderlich, wenn ich frage.
Marianne: Das ist eine Sache, die dich nichts angeht.
Isak: Soll ich sagen, was ich glaube?
Sie reizte mich mit ihrer unerschütterlichen Ruhe und ihrer Di-

stanziertheit. Außerdem war ich nachdenklich geworden und etwas unruhig.

Isak: Evald und ich, wir sind uns sehr ähnlich, wir haben Prinzipien.

Marianne: Das brauchst du mir nicht zu sagen.

Isak: Dieses Darlehen, zum Beispiel. Evald bekam sein Studiergeld von mir. Er wollte es zurückzahlen, wenn er Dozent wird. Es ist Ehrensache für ihn, fünftausend im Jahr zurückzuzahlen, obwohl es ihm, das verstehe ich, schwerfällt. Aber gesagt ist gesagt.

Marianne: Für uns bedeutet es, daß wir nie unbelastet zusammensein können und daß dein Sohn sich kaputt arbeitet.

Isak: Du hast doch eigenes Einkommen.

Marianne: Besonders wenn man daran denkt, daß du steinreich bist und dieses Geld überhaupt nicht brauchst.

Isak: Gesagt ist gesagt, meine beste Marianne. Und ich weiß, daß Evald mich versteht und respektiert.

Marianne: Das kann sein. Aber er haßt dich auch.

Ihr ruhiger, nahezu sachlicher Tonfall machte mich stutzen. Ich suchte ihren Blick, aber sie sah geradeaus, und ihr Gesicht war ausdruckslos.

Isak: Evald und ich haben uns nie verzärtelt.

Marianne: Das glaube ich dir.

Isak: Ich bin traurig, daß du mich nicht leiden kannst, denn ich kann dich ziemlich gut leiden.

Marianne: Das ist ja erfreulich.

Isak: Was hast du eigentlich gegen mich?

Marianne: Soll ich dir aufrichtig antworten?

Isak: Ich frage ja.

Marianne: Du bist ein alter Egoist, Onkel Isak. Du bist vollkommen rücksichtslos, und du hast niemals jemand anderem zugehört als dir selbst. Aber du verbirgst es geschickt hinter deinen guten Umgangsformen und deinem Charme. Aber du bist durch und durch ein Egoist, auch wenn du in Wort und Schrift als der große Menschenfreund geschildert wirst. Aber wir, die wir dich aus nächster Nähe sehen, wir wissen, wer du bist. Uns täuschst du nicht. Erinnerst du dich zum Beispiel daran, wie ich vor einem Monat zu dir kam. Ich hatte die blödsinnige Idee, daß du Evald und mir helfen würdest. Ich bat dich, einige Wochen bei dir wohnen zu dürfen. Erinnerst du dich, was du geantwortet hast?

Isak: Ich habe gesagt, daß du von Herzen gern bei mir wohnen könntest.

Marianne: Das hast du gesagt. Aber das hast du wohl vergessen: Versuch nicht, mich in deine und Evalds Ehekalamitäten hineinzuziehen, denn darauf pfeife ich, jeder hat mit sich allein klarzukommen.

Isak: Habe ich das gesagt!

Marianne: Du hast noch mehr gesagt.

Isak: Alle Achtung.

Marianne: Du hast wörtlich gesagt: Ich habe keinen Respekt vor seelischen Leiden, also komm nicht zu mir und beklage dich. Aber wenn du ein bißchen psychische Selbstbefriedigung brauchst, kann ich dir einen guten Seelenquacksalber verschaffen. Oder vielleicht einen Pfarrer, das ist ja jetzt modern.

Isak: Habe ich das gesagt?

Marianne: Du bist ziemlich kategorisch in deinem Urteil, Onkel Isak. Es wäre schrecklich, auf die eine oder andere Art von dir abhängig zu sein.

Isak: Nichts für ungut. Wenn ich aufrichtig sein soll, ich habe es als richtig angenehm empfunden, dich im Hause zu haben.

Marianne: So wie eine Katze.

Isak: Wie eine Katze oder einen Menschen, das kommt auf dasselbe heraus. Du bist eine großartige junge Frau, und ich bedaure, daß du schlecht von mir denkst.

Marianne: Ich denke nicht schlecht von dir.

Isak: Ach so.

Marianne: Ich bedaure dich.

Ich konnte nicht umhin, über ihren komischen Tonfall und ihre mangelnde Logik zu lachen. Sie lachte übrigens auch, und die Stimmung hob sich ein wenig.

Isak: Eigentlich hätte ich große Lust, einen Traum zu erzählen, den ich heute morgen hatte.

Marianne: Ich bin nicht so an Träumen interessiert.

Isak: Nein, vielleicht.

Wir fuhren eine Weile schweigend. Die Sonne stand schon hoch am Himmel, und der Weg war blendend weiß. Plötzlich kam mir ein Einfall – wir hatten ja reichlich Zeit. Ich verringerte die Geschwindigkeit und bog links in einen kleinen Seitenweg ein, der zum Meer führte. Es war ein sich schlängelnder Waldweg, gesäumt von Stapeln frischgeschlagener, geschälter Holzstämme, die in der Sonnenhitze stark dufteten. Marianne schaute auf, ein wenig verwundert, schwieg aber. In einer engen Kurve hielt ich das Auto an.

Isak: Komm, ich will dir etwas zeigen.

Sie seufzte leise und folgte mir den kleinen Hügel hinab zum Gatter. Nun konnten wir das große gelbe Haus mit der Terrasse zur Förde sehen, das in Birken eingebettet dalag. Das Haus schlief hinter geschlossenen Türen und heruntergelassenen Rouleaus.

Isak: Während der ersten zwanzig Jahre meines Lebens haben wir jeden Sommer hier draußen gewohnt. Wir waren zehn Geschwister. Ja, das weißt du vielleicht.

Marianne: Was für ein lächerliches altes Haus.

Isak: Es ist ein Überbleibsel.

Marianne: Wohnen jetzt noch Leute hier?

Isak: Im Sommer nicht.

Marianne: Ich gehe hinunter und springe mal schnell ins Wasser, wenn du nichts dagegen hast. Wir haben ja noch viel Zeit.

Isak: Ich gehe ein Weilchen zur Stelle mit den Walderdbeeren.

Ich merkte plötzlich, daß ich ohne Zuhörer sprach. Marianne war schon gemächlichen Schrittes auf dem Weg zum Strand.

Isak: Die wilden Erdbeeren.

Ich ging auf das Haus zu und fand den Platz sofort, aber er erschien mir kleiner und unbedeutender, als ich ihn in Erinnerung hatte. Doch es wuchsen dort immer noch viele Walderdbeeren. Ich setzte mich neben einen alten Apfelbaum, der für sich allein stand, und aß eine Beere nach der anderen. Es ist durchaus möglich, daß ich ein wenig sentimental wurde. Es kann auch sein, daß ich etwas müde wurde und eine Spur wehmütig. Es ist nicht verwunderlich, daß mir einiges in den Sinn kam, das mit den Spielplätzen der Kindheit verbunden war.

Mir war seltsam feierlich zumute, es war wie vor einer Entscheidung. Es sollte nicht das einzige Mal an diesem Tag sein. Die Stille des Sommermorgens. Das bleiche Licht über der Förde. Das gewaltige Vogelkonzert ringsum im Laubwerk. Das schlafende alte Haus. Der Apfelbaum, der sich sanft neigte und meinem Rücken Stütze gab. Die wilden Erdbeeren.

Ich weiß nicht, wie es kam, aber die klare Wirklichkeit des Tages glitt hinüber in Traumbilder. Ich weiß nicht einmal, ob es ein Traum war oder ob es Erinnerungen waren, die auftauchten mit der Kraft wirklichen Geschehens. (Das ist ja auch gleichgültig.)

Ich weiß auch nicht, wie es begann, aber ich glaube, zuallererst hörte ich Klaviermusik.
Verwundert wandte ich den Kopf und sah zum Haus hin, das ein paar hundert Meter entfernt weiter oben auf dem Hügel lag. Es hatte sich auf seltsame Weise verwandelt. In der vorher so blinden und verschlossenen Fassade lebten und blitzten die Sonnenreflexe in geöffneten Fenstern. Weiße Gardinen bauschten sich in warmem Sommerwind. Halb herabgelassene bunte Markisen, Rauch aus dem Schornstein. Das ganze alte Sommerhaus schien zum Platzen erfüllt von Leben, da war Klaviermusik (etwas von Waldteufel, aber das habe ich wohl schon geschrieben), fröhliche Stimmen schallten durch die offenen Fenster, Lachen und Schritte, Kindergeschrei, die Pumpe knarrte, in der oberen Etage hatte jemand angefangen zu singen, es war ein kräftiger Tenor von fast italienisch schönem Klang. Dennoch, kein Mensch war zu sehen. Für ein paar Augenblicke schien das alles zu unwirklich, wie eine zeitweilige Sinnestäuschung, die sich jeden Moment auflösen und in Verschlossenheit und Stille versinken könnte.
Plötzlich sah ich sie. Nachdem ich das seltsam verwandelte Haus betrachtet hatte, wandte ich mich wieder um und entdeckte sie, wie sie in ihrem sonnengelben Baumwollkleid dahockte und Walderdbeeren pflückte. Ich erkannte sie sofort wieder, und ich merkte, wie aufgeregt ich wurde. Sie war mir so nahe, daß ich sie berühren konnte, aber mein Gefühl der Flüchtigkeit dieser Situation hielt mich davon ab, sie auf mich aufmerksam zu machen. Sie war sich auf so lustige Art ähnlich in diesem Erinnerungsbild oder Traum, oder was es war: das ganze Mädchen in seinem gelben Sommerkleid, sommersprossig braungebrannt, gleichsam von innen leuchtend, von spielerischer junger Fraulichkeit.
Ich saß ein paar Minuten und betrachtete sie schweigend, doch schließlich konnte ich es nicht lassen, sie beim Namen zu nennen, ganz leise, aber deutlich hörbar. Sie reagierte nicht. Ich versuchte es noch einmal, etwas lauter.

Isak: Sara . . . Ich bin es, dein Cousin Isak . . . Ich bin ein bißchen alt geworden, natürlich, und bin mir nicht besonders ähnlich . . . Aber du hast dich nicht im geringsten verändert. Cousinchen, hörst du mich nicht . . .

Sie hörte mich nicht, sondern fuhr eilig fort, Walderdbeeren zu pflücken und in einen kleinen geflochtenen Korb zu legen. Ich begriff nun, daß man nicht mit seinen Erinnerungsbildern sprechen sollte. Diese Entdeckung betrübte mich aber nicht besonders, ich beschloß nur, mich still zu verhalten, und hoffte, daß dieser eigenartige und liebliche Zustand so lange wie möglich andauern würde.

Jetzt kam ein Jüngling den Hügel herabgeschlendert, er pflegte bereits einen kleinen Schnurrbart, obwohl er nicht älter als achtzehn, neunzehn Jahre sein konnte. Er war in Hemd und Hose und hatte die Studentenmütze in den Nacken geschoben. Unmittelbar hinter Sara blieb er stehen, nahm seine Brille ab und putzte sie mit einem großen weißen Taschentuch. (Ich erkannte in ihm meinen Bruder Sigfrid, er war ein Jahr älter als ich selbst. Wir hatten viel Freude und viel Kummer miteinander gehabt, er starb übrigens relativ jung an einer Nierenbeckenentzündung. Er war Dozent für slawische Sprachen an der Universität Upsala.)

Sigfrid: Guten Morgen, liebste Cousine. Was machst du da?

Sara: Ich pflücke Walderdbeeren, wie du siehst, du Dummer.

Sigfrid: Und wer soll erfreut werden mit diesen schmackhaften Beeren, gepflückt im Morgenschimmer von einer lieblichen jungen Frouwe? (Er sprach das Wort mit seiner ganzen altertümlichen Lautfülle.)

Sara: Ach, du weißt wohl, daß Onkel Aron heute Namenstag hat, und ich habe vergessen, ein Geschenk für ihn zurechtzumachen. Nun bekommt er einen Korb Walderdbeeren, das wird wohl ausreichen.

Sidfrid: Ich werde dir helfen.

Sara: Weißt du, Charlotta und Sigbritt haben einen Wandbehang genäht, und Angelica hat eine Torte gebacken, und Anna hat ein richtig hübsches Bild gemalt, und Kristina und Birgitta haben ein Lied geschrieben, das sie ihm zu Ehren singen werden.

Sigfrid: Das ist das gelungenste, wo Onkel Aron stocktaub ist.

Sara: Er wird sich schrecklich freuen. Du bist dumm.

Sigfrid: Und du hast einen verdammt süßen Nacken.

Sigfrid beugte sich schnell und ziemlich galant über das Mädchen und küßte ihren flaumigen Nacken. Sara wurde recht ärgerlich.

Sara: Du weißt, daß du so etwas nicht tun darfst.

Sigfrid: Wer sagt denn das?

Sara: Das sage ich. Du bist außerdem ein ungewöhnlich unerträglicher Kerl, der glaubt, er wäre etwas.

Sigfrid: Ich bin dein Cousin, und du bist verliebt in mich.

Sara: In dich!

Sigfrid: Komm her, ich will dich auf den Mund küssen.

Sara: Wenn du dich nicht zusammennimmst, werde ich Isak erzählen, daß du mich bei jeder Gelegenheit zu küssen versuchst.

Sigfrid: Klein-Isak. Den verprügle ich doch, eine Hand auf den Rücken gebunden.

Sara: Isak und ich sind heimlich verlobt, das weißt du sehr wohl.

Sigfird: Ja, diese Verlobung ist so heimlich, daß das ganze Haus davon weiß.

Sara: Ich kann doch nichts dafür, daß die Zwillinge herumlaufen und über alles klatschen.

Sigfrid: Wann werdet ihr denn heiraten? Wann werdet ihr denn heiraten? Wann werdet ihr denn heiraten? Wann werdet ihr denn heiraten?

Sara: Ich will dir mal was sagen: Ich weiß nicht, wer von euch vier Brüdern am wenigsten hochmütig ist, aber ich glaube, es ist Isak, er ist auf jeden Fall am nettesten. Und du bist der bösartigste, dümmste, albernste, lächerlichste, wichtigtuerischste, ja, ich weiß nicht, wie ich noch sagen soll.

Sigfrid: Gib doch zu, daß du eine kleine Schwäche für mich hast.

Sara: Außerdem rauchst du Zigarre, und das riecht.

Sigfrid: Das ist ein männlicher Geruch.

Sara: Außerdem sagen die Zwillinge – und die wissen fast alles –, daß du es ziemlich schlimm mit der Ältesten von Berglunds getrieben hast. Und sie ist kein richtig feines Mädchen, sagen die Zwillinge. Und ich glaube ihnen, denn ich finde genau dasselbe.

Sigfrid: Wenn du wüßtest, wie süß du bist, wenn du so rot im Gesicht wirst. Nun mußt du mich küssen. Ich halte es nicht länger aus. Ich bin verliebt in dich, wenn ich richtig nachdenke.

Sara: Oh, das sagst du bloß. Die Zwillinge sagen, daß du nach allen Mädchen verrückt bist. Ist das wahr?

Plötzlich küßte er sie, hart und ziemlich geübt. Sie ließ sich von dem Spiel mitreißen und erwiderte seinen Kuß mit Heftigkeit. Doch dann überkam sie ihr Gewissen, und sie warf sich zur Seite, der Länge nach auf den Bauch, so daß der Korb mit den Beeren umkippte. Sie wurde wütend und fing vor Erregung an zu weinen.

Sigfrid: Heul nicht, es kann jemand kommen.

Sara: Schau, alle Erdbeeren. Und was wird Isak sagen, der so nett ist und mich wirklich liebt. Oh, bin ich traurig, oh, wie weh du mir getan hast. Du hast mich zu einem Frauenzimmer gemacht, wenigstens beinahe. Geh weg. Ich will dich nicht mehr sehen, jedenfalls nicht vor dem Frühstück. Ich muß mich beeilen. Hilf mir die Erdbeeren aufsammeln. Sieh mal, ich habe auch noch einen Fleck ins Kleid bekommen.

Plötzlich erklang der Gong, der verkündete, daß das Frühstück aufgetragen sei, und es schien, als hätte dieser Laut einer Menge lebender Wesen Gestalt verliehen rund um den Platz, an dem ich mich befand gleich einem erstaunten Augenzeugen von einem anderen Planeten.

Die Flagge mit dem Unionszeichen wurde gehißt und entfaltete sich vor den lockeren Sommerwolken. Hagbart, der große Bruder in Kadettenuniform, ging sehr geübt mit den Flaggenleinen um. Vom Badehaus war wildes Lachen zu hören, und durch die Lattentür tollten zwei ungefähr dreizehnjährige rothaarige Mädchen heraus, einander ähnlich wie eine wilde Erdbeere der anderen. Sie lachten so, daß sie kaum gehen konnten, und flüsterten sich Dinge zu, die offenbar sehr geheim und zugleich sehr lustig waren. Sigbritt, groß und schlank, das dichte Haar in schweren Wellen über der Stirn, trug den Babykorb heraus und stellte ihn in den Schatten der Laube. Charlotta, die fleißige, aufopfernde Schwester, die die Angelegenheiten des Hauses auf ihren runden Schultern trug, stürzte auf die Veranda und rief Sara und Sigfrid zu, sie sollten sich beeilen. Der siebzehnjährige Benjamin tauchte aus einem Gebüsch auf, picklig, rot von der Sonne, und sah sich mit verbitterter Miene um. In der Hand hielt er ein aufgeschlagenes dickes Buch. Angelica, die Schönheit der Familie, kam aus dem Wald galoppiert, sie gesellte sich den Zwillingen zu und wurde sofort in ein zum Lachen reizendes Geheimnis eingeweiht. Schließlich kam die fünfzehnjährige Anna aus dem Haus gerannt und fragte Hagbart nach etwas Wichtigem, worauf sie ihre Stimme erhob und nach Isak rief.

Ich erhob mich verwundert und beunruhigt, doch außerstande zu antworten.

Die Zwillinge: Isak ist wohl mit Vater draußen und angelt. Da können sie den Gong nicht hören. Vater hat übrigens gesagt, daß wir nicht mit dem Essen warten sollen. Hat er gesagt, das wissen wir genau.

Aha, Vater und ich waren also draußen und fischten zusammen. Ich empfand eine heimliche und ganz unerklärliche Freude bei

dieser Mitteilung, und ich stand eine ganze Weile unentschlossen und überlegte, was ich nun in dieser neuen alten Welt machen sollte, die zu besuchen ich so plötzlich und unbeabsichtigt Gelegenheit hatte.
Die übrige Familie hatte sich ins Haus zurückgezogen, man redete sehr laut über irgend etwas. Auf der Terrasse zurückgeblieben war nur Sigbritts kleines Kind, das im Schatten der hohen Fliederlaube schlief.
Die Neugier übermannte mich, ich ging langsam den Abhang zum Haus hinauf, und bald befand ich mich in dem langen, dunklen Gang, der mit der Diele durch ein paar Glastüren verbunden war. Von hier aus hatte ich eine gute Aussicht über das große, sonnige Eßzimmer mit dem weißgedeckten Frühstückstisch, den hellen Möbeln und Tapeten, den Statuetten, Palmen, den luftigen Sommergardinen, dem weißgescheuerten Fußboden mit seinen breiten Dielenbrettern und blauen Flickenteppichen, den Bildern und Wandbehängen, der großen schmiedeeisernen Deckenkrone und allen Menschen darin. Da waren sie also – meine neun Geschwister, die Tante und Onkel Aron. Die einzigen, die fehlten, waren Vater, Mutter und ich.
Nun standen alle mit gesenkten Köpfen und gefalteten Händen hinter ihren Stühlen. Die Tante las das Tischgebet: – *Komm, Herr Jesus, sei unser Gast und segne, was du uns bescheret hast,* worauf sich die ganze Schar mit großem Radau hinsetzte. Die Tante, eine stattliche Frau in den besten Jahren, begabt mit mächtiger Autorität und großer Stimmkraft, gebot Schweigen.

Tante: Benjamin, geh sofort hinaus und wasch dir die Hände. Wie alt mußt du eigentlich werden, um reinlich zu werden.

Benjamin: Ich *habe* die Hände gewaschen.

Tante: Sigbritt, reich Angelica die Grütze und leg den Zwillingen auf. Du bist kohlschwarz unter den Fingernägeln. Gib mir das Brot, Hagbart, wer hat dich gelehrt, die Butter so auf das Brot zu streichen? Macht man das beim Militär? Charlotta, das Salzfaß ist verstopft, wie oft habe ich gesagt, daß es nicht draußen stehenbleiben soll, weil dann das Salz feucht wird.

Benjamin: Ich habe die Hände gewaschen, aber ich habe Ölfarbe unter den Nägeln.

Onkel Aron: Wer hat die Walderdbeeren für mich gepflückt?

Sara: Ich war das. (lauter:) Ich war das.

Tante: Du mußt lauter sprechen, Kindchen, du weißt, daß Onkel Aron schwerhörig ist.

Sara (brüllt): *Ich war das!*

Aron: Nein, daß du an Onkel Arons Namenstag gedacht hast, das ist wirklich freundlich von dir.

Hagbart: Müßte Onkel Aron nicht zur Feier des Tages einen Schnaps zum Frühstück bekommen?

Tante: Schnaps zum Frühstück, wenn Vater nicht zu Hause ist, das kommt überhaupt nicht in Frage.

Zwillinge: Onkel Aron hat schon drei Schnäpse genommen, wollen wir bloß sagen, jawohl, das haben wir nämlich um acht gesehen, als wir zum Badehaus gegangen sind.

Tante: Die Zwillinge sollen beim Essen den Mund halten. Außerdem habt ihr eure Betten noch nicht gemacht, zur Strafe müßt ihr das Silber vom Mittagsabwasch putzen. Benjamin, du sollst nicht an den Fingernägeln knabbern. Rutsch nicht auf dem Stuhl herum, Anna, du bist kein Kind mehr.

Anna: Ich will Onkel Aron mein Bild geben, liebe Tante, können wir ihm nicht gleich unsere Geschenke geben?

Tante: Wo hast du denn das Bild?

Anna: Hier unterm Tisch.

Tante: Du mußt noch bis nach dem Essen warten.

Sigfrid: Es ist ein sehr avanciertes Kunstwerk, möchte ich sagen, Fritjof und Ingeborg, obwohl man nicht genau sieht, wer von beiden Fritjof ist.

Sara: Daß er immer alles verderben muß, dieser Flegel! Nun macht er Anna traurig. Gleich fängt sie an zu weinen.

Anna: Überhaupt nicht. Ich habe Nachsicht mit Sigfrid!

Zwillinge: Was hatten übrigens Sara und Sigfrid heute morgen in der Walderdbeerenecke miteinander vor, wir haben euch vom Badehaus aus gesehen.

Sigbritt: Beruhigt euch doch, Kinder!

Charlotta: Den Zwillingen sollte man ein Schloß vor den Mund hängen.

Tante: Zwillinge, ihr seid jetzt still, oder ihr geht vom Tisch.

Benjamin: Hat man keine Redefreiheit, was!

Sigfrid: Haltet die Klappen, Rotzgören.

Angelica: Sara wird rot. Sara wird rot. Sara wird rot.

Zwillinge: Sigfrid auch. Haha! Sigfrid und Sara. Sigfrid und Sara. Sigfrid und Sara.

Tante (donnert): Jetzt aber still bei Tisch.

Aron: Was hast du gesagt? Ja, gewiß sind wir fröhlich.

Die Zwillinge kichern insgeheim.

Sara wirft den Löffel nach den Plagegeistern.
Charlotta: Aber Sara!
Sara: Die lügen nur! Die *lügen!*
Sara stand so heftig vom Tisch auf, daß der Stuhl umfiel, sie blieb einen Augenblick stehen, ratlos, rot im Gesicht, und die Tränen liefen. Dann rannte sie schnell zur Tür und hinaus in die Diele.
Sara öffnete die Glastür und verschwand im Vorraum, ich konnte ihr heftiges Schluchzen hören. Die weiche, runde Charlotta folgte ihr und ging ganz nah an mir vorbei, um Sara zurückzuholen oder sie zu trösten.
Ich konnte ihre Stimmen aus dem Dunkel hören und trat vorsichtig näher. Sara saß auf einem kleinen roten Hocker, den Großmutter zu benutzen pflegte, wenn sie sich die Hausschuhe an- oder auszog. Charlotta stand vor ihr und strich ihr behutsam über den Kopf, das betrübte Mädchen drückte immer wieder ihr rotgeweintes Gesicht gegen Charlottas Bauch. Das farbige Licht von den kleinen Glasscheiben der Haustür tauchte die ganze Szene in einen Schein von Unwirklichkeit.
Sara: Isak ist ein so feiner Mensch, verstehst du. Er ist so überaus fein und moralisch gefühlvoll und will, daß wir gemeinsam Gedichte lesen und über das Leben nach dem Tode sprechen und vierhändig Klavier spielen und will mich nur im Dunkeln küssen, er spricht dann von Sünde, ich glaube, er ist schrecklich hochstehend, und ich komme mir so schlecht vor, und ich *bin* schlecht, da gibt es gar nichts dran zu deuteln. Aber manchmal komme ich mir viel älter vor als Isak, verstehst du, was ich meine! Und dann finde ich, daß er ein Kind ist, obwohl wir gleichaltrig sind, und Sigfrid ist so frech und aufregend – ich will nach Hause fahren, ich will nicht den ganzen Sommer hier sein, zum Spott für die Zwillinge und euch alle zusammen, *nein,* das will ich nicht.
Charlotta: Ich werde mit Sigfrid sprechen, ja, ich. Wenn er sich nicht zusammennimmt, werde ich dafür sorgen, daß er ein paar Ferienaufgaben bekommt, das besorgt Vater im Handumdrehn, denn er findet auch, daß Sigfrid ein Lümmel ist und arbeiten sollte.
Sara: Armer kleiner Isak, der so fein zu mir ist. Ach, wie ungerecht ist doch alles.
Charlotta: Es wird schon alles in Ordnung kommen, das wirst du sehen. Hörst du, nun singen sie für Onkel Aron.

Sara: Das ist aber auch verrückt, ein Lied für einen tauben Opa zu schreiben. Typisch die Zwillinge!

Nun klang wirklich ein Lied durch das Haus, gesungen von zwei Mädchenstimmen. Charlotta legte den Arm um Saras Schultern, Sara schneuzte sich geräuschvoll, und beide gingen ins Eßzimmer zurück. Dort herrschte Hochstimmung. Onkel Aron war aufgestanden, sein verschwitztes rundes Gesicht leuchtete wie ein Lampion, und in seinen Augen standen Tränen. Er hielt ein Notenblatt, und neben ihm standen die Zwillinge und sangen nach Herzenslust. Als sie geendet hatten, klatschten alle Beifall, und Onkel Aron küßte sie auf die Stirn und trocknete sich das Gesicht mit der Serviette. Tante erhob sich vom Tisch und brachte ein vierfaches Hoch auf ihn aus. Alle standen auf und riefen Hurra. Plötzlich rief Anna etwas und zeigte aus dem Fenster. Alle wandten sich um.

Anna: Seht mal, da kommt ja Vater.

Tante: Na endlich. Sigbritt, nimm die Schüssel und wärme die Grütze. Charlotta, hol noch Milch aus dem Keller.

Die Frauen gerieten ein bißchen in Aufruhr. Sara aber lief durch die Diele den Hügel hinunter und verschwand hinter der kleinen Kiefer, die das Grundstück vom Birkenwäldchen abgrenzte. Ich folgte ihr neugierig, verlor sie aber aus den Augen und stand plötzlich allein an der Stelle, wo die wilden Erdbeeren wachsen. Traurigkeit und ein Gefühl der Leere überfielen mich. Ich wurde durch eine Mädchenstimme geweckt, die mich etwas fragte. Ich sah auf.

Da stand eine junge Dame in Shorts und kariertem Sporthemd, sie war sehr braun, und das blonde Haar war gebleicht von der Sonne und vom Salzwasser. Sie sog an einer ausgegangenen Pfeife, hatte Holzschuhe an den Füßen und eine dunkle Sonnenbrille auf der Nase.

Sara: Ist das hier deine Bude?

Isak: Nein, das nicht.

Sara: Gut, daß du die Wahrheit sagst. Die ganze Landzunge gehört nämlich meinem Vati, einschließlich der Bude da.

Isak: Ich habe hier einmal gewohnt. Vor zweihundert Jahren.

Sara: Ach du. Ist das deine Karre, die da oben am Gitter steht?

Isak: Das ist meine Karre – ja.

Sara: Wirkt antik.

Isak: Sie *ist* antik. Genau wie ihr Besitzer.

Sara: Du hast auch Selbstironie. Das ist phantastisch. Wohin willst du übrigens? In welche Richtung, meine ich.

Isak: Ich will nach Lund.

Sara: Paßt phantastisch. Ich bin nämlich auf dem Weg nach Italien.

Isak: Fühle mich sehr geehrt.

Sara: Ich heiße Sara. Verrückter Name, was?

Isak: Ich heiße Isak. Auch ganz schön verrückt.

Sara: Waren die nicht miteinander verheiratet?

Isak: Leider nicht. Abraham und Sara.

Sara: Wollen wir fahren?

Isak: Ich habe eine weitere Dame bei mir, sie kommt dort drüben. Das ist Sara, und das ist Marianne. Wir bekommen Gesellschaft bis Lund. Sara will nach Italien, hat aber versprochen, ein Stück mit uns zu fahren.

Sara: Nun warst du wieder ironisch, aber es steht dir.

Wir gingen zum Auto, Marianne und ich wechselten einen Blick des Einverständnisses (der erste Kontakt zwischen uns!). Als wir ankamen, tauchten zwei Jünglinge auf, mit runden blonden Köpfen, kurzgeschnittenem Haar, Sonnenbrillen, karierten Hemden, Shorts und Holzschuhen, jeder trug einen Tornister.

Sara: Hej, Jungs, ich habe eine Fuhre bis fast nach Italien organisiert. Das hier ist Anders, und der mit der Brille heißt Viktor, genannt Vicke, und das hier ist Vater Isak.

Viktor: Guten Tag.

Isak: Guten Tag.

Anders: Guten Tag.

Isak: Guten Tag.

Sara: Die Biene da, die ihr so anstarrt, daß ihr bald umfallt, heißt Marianne.

Marianne: Guten Tag.

Die Jungen (im Chor): Guten Tag.

Sara: Ein ungewöhnlich großes Auto.

Isak: Steigt nur ein, so viele wie Platz haben. Das Gepäck können wir vielleicht in den Kofferraum legen, wenn ihr nichts dagegen habt.

Wir packten und verstauten, dann stiegen wir allesamt ins Auto und fuhren vorsichtig und holpernd aus der Welt der Kindheit. Sara nahm die Sonnenbrille ab und lachte. (Sie war sich wunderbar ähnlich!)

Sara: Ich muß Isak natürlich anvertrauen, daß Anders und ich fest miteinander gehen. Wir sind verrückt aufeinander. Viktor ist mit als Anstandswauwau, das hat Vati bestimmt. Viktor ist auch in mich verliebt und bewacht Anders wie wahnsinnig. Das war ein genialer Einfall von meinem Vati. Ich werde Viktor wohl verführen müssen, um ihn aus dem Spiel zu bringen. Am besten kläre ich Vater Isak darüber auf, daß ich unschuldig bin. Deshalb habe ich nämlich ein so freches Mundwerk.

Ich sah sie im Rückspiegel. Sie saß bequem zurückgelehnt und hatte die Beine auf die heruntergeklappten Notsitze gelegt. Anders hatte sie mit Besitzergeste um die Schultern gefaßt und sah etwas verärgert aus, was man ihm kaum verübeln konnte. Viktor wirkte dagegen völlig ungerührt, er fixierte Mariannes Nacken und was er sonst noch von ihr sehen konnte.

Sara: Ich rauche Pfeife. Das ist gesünder, sagt Viktor. Er ist vernarrt in alles, was gesund ist.

Keiner antwortete oder hielt es für nötig, Saras Diagnose zu kommentieren. Wir setzten unsere Reise unter Schweigen fort, das keineswegs unfreundlich war, nur ein wenig scheu. Der Tag war ordentlich warm geworden, geradezu schwül, und wir hatten alle Fenster geöffnet; die Straße war breit und gerade. Ich geriet in eine aufgeräumte Stimmung, der Tag war voll von anregenden Improvisationen.

Isak: Ich hatte eine Jugendliebe, die Sara hieß.

Sara: Sie war mir natürlich ähnlich, was!

Isak: Sie war dir tatsächlich ziemlich ähnlich.

Sara: Wie ging es mit ihr?

Isak: Sie hat meinen Bruder Sigfrid geheiratet und bekam sechs Kinder. Jetzt ist sie fünfundsiebzig und ein recht hübsches altes Frauchen.

Sara: Ich kann mir nichts Schlimmeres vorstellen, als alt zu werden. O Verzeihung, jetzt habe ich sicher etwas Dummes gesagt.

Ihr Tonfall war so aufrichtig reuevoll, daß alle lachten. In diesem Augenblick geschah es.

Wir befanden uns in einer breiten, aber unübersichtlichen Rechtskurve, ich hielt mich äußerst links. Da kam ein kleines schwarzes Auto direkt auf uns zu gerast. Ich erfaßte gerade noch, wie sich Marianne mit der rechten Hand gegen die Windschutzscheibe stemmte, und hörte, wie Sara aufschrie, dann bremste ich mit aller Kraft. Der große Wagen schleuderte und fuhr links der Straße auf einen Acker. Das schwarze Auto raste heulend vorbei, drehte sich und rollte in einen tiefen Graben rechts der Fahrbahn. Wir starrten einander wie von Sinnen an, wir waren ohne eine Schramme davongekommen. Von dem anderen Wagen war nur eine breite schwarze Bremsspur hinterlassen worden, häßliches Zeichen im Straßenbelag. Hundert Meter entfernt ragten zwei rotierende Vorderräder aus dem Straßengraben. Wir liefen alle zur Straße hin, blieben aber verwundert stehen.

In dem kopfstehenden Auto spielte das Radio einen Morgenpsalm, aus dem Graben krochen zwei Personen, ein Mann und eine Frau, verwickelt in einen heftigen Streit, der jeden Augenblick in Handgreiflichkeiten ausarten konnte. Als sie ihre Zuschauer entdeckten, hörten sie sofort auf, und der Mann hinkte mir entgegen.

Alman: Wie steht es mit Ihnen? Mir fehlen die Worte. Wie kam das? Die Schuld liegt ganz und gar bei uns. Es gibt keine Entschuldigung. Meine Frau ist gefahren. Haben Sie sich etwas getan? Nein, wohl nicht? Gott sei Dank!

Er murmelte nervös, riß sich die Brille herunter, setzte sie wieder auf und sah uns verstört an.

Alman: Die Mörder sollten sich wohl vorstellen! Ingenieur Alman vom Stockholmer Elektrizitätswerk. Dort drüben steht meine Frau Berit, sie ist Schauspielerin gewesen, und das war die Komplikation, über die wir diskutierten, als . . ., als . . ., als . . .

Er unterbrach sich mit einem gekünstelten Lachen und winkte seiner Frau. Da sie sich nicht rührte, machte er ein paar hinkende Schritte, um sie zu holen.

Isak: Was ist mit dem Bein?

Alman: Nicht, was Sie denken. Krüppel seit Jahren. Schlimm genug, nicht nur körperlich, nach Meinung meiner Frau. Komm jetzt her, Berit, und bitte um Verzeihung.

Die Frau faßte Mut, sie bewegte sich ruckartig und eigenartig gehemmt, trotz des rundlichen Körpers.

Berit: »Bitte, bitte verzeiht« – wie man als Kind sagte. Alles war meine Schuld. Ich wollte meinem Mann gerade eine herunterhauen, als diese Kurve kam. Da sieht man es: Manche straft Gott sofort, oder was sagst du, Sten, als Katholik?

Isak: Wir sollten vielleicht nachsehen, ob wir Ihr Auto wieder auf die Beine bringen können.

Alman: Keine Mühe unseretwegen. Ich bitte Sie wirklich.

Berit: Halt jetzt das Maul, bester Sten. Manche Menschen haben tatsächlich völlig uneigennützige Absichten, auch wenn du es nicht glaubst.

Alman: Meine Frau ist etwas nervös, denke ich. Aber wir haben einen Schock bekommen. Das ist das Wort. Einen Schock.

Er lachte noch einmal und riß sich die Brille ab und setzte sie wieder auf.

Die jungen Leute waren bereits in den Graben gesprungen und versuchten den kleinen Wagen anzuheben.

Marianne lief hinüber zu unserem Auto und fuhr es rückwärts auf die Straße. Mit Hilfe einer Leine, die ich immer im Gepäckraum habe, gelang es uns, das andere Auto wieder auf die Räder zu stellen. Plötzlich wurde Ingenieur Alman nahezu aufgeräumt, er warf das Jackett ab und krempelte die Hemdärmel auf. Dann fing er an, neben Sara, Viktor und Anders zu schieben und zu wuchten.

Berit: Man schaue sich den Herrn Ingenieur genau an, wie er seine Kräfte mit den Jungen mißt, wie er seine schlaffen Glieder spannt, um vor dem hübschen Mädchen anzugeben. Sten, kleiner Liebling, sieh dich vor, daß du keine Gehirnblutung bekommst.

Alman: Meine Frau liebt es, mich vor anderen zu verspotten. Ich lasse sie ruhig. Das ist die richtige Psychotherapie.

Wir wuchteten und bugsierten, und wie wir es auch fertiggebracht hatten, jedenfalls stand das kleine Auto dann auf der Straße, nur das Radio war jetzt stumm. Alman setzte sich ans Lenkrad des verbeulten Fahrzeugs und bekam den Motor in Gang. Das Auto fuhr ungefähr drei Meter, dann ging das eine Vorderrad ab und rollte in den Graben.

Berit: Ein wahres Bild der Ehe!

Alman stand ratlos auf der weißschimmernden Straße und schwitzte vor Nervosität. Marianne, die den ganzen Auftritt leichtgenommen hatte, saß immer noch hinter dem Lenkrad unseres Autos. Die jungen Leute hatten sich am Straßenrand niedergelassen.

Wir waren alle ein wenig verstört.

Isak: Ich sehe keinen anderen Rat, als daß die Herrschaften mit uns zur nächsten Tankstelle fahren. Dort können Sie nach Hilfe telefonieren.

Alman: Keine Mühe unseretwegen. Wir können einen erfrischenden Spaziergang machen. Nicht wahr, Berit?

Berit: Der mit seinem Bein. Herrjesses, das wäre ein Gejammer.

Alman: Meine Frau hat mit liebenswürdigen Worten in unserer beider Namen dankend angenommen.

Schweigend verstauten wir uns in dem Auto, das nun in höchstem Grade vollbesetzt war. Marianne fuhr. Ich saß neben ihr. Auf den Notsitzen die Familie Alman. Auf dem Rücksitz die drei jungen Leute.

Alman pfiff leise irgendeinen Schlager, verstummte aber bald. Keiner von uns hatte besondere Lust, sich zu unterhalten. Marianne fuhr sehr ruhig und umsichtig.

Plötzlich fing Berit Alman an zu weinen. Ihr Mann legte vorsichtig den Arm um ihre Schultern, aber sie entzog sich ihm und holte ein Taschentuch heraus, das sie zu zerreißen begann.

Alman: Ich kann nie unterscheiden, ob das Weinen meiner Frau echt ist oder Theater. Ich glaube, hol mich der Teufel, daß sie jetzt richtig weint. Ja, doch. So ist es, wenn man den Tod gesehen hat.

Berit: Kannst du nicht das Maul halten.

Alman: Meine Frau hat ein seltenes Talent, sich in etwas hineinzuleben. Zwei Jahre lang redete sie mir ein, daß sie Krebs hätte und quälte unsere ganze Umgebung mit allen erdenklichen Krankheitssymptomen, obwohl die Ärzte nicht das geringste feststellen konnten. Sie wirkte so überzeugend, daß wir ihr mehr glaubten als den Ärzten. Das ist gekonnt, das muß man zugeben. Aus solchem Material werden Heilige gemacht! Sehen Sie, nun weint sie vor Todesangst. Schade, daß wir keine Filmkamera in der Nähe haben. Achtung. Ruhe. Kamera. Aufnahme, wie sie in der Welt des Films sagen.

Marianne: Es ist nur natürlich, daß Sie überreizt sind, Herr Alman, aber wie wäre es, wenn Sie Ihre Frau eine kleine Weile in Frieden ließen.

Alman: Das Weinen der Frauen und die Frauen. Rührt ja nicht an die Tränen der Frauen, denn sie sind heilig. Sie sind schön, bestes Fräulein, wie Sie nun auch heißen mögen. Aber die alte Berit hier fängt an etwas schäbig zu werden. Deshalb können Sie es sich leisten, sie zu verteidigen.

Marianne: Ich erlaube mir, Mitleid mit Ihrer Frau zu haben. Aus mehreren Gründen.

Alman: Sehr sarkastisch! Trotzdem wirken Sie nicht im mindesten hysterisch. Berit hingegen ist ein Prachtexemplar einer Hysterikerin. Wissen Sie, was das aus meiner Sicht bedeutet?

Marianne: Wie Ihre Frau sagte, sind Sie doch Katholik.

Alman: Ganz recht. Das ist meine Art des Duldens. Ich mache meine Frau lächerlich, und sie macht mich lächerlich, sie hat ihre Hysterie, ich meinen Katholizismus. Wie Sie verstehen werden, ist einer vom anderen abhängig. Es ist reiner Egoismus, daß wir uns noch nicht gegenseitig totgeschlagen haben.

Berit wandte sich ihrem Mann zu und schlug ihm ins Gesicht. Er verlor seine Brille, die er zum Glück gerade abgenommen hatte. Die große Nase schwoll an und fing an zu bluten, der Froschmund zuckte spastisch, als ob er weinen wollte. Aber er beherrschte sich sofort, holte ein Taschentuch heraus und hielt es gegen die Nase, klappte mit den Augenlidern und lachte. Viktor beugte sich vor, hob die Brille auf und reichte sie ihm wortlos.

Alman: Nun kommt der Knall. So etwa nennt man doch Synkopen, nicht wahr? Haha! Unerträglich komisch. Wenn ich eine Stoppuhr gehabt hätte, dann hätte ich die Entladung auf die Sekunde berechnen können.

Berit (schreit): Halt das Maul! Halt das Maul! Halt das Maul.

Marianne wurde ganz blaß, dann bremste sie langsam und hielt an.

Marianne: Es kann sein, daß das hier das Höchste an Wahrheit und sogenanntem Sich-Ausleben ist. Aber wir haben drei Kinder im Auto und um derentwillen bitte ich Sie, auf der Stelle auszusteigen. Dort drüben ist ein Haus. Vielleicht haben sie Telefon. Der Spaziergang dürfte nicht allzu anstrengend sein.

Wir schwiegen alle nach Mariannes Rede. Ohne ein weiteres Wort stieg Sten Alman aus, er war graubleich, und die Nase blutete immer noch. Die Frau sah uns an und machte plötzlich einen heroischen Versuch, zu so etwas wie einem echten Ton vorzudringen.

Berit: Verzeihen Sie uns, wenn Sie können.

Dann stieg sie aus und stellte sich neben den Mann, der uns den Rücken zuwandte, er hatte einen Kamm und einen Taschenspiegel hervorgeholt und glättete sich das Haar über dem knochenbleichen Schädel.

Die Frau nahm sein blutiges Taschentuch und schneuzte sich, dann berührte sie seinen Ellenbogen, aber er schien plötzlich sehr müde zu sein und ließ den Kopf hängen.

Sie setzten sich nieder, dicht beieinander, sie sahen aus wie zwei hinausgeworfene und zurechtgewiesene Schulkinder.

Marianne fuhr an, und wir entfernten uns schnell von diesem merkwürdigen Ehepaar.
Die Tankstelle zwischen Gränna und Huskvarna liegt auf einer Anhöhe mit weiter Aussicht über eine Sommerlandschaft, die zum Schönsten gehört, das es gibt. Wir hatten gehalten, weil mein altes Auto etwas in den Tank bekommen sollte, und wir hatten uns entschlossen, in einem Hotel einige Kilometer weiter südwärts zum Lunch zu essen.
Gemischte Gefühle beherrschten mich beim Wiedersehen mit dieser Gegend. Einmal hatte ich hier meine erste Praxis gehabt (fünfzehn Jahre lang, übrigens, ich wurde dann Nachfolger des Kreisarztes am Ort), zum anderen wohnt meine hochbetagte Mutter in einem großen Haus gleich in der Nähe. Sie ist jetzt sechsundneunzig Jahre und gilt allgemein als ein Wunder an Gesundheit und geistiger Vitalität, obwohl sich ihre Bewegungsfähigkeit in den letzten Jahren bedeutend vermindert hat. Zur Gesellschaft hat sie eine festangestellte Krankenpflegerin und eine Haushälterin.
Der Tankstellenwart war ein großer blonder Kerl mit breitem Gesicht, unnormal großen Händen und langen Armen.

Akerman: Ach, der Herr Doktor ist auf Reisen. Darf's den Tank voll sein? Ja, sieh einer an, und das dort sind Kind und Enkelkinder, nehme ich an. Hat der Herr Doktor den Schlüssel zum Tankverschluß?

Isak: Guten Tag, Henrik. Du erkennst mich wieder?

Akerman: Wiedererkennen! Das wäre ja noch schöner. Der Herr Doktor war doch bei meiner Geburt dabei, weiß ich. Und dann hat der Herr Doktor alle meine Brüder zur Welt gebracht. Und unsere Wehwehchen geheilt und sich unser angenommen, wie es der Herr Doktor mit allen Menschen gemacht hat, als der Herr Doktor hier in der Gegend Doktor war.

Isak: Und dir geht es gut!

Folgende Fotos stammen aus dem Film ›WILDE ERDBEEREN‹.

Das Glück der Jugend in scharfem Kontrast zur Einsamkeit des Alters – zwischen diesen beiden Polen bewegt sich die poetische, von Lebenswahrheit erfüllte Geschichte.
Mit Victor Sjöström, Bibi Andersson, Ingrid Thulin, Gunnar Björnstrand.

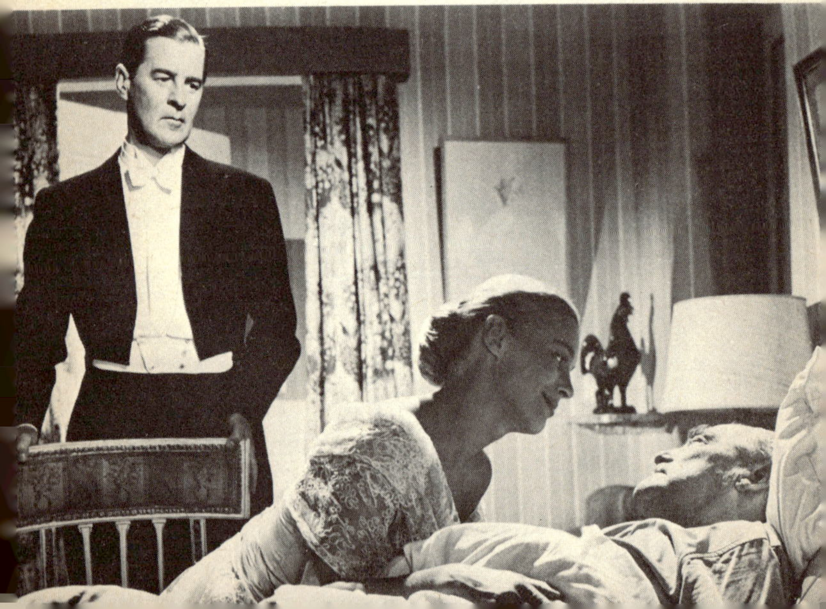

Akerman: Kann nicht besser sein. Man ist ja verheiratet und hat Erben. (brüllt:) Eva!

Eva kam aus der Tankstelle. Sie war eine junge Fra, zigeunerhaft dunkel mit dichtem Haar und einem freigebigen Lächeln. Sie war hochschwanger.

Akerman: Hier siehst Du Doktor Borg in höchsteigener Person. Der, von dem Mutter und Vater und der ganze Ort immer noch erzählen. Der beste Doktor der Welt.

Ich sah Marianne an, die ein wenig abseits stand, sie applaudierte etwas sarkastisch und verneigte sich. Die drei jungen Leute hatten einen heftigen Disput und zeigten in verschiedene Richtungen. Eva trat heran und gab mir die Hand.

Akerman: Ich schlage vor, daß wir den Neuankömmling nach dem Herrn Doktor nennen. Isak Akerman ist ein passender Name für einen Ministerpräsidenten.

Eva: Und wenn es ein Mädchen wird?

Akerman: Eva und ich machen nur Jungen. Soll's auch Öl und Wasser sein?

Isak: Ja danke. Und dem Vater geht es auch gut, trotz seines kranken Rückens?

Akerman: Na ja, so langsam hat man sein Tun mit dem Alten, versteht sich. Aber Mutter, das Alterchen, ist wie eine kleine Bombe.

Das letzte wurde in größter Vertraulichkeit gesagt, während wir uns über den Meßstab beugten, um nachzusehen, ob noch Öl nötig wäre. Es war nötig.

Akerman: Und nun will der Herr Doktor sicher *seine* Mama besuchen. Nicht wahr?

Isak: Das werde ich wohl tun.

Akerman: Das ist eine bemerkenswerte Dame, die Mutter vom Herrn Doktor, obwohl sie doch mindestens fünfundneunzig sein muß.

Isak: Sechsundneunzig.

Akerman: Ich sage es ja – ich sage es ja.

Isak: Was macht das zusammen?

Akerman: Eva und ich laden Sie hierzu ein!

Isak: Kommt überhaupt nicht in Frage!

Akerman: Beleidigen Sie uns nicht, Herr Doktor. Wir haben so eine spanische Ader, obwohl wir in Gränna wohnen.

Isak: Es gibt nicht den geringsten Grund, daß ihr mein Benzin bezahlt. Ich schätze Freundlichkeit, aber . . .

Akerman: Man erinnert sich ja an bestimmte Sachen, das versteht der Herr Doktor. Und man vergißt seine Dankbarkeit nicht, und es gibt etwas, das kann man überhaupt nicht bezahlen. Nicht einmal mit Benzin.

Akermann war ernst geworden, und ich wurde ein wenig sentimental. Wir betrachteten einander mit Rührung. Eva kam heran und stellte sich neben ihren Mann. Sie blinzelte in die Sonne, die leuchtete in ihrem roten Kleid wie eine große Erdbeere.

Eva (als Echo): Nein, wir vergessen nicht so schnell.

Akerman: Fragen Sie, wen Sie wollen, hier unten in der Stadt oder an den Berghängen rundum – die erinnern sich alle an den Herrn Doktor und wissen, was der Herr Doktor für sie getan hat.

Ich sah mich um, aber Marianne war verschwunden. Nein, sie hatte sich ins Auto gesetzt. Die jungen Leute diskutierten immer noch.

Isak: Ich hätte wohl hier bleiben sollen.

Akerman: Das verstehe ich nicht.

Isak: Was? Was hast du gesagt?

Akerman: Der Herr Doktor sagte, er hätte hier bleiben sollen.

Isak: Habe ich das gesagt? Ja, vielleicht. Vielen Dank jedenfalls. Und laßt von euch hören, dann stehe ich vielleicht Pate für den neuen Akerman. Ich wißt, wo ich zu finden bin.

Ich gab ihnen die Hand, wir trennten uns.

Marianne rief die jungen Leute, und wir fuhren zum Gasthaus.

Unser Lunch war gelungen. Wir hatten einen großen Tisch im Freien bekommen und konnten die wunderbare Aussicht über den Vättersee genießen. Der Oberkellner, einer meiner früheren Patienten, tat alles, um unsere ausgefallensten Wünsche zu befriedigen. Ich wurde sehr aufgeräumt, das muß ich zugeben, und erzählte den Jungen von meinen Jahren als Kreisarzt. Ich hielt mich an die lustigen und menschlich bezeichnenden Episoden und hatte großen Erfolg. Ich glaube nicht, daß sie nur aus Höflichkeit lachten, und ich trank zu dem ausgezeichneten Essen Wein und auch Kognak zum Kaffee.

Anders erhob sich plötzlich und begann mit Gefühl und Talent zu deklamieren.

Anders: Ach, da die Welt von Schönheit überquillt, die noch des Lebens kleinsten Winkel füllt, aus dem dies strömt, wie schön muß sein der Quell, wie schön, wie hell!

Keinem von uns fiel es ein, über ihn zu lachen. Er setzte sich wieder und trank errötend seinen Kaffee aus. Sara brach als erste das Schweigen.

Sara: Anders will Pfarrer werden und Viktor Arzt.

Viktor: Wir haben uns geschworen, daß wir auf der ganzen Reise nicht über Gott und die Wissenschaft diskutieren wollten. Ich betrachte Anders' lyrischen Ausbruch als Abweichung von unserem Übereinkommen.

Sara: Oh! Es war doch wirklich schön.

Viktor: Im übrigen begreife ich nicht, wie ein moderner Mensch Pfarrer werden kann. Anders ist ja nicht völlig vernagelt.

Anders: Ich will dir nur sagen, daß dein Rationalismus eine unbegreifliche geistige Neunmalklugheit ist. Denn du bist ja kein Idiot.

Viktor: Ich bin der Meinung, daß der moderne . . .

Anders: Ich bin der Meinung . . .

Viktor: Ich bin der Meinung, daß der moderne Mensch der Sinnlosigkeit seines Daseins ins Auge sieht und nur an sich selbst und seinen biologischen Tod glaubt. Alles andere ist Unsinn.

Anders: Und ich bin der Meinung, daß der moderne Mensch nur in seiner Phantasie existiert. Denn der Mensch sieht seinem Tod mit Angst entgegen und erträgt Sinnlosigkeit nicht.

Viktor: Bitte sehr. Die Religion dem Volk. Opium den schmerzenden Gliedmaßen. Wenn es das ist, was du meinst.

Sara: Sind sie nicht phantastisch süß? Ich stimme immer dem zu, mit dem ich zuletzt gesprochen habe. Ist das eigentlich nicht schrecklich interessant.

Viktor (wütend): Als du klein warst, hast du an den Weihnachtsmann geglaubt, und jetzt glaubst du an Gott.

Anders: Und du hast immer an einem verblüffenden Mangel an Phantasie gelitten.

Viktor: Welcher Ansicht ist denn der Herr Professor, zum Beispiel.

Isak: Liebe Jungs, ihr würdet meiner Meinung mit nachsichtiger Ironie begegnen, was immer ich auch sagte. Deshalb schweige ich.

Sara: Im Grunde müssen sie doch sehr unglücklich sein.

Isak: Nein, Sara. Sie sind sehr, sehr glücklich.

Marianne lachte und zündete mir meine Zigarre an. Ich lehnte mich zurück und blinzelte in das Licht, das durch den Sonnenschirm sickerte. Die Jungen sahen etwas verwundert aus.

Isak: Wo ist der Freund, den überall ich suche, im Morgengraun wird's Sehnen mir zum Fluche, es flieht der Tag, es flieht der Tag . . ., wie geht es weiter, Anders?

Marianne: . . . es flieht der Tag, hab ihn noch nicht gefunden . . .

Anders: . . . wenn auch das Herz mir brennt in tausend Wunden.

Viktor: Der Herr Professor ist religiös, nicht wahr?

Isak: Dort seine Spur, wo eine Kraft sich zeigt, wo Blumen duften, eine Ähr' sich neigt . . .,

Marianne: . . . in meinen Seufzern, in der Luft zum Leben und in dem Sommerwind ist seiner Liebe Geben . . . (verstummt)

Viktor: Als Liebesgedicht betrachtet, ist es nicht schlecht.

Sara: Nun bin ich richtig feierlich gestimmt. Ich kann das ohne weiteres sein.

Ich stand vom Tisch auf.

Isak: Ich werde meiner Mutter einen Besuch abstatten, sie wohnt ganz in der Nähe. Ihr könnt hier sitzen bleiben und noch eine Weile den Ausblick genießen, ich bin bald zurück.

Marianne: Darf ich dich begleiten?

Isak: Das darfst du. Adieu bis dann, meine jungen Herrschaften.

Ich fühlte mich sehr froh und bei guter Stimmung. Marianne faßte mich plötzlich unter und richtete ihre Schritte nach meinen. Ich strich ihr ganz schnell über die Hand.

Das Haus war von einem weitläufigen, altertümlichen, parkähnlichen Garten umgeben und durch eine mannshohe Mauer vor Einblick geschützt. Hier innen war alles still und ein wenig unwirklich. Es hatte sich bezogen, und das weißgraue Licht verschärfte die Konturen der Landschaft, die nun aussah wie eine geschickt gemalte Kulisse in einem alten Theater.

In einem kleinen runden Salon mit hellen, sehr grazilen Möbeln, der gleichsam gesättigt war von der grauen Gewitterstimmung draußen, saß eine Krankenpflegerin in Schwesterntracht bei einer Handarbeit. Neben ihr auf dem Teppich lag ein dicker weißer Pudel, der uns mit schläfrigen, halbblinden Augen betrachtete. Als die Pflegerin uns sah, stand sie auf, kam höflich lächelnd auf uns zu und gab uns die Hand. Sie stellte sich als Schwester Elisabet vor. Ich fragte sie halblaut, wie es meiner Mutter gehe und ob es recht sei, daß wir sie besuchten. Schwester Elisabet antwortete, daß es Frau Borg ausgezeichnet gehe und daß sie sich sicher sehr über den Besuch freuen werde, da sie sich meistens ziemlich einsam fühle. Ich wies darauf hin, daß bedauerlicherweise infolge der beschwerlichen Reise die Abstände zwischen den Besuchen etwas groß seien, und Schwester Elisabet zeigte Verständnis für solchen Grund. Nach dieser gedämpften Einleitung bat uns die Schwester, einen Augenblick zu warten, und verschwand im Nebenzimmer. Marianne wurde etwas nervös von all dieser Feierlichkeit, sie nahm eine Zigarette aus einer zerknitterten Packung und wollte sie gerade anzünden.

Isak: Sei so freundlich und rauch nicht. Meine Mutter verabscheut Tabakgeruch, und sie hat die Nase eines Waldtieres.

Im selben Augenblick kam Schwester Elisabet zurück und erklärte, daß wir willkommen seien.

Das Zimmer war recht klein, doch hoch und von eigenartig unregelmäßiger Form. Die Wände waren mit schönen und teuren Gemälden überladen, und vor den Türen hingen schwere Vorhänge. In einer Ecke stand ein hoher Kachelofen, in dem ein Feuer brannte. Vor dem einzigen Fenster stand ein unförmiger Schreibtisch, der nicht zu der ansonsten leichten und sparsamen Möblierung paßte. An dem Schreibtisch, im großen Sessel, saß meine Mutter. Sie war ganz in Schwarz und hatte ein Spitzenhäubchen auf dem Kopf. Sie war damit beschäftigt, Zahlen in ein großes blaues Buch einzutragen. Als sie mich sah, stand sie sofort auf, wenn auch mit etwas Mühe, und näherte sich mit unzähligen kleinen Schritten, den einen Fuß vor den anderen schiebend, ohne daß die Sohlen sich vom Boden hoben. Sie lächelte herzlich und streckte beide Hände aus. Ich umfaßte ihre Hände und küßte meine Mutter mit aller Ehrerbietung des Sohnes.

Mutter: Ich habe gerade ein Telegramm abgeschickt, um dir mitzuteilen, daß ich heute an dich denke. Heute an deinem großen Tag. Und nun kommst du her.

Isak: Man hat seine lichten Augenblicke, liebe Mutter!

Mutter: Ist das deine Frau, die dort steht, Isak! Du mußt sie bitten, sofort das Zimmer zu verlassen. Ich will nicht mit ihr sprechen. Sie hat uns allzuviel angetan.

Isak: Muttchen, das ist nicht Karin, es ist Evalds Frau. Meine Schwiegertochter Marianne!

Mutter: Nun, dann kann sie ja herkommen und mich begrüßen.

Marianne: Guten Tag, Frau Borg (verbeugt sich).

Mutter: Evald hat mir ein Bild gezeigt von dir. Er war sehr stolz auf deine Schönheit. Warum bist du übrigens unterwegs und reist herum?

Marianne: Ich war in Stockholm zu Besuch.
Mutter: Warum bist du nicht zu Hause bei Evald und kümmerst dich um euer kleines Kind?
Marianne: Evald und ich haben keine Kinder.
Mutter: Es ist schon seltsam mit den jungen Leuten heutzutage. Ich selbst habe zehn Kinder geboren. Will jemand von euch die große Schachtel herholen, die dort drüben steht.
Sie zeigte auf eine braune Pappschachtel, die auf einem Stuhl stand. Marianne holte die Schachtel und stellte sie vor die alte Dame auf den Schreibtisch. Wir halfen ihr, den Deckel abzunehmen.
Mutter: Meine Mutter hat doch vor mir in diesem Haus hier gewohnt. Und ihr Kinder wart oft hier zu Besuch. Erinnerst du dich daran, Isak?
Isak: Ja, ich erinnere mich sehr gut daran.
Mutter: In dieser Schachtel liegen ein paar von euren Spielsachen. Ich habe versucht herauszufinden, wem von euch was gehörte.
Die Mutter schaute verwundert in die große Schachtel, als hätte sie erwartet, alle ihre Kinder zwischen den Spielsachen und Gegenständen zu finden. Dann schüttelte sie den Kopf und schaute auf Marianne.
Mutter: Zehn Kinder, und alle tot, außer Isak. Zwanzig Enkelkinder. Keiner besucht mich, außer Evald, der kommt einmal im Jahr. Bitte, bitte, ich beklage mich nicht. Das meine ich gar nicht. Fünfzehn Urenkel, die ich noch nicht gesehen habe. Ich schicke Briefe und Geschenke zu dreiundfünfzig Gedenktagen im Jahr. Ich bekomme freundliche Dankesbriefe, aber keiner besucht mich, höchstens im Ausnahmefall, oder wenn es darum geht, Geld zu leihen. Natürlich bin ich ermüdend.
Isak: Das darfst du nicht so sehen, liebe Mutter.
Mutter: Und dann habe ich noch einen Fehler. Ich sterbe nicht. Die Erbschaft kommt nicht so, wie es verständige junge Menschen berechnet haben.
Sie lachte sarkastisch und schüttelte den Kopf, dann nahm sie eine Puppe aus der Schachtel. Es war eine alte feine Puppe mit goldenem Haar und Porzellangesicht – ein bißchen abgeschabt – in einem schönen Spitzenkleid.
Mutter: Diese Puppe hieß Goldkrone und gehörte Sigbritt. Sie bekam sie, als sie acht Jahre alt wurde. Ich habe das Kleid selbst genäht. Sie hat sich nie um sie gekümmert, da hat Charlotta

sie übernommen und betreut. Daran erinnere ich mich deutlich.

Sie ließ die Puppe los und nahm eine kleine Schachtel mit buntbemalten Zinnsoldaten heraus, sie zeigte mit einem kleinen spitzen Finger darauf.

Mutter: Hagbarts Zinnsoldaten. Ich habe es nie gemocht, daß er Krieg spielte. Wurde bei einer Elchjagd erschossen. Wir haben uns nie verstanden.

Sie sagte das ganz sachlich, ohne jede Sentimentalität. Warf die Zinnsoldaten in die Schachtel, holte eine Fotografie heraus.

Mutter: Siehst du, wer das ist? Das ist Sigfrid, als er drei Jahre alt war, und das bist du selbst, als du zwei warst, und dann Papa und ich. Herrgott, wie man damals ausgesehen hat. Aufgenommen 1883.

Isak: Kann ich dieses Bild bekommen?

Mutter (interessiert): Ja, gewiß bekommst du es. Das ist ja nur Gerümpel. Hier hast du ein Malbuch. Kann das von den Zwillingen sein, oder vielleicht von Anna oder Angelica. Ich weiß es nicht, weil sie alle ihre Namen daraufgeschrieben haben. Und dann steht hier: »Ich bin Annas bester Freund.« Aber Anna hat geschrieben: »Ich liebe Angelica.« Und Kristina hat gekritzelt: »Am meisten von allen auf der ganzen Welt liebe ich auf jeden Fall Papa.« Und Birgitta hat hinzugefügt: »Ich werde Papa heiraten.« Ist das nicht lustig. Ich habe gelacht, als ich das las.

Marianne nahm das Buch und blätterte. Darin war abwechselnd gekritzelt und vital mit kräftigen Farben gemalt.

Es dämmerte immer mehr in dem kleinen Raum, weil sich ein Unwetter zusammenzog. Weit entfernt murrte schon der Donner.

Mutter hob eine Lokomotive heraus und betrachtete sie genau.

Mutter: Ich glaube, das hier ist Benjamins Lokomotive, er war immer so angetan von Eisenbahnen und Zirkus und so etwas. Er wurde ja dann auch Schauspieler. Wir zankten uns oft deshalb, denn ich wollte, daß er einen richtigen Beruf ergreift. Und ich hatte recht. Er taugte nicht dazu. Das habe ich ihm oft gesagt. Er glaubte mir nicht, und ich hatte doch recht. Aber es lohnt sich nicht, darüber zu reden. Ist es nicht kalt hier drin? Das Feuer wärmt recht wenig.

Isak: Nein, besonders kalt ist es hier nicht.

Sie wandte den Kopf zu dem sich verdunkelnden Himmel draußen. Die Bäume standen bewegungslos und schienen zu warten.

Mutter: Ich habe gefroren, solange ich mich erinnern kann. Woran kann das liegen, du bist doch Arzt. Meistens in der Magengegend. Hier.

Isak: Du hast doch niedrigen Blutdruck.

Mutter: Soll ich Schwester Elisabet bitten, uns ein bißchen Tee zu machen, dann können wir ein Weilchen sitzen und uns unterhalten. Würde das nicht . . .

Isak: Nein danke, Mutter, wir wollen dir keine Mühe mehr machen.Wir haben auch gerade gegessen und müssen uns nun ziemlich beeilen.

Mutter: Schau mal her. Sigbritts ältester Sohn wird fünfzig. Ich wollte ihm Vaters goldene Uhr schenken. Kann ich sie ihm schenken, obwohl die Zeiger abgegangen sind? Es ist so schwer, Geschenke für jemand zu finden, der alles hat. Die Uhr ist schön, und sicher kann sie repariert werden.

Sie schaute ängstlich von Marianne zu mir und zurück zu Marianne. Sie hatte den Deckel der alten goldenen Uhr geöffnet, und ein leeres Zifferblatt starrte uns an. Mir fiel plötzlich mein Traum von heute morgen ein – das blinde Zifferblatt und meine eigene Uhr, der die Zeiger fehlten, der Leichenwagen und der Tote, der ich selbst war.

Mutter: Ich erinnere mich, als Sigbritts Junge gerade geboren war und in seinem Korb in der Fliederlaube beim Sommerhaus lag. Nun wird er fünfzig. Und Cousinchen Sara, die ihn immer herumtrug und ihn einlullte und die dann Sigfrid heiratete, den Liederjan. Nun müßt ihr gehen, damit ihr alles schafft, was ihr schaffen wollt. Ich bin sehr dankbar für euren Besuch, und ich hoffe, wir sehen uns irgendwann. Grüßt Evald sehr. Adieu.

Sie reichte mir ihre Wange und ich beugte mich hinunter und küßte sie, und sie war sehr kalt, aber unglaublich weich und voller kleiner, scharfer Runzeln. Marianne knickste, und Mutter beantwortete ihren Gruß mit einem etwas zerstreuten Lächeln.

Schwester Elisabet öffnete die Tür, als hätte sie dort gestanden und gelauscht, und bald waren wir draußen in der schwülen, grauen Luft, die dem Auge weh tat.

Wieder nahm Marianne meinen Arm, und als sie das tat, empfand ich Dankbarkeit gegenüber diesem stillen, selbständigen Mädchen mit dem offenen, wachsamen Gesicht.

Als wir hinunter zum Gasthaus kamen, waren die jungen Leute nicht mehr am Tisch. Die Kellnerin erklärte, daß die junge Dame am Auto warte. Der Oberkellner hielt Abstand, verbeugte sich, er sah aus, als hätte er eben erst eine Magenkolik gehabt.

Sara stand tatsächlich beim Auto und war offenbar dem Weinen nahe.

Marianne: Was hast du mit Anders und Viktor gemacht?

Sara zeigte, ohne zu antworten. Unten am Abhang standen die beiden Jungen, starrten sich mit verbitterter Miene an und machten dann und wann eine vernichtende Bemerkung.

Sara: Als ihr gegangen seid, waren sie dabei, über Gottes Existenz zu reden. Schließlich wurden sie so wütend, daß sie sich gegenseitig ins Wort fielen. Und Anders packte Viktor und versuchte ihm den Arm auszurenken, und da sagte Viktor, das ist ein ärmliches Argument für Gottes Existenz. Da sagte ich, daß sie wohl auf Gott pfeifen und sich statt dessen ein bißchen mit mir beschäftigen können, und da sagten sie, ich soll die Klappe halten, weil ich nicht begreife, daß es sich um eine prinzipielle Auseinandersetzung handelt. Und da sagte ich, ob es nun einen Gott gibt oder nicht, sie sind jedenfalls die reinen Dummköpfe. Dann ging ich weg, und sie rannten den Hügel hinunter, um das miteinander abzumachen, denn jeder behauptete, daß der andere ihn schwer beleidigt hat. Jetzt werden sie sich also gegenseitig die Zähne einhauen.

Marianne blickte sehr verständnisvoll drein und machte sich auf, die beiden Debattierer zu beruhigen. Ich stieg ins Auto. Sara schaute neidisch Marianne nach.

Sara: Na, wen von den beiden Kerls magst du mehr leiden?

Isak: Wen magst du selbst am liebsten?

Sara: Ich weiß nicht. Obwohl Anders ja Pfarrer werden will. Obwohl er ja ziemlich männlich und sexy ist, natürlich. Obwohl Pfarrersfrau! Obwohl Viktor ja dufte ist. Auf andere Weise. Viktor wird es weit bringen, versteht sich.

Isak: Wie meinst du das, Sara?

Sara (müde): Ein Arzt verdient mehr Geld. Und ein Pfarrer ist doch etwas Antiquiertes. Obwohl er hübsche Beine hat, der Junge. Und einen süßen Nacken. Bloß, wie *kann* man an Gott glauben?

Sara seufzte, und wir versanken in Nachdenken.

Marianne kam den Hügel herauf und brachte die beiden Kampfhähne mit, notdürftig versöhnt.

Die Sonne leuchtete weiß über blauschwarzen Wolken, die sich über der schwarzblanken Fläche des Vättersees auftürmten. Der

Luftzug durch die offenen Seitenfenster kühlte nicht mehr, und im Süden zeichnete das Wetterleuchten bereits nadelfeine Risse in die dumpfe Dunkelheit. Ich fühlte mich durch das nahende Unwetter ziemlich müde, auch hatten das Essen und der Wein mich schläfrig gemacht. Ich segnete im stillen mein Glück, Marianne als sicheren und zuverlässigen Chauffeur neben mir zu haben. Anders und Viktor verhielten sich kleinlaut und stumm. Sara gähnte dauernd und klappte mit den Augenlidern.
Ich schlief ein, wurde aber im Schlaf von Träumen und Bildern verfolgt, die äußerst handgreiflich und demütigend waren.
Ich notiere sie so, wie sie sich mir offenbarten, ohne im mindesten daran zu denken, ihren eventuellen Sinn herausfinden und kommentieren zu wollen. Die psychoanalytische Theorie, daß Träume eine Wunscherfüllung in negativer oder positiver Richtung seien, hat mich nie besonders beeindruckt. Ich will aber nicht leugnen, daß in diesen Traumsituationen etwas Zwingendes und Warnendes lag, das sich mit fast unerträglicher Zielsicherheit in mein Bewußtsein bohrte.
Im übrigen habe ich gemerkt, daß ich seit einigen Jahren ziemlich leicht in eine Dämmerwelt von Erinnerungen und Träumen gleite, die in höchstem Grad von meinem Ich geprägt ist. Ich habe mich oft gefragt, ob das ein Zeichen zunehmender Senilität ist. Manchmal habe ich mich sogar gefragt, ob das der stille Vorbote des herannahenden Todes ist.
Ich sank also durch ein Kaleidoskop von seltsamen Bildern zu einem Zentrum, zu dem ich, wenn auch schwach und halb unbewußt, hinstrebte.
Ich befand mich wieder am Platz der wilden Erdbeeren meiner Kindheit, aber ich war nicht allein. Sara war da, und diesmal wandte sie mir ihr Gesicht zu und sah mich lange an, und ich wußte, daß ich dort saß – alt, häßlich und lächerlich, ein emeritierter Professor, der zum Ehrendoktor ernannt werden sollte. Das traurigste war indessen folgendes: während Sara, betrübt zwar, aber eindringlich, zu mir sprach, konnte ich ihr nicht anders als einsilbig und stammelnd antworten. Das verstärkte natürlich den Schmerz.
Zwischen uns stand der kleine geflochtene Korb mit den Walderdbeeren, rundherum herrschte eine eigenartige Stille, eine nahezu bewegungslose Dämmerung mit einem Ton dumpfer Erwartung. Sara beugte sich zu mir und sprach so leise, daß es mir schwerfiel zu verstehen, was sie zu mir sagte.

Sara: Hast du dich im Spiegel gesehen, Isak? Nicht? Dann werde ich dir zeigen, wie du aussiehst.

Sie holte einen Spiegel hervor, der unter dem kleinen Erdbeerkorb versteckt lag, und zeigte mir mein Gesicht: es war sehr alt und häßlich in dem sinkenden Abendlicht. Ich schob den Spiegel vorsichtig beiseite, und da sah ich, daß Sara Tränen in den Augen hatte.

Sara: Du bist ein ängstlicher alter Mann, der bald sterben wird, aber ich habe das ganze Leben vor mir. Siehst du, nun bist du ganz bestimmt verletzt.

Isak: Nein, ich bin nicht verletzt.

Sara: Doch, du bist verletzt, weil du die Wahrheit nicht vertragen kannst. Und die Wahrheit ist, daß ich viel zuviel Rücksicht genommen habe. Da wird man grausam, ohne es zu wollen.

Isak: Ich verstehe.

Sara: O nein, du verstehst nicht! Wir sprechen nicht dieselbe Sprache. Sieh noch einmal in den Spiegel. Nein, du sollst nicht wegschauen. Nun werde ich dir etwas sagen: Ich werde deinen Bruder Sigfrid heiraten. Er und ich lieben einander beinahe wie im Spiel. Siehst du nun, wie dein Gesicht wird. Versuch zu lächeln! So, ja, nun lächelst du.

Isak: Es tut so weh!

Sara: Du als emeritierter Professor solltest wohl wissen, warum es weh tut. Aber du weißt es nicht. Obwohl du so viel weißt, weißt du eigentlich gar nichts.

Sie warf den Spiegel weg, so daß er zersplitterte. Es begann in den Bäumen zu wehen, und irgendwo war Kinderschreien zu hören. Sie stand sofort auf und trocknete ihre Tränen.

Sara: Ich muß gehen. Ich habe versprochen, nach Sigbritts kleinem Jungen zu sehen, wenn er weint.

Isak: Geh nicht weg von mir.

Sara: Was sagst du?

Isak: Geh nicht weg von mir.

Sara: Du stammelst und stotterst so, daß ich nicht höre, was du sagst. Sicher hat es auch nichts zu bedeuten.

Ich sah sie zur Laube hinauf laufen und zu dem alten Haus, das sich in graue Dämmerung hüllte. Sie nahm das weinende Kind hoch und wiegte es in den Armen. Es dunkelte über dem See, und große Vögel flogen schreiend auf das Haus zu, das plötzlich häßlich und armselig aussah. Es lag etwas von Drohung und Entscheidung in dieser Dämmerung, im Weinen des Kindes, in den

Schreien der schwarzen Vögel. Sara wiegte das Kind, und ihre Stimme – sie sang fast –, klang sehr fern und traurig.

Sara: Armes liebes Kindchen mein. Du sollst jetzt ruhig schlafen und keine Angst haben vor dem Wind, keine Angst vor den Vögeln, den Krähen und Möwen, keine Angst vor den Wellen vom Meer, ich bin ja bei dir, ich halte dich fest, hab keine Angst, Kindchen, bald ist wieder Tag. Keiner tut dir etwas, ich bin bei dir, ich halte dich im Arm.

Aber ihre Stimme war traurig, und wieder und wieder liefen ihr Tränen über die Wangen, das Kind verstummte, als lausche es, und ich wollte mir die Lungen blutig schreien.

Nun sah ich, wie eine Tür des Hauses geöffnet wurde; jemand stand in der Tür und rief nach Sara, es war mein Bruder Sigfrid.

Sie lief zu ihm hin und reichte ihm das Kind, sie verschwanden im Haus und schlossen die Tür.

Plötzlich merkte ich, daß der Wind sich gelegt hatte und die Vögel weggeflogen waren, alle Fenster des Hauses leuchteten festlich. Über dem Horizont stand ein angenagter Mond, und Klaviermusik drang herunter zu mir in die Stille bei den wilden Erdbeeren.

Ich ging näher und preßte das Gesicht gegen das erleuchtete Fenster des Eßzimmers. Dort stand ein festlich gedeckter Tisch, und am Klavier saß Sara und spielte. Sie war in ein kostbares, doch altertümliches Gewand gekleidet und trug das Haar hoch aufgesteckt – das machte ihr Gesicht fraulich und reif. Jetzt trat Sigfrid ins Zimmer, und sie setzten sich zu Tisch. Sie lachten und scherzten, sie feierten irgendein Fest. Der Mond stieg höher am Himmel, und die Szene drinnen wurde undeutlicher. Ich klopfte, Einlaß begehrend, an die Scheibe, aber sie bemerkten mich nicht, sie waren zu sehr miteinander beschäftigt.

Auf dem Fensterblech lagen eine Menge Glasscherben, und bei meinem Versuch, mich bemerkbar zu machen, hatte ich mir, ohne es zu merken, die Hände zerschnitten.

Ich wandte mich ab und wurde vom Mondschein geblendet, der sich mir mit nahezu physischer Kraft entgegenwarf.

Ich hörte eine Stimme, die mich beim Namen rief, und nun sah ich, daß sich eine Tür geöffnet hatte. Jemand stand in der Öffnung, und ich erkannte Ingenieur Alman wieder. Er verbeugte sich höflich, doch gemessen, und bat mich einzutreten.

Er ging vor mir durch einen kurzen Korridor und schloß eine schmale Tür auf.

Wir traten in einen großen kahlen Raum ohne Fenster und mit treppenförmig angeordneten Bänken. Dort saß ungefähr ein Dutzend junger Leute, unter denen ich gleich Sara, Anders und Viktor wiedererkannte. An der einen Schmalseite hing eine schwarze Tafel, auf dem Arbeitstisch mitten im Raum stand ein Mikroskop.

Ich erkannte den Saal wieder, hier hatte ich meine poliklinischen Vorlesungen und Prüfungen abgehalten. Alman setzte sich und bat mich, an der Schmalseite des Tisches Platz zu nehmen. Einige Augenblicke studierte er ein paar Papiere in einer Akte. Die Zuschauer verhielten sich völlig still und ohne Bewegung.

Alman: Haben Sie Ihr Testatbuch mit?

Isak: Ja, gewiß. Bitte.

Alman: Danke.

Ich reichte ihm das Testatbuch, er blätterte zerstreut darin, dann wandte er sich mir zu und sah mich lange an. Danach deutete er auf das Mikroskop.

Alman: Wollen Sie so freundlich sein und die Bakterienprobe unter dem Mikroskop bestimmen. Nehmen Sie sich ruhig Zeit.

Ich erhob mich, ging zum Instrument und stellte es ein, aber wie ich auch manövrierte, ich konnte keine Probe entdecken. Das einzige, was ich sah, war mein eigenes Auge, das mich in wahnwitziger Vergrößerung anstarrte.

Isak: Das Mikroskop muß einen Fehler haben.

Alman beugte sich vor und schaute selbst hinein, dann sah er mich ernst an und schüttelte den Kopf.

Alman: Das Mikroskop hat keinen Fehler.

Isak: Ich kann nichts sehen.

Alman: Setzen Sie sich.

Ich sank auf den Stuhl und befeuchtete die Lippen. Niemand rührte sich oder sagte etwas.

Alman: Wollen Sie so freundlich sein und diesen Text hier lesen.

Er zeigte auf die schwarze Tafel, die hinter seinem Rücken hing. Dort stand wirklich etwas mit großen krummen Buchstaben geschrieben. Ich spannte meinen Verstand bis zum äußersten an, um das Geschriebene zu deuten.

Isak: INKE TAN MAGROV STAK FARSIN LOS KRET FAJNE KASERTE MJOTRON PRESETE!

Alman: Was bedeutet das?

Isak: Ich weiß nicht.

Alman: Aha.

Isak: Ich bin Arzt und nicht Philologe.

Alman: Dann kann ich Ihnen sagen, Professor Borg, daß an der Tafel das steht, was die erste Pflicht eines Arztes ist. Wissen Sie überhaupt, was die erste Pflicht eines Arztes ist.

Isak: Wenn ich nachdenken dürfte.

Alman: Nehmen Sie sich ruhig Zeit.

Isak: Die erste Pflicht eines Arztes, die erste Pflicht eines Arztes, die erste Pflicht eines Arztes . . ., nein, ich habe es vergessen.

Der kalte Schweiß brach mir aus, aber ich sah Alman immer noch gerade in die Augen. Er beugte sich zu mir herüber und sprach in ruhigem und höflichem Ton.

Alman: Die erste Pflicht eines Arztes ist, *um Verzeihung zu bitten.*

Isak: Ja, natürlich. Nun erinnere ich mich!

Ich lachte erleichtert, verstummte aber gleich. Alman schaute gelangweilt in seine Papiere und verbarg ein Gähnen.

Alman: Sie sind weiter der Schuld schuldig.

Isak: Der Schuld schuldig?

Alman: Ich notiere, daß Sie die Anklage nicht verstehen.

Isak: Ist das gravierend?

Alman: Leider, Professor.

Neben mir stand ein Tisch mit einer Wasserkaraffe. Ich goß mir ein Glas ein, verschüttete aber ziemlich viel auf den Tisch und das Tablett.

Isak: Ich habe ein schwaches Herz. Ich bin ein alter Mann, Ingenieur Alman, ich muß geschont werden. Das ist recht und billig.

Alman: Über Ihr Herz steht nichts in meinen Papieren. Wollen Sie das Examen vielleicht abbrechen?

Isak: Nein, nein. Um Gottes willen!

Alman stand auf und entzündete eine kleine Lampe, die an einem Draht von der Decke herabhing. Unter der Lampe, die sehr stark leuchtete, saß eine Frau in einem Krankenhauskittel, mit Holzpantoffeln an den Füßen.

Alman: Wollen Sie so freundlich sein, die Anamnese zu machen und der Patientin die Diagnose zu stellen.

Isak: Die Patientin ist ja tot.

Im selben Augenblick erhob sich die Frau und fing an zu lachen wie über einen gelungenen Scherz.

Alman beugte sich über den Tisch und schrieb etwas in mein Testatbuch.

Isak: Was schreiben Sie in mein Buch.
Alman: Meine Schlußfolgerung.
Isak: Und die ist?
Alman: Daß Sie inkompetent sind.
Isak: Inkompetent.
Alman: Des weiteren, Professor Borg, sind Sie angeklagt wegen einiger kleinerer, aber ernster Vergehen.
Isak schweigt.
Alman: Die Anklagen sind von Ihrer Ehefrau erhoben worden. Wollen Sie mit ihr konfrontiert werden?
Isak: Aber meine Frau ist seit vielen Jahren tot.
Alman: Glauben Sie, ich scherze? Wollen Sie so freundlich sein, mir gutwillig zu folgen. Sie haben übrigens keine Wahl. Kommen Sie.

Alman steckte das Testatbuch ein, gab mir ein Zeichen, ihm zu folgen, öffnete die Tür und ging vor mir hinaus in den Wald. Die Stämme standen sehr dicht, und es herrschte starke Dämmerung. Überall lagen umgestürzte, tote Bäume, und der Boden war von vermoderten Blättern, Reisig und Moos bedeckt. Bei jedem Schritt sank der Fuß in den weichen Teppich, und der Schlamm schwappte um unsere Schuhe.

Der Mond stand unbeweglich wie ein entzündetes Auge hinter dem Zweiggeflecht, und es war warm wie in einem Treibhaus.

Alman wandte sich um.
Alman: Passen Sie auf, Professor Borg, hier gibt es viele Schlangen.

Plötzlich sah ich einen kleinen blanken Körper sich winden und in einer von Almans wasserglänzenden Fußspuren verschwinden. Ich machte schnell einen Schritt zur Seite, trat aber beinahe auf ein großes graues Biest, das sich gemächlich davonmachte. Wo ich auch hinsah, überall schienen Schlangen hervorzuquellen, wie aus dem sumpfigen und porösen Boden geboren.

Schließlich kamen wir an eine Lichtung, wir blieben am Waldrand stehen, und da wir den Mond genau vor uns hatten, hielten wir uns im Schatten der Bäume. Vor uns lag ein Stück kahler Fläche, die nur von verschlungenen Wurzeln bedeckt war. Ein kleiner schwarzer Hügel hob sich davon ab, der senkrecht zu einem Wasserloch abfiel. An den Seiten standen hohe tote Bäume, die einander mit ihren gewaltigen Schatten gleichsam zu belasten schienen. Nun war ein kicherndes Lachen zu hören, und ich entdeckte drüben am Hang eine Frau. Sie trug ein langes schwarzes Kleid und hielt den Kopf halb abgewandt, sie machte abwehrende Bewegungen mit den Händen. Die ganze Zeit lachte sie erregt. Halb verdeckt, gegen einen Baumstamm gelehnt, stand ein Mann, und sein Gesicht, das ich nur undeutlich erkennen konnte, war groß und platt, er hatte jedoch sehr buschige Augenbrauen unter der stark vorgewölbten Stirn. Er machte irgendwelche Handbewegungen und sagte etwas, worüber die Frau unbändig lachte. Plötzlich wurde sie ernst, und ihr Gesicht bekam einen gehetzten, unzufriedenen Ausdruck, sie beugte sich herab und hob eine kleine Handtasche auf. Der Mann streckte die Hand vor und fing an wie zum Spaß die Haarnadeln aus ihrer kunstvoll aufgesteckten Frisur zu ziehen. Sie tat so, als sei sie sehr ärgerlich, und schlug wütend um sich. Das amüsierte den Mann, und er setzte sein Spiel fort. Als sie sich zurückzog, um in Ruhe gelassen zu werden, folgte er ihr und packte ihre Schulter. Sie blieb stehen, versteinert, und wandte ihrem Verfolger ein bleiches und erbittertes Gesicht zu. Er murmelte etwas und streckte die andere Hand nach ihrer Brust aus. Sie wich aus, konnte sich aber nicht befreien. Als sie merkte, daß sie gefangen war, begann sie sich zu drehen und zu winden, als ob der Griff des Mannes um ihre Schultern ihr große Pein verursachte. Der Mann murmelte die ganze Zeit unzusammenhängende Worte, wie zu einem Tier. Mit einemmal riß sie sich los und stolperte mit schleppenden Schritten, wobei sie in den Knien einknickte, einen weiten Halbkreis, während der Mann, atemlos abwartend, stehenblieb. Er schwitzte stark und wischte sich immer wieder mit der Hand übers Gesicht. Die Frau blieb erschöpft stehen und betrachtete den Mann mit weit offenem Blick und aufgerissenem Mund, auch sie war ganz atemlos. Dann lief sie weiter, strauchelte aber und fiel auf Hände und Knie, ihr großes Hinterteil taumelte über dem Boden wie ein schwarzer Ballon. Sie vergrub das Gesicht zwischen den Armen und fing an zu weinen, zitternd und immer noch den Körper wiegend. Der Mann fiel neben ihr auf die Knie, packte sie hart an den Haaren, zog ihr den Kopf hoch und das Gesicht zurück und zwang sie, die Augen zu öffnen; die ganze Zeit atmete sie mühsam. Sie schwankte und schien auf die Seite zu fallen, aber der Mann schob ihr die Beine auseinander und lehnte sich schwer über sie. Sie hielt plötzlich ganz still, mit geschlossenen Augen und aufgedunsenem, bleichem Gesicht. Dann fiel sie, wollte herum und umfing den Mann mit ihren gespreizten Knien.

Alman: Viele vergessen eine Frau, die seit dreißig Jahren tot ist, manche bewahren ein freundliches Bild. Sie aber können, wann immer Sie wollen, diese Szene in Ihrer Erinnerung wachrufen. Eigenartig, nicht wahr? Dienstag, den ersten Mai 1917. Sie haben an dieser Stelle gestanden und genau gehört und gesehen, was die Frau und der Mann sagten und taten.

Die Frau hatte sich aufgerichtet und den Rock über den kurzen, dicken Schenkeln geglättet, ihr Gesicht war leer und aufgedunsen, fast entstellt in seiner trostlosen Schlaffheit. Der Mann war aufgestanden und schlurfte herum, die Hände hingen an den Seiten herab.

Frau: Nun gehe ich nach Hause und erzähle Isak alles, und ich weiß genau, was er sagt: »Armes kleines Mädchen, wie leid du mir tust.« Als ob er Gottvater wäre. Und dann weine ich und sage: »Hast du wirklich ein bißchen Mitleid mit mir«, und er sagt: »Du tust mir unendlich leid«, und dann weine ich noch mehr und frage, ob er mir verzeihen kann, und dann sagt er: »Du sollst mich nicht um Verzeihung bitten. Ich habe nichts zu verzeihen.« Aber er meint nicht ein Wort von dem, was er sagt, wirklich, weil er völlig kalt ist. Und dann ist er sehr zartfühlend, und ich schreie ihn an, daß er wohl nicht recht bei Troste ist und daß einem von soviel verlogenem Edelmut speiübel wird. Und da sagt er, daß er mir etwas Beruhigendes holen wird und daß er ja alles sehr gut versteht. Und da sage ich, daß es seine Schuld ist, daß ich so bin, wie ich bin, und da sieht er sehr traurig aus und sagt, daß es seine Schuld ist. Aber im Grunde kümmert ihn überhaupt nichts, weil er völlig kalt ist.

Sie stand mühsam auf, schüttelte ihr Haar und fing an, es mit unendlicher Anstrengung zu kämmen und in die gleiche kunstvolle Frisur zu bringen wie vorher.

Der Mann hatte sich etwas entfernt auf einen Stein gesetzt. Er rauchte schweigend, ich konnte seinen Blick unter den vorstehenden Augenbrauen nicht sehen, aber seine Stimme war ruhig und voll Hohn.

Mann: Du bist ja nicht gescheit, wie du da herangehst.

Die Frau lachte und ging in den Wald. Als sie ein paar Schritte gegangen war, blieb sie stehen und schrie auf, dann sank sie, verzweifelt jammernd, in sich zusammen.

Frau: Mich hat eine Schlange gebissen. Komm her, hilf mir!

Ich lief zu der jammernden Frau, aber der feuchte Schlamm saugte sich an meinen Füßen fest, und es fiel mir schwer, sie zwischen den schwarzen Schatten der Bäume zu erkennen, ich hörte nur ihr tierisches Schreien.
Dann verstummte sie. Ich wandte mich um. Alman war mir gefolgt, lächelte sein sonderbares, schiefes Lächeln. Wir standen eine Weile schweigend.

Isak: Wo ist sie?

Alman: Das wissen Sie. Sie ist fort. Alle sind fort. Hören Sie nicht, wie still es ist? Alles ist ja wegoperiert, Professor Borg. Ein chirurgisches Meisterstück. Nichts schmerzt mehr, nichts blutet oder bebt mehr.

Isak: Es ist wirklich ziemlich still.

Alman: Eine in ihrer Art vollendete Tat, Professor.

Isak: Und was wird die Strafe sein?

Alman: Die Strafe. Das weiß ich nicht. Die alte, übliche, nehme ich an.

Isak: Die alte, übliche?

Alman: Ja gewiß. Einsamkeit.

Isak: Einsamkeit?

Alman: Genau, *Einsamkeit.*

Isak: Gibt es keine Gnade?

Alman: Fragen Sie mich nicht. Ich weiß nichts davon.

Bevor ich antworten konnte, war Alman verschwunden, und ich stand allein im vollkommenen Schweigen des vom Mond beschienenen Waldes.
Da hörte ich eine Stimme ganz dicht neben mir.

Sara: Willst du nicht mitkommen und deinen Vater holen.

Das Mädchen streckte die Hand aus, aber als sie mein Gesicht sah, zog sie sie sofort zurück.

Isak: Sara . . . Es war nicht so von Anfang an. Wenn du nur bei mir geblieben wärst . . . Wenn du nur ein wenig Geduld gehabt hättest.

Das Mädchen schien nicht zu hören, was ich sagte, sondern wurde ungeduldig.

Sara: Beeil dich.

Ich folgte ihr, so gut ich konnte, aber sie bewegte sich viel leichter und schneller als ich.

Isak: Ich kann nicht so schnell laufen, verstehst du.

Sara: Dann beeile dich doch.

Isak: Ich sehe dich nicht mehr.

Sara: Ich bin ja hier.
Isak: Warte auf mich.
Sie tauchte einen Augenblick auf, und dann war sie verschwunden, der Mond erlosch in undurchdringlichem Dunkel, und ich wollte in kindlicher, wilder Trauer weinen, aber ich konnte es nicht.
Im selben Augenblick erwachte ich.
Das Auto stand still. Das Unwetter war vorbei, aber es nieselte noch. Wir befanden uns in der Nähe der Strömsnäs-Fabrik, wo sich der Weg zwischen üppigem Laubwald auf der einen und strömendem Wasser auf der anderen Seite entlangschlängelte. Es war ganz still.
Die drei Kinder hatten das Auto verlassen. Marianne saß schweigend, sie rauchte eine Zigarette und blies den Rauch durch das offene Fenster. Ein starker, guter Geruch von nassem Grün wehte herein.
Isak: Was ist los?
Marianne: Die Kinder wollten ein Weilchen hinaus und sich die Beine vertreten. Sie sind dort drüben.
Sie deutete hinunter zur Strandwiese. Alle drei waren dabei, Blumen zu pflücken.
Isak: Aber es regnet doch noch.
Marianne: Ich habe ihnen erzählt, was heute für ein Tag ist, und da haben sie darauf bestanden, dich zu feiern.
Isak (seufzend): Ja, Herrgott.
Marianne: Hast du gut geschlafen?
Isak: Ja, aber ich habe geträumt. Stell dir vor, in den letzten Monaten habe ich die sonderbarsten Träume gehabt. Es ist wirklich komisch.
Marianne: Was ist komisch?
Isak: Es kommt mir so vor, als wollte ich etwas zu mir selbst sagen, was ich nicht hören will, wenn ich wach bin.
Marianne: Und was sollte das sein?
Isak: Daß ich tot bin. Obwohl ich lebe.
Marianne reagierte auffallend heftig. Ihr Blick wurde ganz schwarz, und sie holte rief Luft. Sie warf die Zigarette aus dem Fenster und wandte sich mir zu.
Marianne: Weißt du, daß ihr, du und Evald, euch sehr ähnlich seid.
Isak: Du hast es schon gesagt.
Marianne: Weißt du, daß Evald dasselbe gesagt hat wie du.

Isak: Über mich. Das glaube ich.
Marianne: Nein, über sich selbst.
Isak: Er ist ja erst achtunddreißig.
Marianne: Darf ich dir alles erzählen, oder langweilt es dich?
Isak: Ich bin dir dankbar, wenn du erzählst.
Marianne: Es war vor ein paar Monaten. Ich wollte mit Evald sprechen, und da nahmen wir das Auto und fuhren hinunter zum Meer. Es regnete, genau wie jetzt. Evald saß dort, wo du sitzt, ich fuhr.

(Blende)

Evald: Kannst du nicht die Scheibenwischer ausschalten?
Marianne: Dann sehen wir ja das Meer nicht.
Evald: Sie machen einen nervös mit ihrer Geschäftigkeit.
Marianne (schaltete aus): Wie du willst.

Sie sitzen ein paar Minuten schweigend und betrachten den Regen, der so still die Scheiben herabrinnt, und das Meer, das mit den Wolken in einem unendlichen Grau verschmilzt. Evald streicht sich über das lange, hagere Gesicht scherzend, ruhig.

Evald: Na, nun hast du mich also in der Falle. Was wolltest du mir sagen? Etwas Unangenehmes, natürlich.
Marianne: Ich wünschte, ich brauchte nicht mit dir darüber zu sprechen.
Evald: Ich verstehe. Du hast einen anderen gefunden.
Marianne: Nun sei nicht kindisch.
Evald (ahmt sie nach): »Nun sei nicht kindisch.« Was soll ich denn davon halten. Da kommst du und sagst mit Grabesstimme, daß du mit mir sprechen möchtest. Wir nehmen das Auto und fahren hinunter zum Meer. Es regnet, und dir fällt es schwer, deine Rede anzufangen. Herrgott, Marianne, heraus mit der Sache. Dies ist ein ausgezeichneter Augenblick für das äußerste Vertrauen. Aber spanne mich nicht unnütz auf die Folter.
Marianne: Jetzt muß ich aber wirklich lachen. Was glaubst du eigentlich, was ich erzählen wollte. Daß ich gemordet habe? Oder die Fakultätskasse veruntreut? Ich erwarte ein Kind, Evald.
Evald: Ach – das ist es.
Marianne: Genau. Das ist es. Und so unachtsam, wie wir in der letzten Zeit gewesen sind, brauchen wir uns nicht allzusehr darüber zu wundern, oder was meinst du?
Evald: Und du bist sicher.

Marianne: Ich habe gestern den Bescheid auf den Test bekommen.

Evald: Hm. Aha. Das war also das Geheimnis.

Marianne: Eins will ich dir aber gleich sagen: Dieses Kind werde ich haben.

Evald: Das war eine klare Auskunft.

Marianne: Ja. Das war es.

Marianne (nicht im Bild): Wir saßen lange schweigend, und ich fühlte, wie der Haß zwischen uns wuchs und groß und mächtig wurde. Evald schaute hinaus durch die verregnete Scheibe, pfiff ohne Ton, er sah aus, als fröre er. Mir war so kalt in der Magengegend, daß ich fast nicht aufrecht sitzen konnte. Da öffnete er die Tür, stieg aus und ging durch den Regen zum Strand hinunter. Er blieb unter einem großen Baum stehen, er stand dort eine ganze Weile. Schließlich stieg ich auch aus und ging zu ihm. Sein Gesicht und sein Haar waren naß, und der Regen rann ihm über Wangen und Mundwinkel.

Evald (ruhig): Du weißt, daß ich keine Kinder haben will. Du weißt auch, daß du zwischen mir und dem Kind wählen mußt.

Marianne (sieht ihn an): Armer Evald.

Evald: Sei so gut und bedaure mich nicht. Ich bin zu meiner Haltung bei vollem Verstand und nach reiflichem Überlegen gekommen. Es ist ungeheuerlich, in dieser Welt zu leben, aber noch ungeheuerlicher ist es, sie mit neuen Unglücklichen zu bevölkern, und am ungeheuerlichsten ist es, zu glauben, daß sie es besser haben werden als wir.

Marianne: Das sind Ausreden.

Evald: Nenn es, wie du willst. Ich war selbst ein unwillkommenes Kind in einer Ehe, die eine wahre Hölle war. Ist der Alte eigentlich sicher, daß ich sein Sohn bin? Gleichgültigkeit, Angst, Schuldgefühle und Verrat – das waren meine Kindermädchen.

Marianne: Das ist alles sehr rührend, aber das entschuldigt nicht, daß du dich in diesem Augenblick wie ein kleines Kind benimmst.

Evald: Ich muß um drei Uhr im Krankenhaus sein und habe weder Zeit noch Lust, weiter über diese Sache zu reden.

Marianne: Du bist feige!

Evald: Ja, das stimmt. Dieses Leben kotzt mich an, und ich denke nicht daran, eine Verantwortung auf mich zu nehmen, die mich zwingt, einen Tag länger zu existieren, als ich es selbst will. Das weißt du, und du weißt auch, daß es mir ernst ist und nicht irgendeine Art Hysterie, wie du am Anfang geglaubt hast.

Marianne (nicht im Bild): Wir gingen zum Auto, er etwas vor mir. Ich hatte angefangen zu weinen, ich weiß nicht, warum. Aber im Regen war es ja nicht zu merken. Wir setzten uns ins Auto, naß und durchfroren, aber der Haß tobte so stark in uns, daß wir die Kälte nicht spürten. Ich wendete und fuhr den Wagen hinauf zum Weg. Evald saß da und fingerte am Autoradio. Sein Gesicht war ganz ruhig und verschlossen.

Marianne: Ich weiß, daß das hier falsch ist.

Evald: Es gibt nichts, was richtig oder falsch ist. Man handelt nach seinen Bedürfnissen, das kannst du im Lesebuch der Volksschule nachlesen.

Marianne: Und was für Bedürfnisse haben wir?

Evald: Du hast ein ganz verdammtes Bedürfnis, lebendig zu sein, zu leben, Leben zustande zu bringen.

Marianne: Und du?

Evald: Mein Bedürfnis ist es, tot zu sein, endgültig und absolut tot.

(Blende)

Ich habe versucht, Mariannes Erzählung so genau wie möglich wiederzugeben, und da Marianne die ganze Zeit die indirekte Rede gebrauchte, erschien es mir natürlich, die Episode als eine Art Dialog wiederzugeben.

Das hat wiederum dazu beigetragen, meine eigene Reaktion zu untersuchen, die sehr gemischt war. Am stärksten habe ich jedenfalls eine gewisse Ergriffenheit gegenüber diesem Vertrauen verspürt, und als Marianne geendet hatte, sah sie so ratlos aus, daß ich mich veranlaßt fühlte, etwas zu sagen, obwohl ich mir selbst meiner Stimme nicht besonders sicher war.

Isak: Du kannst gern eine Zigarette rauchen, wenn du willst.

Marianne: Danke.

Isak: Warum hast du mir das alles erzählt?

Marianne antwortete nicht sofort. Sie nahm sich Zeit, die Zigarette anzuzünden, und machte ein paar Züge. Ich sah sie an, aber sie hatte den Kopf abgewandt und tat so, als betrachte sie die drei jungen Leute, die eine Limonade miteinander teilten.

Marianne: Ich sah dich zusammen mit deiner Mutter und wurde von einer geradezu besinnungslosen Angst ergriffen.

Isak: Das verstehe ich nicht.

Marianne: Ich habe so gedacht: Hier ist seine Mutter. Eine uralte Frau, durch und durch eiskalt, in gewisser Weise erschreckender als der Tod selbst. Und dort steht ihr Sohn, und ein Abstand von Lichtjahren ist zwischen diesen beiden Menschen. Und er selbst sagt, er sei ein lebender Toter. Und dann sah ich Evald, der auf dem Weg ist, genauso einsam und kalt und tot zu werden. Und ich dachte an das Kind, das ich in mir trage. Und dachte, daß ihm nur Kälte und Tod und Einsamkeit bevorstehen. Irgendwo muß das doch zu Ende sein.

Isak: Du fährst zurück zu Evald.

Marianne: Um zu sagen, daß ich auf seine Bedingungen nicht eingehen kann, ja. Ich will mein Kind haben. Keiner kann es mir wegnehmen. Nicht einmal der, den ich von allen Menschen am meisten liebe.

Sie wandte mir ein blasses, tränenloses Gesicht zu, und ihr Blick war schwarz und anklagend und verzweifelt, und ich fühlte mich plötzlich in einer Weise erschüttert, wie ich es bisher fast nie erlebt hatte.

Isak: Kann ich dir helfen?

Marianne: Niemand kann mir helfen. Wir sind zu alt, Isak, es ist schon zu weit gegangen.

Isak: Was geschah nach eurem Gespräch im Auto?

Marianne: Nichts. Am Tag darauf fuhr ich ab.

Isak: Hat er etwas von sich hören lassen?

Marianne: Nein, nein. Evald ist dir ziemlich ähnlich.

Sie schüttelte den Kopf und beugte sich vor, wie um ihr Gesicht zu schützen.

Ich fühlte, daß ich fror, es hatte sich ja durch den Regen merklich abgekühlt.

Marianne: Diese beiden armseligen Wesen, die ich aus dem Auto geworfen habe. Wie hießen sie doch gleich?

Isak: Ich dachte gerade an Alman und seine Frau. Sie erinnerten mich an meine eigene Ehe.

Marianne: Ich will nicht, daß es Evald und mir ebenso geht . . .

Isak: Armer Evald – er ist ja in all dem aufgewachsen.

Marianne: Aber wir lieben uns.

Das letzte klang wie ein gedämpfter Ausbruch, sie nahm sich sofort zusammen und führte die Hand zum Gesicht und faßte sich noch einmal.

Wir saßen eine Weile schweigend.

Isak: Wir müssen weiterfahren. Gib den Kindern ein Zeichen.

Marianne nickte, ließ den Motor an und hupte. Sara kam sofort lachend durch das nasse Gras gelaufen, ihre beiden Kavaliere dicht auf den Fersen. Sie reichte mir einen großen Strauß Wiesenblumen, der in nasses Zeitungspapier eingeschlagen war. Alle drei hatten schelmisch freundliche Augen, und Sara räusperte sich feierlich –

Sara: Wir haben gehört, daß du heute einen Festtag feierst. Nun wollten wir dir mit diesen einfachen Blumen gratulieren und dir gleichzeitig sagen, daß es uns *sehr* imponiert, daß du so alt bist und daß du seit fünfzig Jahren Doktor bist. Wir verstehen jetzt auch, daß du ein *weiser* und *kluger* Onkel bist. Einer, der *alles* über das Leben weiß und die ganze *Gebrauchsanweisung* auswendig gelernt hat.

Sie gab mir die Blumen mit einem kleinen ironischen Knicks und küßte mich auf die Wange. Die Knaben verbeugten sich und lachten verlegen. Ich konnte nicht recht antworten, ich dankte nur ganz kurz und etwas brummig. Die Kinder glaubten vermutlich, daß sie mich durch ihren Scherz verletzt hatten.

Nach ein paar Stunden Fahrt waren wir in Lund. Wir bewegten uns ganz vorsichtig durch die schmalen Straßen, und an einer Straßenecke wurden wir durch einen Begräbniszug aufgehalten. Es war ein altertümlicher Leichenwagen, vor den große schwarze Pferde gespannt waren. Einige Droschken folgen. Durch den Regen, der in Streifen über die Windschutzscheibe lief, erschien die düstere Prozession unwirklich und fern.

Noch einmal erinnerte ich mich des Traums vom Morgen, und noch einmal hatte ich ganz stark das Gefühl, als hätte sich etwas Endgültiges und Entscheidendes ereignet.

Als wir endlich vor dem Arzthaus anhielten, kam eine rundliche Frauensperson herausgestürzt und näherte sich uns mit ansehnlicher Geschwindigkeit. Zu meiner Verwunderung und angenehmen Überraschung entdeckte ich, daß es Fräulein Agda war.

Agda: Sie sind also doch noch gekommen! Evald und ich hatten die Hoffnung schon aufgegeben. Autofahren ist erholsam und praktisch, nicht wahr? Nun heißt es für den Professor, auf der Stelle in den Frack zu kriechen. Guten Tag, Marianne. Ich habe Evald auf Ihre Ankunft vorbereitet.

Isak: Ach, Fräulein Agda ist doch gefahren.

Agda: Ich betrachte es als meine Pflicht. Aber die Freude ist verdorben. Das kann man nicht wegreden. Was sind denn das für junge Leute? Sollen die auch mit zum Festakt?

Marianne: Das sind gute Freunde von uns, und sie müssen sofort in der Küche etwas zu essen bekommen. Wenn etwas da ist.

Agda: Ja, denk mal an, es ist etwas da. Hier war das eine und andere in Ordnung zu bringen, will ich nur sagen.

Evald kam uns in der Diele entgegen, er war bereits im Frack und machte einen nervösen Eindruck. Die Stimmung war äußerst hektisch, aber zum Glück war Fräulein Agda unerschütterlich als Fels in der Brandung. Ohne die Stimme zu heben, dirigierte sie (in ihrem Festkleid – das einzig für diese Gelegenheit geschneidert war) die Kinder, die Eheleute, die dienstbaren Geister und einen alten Professor in verschiedene Richtungen, und binnen zehn Minuten funktionierte alles in der besten Weise.

Vorher hatten Evald und Marianne und ich uns gerade noch begrüßen können. Ich will nicht behaupten, daß unser Wiedersehen von überwältigender Herzenswärme geprägt war. Das war in unserer Familie ja auch niemals üblich.

Evald: Guten Tag, Vater. Willkommen.

Isak: Guten Tag, Evald. Danke, Wie du siehst, habe ich Marianne mitgebracht.

Evald: Servus, Marianne.

Marianne: Kann ich mit meinen Sachen hinaufgehen?

Evald: Willst du wie gewöhnlich im Gästezimmer wohnen, Vater?

Isak: Danke, sehr gern.

Evald: Laß mich den Koffer nehmen. Er ist ziemlich schwer.

Isak: Danke, ich trage ihn selbst.

Evald: Hattet ihr eine schöne Reise?

Marianne: Ja danke, sie war angenehm.

Evald: Was sind das für Jugendliche, die ihr mithabt?

Marianne: Weiß nicht. Sie wollen nach Italien.

Evald: Sie wirken nett, nicht wahr?

Isak: Sie sind tatsächlich sehr nett.

Wir waren im Obergeschoß angelangt. Evald hielt höflich die Tür zum Gästezimmer auf, und ich trat ein. Agda kam, wie auf Kugellagern rollend, hinterher, drängte sich vorbei, ergriff den Koffer und stellte ihn auf einen Stuhl.

Agda: Ich habe neue Schnürsenkel gekauft. Und dann war ich so frei, die weiße Frackweste mitzunehmen, falls der Professor nach der Zeremonie zum Bankett gehen will. Und dann hatte der Professor Rasierklingen vergessen.

Sie packte aus, während sie ein surrendes Geräusch von sich gab, das bekümmerte Fürsorge ausdrückte. Ich hörte nicht zu. Ich lauschte statt dessen dem Gespräch, das Marianne und Evald draußen vor der halbgeschlossenen Tür führten. Ihre Stimmen waren distanziert, doch untadelig höflich.

Marianne: Nein, ich werde morgen fahren, beunruhige dich also nicht.

Evald: Willst du im Hotel wohnen.

Marianne (erheitert): Warum das? Wir können wohl noch eine Nacht zusammen schlafen, wenn du nichts dagegen hast. Hilf mir lieber auspacken.

Evald: Es ist nett, dich zu sehen. Und unerwartet.

Marianne: Gleichfalls. Gehen wir hinterher zum Bankett? Oder wie wird es.

Evald: Ich muß bloß Stenberg anrufen und sagen, daß ich eine Dame mitbringe. Er arrangiert so etwas . . .

Die Tür wurde geschlossen, und ich hörte nichts weiter von dem Gespräch. Ich hatte mich aufs Bett gesetzt, um die Schuhe auszuziehen. Fräulein Agda half mir, aber sie war nicht gnädig.

Ungewöhnlicherweise waren wir in diesem Jahr drei Jubiläumsdoktoren. Das umsichtige Rektorat hatte uns Greise in einem besonderen Raum untergebracht, während der Festzug draußen im großen Vestibül der Universität zusammengestellt wurde. Einen der Promovendi kannte ich zufällig, es war ein Schulkamerad von mir, der ehemalige Bischof Jakob Hovelius. Wir begrüßten uns herzlich und umarmten uns. Der dritte Greis wirkte verkalkt, er lehnte jedes Gespräch ab. Es war der frühere Professor für Römisches Recht, Carl-Adam Tiger, zu seiner Zeit ein großer Kämpe und ein Mann, der, nach Meinung der Examinanden, seinen Namen wirklich zu Recht trug.

Isak: Wie trostreich, eine andere alte Leiche zu treffen. Wie geht es dir denn, lieber Jakob?

Jakob: Nun, wir genießen unser Otium. Ob es allerdings cum dignitate ist, will ich ungesagt lassen.

Isak: Kennst du den dritten Promovendus?

Jakob: Gewiß. Das ist Professor Carl-Adam Tiger, Römisches Recht.

Isak: Der Tiger! Herrgott!

Jakob: Er hat noch drei Interessen in diesem Leben: eine dreißig Jahre alte Kränkung, ein Goldfisch und seine Verdauung. Was meinst du, ob wir genauso sind?

Jakob: Was glaubst du? Schopenhauer sagt irgendwo, daß der

Traum eine Art Wahnsinn sei und der Wahnsinn eine Art Traum. Aber das Leben soll ja auch ein Traum sein. Die Schlußfolgerung ergibt sich von selbst.

Isak: Erinnerst du dich, wie wir uns in unserer Jugend über die sogenannten Glaubensfragen stritten.

Jakob: Und ob ich mich erinnere.

Isak: Und was glaubst du heute?

Jakob: Weißt du, ich habe aufgehört zu grübeln. Die Gewißheit ist ja nun in Reichweite, an welchem Tag auch immer.

Isak: Stell dir vor, wie erstaunt du sein wirst.

Jakob: Oder du. Aber man hat ja das Recht, neugierig zu sein.

Tiger: Meine Herren, was denken Sie, ob man noch einen kleinen diskreten Gang machen kann, bevor das große Spektakel losgeht?

Isak: Ich weiß nicht, Professor Tiger.

Tiger (seufzt): »In dubio non est agendum«, wie die alten Römer sagten. Ich bleibe.

DIE PROMOTION

Was ist zu berichten? Trompetensignale, Glockenläuten, Salut aus Feldgeschützen, Menschenmassen, die gewaltige Prozession von der Universität zur Domkirche, die weißgekleideten Blumenmädchen, Königliche Hoheiten, Alter, Weisheit, schöne Musik, stattliche lateinische Sentenzen, die im gewaltigen Gewölbe widerhallten. Die Studenten mit ihren Mädchen, Frauen in prachtvollen hellen Kleidern, dieser seltsame Ritus voll bedeutungsschwerer Symbolik, und doch so bedeutungslos wie ein flüchtiger Traum.

Da sah ich Sara mit ihren beiden Jungen unter den Zuschauern vor der Kirche. Sie winkten mir zu und sahen plötzlich kindlich vergnügt und erwartungsvoll aus. Da war auch Evald unter den Dozenten, groß und ernst, gleichgültig und abwesend. In der Kirche sah ich Marianne in ihrem weißen Kleid, neben ihr saß Fräulein Agda, blaß vor verbissener Feierlichkeit. Die Ernennungsrede war langweilig – wie gewöhnlich. Das Ganze war unendlich lang – wie gewöhnlich –, und die Blumenmädchen durften hinaus in die Sakristei gehen und in den kleinen Silbernachttopf machen, aber wir Großen mußten wahrlich dort sitzen bleiben, wo wir saßen. Die Kultur hält bekanntlich diese Ewigkeitsaugenblicke raf-

finierter Tortur für uns bereit. Professor Tiger sah aus, als stürbe er, mein Freund, der Bischof, schlief, und mehr als einer der Anwesenden schien der Ohnmacht nahe. Selbst die Hinterteile, die während langjährigen akademischen Dienstes in Vorlesungen und Bibliotheken, bei verstaubten Disputationen und tristen Essen trainiert waren, begannen taub zu werden oder in stummem Protest zu schmerzen.
Ich ertappte mich, wie ich zu den Ereignissen des Tages zurückkehrte, und das war der Augenblick, in dem ich mich entschloß, die Erinnerung wachzuhalten und alles, was geschehen war, niederzuschreiben. Ich fand bereits jetzt, daß in dieser Kette von zufälligen und tumultartig verwickelten Ereignissen ein Schimmer geheimer Kausalität zu erkennen war. Gleichzeitig konnte ich es nicht vermeiden, mich an das Wort meines Freundes, des Bischofs, zu erinnern: »Der Traum ist eine Art Wahnsinn und der Wahnsinn eine Art Traum – aber das Leben soll ja auch ein Traum sein . . .«
Nach der Promotion gab es ein Bankett, aber ich fühlte mich sehr müde. Ich nahm ein Auto und fand Fräulein Agda voll damit beschäftigt, mein Bett so zurechtzumachen, wie ich es gewöhnt bin, nämlich sehr hoch unter dem Kopf und an den Füßen ordentlich festgestopft. Das Heizkissen war bereits eingestellt und mein Schlafmittel herausgelegt. Fräulein Agda half mir sofort aus Schuhen und Frack, und ich empfand ein großes freundschaftliches Gefühl für diese außerordentlich treue und taktvolle alte Dame. Ich hätte mich wirklich sehr gern wieder mit ihr ausgesöhnt und bereute meine gedankenlosen Äußerungen vom Morgen, sie hatte sie keineswegs vergessen, das merkte ich genau.
Isak: Na, war es schön bei der Feier?
Agda: Ja, danke.
Isak: Ist Fräulein Agda müde?
Agda: Das kann ich nicht ableugnen.
Isak: Wie wär's mit einer meiner Schlaftabletten.
Agda: Nein, danke.
Isak: Hm. Fräulein Agda. Ich bedaure das von heute morgen.
Agda: Ist der Professor krank?
Isak: Nein, wieso?
Agda: Ja, ich weiß nicht, aber das da klingt ziemlich beängstigend.
Isak: Nanu, ist es so ungewöhnlich, daß ich etwas bereue.
Agda: Will der Professor die Karaffe auf den Tisch haben?

Isak: Nein, danke.

Schweigend beschäftigten wir uns eine Weile.

Agda: Auf jeden Fall – danke.

Isak: Hm, Fräulein Agda.

Agda: Was wünscht der Professor?

Isak: Finden Sie nicht, Fräulein Agda, daß wir, die wir uns ein Menschenalter kennen, die Titel beiseite lassen und du zueinander sagen sollten!

Agda: Nein, das finde ich gar nicht.

Isak: Warum nicht, wenn ich fragen darf?

Agda: Hat der Professor die Zähne schon geputzt?

Isak: Jawohl.

Agda: Doch, ich werde es sagen. Ich bedanke mich für alle Intimitäten. Es ist gut so, wie es ist zwischen uns beiden.

Isak: Aber liebes Fräulein Agda, wir sind nun alt.

Agda: Was den Professor betrifft. Eine Frau ist auf ihren Ruf bedacht, und was sollen die Leute sagen, wenn wir beide plötzlich anfangen, du zueinander zu sagen!

Isak: Ja, was sollen die Leute sagen.

Agda: Sie würden sich lustig machen.

Isak: Handelt Fräulein Agda immer richtig?

Agda: Fast immer. In unserem Alter sollte man wissen, wie man sich zu benehmen hat. Nicht wahr, Professor?

Isak: Gutnacht, Fräulein Agda.

Agda: Gutnacht, Professor. Ich lehne die Tür an. Und falls etwas sein sollte, weiß der Professor, wo ich zu finden bin. Gutnacht, Professor.

Isak: Gutnacht, Fräulein Agda.

Ich wollte mich gerade ins Bett legen (bis jetzt hatte ich in meinem alten Schlafrock auf der Bettkante gesessen), als ich vom Garten her Musik und Gesang hörte. Ich glaubte die Stimmen zu kennen, ging zum Fenster und zog das Rouleau hoch. Draußen unter den Bäumen standen meine drei Reisebegleiter. Sie sangen nach Herzenslust, und Anders begleitete auf seiner Gitarre.

Sara: Hej, Vater Isak. Du warst phantastisch, als du in der Prozession gingst. Wir waren verdammt stolz, daß wir dich kennen. Nun fahren wir weiter.

Anders: Wir werden bis hinunter nach Hamburg mitgenommen.

Viktor: Von einer Diakonisse von fünfzig Lenzen. Anders ist schon restlos hin in die Tante.

Anders: Hör, halt die Klappe, du!
Viktor: Wir wollten nur in aller Eile adieu sagen.
Isak: Adieu denn, und danke für die Gesellschaft.
Sara: Adieu, Vater Isak. Verstehst du, du bist es, den ich liebe! Heute, morgen und alle Tage.
Isak: Daran werde ich denken.
Viktor: Adieu, Professor.
Isak: Adieu, Viktor.
Anders: Adieu, Professor. Nun müssen wir los.
Isak: Laßt mal von euch hören.

Das letzte sagte ich zu mir selbst und ziemlich leise. Die Kinder winkten mir zu und wurden von der Dämmerung eingehüllt. Ich hörte ihr Lachen, und dann waren sie in der Sommernacht verschwunden.

Im gleichen Augenblick hörte ich Stimmen in der Diele.

Es waren Evald und Marianne. Sie flüsterten mit Rücksicht auf mich, und ich hörte das Rauschen von Mariannes Abendkleid.

Ich rief nach Evald.

Er trat ins Zimmer, blieb aber an der Tür stehen.

Isak: Seid ihr schon zu Hause?
Evald: Marianne muß die Schuhe wechseln. Der Absatz ist abgegangen.
Isak: Ihr geht also noch tanzen?
Evald: Wir werden es wohl.
Isak: Oho.
Evald: Wie geht es sonst, Vater?
Isak: Danke, ausgezeichnet.
Evald: Das Herz hat sich ordentlich benommen?
Isak: Ausgezeichnet.
Evald: Ja, dann gute Nacht und schlaf gut.

Er drehte sich um und ging zur Tür. Ich rief ihn zurück. Er sah sehr verwundert aus. Ich fühlte mich selbst überrascht und war verwirrt, denn ich wußte ja gar nicht, was ich ihm sagen sollte.

Isak: Setz dich einen Augenblick.
Evald: Ist etwas Besonderes?

Er setzte sich gehorsam auf den Stuhl am Bett, das gestärkte Hemd raschelte, und seine Hände hingen etwas müde über den Knien.

Ich entdeckte, daß mein Sohn nachgerade in die mittleren Jahre kam.

Isak: Darf ich fragen, wie es zwischen dir und Marianne werden wird.
Evald schüttelte den Kopf.
Isak: Verzeih, daß ich frage.
Evald: Ich weiß nichts.
Isak: Ich habe nichts mit der Sache zu tun, aber . . .
Evald: Was?
Isak: Aber sollte nicht . . .
Evald: Ich habe sie gebeten, bei mir zu bleiben.
Isak: Und wie wird . . . Ich meine . . .
Evald: Ich kann nicht ohne sie sein.
Isak: Du meinst: allein.
Evald: Ich kann nicht ohne sie sein. Das meine ich.
Isak: Ich verstehe.
Evald: Es soll werden, wie sie es will.
Isak: Und sie will . . . Ich meine . . . Will sie?
Evald: Sie sagt, daß sie über die Sache nachdenken wird. Ich weiß es wirklich nicht.
Isak: Was diese Schulden betrifft, die du bei mir hast –
Evald: Beunruhige dich nicht, du wirst dein Geld bekommen.
Isak: Das habe ich nicht gemeint.
Evald: Du wirst dein Geld schon bekommen.
Evald stand auf und nickte mir zu.
In diesem Augenblick erschien Marianne in der Tür. Sie trug ein weißes, sehr einfaches, doch außerordentlich schönes Kleid.
Marianne: Wie fühlst du dich, Onkel Isak?
Isak: Danke, gut. Sehr gut.
Marianne: Ich hatte einen Absatz verloren. Deshalb mußten wir nach Hause, die Schuhe wechseln. Geht es mit diesen Schuhen?
Evald: Das geht sehr gut.
Marianne trat zu mir. Sie duftete sehr gut, und ihr Kleid rauschte so angenehm. Sie beugte sich zu mir herunter.
Isak: Danke, daß du mir auf der Reise Gesellschaft geleistet hast.
Marianne: Ich danke dir auch.
Isak: Ich mag dich, Marianne.
Marianne: Ich mag dich auch, Onkel Isak.
Sie küßte mich ganz leicht auf die Wange, und dann verschwand sie. Sie wechselten vor der Tür ein paar Worte, ich vernahm ihre Schritte auf der Treppe, dann schlug die Haustür.

Ich hörte mein Herz und meine alte Uhr, und ich hörte die Turmuhr elf schlagen, vier Viertelstundenschläge und elf volle dunkle Schläge.
Es begann zu regnen, nicht besonders stark, sacht und gleichmäßig, ein einschläferndes Geräusch. Die Straßenlaterne schaukelte an ihrem Draht und warf Schatten auf das weiße Rouleau.
Wenn ich unruhig oder betrübt bin, und ich will mich beruhigen, rufe ich mir die Erinnerungen aus der Welt der Kindheit ins Gedächtnis zurück. Das tat ich auch an diesem Abend, und ich dachte wieder an das Sommerhaus und an die Stelle, wo die wilden Erdbeeren wachsen, und an alles, was ich an diesem langen Tag erlebt, wovon ich geträumt oder woran ich mich erinnert hatte.
Ich saß unter dem Baum, dort wo die wilden Erdbeeren wachsen, und es war immer noch ein warmer, sonniger Tag mit lauem Wind in den Birken und weichen Sommerwolken. Vom Landesteg herauf waren die Stimmen meiner Geschwister und Onkel Arons zu hören. Die Tante kam gerade mit Sara vorbei, beide schwer an großen Körben tragend. Alle lachten und riefen einander zu und klatschten Beifall, als das rote Segel auf der alten Jacht gehißt wurde (eine uralte Reliquie aus der Kindheit der Eltern, ein närrischer Einfall unseres Großvaters, des Admirals). Sara drehte sich um, und als sie mich erblickte, setzte sie ihre Körbe ab und lief auf mich zu.
Sara: Isak, Lieber, es sind keine Erdbeeren mehr da. Tante möchte, daß du deinen Papa suchst. Wir segeln um die Landzunge und holen euch auf der anderen Seite der Insel ab.
Isak: Ich habe schon nach ihm gesucht, aber ich fand weder Vater noch Mutter.
Sara: Deine Mama wollte mit ihm gehen.
Tante: Sie sind sicher zusammen.
Isak: Ja, aber ich finde sie nicht.
Sara: Ich werde dir helfen.
Sie nahm mich bei der Hand, und mit einemmal befanden wir uns unten an einem schmalen Sund mit tiefdunklem Wasser. Die Sonne schien grell auf das gegenüberliegende Ufer, das sanft zu einem Birkenwäldchen anstieg. Am Strand jenseits des dunklen Wassers saß ein weißgekleideter älterer Herr, den Hut im Nacken und eine alte Pfeife im Mund. Er hatte einen weichen blonden Bart und trug einen Kneifer. Schuhe und Strümpfe hatte er ausgezogen, und in den Händen hielt er eine lange, schlanke Bam-

busrute. Ein roter Schwimmer lag unbeweglich auf dem dunklen Wasserspiegel.
Etwas höher hinauf saß meine Mutter, sie war sommerlich hell gekleidet und trug einen großen Hut, der ihr Gesicht beschattete. Sie las in einem Buch.
Sara ließ meine Hand los und zeigte auf meine Eltern.
Dann war sie verschwunden. Ich betrachtete die beiden auf der anderen Seite des Wassers lange. Dann versuchte ich, sie zu rufen, aber aus meinem Mund kam kein Wort.
Nun hob mein Vater den Kopf und erblickte mich. Er hob die Hand, winkte und lachte. Mutter sah von ihrem Buch auf, sie lachte auch und nickte mir zu.
Dann sah ich die alte Jacht mit ihrem roten Segel, wie sie so zierlich in der milden Brise kreuzte. Am Steven stand Onkel Aron, ein sentimentales Lied singend, und ich sah meine Brüder und Schwestern und die Tante, die sich wegen des Saftes beunruhigte, und Sara, die Sigbritts kleinen Jungen hochhob.
Ich rief sie, doch sie hörten mich nicht.
Ich träumte, daß ich am Wasser stand und über die Bucht rief, aber der laue Sommerwind trug meine Rufe davon, und sie erreichten ihr Ziel nicht.
Dennoch empfand ich deshalb keine Trauer, mir war vielmehr recht leicht uns Herz.

Stockholm, den 31. Mai 1957

Wie in einem Spiegel

(Såsom i en spegel)

I

Das Haus steht einsam auf der langen, sandigen Landzunge, stark gezeichnet von seiner ungeschützten Lage. Es ist zweistökkig und dunkelgrün, wo nicht Sonne und Wetter einen lichteren Seidenton aus dem Holz geschliffen haben. Die Rückseite ist einem großen, verwilderten Garten zugewandt, den ein hoher Bretterzaun zum Teil vor Einsicht schützt.

In dem Haus wohnen Leute. Ein Wäschestück flattert auf der Leine, und die Fenster unter den halbzerschlissenen Markisen stehen offen.

Aus dem wogenden, abenddunklen Meer dringen Rufe und Lachen. Plötzlich schaukeln vier Köpfe auf den Wellen, und gleich darauf bewegen sich vier Menschen auf den langgezogenen flachen Strand zu. Sie atmen heftig, wie nach einer zügigen Schwimmtour, und lachen erschöpft, sie zeichnen sich nebeneinander als vier schwarze Figuren vor der untergehenden Sonne und den unruhigen Lichtreflexen auf dem Wasser ab.

Zwei Männer, ein Junge und eine Frau.

Sie klettern auf den langen, vom Eis angenagten hölzernen Anlegesteg und hüllen sich in Handtücher und Bademäntel. Die Abendbrise ist schon etwas kühl, aber das Wasser noch mild und lau.

Karin: Wenn Papa und Martin das Netz auslegen, gehen Minus und ich die Abendmilch holen.

Martin: Ich finde, daß David und Minus heute abend die Netze auslegen sollten. Dann kann ich einen Spaziergang mit meiner Frau machen.

David: Können nicht Karin und ich die Netze auslegen und Minus und Martin nach der Milch gehen.

Minus: Ich werde weder nach der Milch gehen noch irgendwelche Netze auslegen. Ich bestimme selbst, was ich machen will.

Karin: Komm, Minus, wir gehen – du und ich. Wir haben uns den ganzen Tag nicht gesehen.

Martin: Warum müssen Frauen immer bestimmen.

David: Ich beschließe, daß wir es so machen, wie Karin es bestimmt. Da verlieren wir unsere Würde nicht. Und das ist die Hauptsache.

Karin: Stellt euch vor, wieviel Zeit wir gespart hätten, wenn Papa gleich auf die Idee gekommen wäre.

Alle lachen freundlich und gehen im Gänsemarsch auf das Haus zu: erst David, dann Fredrik (oder Minus) und Karin, zuletzt Martin. Minus klettert durch das Fenster, und Karin verschwindet zur Küchenseite hin. David und Martin zünden ihre Pfeifen an und betrachten den Sonnenuntergang.

David: Wollen wir hineingehen und uns anziehen oder gleich die Netze auslegen? Was meinst du?

Martin: Was meinst du?

David: Wird es nicht etwas kalt?

Martin: Findest du?

David: Mein Bademantel ist dünner als deiner.

Martin: Wenn du frierst, dann . . .

David: Ich! Nicht im geringsten. Frierst du?

Martin: Ich! Du hast gesagt, es sei kalt. Aber es ist windig, finde ich.

David: Wir härten uns ab. Virilität ist wichtiger als Gesundheit. Nicht wahr?

Martin: Kann Hemingway etwas, das wir nicht können? Vorwärts also.

Sie lachen kameradschaftlich und gehen zum Strandschuppen, wo die Netze zum Trocknen hängen.

Minus zieht ein paar verschlissene Jeans und einen dicken, viel zu großen Pullover an, kämmt sich das Haar nach der letzten Mode vor einem geborstenen Jugendzimmerspiegel und springt dann durchs Fenster hinaus.

Er stellt sich hin und brüllt nach Karin.

Da sie nicht antwortet, geht er geduckt um die Hausecke und taucht unter ihrem Fenster auf, er will gerade wieder rufen, hält aber inne.

Karin steht nackt drinnen und trocknet sich mit einem großen, flauschigen Handtuch ab. Sie ist halb abgewandt und beugt und dreht sich, während sie sich frottiert. Da sieht sie ihn und lächelt, wirft ihm das Handtuch ins Gesicht, das schlägt eine feuchte, duftende Dunkelheit um ihn, und er faßt es mit den Händen. Sie zieht sich an, ohne sich um die Blicke des Bruders zu kümmern, fährt mit einem Kamm durch das nasse Haar und nimmt eine dicke Strickjacke aus dem Schrank.

Sie nickt Minus zu, der sich unter das Fenster duckt und sich im

Rosengestrüpp verfängt. Sie treffen sich vor der Küchentür, wo die Milchkanne umgestülpt auf der Treppe steht.
Dann faßt Karin ihren Bruder um die Schultern, und sie machen sich auf den Weg, erst durch den Garten und dann in den Wald hinein. Der Bauernhof liegt auf der anderen Seite der Insel.
Die Sonne ist in einer undurchsichtigen Wolkenbank versunken, und es beginnt zu dämmern. Im Osten, weit draußen über dem Meer, steht ein Gewitter, und die lautlosen Blitze zeichnen haarscharfe Striche in die dunkelviolette Wand. Nun beginnt das Leuchtfeuer seinen weißen Lichtfleck über Strand und Wasser zu schwenken. Die Abendbrise läßt nach, und die Seevögel verstummen oder schicken ängstliche, dunkle Rufe über die lange Dünung.

David und Martin nehmen die Netze.
David: Meinst du, es kommt Gewitter?
Martin: Heute abend nicht.
David: Ja aber sieh mal die Wolkenbank dort drüben.
Martin: Hast du Angst vor Gewitter?
David: Ich habe eine verdammte und überhaupt nicht zu zügelnde Angst vor Gewitter. Jetzt in der Schweiz, wenn der Donner zwischen den Alpen rollte! Pfui Teufel!
Martin: Sonst hast du dich wohl gefühlt.
David: Ich habe mich nach Hause gesehnt. Aber ich hatte mir selbst das Versprechen gegeben, nicht abzureisen, bevor der Roman fertig war.
Martin: Und nun ist er fertig.
David: Ja. Ziemlich.
Martin: Und das Magengeschwür hat sich gut benommen.
David: Halbwegs. Du mußt mir etwas aufschreiben – der Klimawechsel macht mir zu schaffen.
Martin: Wir fahren morgen in die Apotheke, wenn du willst. Ich habe sowieso einiges zu erledigen.
Sie gehen zum Strand hinunter. Martin trägt das Netz über der Schulter. David holt die Ruder aus dem Bootshaus.
Martin: Hast du eigentlich meinen letzten Brief bekommen? Ich habe ihn vergangenen Montag abgeschickt.
David: Da war ich in Zürich bei Waldsteins, du weißt ja. Sie lassen schön grüßen.
Martin: Dann hast du also den Brief nicht bekommen.
David: Ich bin dann am Mittwoch direkt von dort geflogen.

Martin: Dann hast du ihn nicht bekommen.
David: Hm. War es wichtig?
Martin: Es ging um Karin.
David, der damit beschäftigt war, das Boot auszuschöpfen, richtet sich auf und wirft einen unruhigen Blick auf Martin, der noch auf dem Anlegesteg steht, das Netz über der Schulter.
David: Um Karin. Wieso?
Martin: Ja, ich weiß nicht. Aber ich meinte, ich müßte schreiben. Auch wenn es dich vielleicht in deinem Dichten stören würde.
Martins Tonfall ist eine Spur ironisch, er steigt hinunter ins Boot und setzt sich an die Ruder. David untersucht seine ausgehende Pfeife, steckt sie in die Bademanteltasche und macht das Boot los.

Karin und Minus laufen schnell durch den dämmernden Wald. Plötzlich bleiben sie stehen und lauschen.
Karin: Still.
Minus: Was.
Karin: Das war der Kuckuck. Hörst du nicht?
Minus: Nee.
Karin: Doch, nun mußt du ihn hören.
Minus: Wo denn.
Karin: Dort.
Minus: Dorten – forten. Höre trotzdem nichts.
Karin: Wann hat sich Brüderchen eigentlich das letztemal die Ohren gewaschen.
Minus: Laß gut sein. Du hörst zuviel.
Karin: Ja weißt du, das ist merkwürdig, aber seit der Krankheit habe ich ein so empfindliches Gehör. Das liegt vielleicht an den Elektroschocks. Starke, heftige Geräusche machen mich ganz verrückt.
Minus: Nun höre ich es auch.
Sie gehen weiter, aber langsamer.
Karin: Wie fandest du Papas Aussehen gestern, als er aus der Schweiz zurückkam?
Minus: Wieso – sein Aussehen?
Karin: Ich fand, er war ganz grau.
Minus: Er war wohl müde nach der Reise.
Karin: Ja.
Minus: Er sieht nicht besonders froh aus.
Karin: Weißt du, ob Marianne im Sommer herkommt?

Minus: Ich glaube, es ist Schluß. Martin murmelte etwas in der Richtung.
Karin: Armer Papa. Da ist er wieder allein.
Minus: Ich konnte Marianne nie leiden!
Karin: Sie spielte sich als etwas Feines und Besonderes auf, und Papachen wurde so klein. Und dann rümpfte sie die Nase über seine Bücher.
Wieder legte Karin den Arm um den Bruder. Das ist etwas unbequem, weil er so lang ist und große ungeduldige Schritte macht.
Minus: Papa muß mit diesem Buch Erfolg haben. Er *muß* gute Kritiken bekommen.
Karin: Aber alle Menschen lesen doch seine Romane?
Minus: Das ist es nicht, was wichtig ist. Er pfeift auf seine Verkaufserfolge. Er will *Dichter* sein, verstehst du.
Karin bleibt stehen und macht sich von Minus los, baut sich vor ihm auf und sieht ihm tief in die Augen. Dann lacht sie.
Minus: Worüber feixt du?
Karin: Darüber, daß du so groß bist, natürlich. Und so ernsthaft. »Er will *Dichter* sein, verstehst du.« (lacht) Sieh nicht so gekränkt aus. Ich liebe dich, kleiner Minus. Und es ist *schrecklich*, wie groß du geworden bist.
Minus: Sei nicht so albern.
Karin: Fünfzehn Jahre und fast drei Meter. Wo hast *du* denn dein Mädchen.
Minus: Wer, zum Teufel, meinst du, will mit mir zusammen sein.
Karin lacht wieder und nimmt ihn am Arm, zieht ihn mit sich, schaut von der Seite her in sein unwirsches, weiches Gesicht.
Karin: Nun mußt du nicht sauer sein, weil ich gelacht habe.
Minus: Ich kann es nicht leiden, wenn man mich auslacht.
Karin (sanft): Dann verzeih mir.
Minus: Du brauchst überhaupt nicht um Verzeihung zu bitten. Ich weiß, daß ich eine lächerliche Figur bin, über die man mit Recht lacht. Das ist nur nützlich.
Karin: Ich meine, daß Papa ein Dichter *ist.*
Minus: Nein, das ist er nicht. Und er kann es niemals werden. Wenn er es auch selbst nicht begreift.
Karin schüttelt den Kopf, antwortet aber nicht. Sie beschleunigen die Schritte, der Wald um sie herum wird immer dunkler. Irgendwo entfernt grollt das Gewitter. Karin bleibt stehen.
Karin: O nein, o nein. Nein.
Minus (leise): Was ist los?

Karin: Nein, nein. Nichts.
Minus: Bestimmt nichts?
Karin: Nein, nichts. Hab keine Angst. Es ist nichts. (Pause) Hörst du das Gewitter . . .
Minus: Na klar.
Karin stellt sich auf die Zehenspitzen und küßt den Bruder neben das Ohr. Dann eilen sie weiter.

Martin rudert um die Landzunge in die stille Bucht. David sitzt vornübergebeugt mit dem Netz in der Hand.
Martin: Edgar ist der einzige Psychiater, dem ich vertraue. Er hat sie die ganze Zeit betreut. Du kennst ihn?
David (nickt): Ja.
Martin: Als Karin jetzt vor einem Monat aus dem Krankenhaus nach Hause kam, hatten er und ich ein sehr eingehendes Gespräch.
David wirft ihm einen Blick zu.
Martin: Er konnte keine dauernde Besserung versprechen.
David: Und nun?
Martin: Scheint es ungewöhnlich gut zu gehen. Sie schläft nachts unruhig, und dann ist ihr Gehör so empfindlich geworden.
David: Was weiß sie?
Martin: Sie weiß eigentlich die ganze Wahrheit über ihre Krankheit, nur nicht, daß sie relativ unheilbar ist.
David: Du sagst relativ.
Martin: Edgar hat Patienten gehabt, die völlig gesund geworden sind. Hoffnung gibt es also immer.
David: Wie geht es euch so?
Martin: Ach, danke.
David: Das war ein kurzer Bescheid.
Martin: Ich frage mich nur, wieweit du interessiert bist. Eigentlich.
David: Die Frage ist motiviert. (lacht auf)
Martin: Die Tage gehen gleichmäßig ihren Gang. Ich war den ganzen Frühling hindurch mit meinen Poliklinikvorlesungen beschäftigt und mußte eine höllische Masse Kandidaten prüfen. Dann bin ich mit der Praxis umgezogen und habe ein bißchen mehr Bewegungsfreiheit bekommen. Aber das stand sicher in einem meiner Briefe.
Er verstummt, sieht seine Hände an, die die Ruder festhalten.
David: Und Minus!

Martin: Er hat genug mit sich zu tun.

Wieder Schweigen. Ein Schiff tutet auf See. Draußen vor der stillen Bucht rauscht die Brandung.

David: Es ist schwer zu sprechen.

Martin: Ja, das ist schwer. Bevor Karin krank wurde, waren wir das, was man glücklich nennt. Ehe ich die Katastrophe in ihrem ganzen Ausmaß erfassen konnte, waren wir dabei unterzugehen, sie und ich.

David: Du hast etwas in deinem Brief angedeutet.

Martin: Kaum, du warst ja mit deinem Roman beschäftigt, und ich wollte nicht stören.

David (schweigt, sieht weg): Ja sicher.

Martin: Ich habe begriffen, daß ich sie liebe und daß ich unverbrüchlich mit ihr verbunden bin, was auch geschieht. Ich bin ihr fester Punkt im Dasein geworden, vielleicht ihre einzige Geborgenheit.

David: Ich verstehe.

Martin: Sie sagt, daß ich ihr einziger Schutz gegen die Krankheit bin, und vielleicht ist es so.

David: Vielleicht ist es so.

Es herrscht Schweigen.

Martin: Wollen wir das Netz auslegen?

David: Ich hatte es gerade vor.

David senkt langsam das Netz in das schwarze Wasser, während Martin vorsichtig vorwärtsrudert. Dann und wann hört man entferntes Donnergrollen über dem Meer.

Der Lichtfleck des Leuchtfeuers ist weißer und härter geworden. Minus und Karin verlassen den Bauernhof, dessen Haus sich kohlschwarz von dem helleren Himmel abzeichnet. Eine Mondsichel hängt frostig über dem Horizont. Das Gewitter an der Nordseite zieht langsam östlich.

Minus trägt die Milchkanne. Karin hat einen Zweig abgebrochen und schlägt nach Mücken.

Die Nachtschwalbe ist von fern über den Feldern zu hören, die in mildem Licht ruhen, dampfend von feuchten Nebelstreifen.

Der Himmel ist bewölkt, die Nacht dennoch fast weiß und der Wald voller Leben.

Sie biegen vom Pfad ab zum Strand hinunter. Minus seufzt tief, wendet sein bleich gewordenes Gesicht zu Karin und wirft sich plötzlich lang auf die Erde, beißt sich auf die Finger.

Karin: Was ist mit dir?
Minus antwortet nicht.
Karin: Was ist, Minus?
Sie setzt sich neben ihn und wartet geduldig, bis er sich beruhigt.
Minus: Die Wände im Haus sind ja so dünn, ich höre, wenn ihr, du und Martin, zusammen seid, das macht mich verrückt, könnt ihr es nicht woanders machen?
Karin schweigt.
Minus: Du mußt dich in acht nehmen. Komm mir nicht zu nahe. Küß mich nicht und umarme mich nicht, wie du es immer tust. Lieg nicht halbnackt und sonne dich, mir wird übel, wenn ich dich sehe.
Karin: Aber Minus!
Minus (böse): Du begreifst sehr gut, was ich meine. Frauen sind so scheußlich. Sie riechen und haben so aufreizende Bewegungen und Bäuche, die sie vorwölben, und sie kämmen sich das Haar und schwatzen – man fühlt sich von all dem innerlich wie ein Kaninchen, dem die Haut abgezogen wurde.
Karin: Du Armer.
Minus: Ja natürlich, vielen Dank! Mitleid. Das kann ich selbst aufbringen, soviel ich brauche.
Er drückt die Stirn in den Sand und zieht die Schultern hoch, bedeckt Wangen und Ohren mit den Händen. Karin kriecht neben ihn, so daß ihr Gesicht seinem sehr nahe ist. Sie spricht ganz leise und sehr behutsam, es klingt wie ein beruhigendes und geduldiges Lallen.
Nach einer Weile richtet er sich auf. Die Spannung beginnt nachzulassen.
Minus: Erzähl Martin und Papa nichts, hm . . .
Karin: Du bist wirklich dumm jetzt.
Minus: Sieh mal, nun hab ich auch noch Milch verschüttet.
Er betrachtet bekümmert die Milchkanne, die schief im Sand steht. Karin nimmt sie und steht auf.
Karin: Komm jetzt, Minus.
Minus: Stell dir vor, ich könnte ein einziges Mal mit Papa sprechen. Aber er ist so verschlossen. (Pause, fügt hinzu:) Er auch.
Karin antwortet nicht, geht, in eigene Gedanken verloren.

Im Garten ist es immer noch mild, das Haus hält den Seewind ab, und die Wände strahlen noch Sonnenwärme aus. David und

Martin haben zum Abendbrot unter einem Baum gedeckt und ein paar Stallaternen in die Zweige gehängt.

Martin: Sich in die Fingerspitzen schneiden, das ist das Schlimmste, was ich mir denken kann.

David: Kleb ein Pflaster drauf.

Minus und Karin kommen aus dem Wald.

Minus: Hej. Was macht ihr?

Martin: Hej.

David: Martin hat sich in den Finger geschnitten.

Karin: Laß mal sehen.

Martin hält den Finger hin. Karin saugt das Blut ab, schaut, saugt wieder, wirkt sehr eifrig.

Karin: Es scheint tief zu sein. Wollen wir nicht ein Pflaster draufkleben.

Martin: Ein Heidenspektakel um meinen Finger.

David: Na, ist es nicht hübsch mit Laternen und Souper unter des Mondes Sichel.

Minus: Ich will nur die Milch in den Keller stellen.

David ist mit einem Topf herausgekommen, aus dem Düfte emporsteigen. Er hebt den Deckel und fordert Bewunderung heraus.

Karin: Du bist ein Meister im Kochen, Papa.

Martin: Riecht höchst bemerkenswert.

Minus: Wartet auf mich. (Ruf aus dem Keller)

Minus geht zu den anderen und atmet den Duft tief ein, macht ein vergnügtes Gesicht und klopft sich auf den Bauch.

Minus: Papa! Warum schreibst du nicht Kochbücher anstelle von Romanen.

Alle lachen eine Spur zu fröhlich und setzen sich um den Tisch. David serviert aus dem Topf. Martin gießt Bier ein. Karin schneidet Brot. Minus bedient sich aus der Kartoffelschüssel.

Martin: Zum Wohl denn, David, und willkommen zu Hause.

Man stößt an. Es wird Bier getrunken.

David: Wenn ihr wüßtet, wie ich mich nach dieser Stunde gesehnt habe.

Minus: Warum denn?

David: Ich habe mich jede Minute nach Hause gesehnt.

Minus: Nach uns?

David: Sogar nach dir.

Minus: Bleibst du nun hier?

David: Auf jeden Fall diesen Monat.

Karin: Was denn! Willst du *wieder* auf Reisen gehen!
David: Ja, das müßte ich eigentlich erzählt haben. Ich soll als Reiseleiter nach Jugoslawien. Das wird eine . . .
Karin: Reiseleiter! Aber warum?
David: Sehr schmeichelhaftes Angebot. Es geht um eine dieser Kulturdelegationen, verstehst du, und ich kenne das Land, also warum nicht?
Minus: Und dein Buch?
David: Ja sicher. Das wird doch vorher fertig. Ich habe mit dem Verlag gesprochen, und in der nächsten Woche liefere ich das ganze Manuskript ab.
Martin: Wie lange bleibst du weg?
David: Weiß nicht so genau. Vielleicht bleibe ich noch eine Weile in Dubrovnik, wenn die anderen zurückgefahren sind.
Einige Augenblicke herrscht Schweigen. David schaut von einem zum andern, lacht auf.
David: Ich fühle mich wie ein Verbrecher – irgendwie.
Minus: Du hast doch versprochen, daß du nach der Schweiz zu Hause bleiben würdest. Das hast du doch?
David: Ich erinnere mich dunkel, daß wir über die Sache gesprochen haben. Aber versprochen . . .
Minus: Du hast es versprochen, Papa.
David: Wie unangenehm.
Minus: Ja – das ist unangenehm.
Wieder Schweigen. Plötzlich beugt sich Karin vor und streichelt Davids Hand.
Karin: Wir wollten es uns doch schön machen heute abend, und gleich fangen wir allesamt an zu weinen.
David lachte verlegen und küßte seiner Tochter ganz flüchtig die Hand.
David: Ich habe doch Geschenke aus der Schweiz mitgebracht. Wartet, gleich . . .
Er beugt sich unter den Tisch und holt drei Pakete hervor, die er überreicht. Sie werden entgegengenommen und ausgewickelt. David sieht sich um, wie nach Hilfe suchend, dann steht er auf.
David: Entschuldigt, ich will nur meinen Tabak holen.
Minus hält eine Uhr in der Hand. Karin hat ein Paar elegante, aber zu enge Handschuhe bekommen, und Martin wickelt einen elektrischen Rasierapparat aus.
Als David außer Hörweite ist, gibt Minus seinen Kommentar.
Minus: Ich möchte zehn zu eins wetten, daß Papa auf die Sache

mit den Geschenken erst gekommen ist, als er schon in Stockholm war.
Karin: Nett war es jedenfalls.
Minus: Mir wäre das Geld lieber gewesen.

David geht eilig in sein Zimmer, schließt die Tür und bleibt atemlos mitten im Raum stehen, sieht sich unschlüssig um, als suche er etwas. Geht umher und berührt verschiedene Gegenstände, beginnt zu schluchzen, während er vom Schluckauf geschüttelt wird, ringt nach Atem, das Weinen wird heftiger, er schlägt wieder und wieder mit der Faust auf den Tisch, zwingt die aufwallende Verzweiflung nieder. Schließlich hat er sich in der Gewalt, er kramt die Tabakdose hervor und klemmt sie unter den Arm, nachdem er sich noch geschneuzt und die Augen getrocknet hat.

Als er zum Tisch zurückkommt, sind alle sehr taktvoll und überhäufen ihn mit Dankesbezeigungen.
Er setzt sich hin und stopft seine Pfeife, schiebt die Dose hinüber zu Martin und lächelt verlegen.
Karin: Wir haben auch eine Überraschung für dich, Papa.
David: Ungeheuer nett von euch.
Minus: Aber da müssen wir dir die Augen verbinden und dich mit hinüber zum Gartenhaus nehmen.
Karin: Du darfst nicht gucken, bevor wir Bescheid sagen.
David läßt sich erleichtert lächelnd die Augen verbinden. Danach wird er durch den Garten in die am ärgsten verwilderte Ecke geführt, wo ein altes, verfallenes Gartenhäuschen steht. Hier hat Minus aus ein paar Brettern einen primitive Bühne zusammengenagelt. Ein Wandschirm grenzt sie auf der einen Seite, ein verwitterter Birnbaum auf der anderen ab. Die löchrige Tür des Gartenhäuschens steht weit offen, und drinnen im Dunkel flackern drei Stearinkerzen. Die Bühne selbst wird von drei Petroleumlampen erleuchtet, die gleichzeitig die Rampe darstellen. Den Hintergrund bildet das dichte grüne Laub des Gartens, hier und da schimmern der vom Sonnenuntergang gefärbte Himmel und das Meer hindurch. Nachtfalter schlagen gegen die Kerzenflammen und werfen Schatten auf die weiße Wand des Gartenhauses.
David ist auf einem alten durchgesessenen Plüschsofa plaziert worden, die Binde wird ihm von den Augen genommen. Martin läßt sich unter dem Birnbaum nieder, mit der Gitarre im Arm.

Er schlägt ein paar Akkorde.

Minus tritt in einem dunklen Mantel auf, mit geschwärztem Schnurrbart und einem Holzschwert an der Seite. Aus dem Dunkel des Gartenhauses tönt zwölfmal dumpf der Eßzimmergong. Martin wendet sich zu David und spricht mit liebenswürdig verstellter Stimme.

Martin: Unser Drama heißt »Der künstlerische Spuk« oder »Das Grabgewölbe der Illusionen« und ist nicht geschrieben zum Vergnügen des breiten Publikums. Es ist eine Moralität, nur gedacht für Dichter und Skalden. Das Spiel kann beginnen.

Minus löst sich aus seiner Unbeweglichkeit und tritt an die Rampe.

Minus: Die Uhr hat zwölf geschlagen in der Kapelle der heiligen Teresa. Die Nacht ist still und ohne Sterne. Hier muß ich sie treffen, die Erwählte meines Herzens, hier bei diesem Grabgewölbe, das die Düfte des Todes atmet.

Martin schlägt ein paar Akkorde auf der Gitarre. Die Kerzen im Gartenhaus flackern in einem plötzlichen Luftzug. Dann wird es wieder still.

Minus: Jemand hat sich da drinnen bewegt. Vielleicht ist sie es. Ich verstecke mich, um sie nicht zu erschrecken.

Er geht hinter den Schirm, Martin schlägt einen neuen Akkord, diesmal düster und klagend. Karin erscheint für einen Moment in der Türöffnung, verschwindet, kommt zurück. Dann tritt sie auf die Bühne. Sie hat das Haar straff zurückgekämmt, auf dem Kopf trägt sie eine kleine Krone aus Silberpapier. Sie ist in einen großen schwarzen Schal gehüllt, und sie ist sehr bleich, ihre Augen sind schwarzumrandet. In der einen Hand hält sie ein Holzzepter. Sie schreitet würdevoll an die Rampe, verhält jedoch den Schritt, als Minus hinter dem Schirm sichtbar wird.

Minus: Wer bist du?

Karin: Ich bin die Prinzessin von Kastilien, gestorben im Kindbett, als ich dreizehn war. Mein Gemahl, der mein gleichaltriger Spielgefährte und geliebter Herr war, hat seinen Sinn anderen Frauen zugewandt.

Minus: Doch betrauert er dich?

Karin: Er war untröstlich. Jeden Morgen stieg er hinunter in mein Grabgewölbe und weinte den ganzen Tag. Am Abend mußte man ihn zurück ins Schloß tragen. Eines Tages war er plötzlich fort. Ein Dienstmädchen hatte ihn so gründlich getröstet, daß er verschlafen hatte. Danach trauerte er nur noch eine Stunde am Tag, und nunmehr kommt er jeden zweiten Sonntag zu einem Höflichkeitsbesuch. Seine Augen sind trocken, und er ist mit seinen Gedanken woanders.

Minus: Prinzessin, ich liebe dich!

Karin: Ich danke für deine Freundlichkeit. Aber wer bist du eigentlich. Du verstehst wohl, daß ich nicht mit jedem Beliebigen sprechen kann, auch wenn ich tot bin.

Minus: Fürchte dich nicht, schöne Dame. Ich bin König in meinem eigenen Reich, das zwar nicht groß ist, aber sehr arm. Ich bin Künstler.

Karin: Künstler?

Minus: Gewiß, Prinzessin. Ich bin Künstler reinster Rasse. Ein Dichter ohne Gedichte, ein Maler ohne Bilder, ein Musiker ohne Töne, sogar ein Schauspieler ohne Rollen. Ich verachte das fertige Kunstwerk, das banale Resultat simpler Anstrengungen. Mein Leben ist mein Werk, und es ist meiner Liebe zu dir geweiht, Prinzessin.

Karin: Das klingt schön, doch unglaublich.

Minus: Ich bitte dich, stell mich auf die Probe.

Karin lächelt traurig und tritt zu Minus, der auf die Knie fällt. Martin entlockt seinem Instrument drei spröde Töne. Karin fällt auch auf die Knie, ihrem Künstler gegenüber.

Karin: Hör gut zu. Ich verlasse dich in wenigen Augenblicken. Wenn die Uhr im Kloster zweimal schlägt, steigst du in das Grabgewölbe und löschst die drei Kerzen, die dort flackern. Im gleichen Augenblick wird die Tür für immer geschlossen, und du folgst mir in den Tod. Was dann geschehen wird, bleibt verborgen, und ich schwöre, daß ich in der Ewigkeit aller Ewigkeiten an deiner Seite sein werde.

Minus: Das ist ein leichtes Opfer, Prinzessin. Denn was ist wohl das Leben für einen *wirklichen* Künstler.

Sie erhebt ihre Hände zu seinem Gesicht und sieht ihn lange an und spricht plötzlich mit einer Wehmut, die einem doppelten Kummer entsprungen scheint.

Karin: So vollendest du dein Kunstwerk und krönst deine Liebe, so adelst du dein Leben und zeigst den kleingläubigen Menschen, was ein wahrer Künstler vermag. Leb wohl, mein Freund. Enttäusch mich nicht!

Martin spielt seine spröde Melodie. Karin verschwindet langsam im Dunkel des Gartenhauses.

Minus: Ich stehe vor dem äußersten Augenblick der Vollendung!

Und ich zittere vor Erregung. Das Vergessen soll mich besitzen, und nur der Tod soll mich lieben.

Der Eßzimmergong im Dunkel des Gartenhauses gibt zwei dumpfe Schläge von sich.

Minus: Nun denn, ich gehe. Nichts kann mich aufhalten.

Er wendet sich zur Tür, zögert dann aber, greift sich an den Kopf.

Karin (von innen): Ich warte.

Minus: Heilige Mutter Gottes, was ist es, das in meinem Kopf dröhnt, was ist es, das mir die Kehle zusammenpreßt und tief unten in meinem Leib pocht?

Karin (wie vorher): Ich warte.

Minus: Bei allen Teufeln, was tue ich da eigentlich. Das Leben opfern! Wofür? Für die Ewigkeit. Für das vollendete Kunstwerk. Für die Liebe! Bin ich verrückt geworden?

Karin: Ich warte.

Minus: Künstler! Wer sieht mein Opfer? Der Tod, ja. Wer mißt die Größe meiner Liebe? Ein Gespenst, ja. Wer dankt mir? Die Ewigkeit, ja.

Karin (traurig): Ich warte!

Minus: Meine Knie sind wie Lehm, und ich zittere am ganzen Körper, mein Magen führt sich außerdem höchst unpassend auf, und ich kann nicht hinaus in die Ewigkeit treten mit . . .

Karin (traurig): Nun warte ich nicht länger.

Die Türen des Gartenhauses werden mit einem Knall zugeschlagen. Die Kerzen drinnen verlöschen, und es wird still. Minus zuckt die Schultern.

Minus: Ich könnte natürlich ein Gedicht über meine Begegnung mit der Prinzessin schreiben. Oder ein Bild malen oder eine Oper komponieren. Allerdings müßte der Schluß eine mehr heroische Richtung bekommen. Laßt sehen: *Vergessen soll mich besitzen, und nur der Tod soll mich lieben.* Das ist nicht schlecht.

Minus legt den Finger an die Nase. Karin kräht irgendwo wie ein Hahn.

Minus: Die Hähne kündigen das Morgengrauen an. (gähnt) Ich gehe nach Hause und überschlafe die Sache. Das habe ich wirklich nötig.

Minus verschwindet gähnend hinter dem Schirm. Der Hahn kräht noch einmal im Gebüsch.

Minus (hinter dem Schirm): Ja, das war's.

David fühlt sich veranlaßt zu applaudieren. Martin hilft nach besten Kräften. Karin kommt auf die Bühne und verneigt sich tief, wie Schauspieler es zu tun pflegen.

David (ruft): Autor! Autor!

Karin zieht Minus heraus, der sich nach Art der Autoren sträubt. Gleichzeitig lächelt er breit, nicht ohne Selbstbewußtsein. David steht vom Sofa auf und drückt den Künstlern die Hand. Martin nimmt zwei Petroleumlampen und Karin die dritte. Die Gesellschaft begibt sich fröhlich plaudernd hinauf zum Haus.

Karin: Nun helfen wir alle beim Abdecken und Abwaschen, dann geht es schnell.

David: Das übernehme ich. Kann sowieso noch lange nicht einschlafen.

Martin: Kommt nicht in Frage.

David: Ich finde, es wäre *schön*, sich noch mit etwas zu beschäftigen, eine Stunde oder so. Ihr tut mir einen *Gefallen*.

Karin (lacht): Na *dann* werden wir uns nicht sperren.

Alle sagen gute Nacht zueinander. Minus bekommt noch mehr Lob für sein Drama. Martin geht mit den Petroleumlampen ins Haus.

David: Spürt ihr, wie mild die Luft ist, es wird morgen sicher schön.

Minus: Das Gewitter ist vorübergezogen.

Karin: Hab ich die ganze Zeit gesagt.

Martin (schaut heraus): Wer hat das Fenster offengelassen. Nun haben wir das Schlafzimmer voller Mücken, das wird ja fein.

Minus: Ein paar Mücken machen wohl nichts.

Karin: Gute Nacht denn, Papa.

David: Gute Nacht, Karin.

Minus: Gute Nacht, alle miteinander.

Man wechselt in der stillen, gleichsam unbeweglichen Nacht ein paar Worte. David hat sich am Tisch niedergelassen und raucht seine Pfeife. Er sieht, wie Karin und Martin das Nachtzeug zurechtlegen. Minus hat in seinem Zimmer an der anderen Seite der Diele Licht gemacht. Er zieht ein zerschlissenes Rouleau herunter. David seufzt leise und stellt das Geschirr zusammen.

Martin liegt auf seiner Bettdecke, er trägt einen alten, ausgeblichenen und ziemlich eingelaufenen Pyjama, dem die Knöpfe an der Jacke fehlen. Er hat die Brille in die Stirn geschoben und ist intensiv damit beschäftigt, die Nägel an der rechten Hand zu schneiden, was ihm schwerfällt.

Karin kramt im Zimmer und schleift Kleidungsstücke hinter sich her. Martin wirft dann und wann einen Blick in ihre Richtung.

Martin: Kannst du mir ein bißchen helfen.

Karin geht zum Bett und setzt sich, faßt seine Hand und betrachtet die Fingernägel, einen nach dem anderen.

Karin: Wie schwarz sie werden, wenn du im Garten wühlst. Das geht nicht weg.

Sie sitzt zur Lampe gewandt da, ihr Rücken ist gebeugt, die Zehen in den Sandalen sind gespreizt. Martin küßt sie auf die Schulter und gähnt.

Karin: Was für liebe Finger du eigentlich hast. Ganz weich und gut. Und der kleine Finger ist reinweg kindlich, nur der Daumen sieht eigensinnig aus.

Martin: Bist du traurig, Karin?

Karin: Nein, nicht richtig.

Martin: Woran denkst du?

Karin: Man ist manchmal so schutzlos. Nein, ich weiß nicht – übrigens.

Martin sieht sie an.

Karin: Wie Kinder, die in der Wildnis ausgesetzt sind, und es ist Nacht. Die Eulen fliegen vorbei und schauen einen mit gelben Augen an. Es tappt und knackt und säuselt und seufzt. Und all die feuchten Nasen, die schnüffeln. Und die Zähne der Wölfe.

Martin: Dann haben wir uns, du und ich.

Karin: Aber du siehst so ängstlich aus, ich weiß nicht.

Martin (lacht): Nein, ängstlich bin ich wirklich nicht.

Karin: Du sagst, es gibt keine Wölfe, sie sind doch nicht zu sehen, und eine Eule ist da auch nicht, ich höre nicht einen Laut, und das mit den Wölfen ist nur Einbildung.

Martin: Du mußt mir vertrauen, Karin. Kleine Kajsa.

Er faßt sie um die Schultern und dreht ihr Gesicht zu sich, versucht ihren Blick zu fangen. Sie weicht erst aus, sieht ihn dann aber lange ironisch an.

Karin: »Kleine Kajsa.« Das sagst du immer. »Kleine Kajsa«. Bin ich so klein, oder hat mich die Krankheit zu einem Kind gemacht. Meinst du, daß ich sonderbar geworden bin.

Martin: Glaubst du, daß ich die Wahrheit sage?

Karin: Ich weiß nicht.

Sie hält inne und sieht weg. Martin schiebt die Brille von der Stirn und setzt sie zurecht, nimmt Karin die Schere ab und fängt an, die Fingernägel der linken Hand zu schneiden.
Martin: Glaubst du nicht, daß ich dich liebe?
Karin (nickt): Ich glaube es.
Martin: Reicht das nicht?
Karin: Das reicht. Doch, doch.
Sie verfällt plötzlich in tiefen, schweren Trübsinn. Martin wird immer unschlüssiger, beginnt das Pflaster vom Zeigefinger abzuziehen.
Karin: Nein, laß sein, damit es nicht wieder blutet.
Martin: Es geht schon ohne.
Karin wandert wieder im Zimmer herum, planlos und unruhig.
Karin: Muß übrigens morgen waschen.
Martin: Komm und leg dich jetzt hin, Karin.
Karin: Hast du gemerkt, daß Papa Minus' kleines Stück als persönliche Beleidigung aufgefaßt hat. Er war sehr verletzt, versuchte aber, es nicht zu zeigen.
Martin: Glaubst du?
Karin (nickt): Minus war natürlich traurig.
Karin kommt endlich ins Bett, kriecht neben Martin, legt den Kopf an seine Schulter, er streicht ihr über Arm und Rücken.
Karin: Wollen wir ausmachen?
Martin macht sich los, wendet sich dann aber ihr zu, beugt sich über sie und beginnt sie mit großer Zärtlichkeit zu küssen.
Karin (zärtlich): Verzeih, wenn ich dich traurig gemacht habe.
Martin: Geliebtes kleines Kind.
Karin: Verzeih mir.
Martin: Liebste, Geliebte. Liebstes, liebstes Mädchen mein. Geliebtes Herz. Ich liebe dich. Du kannst mich nicht traurig machen.
Karin (flüstert): Du bist so gut, und ich bin so böse.
Martin streckt die Hand aus und erstickt die Flamme der Petroleumlampe. Sie schrumpft und schrumpft, verschwindet schließlich.

Die Meeresdünung ist entfernt, aber deutlich zu hören. In der Eiche vor dem Fenster pfeift schon eine Amsel. Minus dreht sich im Bett von einer Seite auf die andere, stößt die Decke weg, wirft das Kissen auf den Fußboden, setzt sich auf, legt sich hin, kneift die Augen zusammen, zieht das Laken übers Gesicht, aber nichts

hilft. Das zerschlissene Rouleau rasselt, die Amsel pfeift, dann und wann hört er Stimmen aus dem Schlafzimmer.
Schließlich wirft er das Laken ab und schiebt die Füße in die Schuhe, zieht den Pullover über den Kopf und springt durch das Fenster hinaus.
Dann rennt er zum Strandschuppen und wühlt eine Weile drinnen in der Dunkelheit, kommt mit einem Schlafsack heraus und rollt ihn draußen am äußersten Ende des Anlegesteges aus.
Da entdeckt er David, der um die Ecke kommt.
David: Ist es dir zu warm?
Minus: Es ist schöner, draußen zu schlafen.
Minus kriecht in den Schlafsack. David steht etwas entfernt auf dem Steg und schaut hinunter ins Wasser.
David: Minus!
Minus: Ja, Papa.
David: Verachtest du mich?
Minus: Nein. Wieso?
David: Ich habe so meinen Verdacht.
Minus: Ich würde irgendwann wollen . . .
David: Ja.
Minus: Nicht. Willst du heute nacht arbeiten?
David (nickt): Ich kann sowieso nicht recht schlafen.
Minus: Hej denn.
David: Gutnacht, Minus. Schlaf gut.
David nickt seinem Sohn zu und geht langsam hinauf zum Haus. Minus sieht ihm nach. Jetzt wird die Petroleumlampe im Arbeitszimmer angezündet.

Es ist kurz vor Sonnenaufgang, ein feuchtes, wartendes Schweigen. Das Meer ruht unbeweglich, der Himmel trägt schwere Regenwolken. Am östlichen Horizont brennt ein blutroter Streifen.
Karin, die unruhig an der Seite ihres Mannes geschlafen hat, fährt heftig aus dem Schlaf hoch und lauscht, als hätte jemand nach ihr gerufen. Sie setzt sich im Bett auf und sieht sich um. Der Raum ist schon hell, die leichten Gardinen vor den Fenstern sind nicht einmal zugezogen. Martin schläft gut, er hat ihr den Rücken zugewandt und liegt gekrümmt mit weit hochgezogenen Knien, die Hand unter der Wange. Sein Gesicht wird im Schlaf kindlich, fast einfältig. Er atmet kaum hörbar durch den halbgeöffneten Mund.

Karin lauscht der Stimme nach, die sie geweckt hat, doch jetzt ist es still. Von draußen, vom morgengrauen Meer kommt der hungrige Schrei eines Seevogels, die Armbanduhr zeigt Viertel nach drei, das Herz klopft unregelmäßig, und es pocht und knackt in dem alten Haus, als bewegte es sich ganz vorsichtig im Schlaf.

Sie trinkt ein Glas Wasser, legt sich auf den Rücken und starrt an die Decke. Ihre eine Hand tastet sich zu dem Mann hinüber und bleibt an seiner Schulter liegen.

Aber die Ruhe will sich nicht einfinden. Karin setzt sich wieder auf, fährt mit beiden Händen durch das Haar und steigt aus dem Bett. Sie hüllt sich in einen von der Sonne ausgeblichenen Bademantel, zieht Pantoffeln an und schleicht lautlos aus dem Zimmer. Im Treppenhaus, dessen Fenster zum Garten führt, herrscht noch Halbdunkel. Die mächtige Standuhr lehnt sich bedächtig gegen die Wand, und der eiserne Ofen wendet sich in rostigem Selbstmitleid ab, während sich ein unförmiges Wandsofa in schwerem Jugendstil in dem fließenden, unbestimmten Licht streckt.

Hier draußen ist es kalt, ein dumpfer Geruch nach altem Holz und sterbendem Haus. Die Treppe knarrt bei jedem Schritt, und das rotgemalte Geländer mit Verzierungen und Figuren schaukelt unmerklich.

Das Obergeschoß hat auch eine Diele, die früher einmal als Wohnzimmer diente, seltsam geformte Möbelungeheuer schlafen hier unter weißen Schutzlaken wie verschneite, seit langem tote Urzeittiere. Hier oben sind alle Räume unbewohnt und verfallen oder haben sich ganz ohne Pflege erhalten. Die Decke hat phantastisch geformte Flecken und gleicht einer Seekarte von unbekannten Meeren, die Risse in den Korkmatten auf dem Fußboden erinnern an große Wunden, vermoderte Dielenbretter sind zusammengesunken oder losgebrochen und entblößen die Füllung in Boden und Wänden. Die Tapeten sind gezeichnet von Feuchtigkeit und in der Sonne verblichen, hier und da sind sie ausgebeult oder haben sich gelöst und hängen in Fetzen von den Wänden. Karin bleibt zögernd in der Diele stehen, doch dann geht sie in das Zimmer, das zum Sonnenaufgang hin liegt. Sie versucht die Tür hinter sich zu schließen, aber der Rahmen hat sich verzogen, und das Schloß ist entzwei.

Dieses Zimmer ist unmöbliert, abgesehen von einem alten Sprossenstuhl und einem kleinen Kinderzimmertisch. Der Fuß-

boden, der einst breite weißgescheuerte Dielen hatte, ist teilweise aufgebrochen, und die Bretter stehen gegen die Wand gelehnt. Was sofort ins Auge fällt, ist indessen die Tapete des Zimmers. Sie ist grün, stellt aber eigentlich ein Blattwerk in verschiedenen Nuancen und Schattierungen dar. Stellenweise ist die Farbe völlig verblichen, und das Muster schimmert nur schwach und graubleich, aber in den Ecken und hinter den Bildern ist das Grün immer noch kräftig und dicht. An der Wand rechts vom Fenster befindet sich eine schmale Tapetentür, oberhalb ist ein feuchter Fleck explodiert und hat ein lachendes Mondgesicht geschaffen, mit einem leeren Auge, aufgesperrtem Mund und einer gewaltigen Kartoffelnase. Links vom Fenster ist die Blattmustertapete über einem Gewebe abgerissen worden, und dahinter ist eine steife bräunliche Komposition mit verblichenen Goldstreifen zum Vorschein gekommen.
Karin ist mitten im Raum stehengeblieben, in einer Gebärde versteinerten Lauschens, als warte sie darauf, daß jemand zu ihr sprechen werde. Sie hat den Morgenrock losgelassen und hält die Hand unbeweglich ausgestreckt, den Kopf bis zur Seite gewandt, und der Blick fixiert die rechte Wand.
Plötzlich entzünden sich an den schweren Blumenblättern der Tapeten kleine Flammen, ein heftiger Windstoß kommt von draußen vom Meer, und das Haus seufzt wie ein altes Schiff mit Masten und Tauen.
Die Sonnenscheibe wälzt sich aus der grauen Dünung, und kleine gelbrote Flammenzungen flackern über das Laubwerk der Tapete.
Karin atmet seufzend, in ihrer Kehle rührt sich ein Laut wie ein unterdrücktes Singen oder Jammern. Ihr Gesicht schwillt und verdunkelt sich, und ihre Augen werden bewußtlos glasig.
Dann sinkt sie langsam auf die Knie, die Beine weit gespreizt.

David hat über sein Romanmanuskript gebeugt dagesessen, zwischendurch ist er hin und her geschlendert, hat das Fenster zum Meer aufgerissen, hat immer wieder in die unwirkliche, fließende Dämmerung gestarrt. Er hat ununterbrochen geraucht, und die Augen brennen, es reißt in allen Nervensträngen, er kämpft mit leichter Übelkeit.
Der kompakte Stapel maschinengeschriebener Blätter (mit Streichungen und Berichtigungen, Änderungen und Zusätzen in

roter Tinte) liegt auf dem Schreibtisch. Im übrigen gibt es hier wenig Möbel – ein schmales Feldbett, ein Bord mit einer spärlichen Bücherreihe, ein Waschständer mit Schüssel und Kanne hinter einem Schirm, ein Schaukelstuhl und ein paar harte Sprossenstühle.

Er lehnt den Kopf gegen die Fensterscheibe und fühlt sich den Puls, er hat bestimmt Fieber, das beste wäre, ein paar Magnecyl-Tabletten zu nehmen. Er sucht auf dem Wandbrett über dem Waschständer zwischen all den Schachteln und Pillenröhrchen.

Grau und fröstelnd setzt er sich auf die Bettkante und versucht die Tabletten zu schlucken. Der Sonnenaufgang ist hinter den mächtigen Regenschauern über dem Meer schon erloschen, das Zimmer füllt sich mit einem harten, die Konturen verschärfenden Tageslicht.

David legt die Hand auf die Brust und atmet tief und mühsam, dann erhebt er sich und geht zum Schreibtisch, auf dem der Stapel maschinengeschriebener Blätter mit den vielen roten Narben liegt.

David (liest): *Sie kam ihm entgegen, keuchend vor Erwartung, flammend rot vom scharfen Wind . . .* (seufzt) Herrgott, Herrgott.

Er schiebt die Brille in die Stirn und verbirgt sein graues Gesicht in den Händen. Nach einigen Augenblicken geht er jedoch wieder an die Arbeit.

David (liest): *Sie kam ihm entgegen, keuchend vor Erwartung . . .*

Dann macht er einen langen, schmalen Strich durch den zweiten Teil des Satzes, betrachtet sein Werk. Dann streicht er ihn endgültig aus.

David: Sie kam ihm entgegengelaufen, das Gesicht entflammt vom scharfen Wind . . .

Er schüttelt den Kopf und beugt sich über den Bogen, schreibt mit der roten Tinte in Druckbuchstaben *Sie kam ihm entgegengelaufen.* Dann seufzt er und schüttelt den Kopf, macht einen dicken Strich durch das eben Geschriebene und schreibt resolut: *Sie trafen sich am Strand.*

Er dreht sich um. Karin steht in der Tür.

David: Hej, kleine Kajsa. Bist du schon wach. Es ist ja nicht später als vier oder so.

Karin: Hej Papa.

David: Wolltest du etwas?

Karin antwortet nicht, tritt aber ins Zimmer und schließt die Tür hinter sich, geht zum Vater, setzt sich auf seine Knie und legt die Arme um seinen Hals.

Karin: Quälst du dich?

David: Ich mache die Feinkorrektur an meinem Buch, verstehst du, und das ist nicht so vergnüglich.

Karin: Lies mir vor.

David: Später, wenn ich den Umbruch bekommen habe. Warum schläfst *du* nicht?

Karin: Da waren ein paar Vögel, die beim Sonnenaufgang so gräßlich geschrien haben, sie haben mich geweckt, und dann hatte ich Angst, wieder einzuschlafen.

David: Warte mal.

Er hebt die Tochter hoch und legt sie in sein Bett, breitet die Decke über sie, rückt das Kissen zurecht, streicht ihr schnell über Haar und Wange.

Karin: Genau wie damals, als ich klein war.

David: Nun wirst du einschlafen.

Er geht zum Schreibtisch und setzt sich dort hin. Karin schließt die Augen und gähnt. Die harte Spannung weicht von ihrem Gesicht, und sie kommt zur Ruhe.

David beobachtet seine Tochter – das bleiche Gesicht, dem die Sonne keine Farbe gegeben hat, das zerzauste dunkle Haar, die tiefen blauen Schatten unter den Augen.

Dann wendet er sich seinen eigenen Plagen zu: den verschlungenen Satzgebilden, den verhaßten Worten, der Banalität der Situationen und der dimensionslosen Armut der Figuren.

David: Sie trafen sich am Strand. Es war hoch am Tag, Herbst lag in der Luft. Es war hoch am Tag, Herbst lag in der Luft. Es war hoch . . .

Minus' Kopf erscheint im Fenster. Das Haar steht ihm zu Berge, und er ist munter und ausgeschlafen.

Minus: Papa. Pst!

David: Still. Karin ist gerade eingeschlafen.

Minus: Martin hat mich gebeten, die Netze einzuholen – willst du mitkommen.

David: Ich komme.

Er steht leise auf, zieht eine abgeschabte Lederjacke an und setzt eine alte Baskenmütze auf.

Minus erwartet ihn ungeduldig am Fuß der Treppe und vertreibt sich die Zeit, indem er sich im Handstand versucht, manchmal gelingt es.

Minus: Vorigen Sommer bin ich genauso gut auf den Händen gegangen wie auf den Füßen. Nun bin ich so lang geworden, daß ich die Balance verliere.

David: Das geht mir genauso.

Minus: Aha. Du meinst, geistig. Ich verstehe.

Minus ist sehr zufrieden damit, daß er das versteht. Er marschiert höflich neben dem Vater her.

David: Schreibst du jetzt selbst etwas?

Minus: Stücke.

David: Darf man etwas lesen?

Minus: Nein, danke. (Pause) Verzeih, es war nicht meine Absicht, dich zu verletzen. Aber ich finde, es ist bis jetzt noch schlecht.

David: Hast du viel geschrieben?

Minus: In diesem Sommer habe ich bisher dreizehn abendfüllende Stücke und eine Oper zusammenbekommen.

David: Alle Achtung.

Minus: Ja, es fliegt bloß so. Ist es bei dir nicht auch so?

David: Nein.

Minus: Wie hat dir das Stück von Karin und mir gestern gefallen? Ehrlich.

David: Es war recht hübsch.

Minus: Ich fand, es war Mist.

Minus springt hinunter ins Boot. David folgt ihm, gähnend. Karin erwacht fast im selben Augenblick, da sie alleingelassen wird. Erst liegt sie still und lauscht auf Davids und Minus' Stimmen, dann steht sie auf und geht zum Schreibtisch.

Sie öffnet die rechte Schublade. Darin liegt ein dickes schwarzes Notizbuch, fast vollgeschrieben mit der nervös pedantischen Handschrift des Vaters. Sie sinkt auf den Stuhl und liest langsam, gründlich, jedes Wort flüsternd.

Karin: Ihre Krankheit ist hoffnungslos mit gelegentlichen Lichtblicken. Ich habe es lange geahnt, aber die Gewißheit ist ebenso nahezu unerträglich. Mit Erschrecken merke ich meine Neugier. Den Drang, den Verlauf zu registrieren, konzis ihre schrittweise Auflösung zu notieren. Sie auszunützen.

Sie läßt das Buch sinken, legt es auf den Tisch, macht es zu, sitzt und schaut aus dem Fenster. Dann richtet sie sich auf, legt das Buch in die Schublade und geht schnell und leise ins Schlafzimmer, wo Martin immer noch mit der Hand unter der Wange schläft.

Sie läßt sich lachend auf ihn fallen und fängt an, ihn zu schütteln und an den Haaren zu ziehen.

Karin: Wach auf, Martin. Wie lange willst du schlafen? Die Sonne steht hoch am Himmel, und du sollst baden. Martin, wach auf!

Martin: Was. Wie spät ist es?

Karin: Es ist . . . Ja, es ist gleich zehn.

Martin: O Herrgott, habe ich so lange geschlafen.

Er setzt sich im Bett auf und blinzelt verschlafen auf seine Armbanduhr, schüttelt sie und horcht.

Martin: Du Teufel, es ist erst fünf.

Karin: Na und. Ich bin so schrecklich lange wach und habe schon so merkwürdige Erlebnisse gehabt. Und du schläfst einfach.

Martin: Komm her zu mir!

Karin: Nein, du sollst aufstehen, weil wir baden wollen. Papa und Minus sind draußen und holen die Netze ein.

Martin packt Karin mit festem Griff und zieht sie zu sich ins Bett. Karin schlägt die Arme um seinen Hals und küßt ihn auf den Mund. Sie umarmen sich heftig.

Karin: Dein einziger Fehler ist, daß du zuviel schläfst. Deshalb bist du nämlich so neunmalklug, will ich dir sagen.

Sie lacht und weint und umarmt ihn.

Martin: Liebes, Kleines, was ist?

Karin: Nichts weiter.

Sie drückt das Gesicht gegen seinen Arm, ihr Körper spannt sich, und sie wird still.

Martin: Was ist, Karin?

Karin: Ich muß etwas gestehen.

Martin: Na, heraus damit.

Karin: Als Papa vorhin rausging, habe ich in seinen Verstecken gewühlt, ich weiß nicht, was mir eingefallen ist, aber ich hatte plötzlich so eine Lust.

Martin: So.

Karin: Und dann fand ich sein Tagebuch.

Martin: So.

Karin: Da stand ja das eine und das andere.

Martin: Was?

Karin: Über mich.

Martin: Was hat er geschrieben?

Karin preßt ihr Gesicht immer härter gegen Martins Arm. Angst und Übelkeit hämmern in ihm. Karin schweigt lange, dann schüttelt sie den Kopf.

Karin: Das kann ich nicht sagen.

Martin: Über deine Krankheit?

Karin (nickt still): Ist es wahr, daß sie hoffnungslos ist?

Martin: Ich habe David gesagt, daß du möglicherweise einen Rückfall bekommen könntest. Es ist möglich, daß er mich mißverstanden hat. Keiner kann behaupten, daß deine Krankheit hoffnungslos ist.

Karin: Ehrenwort?

Martin (nickt): Ehrenwort.

Karin: Da stand auch noch anderes.

Martin: So.

Karin: Das kann ich nicht sagen.

Karin (schüttelt den Kopf): Nein, nein, das ist unmöglich.

Martin: Karin!

Karin: Du mußt ihn selbst fragen.

Sie wirft sich auf den Rücken und lacht, aber die Augen sind voller Entsetzen, sie streckt ihm die Arme entgegen. Er beugt sich über sie und küßt sie. Sie beantwortet seine Zärtlichleiten nicht.

Karin: Martin?

Martin: Ja.

Karin: Du mußt Geduld mit mir haben. Ich glaube sicher, daß die Lust eines Tages wiederkommt. Glaubst du das nicht auch?

Martin: Gewiß doch. Das ist doch klar.

Karin: Beunruhigst du dich deswegen?

Martin: Nicht im geringsten.

Karin: Ich bin schrecklich müde, aber ich finde, wir stehen auf jeden Fall auf und gehen baden. Es ist überhaupt nicht kalt.

Martin seufzt und lächelt ein verzerrtes, elendes Lächeln. Karin sieht ihn einen Augenblick an, steht auf dem Fußboden, eine Hand auf der Schulter.

Martin: Was ist?

Karin: Stell dir vor, Martin, du hättest eine ruhige und blühende Frau, die dir Kinder schenkt und den Kaffee ans Bett bringt. Die groß und schön und warm ist. Wäre das nicht auf jeden Fall gut?

Martin macht einen Schritt auf Karin zu, aber sie weicht mit einem flüchtigen Lächeln aus.

Martin: Dich liebe ich doch.

Karin: Ja, das schon. Aber trotzdem.

Martin: Ich will keine andere haben.

Karin scheint mit der Antwort unzufrieden und schüttelt den Kopf. Martin streckt die Hand mit einer hilflosen Geste aus.

Karin: Es ist so lustig mit dir. Du sagst immer genau die richtigen Worte und machst die richtigen Sachen. Aber es wird trotzdem falsch. Warum ist das so?

Martin sieht sie unverwandt mit gequältem Gesicht an. Aber sie läßt sich nicht erweichen.

Martin: Wenn ich etwas falsch mache, dann ist es aus Liebe. Das mußt du wissen.

Karin (kalt): Wer wirklich liebt, handelt immer richtig gegenüber dem Geliebten.

Martin (traurig): Dann liebst du mich nicht.

Langes Schweigen, dann streckt Karin die Hand aus und streicht Martin über die Wange.

2

Der Tag ist verhangen und warm. Es weht von Süden, und vor der Sandband wiegen sich weiße Gänse auf den Wellen. Über dem Meer regnet es, grauschwarze Gardinen ziehen die Horizontlinie entlang, dann und wann blitzt ein Sonnenfleck in dem graphitartigen Licht.

David und Martin wollen in die Stadt fahren, um einzukaufen. Sie stehen im Boot und haben gerade den Motor gestartet. Karin kauert an der Stegkante und gibt Anweisungen, was alles gekauft werden muß. Sie und Martin gehen ein letztes Mal die Liste durch, unterstreichen und schreiben hinzu.

David: Und dann wirf ein Auge auf den armen Minus, daß er nicht überm Latein einschläft.

Karin: Ich habe versprochen, ihn in Grammatik abzuhören.

David: Hej denn, mein Mädchen.

Kartin: Hej denn, Papa. Jesses, vergiß deinen Kognak nicht, und dann kannst du wohl auch ein bißchen guten Weißwein kaufen.

David: Genau das habe ich mir vorgenommen.

Karin: Hej Liebling! (Sie küßt Martin)

Martin: Hej. Wir sind zum Mittag zurück!

Karin reicht David die Leine, das Boot gelangt hinaus auf die

windbewegte Weite des Wassers und gewinnt an Fahrt. Sie steht auf und sieht ihnen eine Weile nach, eingehüllt in den warmen Wind. Da winkt Martin, und sie winkt eifrig zurück.
Danach geht sie, leise vor sich hin pfeifend, hinauf zum Haus, entdeckt einen Marienkäfer am Kleiderärmel und nimmt ihn auf den Zeigefinger, bläst vorsichtig und bringt ihn zum Fliegen.
Minus sitzt im Garten in der Fliederlaube. Er scheint mit seinen Aufgaben beschäftigt, kaut auf einem Bleistift und beugt sich über den Tisch.
Karin schleicht sich von hinten an ihn heran und nähert sich lautlos durch das hohe Gras. Plötzlich, als sie schon ganz nah ist, entdeckt er sie. Er ist sehr erschrocken, schlägt eine Zeitung, die er über der Lateingrammatik ausgebreitet hatte, zusammen und wirft sie zur Seite. Karin fängt sie auf, bevor Minus sie an sich reißen kann. Er starrt seine Schwester wütend an, will erst die Flucht ergreifen, macht aber nur ein paar Schritte, hält wegen Karins Lachen inne.
Minus: Worüber, zum Teufel lachst du?
Karin vernimmt den haßvollen Ton und hört sofort auf zu lachen. Sie gibt Minus die Zeitung zurück, er rollt sie zusammen, ohne Karin anzusehen.
Minus: So.
Karin antwortet nicht, setzt sich auf den Tisch, nachdem sie die Lehrbücher zur Seite geschoben hat, kratzt einen Mückenstich am Knie.
Minus: Du sagst nichts.
Er schmollt eine Weile, wirft dann die Zeitung vor ihr auf den Tisch und weist mit dramatischer Geste darauf.
Minus: Bitte sehr, sieh sie dir an, wenn's dir Spaß macht.
Sie nimmt die Zeitung und blättert darin, betrachtet ein Bild, wendet die Seite, schaut sich die nächste Seite an und wieder die nächste.

Folgende Fotos stammen aus dem Film ›WIE IN EINEM SPIEGEL‹.

Vierundzwanzig Stunden im Leben einer Familie auf einer Insel in der Ostsee. Die Tochter ist die Zentralfigur. Sie ist latent geisteskrank, und ihr Mann, ihr Vater und Bruder werden in ihr Schicksal einbezogen, jeder auf seine Weise.
Mit Gunnar Björnstrand, Harriet Andersson, Max von Sydow, Lars Passgard.

Karin: Welche Bilder findest du denn amüsant?
Minus: Äh.
Karin: Zier dich nicht wie eine alte Jungfer. Komm und zeig's mir.
Minus lacht kurz und freudlos, geht zu Karin und stellt sich neben sie. Karin sitzt immer noch auf dem Tisch. Er blättert mit einem schmutzigen Daumen und zeigt stumm.
Karin: Gefällt dir das Bild am besten?
Minus nickt.
Karin: Warum denn?
Minus (unglücklich): Weil sie so weich ist.
Karin: Ich finde auch, daß sie ganz süß ist.
Minus starrt verzweifelt auf das Bild und weiß nicht, wie er sich drehen und wenden soll, erleichtert, beschämt, ertappt, geniert und neugierig. Karin lacht.
Karin: Aber sie ist mächtig dick, nicht?
Minus: Und dann hat sie langes Haar bis zum – bis hinunter.
Karin: Nein, sie sieht nicht aus, als ob sie sich schwer täte.
Minus: Aber das hilft nicht einen Fatz.
Karin tut, als hörte sie den letzten Ausbruch nicht, und fährt fort zu blättern. Plötzlich reißt Minus die Zeitung an sich. Sie blickt auf. Sein Gesicht ist vor Wut verzerrt, er hat sich merkwürdig vorgebeugt.
Karin: Willst du mich schlagen?
Er spuckt ihr ins Gesicht. Karin mustert ihn ohne Furcht.
Karin: Verzeih mir. Es war meine Schuld.
Sie faßt seine Hand und hält sie ganz fest.
Karin: Beruhige dich nun, Minus. Es ist nichts Gefährliches. Man muß sich nicht darum kümmen.
Er versucht die Hand loszureißen, aber sie läßt nicht los.
Karin: Ich war dumm und neugierig. Verzeih mir.
Minus: Ich weiß nicht, was über mich gekommen ist. Ich will nicht, aber plötzlich ist es passiert.
Karin greift das Thema nicht auf, sondern zeigt auf die Lateingrammatik.
Karin: Hast du gelernt?
Minus: Es geht.
Karin: Kann ich dich abhören?
Minus: Wenn du Lust hast. (Pause) Ich frage mich, ob alle Menschen eingesperrt sind.
Karin (blättert in der Grammatik): Wieso?

Minus: Eingesperrt. Du in deinem, ich in meinem – jeder in seinem Kubus. Alle Menschen?
Karin: Ich fühle mich weder eingesperrt noch einsam.
Minus (düster): Dann habe ich wohl unrecht, wie gewöhnlich.
Sie lassen sich im Gras nieder. Karin kratzt sich an ihrem Mükkenstich. Der Wind ist lau und weich.
Minus streicht sich über das kurzgeschnittene Haar.
Eine ganze Weile mühen sie sich redlich mit der lateinischen Grammatik. Präsens und Imperfektum, Konjunktiv, gewisse indikative Nebensätze, die von einem Verb im futurum simplex bestimmt werden. Der referierende Konjunktiv hat den Indikativ ersetzt, um deutlich zu machen, daß der Satz eine Äußerung, eine Ansicht oder einen Gedanken wiedergibt. Affirmo me facturum esse ut possim – ich versichere, daß ich tun werde, was ich kann.
Beide gähnen, helfen sich, holpern, kehren zurück, schauen zusammen ins Buch, schütteln den Kopf, gähnen, legen sich rücklings ins Gras, setzen sich auf, nichts hilft, die Zeit vergeht sehr langsam, und der verhangene Sommertag umgibt sie mild.
Karin: Es ist schrecklich warm.
Minus: Und ich bin seit halb fünf auf.
Karin: Rauchen wir eine. Hast du welche?
Minus gräbt in der Tasche und fischt ein Päckchen heraus, in dem noch eine einzige, ziemlich zerdrückte Zigarette ist. Er teilt sie in der Mitte und reicht Karin die eine Hälfte. Sie zünden an und rauchen schweigend, sitzen mit gekreuzten Beinen einander gegenüber.
Schweigen.
Karin: Du Minus.
Minus: Hm.
Karin: Wenn man mit geöffneten Augen den Kopf lange zurück oder zur Seite gebeugt hält, kann das ziemlich schlimm sein, will ich dir sagen.
Minus: Schlimm?
Karin: Wenn auch verlockend. Doch das sage ich nicht zu Papa oder Martin. Sie verstehen es nicht, besonders Martin nicht, der ist so schwach und ängstlich und hat genug mit sich zu tun. Nein, sie verstehen es nicht und glauben gleich, daß ich krank bin. Glaubst du das auch?
Minus: Daß du krank bist? Nein, nein, das glaube ich nicht.
Karin: Ich wußte es doch. Weil du stärker bist. Oh, so viele Male

habe ich mit Dir über dieses Neue sprechen wollen. Es ist wie ein –

Sie hält inne und schaut Minus stumm und finster an, der begegnet ihrem Blick vollkommen ruhig.

Minus: Du kannst mir vertrauen.

Karin: Es ist schwer, nicht über das sprechen zu können, woran man jeden Augenblick denkt, aber ich glaube doch, daß *die anderen* nicht böse sein werden, wenn ich es dir erzähle.

Minus: Die anderen?

Karin: Nein, warte ab, Minus, du darfst mich nicht mit idiotischen Fragen hetzen. Entweder erzähle ich soviel, wie ich mich getraue, oder es ist ab sofort Schluß.

Minus: Man ist doch neugierig.

Karin: Ja, das kannst *du* sein.

Sie besinnt sich einige Augenblicke und zieht ein letztes Mal heftig an der Zigarette, kratzt mit dem Finger eine kleine Grube und begräbt die Reste.

Karin: Komm, ich werde dir etwas zeigen.

Sie geht schnell vor Minus her durch den Garten, ins Haus hinein und die Treppe hinauf zum Obergeschoß, öffnet die Tür zum Zimmer mit der Tapete.

Minus folgt ihr in schweigender Spannung. Sie schließt die Tür hinter ihm, geht zur Wand und streicht mit der Hand über die Tapete.

Karin: Ich gehe quer durch die Wand, verstehst du.

Minus antwortet nicht.

Karin: Ich habe keine Ahnung, wie es zugeht. Früh am Morgen werde ich davon wach, daß jemand mit energischer Stimme nach mir ruft. Ich stehe auf und gehe in dieses Zimmer. Es ist genau bei Sonnenaufgang, und ich spüre eine gewaltige Sehnsucht und eine gewaltige Macht. Eines Tages war da jemand hinter der Tapete, er rief mich, und ich schaute in die Kleiderkammer, aber da war es leer. Die Stimme fuhr fort, mich zu rufen, da habe ich mich gegen die Wand gedrückt, und sie öffnete sich wie Laubwerk, *und dann war ich da drinnen!*

Sie lächelt plötzlich ein flüchtiges, ironisches Lächeln und verstummt.

Minus: Was ist.

Karin: Du glaubst, ich denke mir was aus.

Minus schüttelt den Kopf.

Sie streicht wieder mit der Hand über die Tapete und scheint plötzlich abwesend. Minus befindet sich in größter Spannung, aber er wagt nicht, die plötzliche Stille zu stören.

Karin: Ich gelange in einen großen Raum, ganz still und hell, Menschen bewegen sich hin und her, und einige sprechen so mit mir, daß ich es verstehe. Das ist so schön, und ich bin so geborgen. Von einigen Gesichtern geht ein strahlendes Licht aus. Alle warten auf ihn, der erscheinen wird, doch keiner ist beunruhigt. Sie sagen, daß ich mit dabeisein darf, wenn es geschieht.

Minus: Warum weinst du?

Karin: Nein, es ist nichts, es ist nichts, nichts Gefährliches, aber ich habe manchmal so starke Sehnsucht, verstehst du, Minus. Ich sehne mich nach diesem Augenblick, wenn sich die Tür öffnen wird und alle Gesichter sich ihm zuwenden, der da kommt.

Minus: Wer ist es, der kommt?

Karin: Ich weiß nicht, keiner hat etwas Bestimmtes gesagt, aber ich glaube, daß Gott sich uns offenbaren wird. Daß er durch diese Tür zu uns in das Zimmer kommen wird. (Pause) Alle sind so still – und so sanft. Und sie warten. Und ihre Liebe . . . LIEBE . . .

Sie hält inne und wiederholt das Wort mehrere Male leise für sich selbst. Dann beginnt sie wieder zu sprechen, aber mit veränderter, gedämpfter Stimme.

Karin: Ich bin stark und kann meine Schuld tragen.

Minus: Hast du eine Schuld?

Karin: Ja, das habe ich. (Pause) Ich wende mich von Martin ab. Er steht da und ruft nach mir, aber ich kann ihm nicht helfen. Es wird nur ein Spiel.

Minus: Merkt er etwas?

Karin: Ich weiß nicht genau. Aber ich muß zwischen ihm und dem anderen wählen. Und ich habe mich entschlossen. Ich habe Martin geopfert.

Karin ist nun weit weg, gleichzeitig aber streng und klar, als spräche eine fremde Stimme aus ihr.

Minus (ängstlich): Ist das Wirklichkeit?

Ihr Gesicht erbleicht in einem Ausdruck von Schmerz, und sie schüttelt den Kopf.

Karin: Ich stehe mitten dazwischen, und manchmal werde ich unsicher. Ich weiß, daß ich krank gewesen und behandelt worden bin. Aber dies sind keine Träume, es ist Wirklichkeit. *Muß Wirklichkeit sein!*

Minus: Aber für mich ist es nicht Wirklichkeit. Nicht ein bißchen.

Sie antwortet nicht, steht still und streicht mit der Hand über die Muster und Flecken der Tapete. Ihr Blick hat sich draußen am Meereshorizont verloren.

Minus (leise): Für mich ist es nicht Wirklichkeit.

Karin: Doch. Ein Gott steigt herunter vom Berg. Er geht durch den dunklen Wald, überall Raubtiere in der Dämmerung und Schweigen. *Das* muß Wirklichkeit sein. Ich träume ja nicht, und ich sage die Wahrheit. Ich befinde mich mal in der einen, mal in der anderen Welt, und ich kann es nicht verhindern. Obwohl ich ja weiß, daß ich euch weh tue, dir und Martin.

Minus: Und Papa? Warum ihm nicht?

Karin: Das kann ich nicht erklären.

Minus: Warum nicht?

Karin: Dann würdest du ihn hassen, und das will ich nicht. Armer Papa mit seinem Neid. Du mußt nett sein zu Papa, Minus. Er hat es am schwersten.

Minus beobachtet seine Schwester, aber sie scheint in ihre Gedanken versunken.

Minus (leise): Wollen wir baden gehen?

Karin antwortet nicht.

Minus: Dann gehe ich allein.

Karin antwortet nicht.

Minus steht auf und geht mit gesenktem Kopf zur Tür.

Karin: Ich bin müde. Ich werde ein Weilchen schlafen. Mach die Tür zu, wenn du gehst.

Er dreht sich um. Karin hat sich auf den Fußboden gelegt. Sie liegt auf der Seite, die rechte Hand weit oben zwischen den Beinen, den Kopf nach unten gepreßt. Minus macht einen Schritt zu ihr.

Karin: Nein, laß mich. Geh weg. Ich will schlafen. Geh weg. Ich bin müde. Geh weg.

Minus zieht sich zur Tür zurück. Karin liegt unbeweglich. Er bleibt noch einmal stehen und betrachtet sie gespannt und mißtrauisch. Dann geht er hinaus und schließt die Tür hinter sich, steht einige Augenblicke horchend.

Minus: Was, zum Teufel, soll ich tun.

Er läuft schnell die Treppe hinunter. Rennt wieder hinauf, reißt die Tür auf und steht Karin von Angesicht zu Angesicht gegenüber.

Karin: Na, hast du nun dein Latein ordentlich gelernt?
Minus nickt.
Karin: Dann komm, wir gehen hinunter und machen weiter.
Minus nickt, schluckt.
Karin: Aber ich glaube, wir müssen erst ein bißchen Tee haben.
Sie geht vor ihm die Treppe hinunter. Auf der untersten Stufe dreht sie sich um und sieht Minus streng an.
Karin: Wirst du das hier Papa und Martin erzählen?
Minus: Was soll ich erzählen?
Karin: Du antwortest ganz schön listig, aber mich legst du nicht herein. Heute abend nimmst du Martin zur Seite und sagst, ich muß mit dir unbedingt über Karin reden. Und dann erzählst du alles.
Minus: Kannst du nicht selbst darüber reden?
Karin: Du mußt versprechen zu schweigen.
Minus: Ich verspreche es.
Karin: Du bist der einzige, der versteht. Aber wenn du zu irgend jemand auch nur ein Wörtchen sagst, dann hast du mich betrogen.
Minus: Ich verspreche es.
Sie gehen weiter durch die Diele in die Küche.

David und Martin haben mit dem Boot in einer geschützten Bucht angelegt und den Proviant hervorgeholt. Martin, der mit dem Essen fertig ist, sitzt da und wirft Steinchen ins Wasser. David trinkt Kaffee aus dem Thermosbecher. Beide schweigen.
David: Was ist passiert?
Martin: Wieso?
David: Du bist so schweigsam und fast feindselig.
Martin: Ich weiß nicht, ob es sich lohnt, mit dir über die Sache zu sprechen.
David: Ich bitte dich.
Martin: Es geht um Karin.
David: Karin. Ja?
Martin: Sie hat in deinen Schubladen gekramt und dein Tagebuch gefunden. Sie hat natürlich darin gelesen . . .
David: Nein. (Pause) Herrgott.
Er hebt in plötzlichem Erschrecken die Hand zum Gesicht.
Martin: Was hast du geschrieben?
David: Herrgott.
Martin: Karin wollte, daß ich dich frage.

David: Ich habe geschrieben, daß ihre Krankheit hoffnungslos ist. Ich schrieb auch, daß ich eine furchtbare Lust empfunden habe, den Verlauf zu studieren.

Martin starrt David an. Sein Gesicht ist vor Ekel verzerrt. David ist zusammengesunken, er reibt sich unentwegt mit einer Hand sein Knie.

David: Ich kann die Schuld nicht abwälzen. Und ich kann mich nicht verteidigen.

Martin: Es geht immer nur um dich und deins.

David schüttelt den Kopf.

Martin: Du bist vollkommen pervertiert in deiner Gefühlskälte. *Den Verlauf studieren.* Das ist bezeichnend.

David (ringt nach Atem): Du verstehst nicht.

Martin: Nein, das tue ich nicht. Aber eine Sache begreife ich: du jagst Themen. Die Geisteskrankheit deiner Tochter. Teufel – welch ein Stoff.

David (leise): Ich liebe sie, Martin.

Martin: Du liebst! In deiner Leere ist kein Raum für Gefühle, und dir fehlt gewöhnliche Anständigkeit. Du weißt, wie alles ausgedrückt werden muß, du hast die richtigen Worte für jeden Augenblick. Es gibt nur *eine* Erscheinung, von der du keine Ahnung hast: das Leben selbst.

David sieht Martin an.

Martin: Du bist feige und schlapp, aber in einem Punkt bist zu nahezu genial. In Ausreden und Entschuldigungen.

David: Was soll ich deiner Meinung nach tun?

Martin: Schreib dein Buch! Das gibt dir vielleicht, wonach du dich am meisten von allem sehnst: einen Durchbruch als Dichter. Dann hast du doch deine Tochter nicht vergebens geopfert. Ich kann ..., ich müßte ...

Er hält inne und beißt sich auf die Lippe. David sieht ihn an. Davids Gesicht ist zusammengeschrumpft, die Hand streicht immer noch rastlos über das Knie.

David: Sag doch, was du gedacht hast.

Martin: Du hast ja einen Gott, den du in deinen Romanen hofierst, aber ich kann dir sagen, daß dein Glaube und dein Zweifel sehr wenig überzeugend sind. Was am meisten in die Augen fällt, ist dein unheimlicher Erfindungsreichtum.

David: Glaubst du, ich weiß das nicht.

Martin: Warum machst du dann weiter. Warum nimmst du dir nicht etwas Anständiges vor?

David: Was sollte ich tun?

Martin: Hast du in deinem Schriftstellerleben ein einziges wahres Wort geschrieben, antworte mir, wenn du kannst.

David: Ich weiß nicht.

Martin: Da siehst du. Aber das Schlimme ist, daß deine Halblügen so raffiniert sind, daß sie der Wahrheit gleichen.

David: Ich versuche doch.

Martin: Kann sein. *Aber du kommst nie zum Ziel.*

David: Ich weiß.

Martin: Du bist leer und geschickt, und nun willst du deine Leere mit Karins Verlöschen füllen. Das einzige, was ich nicht verstehe, ist, wie du Gott in diesen Zusammenhang mischen willst. Er muß unergründlicher sein als je zuvor.

David: Darf ich dich nach einer Sache fragen, Martin?

Martin: Bitte sehr.

David: Hast du immer deine innersten Gedanken unter Kontrolle?

Martin: Ich bin gottlob nicht so kompliziert. Meine Welt ist sehr einfach. Und ziemlich klar und menschenähnlich.

David: Trotzdem hast du oftmals gewünscht, daß Karin sterben möge.

Martin: Nein. Absolut nicht. Man muß du sein, um auf eine solche Idee zu kommen.

David: Kannst du schwören, daß du diesen Gedanken niemals gedacht hast. Es wäre im Grunde recht logisch. Du weißt ja, daß ihr Fall hoffnungslos ist, und du weißt auch, daß in euerm Leiden kein Sinn ist. Also könnte sie genausogut tot sein.

Martin: Du bist grotesk.

David: Das hängt ganz davon ab, unter welchem Gesichtspunkt man es betrachtet.

David zündet seine Pfeife an, seine Hände zittern, aber sonst scheint er völlig ruhig.

Martin: Es ist sinnlos zu reden.

David (finster): Nicht ganz.

Martin: Ich liebe sie und bin machtlos. Ich kann nur danebenstehen und zusehen, wie sie sich in ein armes, gepeinigtes Tier verwandelt. Ich merke ja schon, daß ich sie nicht erreiche, daß sie sich von mir abwendet. Manchmal ist es fast so, als ob sie mich haßte.

David: Die Hauptsache ist, daß man von sich selbst gut denkt. Dann löst sich alles wie durch einen Zauber. Wenn man nur richtig handelt. Aktivität stärkt das Selbstgefühl und verhindert das Nachdenken.

Martin: Sprichst du von mir?

David: Das würde ich nicht wagen, also spreche ich im Prinzip. Und meine Ironie ist am meisten gegen mich selbst gerichtet, das kann ich dir versichern.

Martin: Aber du hast ja deinen Trost in der Religion.

David: Ja.

Martin: Und in der unerschöpflichen Gnade.

David: Ja.

Martin: Das ist *unbegreiflich,* nicht wahr?

David hebt den Kopf und schaut hinaus auf das bewegte Meer. In der Bucht duftet es nach Nadelwald und Algen. Seine Hand zittert immer noch, und die Pfeife ist erloschen.

David: Ich will dir etwas erzählen. Dort unten in der Schweiz entschloß ich mich, Selbstmord zu begehen. Ich hatte ein kleines Auto gemietet und einen Abhang ausgesucht. In größter Ruhe fuhr ich dorthin, es war eine sehr einsame Straße ohne Verkehr. Und es war Nachmittag, das Tal lag schon im Dunkel. Ich war leer, ohne Angst, Reue oder Erwartung. So bewegte ich mich auf den Abhang zu, gab Vollgas, der Motor streikte, stoppte, das Getriebe bremste; verstehst du, das Auto rutschte ein paar Meter in dem lockeren Schotter und blieb mit den Vorderrädern frei über der Kante hängen. Ich kroch heraus und begann am ganzen Körper zu zittern, ich mußte mich an eine Bergwand auf der anderen Seite des Weges setzen. Dort saß ich und rang mehrere Stunden nach Atem.

Martin: Warum erzählst du das?

David: Ich will dir sagen, daß ich keine Fassaden mehr aufrechtzuerhalten habe. Die Wahrheit bedeutet keine Katastrophen. Ich sehe mich selbst.

Er klopft seine Pfeife aus und bläst hinein. Martin beugt sich vor in einer verschlossenen, heftigen Angst.

Martin: Das hat nichts mit Karin zu tun.

David: Ich glaube doch.

Martin: Das verstehe ich nicht.

David: Aus meiner Leere wurde etwas geboren, das ich fast nicht zu berühren oder beim Namen zu nennen wage. Eine Liebe. (Pause) Zu Karin und Minus. Und zu dir.

Sie sitzen lange schweigend und unbeweglich.

David legt plötzlich seine Hand über Martins und zieht sie genauso schnell zurück. Es ist eine scheue, doch gleichwohl unzweideutige Geste der Freundschaft.

David: Eines Tages werde ich dir vielleicht erzählen. Jetzt wage ich es nicht. Aber *wenn* . . . Ich meine, *wenn* es ist, wie ich . . . Wir lassen die Sache bis auf weiteres.

Er lacht trocken. Martin steht auf und beginnt das Boot aus der Bucht zu staken. David startet den Motor.

Während der restlichen Fahrt sprechen sie kaum miteinander. Am Nachmittag kommen sie in einen kräftigen Regen.

Minus und Karin haben sich am äußersten Ende des alten Anlegestegs niedergelassen. Er ist eifrig damit beschäftigt, einen alten Schaukelstuhl anzumalen, und sie säubert Fische zum Abendbrot. Minus pfeift dann und wann ein paar Takte, erinnert sich sofort seiner Bedrücktheit und verstummt.

Karin steht auf und streicht sich mit dem Handrücken über das Haar.

Karin: Nun kommt der Regen.

Minus hält inne und streckt die Hand aus, zieht sie aber gleich zurück.

Minus: Nicht doch!

Aber Karin bleibt stehen und sieht hinaus aufs Meer.

Karin: Doch, nun kommt der Regen.

Minus folgt ihrem Blick.

Das Meer ist grau und fast still. Die Wolken ruhen schwer auf dem Horizont. Alle Geräusche sind gedämpft.

Minus: Ich glaube nicht, daß daraus was wird.

Karin wickelt das Zeitungspapier mit den Fischresten zusammen, die Filets hat sie in eine Tonschüssel gelegt. Dann nimmt sie die Schürze ab.

Karin: Doch, nun kommt der Regen.

Sie zieht eine schmerzliche Grimasse, streicht sich wieder mit der gleichen unruhigen Bewegung übers Haar. Sie geht hinauf zum Haus, bleibt einen Augenblick stehen und dreht sich um, geht aber fast augenblicklich weiter. Minus sieht hinaus auf das Meer, seine Unruhe bricht plötzlich hervor.

Ein Vogel schreit über seinem Kopf. Es klingt ängstlich, und er sucht ihn mit dem Blick. Er ist wieder und wieder zu hören, erschreckend und auffordernd. Jetzt fährt ein schwarzer Windstoß über das Wasser, es gluckert und schwappt unter dem Steg, und Minus friert in der Sommerwärme.

Die Unruhe übermannt ihn, er läuft durch den Garten zum Haus, ruft nach Karin. Niemand antwortet.
Er geht ins Haus. Sucht und ruft. Aber Karin ist weg.
Nun ist er im Zimmer mit der Tapete. Die Tür zur Kleiderkammer. Leere und Stille.
Dann und wann schreit der Vogel beängstigend und auffordernd. Minus läuft die Treppe hinunter und bleibt unschlüssig in der Diele stehen. Die Tür zur Küche steht halb offen, die Gardine weht im plötzlichen Luftzug. Das Meer beginnt zu wogen und zu murmeln. Er stürzt aus dem Haus, eilt durch den Garten und hinunter zum Strand, läuft am Ufer entlang.
Schließlich bleibt er atemlos bei einem an Land getriebenen Wrack stehen.
Es ist eine alte Schute mit gebrochenem Mast und zerschlagenem Steven. Die Luken gähnen schwarz und offen. Verrottete Takelage und Seilreste hängen um Reling und Planken. Das Ruderhaus mit seinen zerschlagenen Fenstern und seinem eingesunkenen Dach stützt sich gegen einen aufrechtstehenden Maststumpf.
Die Schraube ruht an einem sandigen Rasenhang, der sich einige Meter ins Wasser vorschiebt.
Oben auf dem Hang ist ein Seezeichen angebracht.
Minus klettert auf das Wrack und horcht einige Augenblicke. Dann schleicht er vorsichtig zur Lastluke und schaut in das Dunkel, kann aber nichts erkennen.
Da klettert er hinunter in den Lastraum.
Der Rumpf hat große Risse in den Wänden, hier und da sickert das Tageslicht herein, und durch die Lukenöffnung dringt ebenfalls ein grauer Schein. Im Steven strömt das Wasser ein und aus, aber achtern ist der Fußboden fest und unbeschädigt.
Als Minus' Augen sich gewöhnt haben, erkennt er weit hinten in der Dunkelheit eine Gestalt, und er hört Atemzüge.
Minus: Karin!
Keine Antwort.
Minus: Karin! Bist du es?
Er sieht, daß sie ihm die Hand entgegenstreckt, und er tritt näher. Sie liegt zusammengekrümmt in der Ecke, wie ein Tier, das Gesicht ist schmutzig, und sie hat den Rock bis über den Bauch hochgezogen. Minus fällt neben ihr auf die Knie und versucht ihren Blick zu fangen.
Minus: Ich bin es, Karin.

Karin antwortet nicht, aber sie schiebt ihr Gesicht dicht neben seins. Ihre Augen sind geschlossen, und der Atem ist heiß und fiebrig.
Plötzlich hat sie sich an ihn geklammert, und er stürzt über sie, versucht sich freizumachen, vermag es aber nicht, sinkt tiefer in sie hinein. Er sieht nackte Haut schimmern, spürt den Duft von Tang, verrottetem Holz, Meeresgrund. Sie hält ihn mit Armen und Beinen fest an sich gedrückt, aber ihr Gesicht ist abgewandt und ihr Mund fest geschlossen.
Jetzt beginnt der Regen auf das Deck zu pladdern. Langsam macht Minus sich los und hebt den Kopf. Er sitzt an ihrer Seite, unfähig sich zu rühren, während ihm das Weinen im Hals stekkenbleibt. Der Regen trommelt immer härter und fließt durch die Luke des Lastraums. Hier drinnen im Dunkeln ist es kalt und feucht.
Minus: Wir müssen nach Hause.
Karin antwortet nicht, sie nimmt ihn kaum wahr. Minus wirft sich zu ihr herum, beginnt zu schreien, ruft ihren Namen, schüttelt sie.
Sie kommt langsam zu Bewußtsein, sinkt in sich zusammen, die Arme zwischen den Knien, ihr Gesicht ist bleich und trägt den Ausdruck größter Angst.
Karin: Du mußt mir helfen. Ich bin krank.
Minus: Komm, jetzt gehen wir nach Hause.
Karin: Ich kann hier nicht weg. Ich muß hierbleiben.
Minus: Was sollen wir tun.
Karin: Du mußt mir helfen.
Minus: Kannst du nicht sagen, wie ich dir helfen soll.
Karin: Du mußt mir helfen.
Minus ergreift ihre Handgelenke, um sie aufzurichten, aber sie wehrt sich mit den Kräften der Angst.
Karin: Nein, ich darf nicht von hier weggehen. Ich bin so durstig.
Minus: Soll ich dir Wasser holen?
Karin wirkt wieder abwesend. Minus steht auf, und in einer dunklen Mischung von Angst und dem Willen zu helfen, klettert er durch die Lastluke hinauf und rennt zum Haus.
Karin kriecht auf allen vieren zu dem Wasser im Steven und senkt das Gesicht, sie trinkt lange und gierig. Dann zieht sie sich in ihre Ecke zurück, wo sie frierend zusammenkauert.
Minus stürzt in sein Zimmer, wirft sich auf dem Fußboden auf die

Knie und faltet die Hände, beugt sich tief und preßt die Hände gegen die Lippen.

Minus (flüsternd): Gott . . ., Gott . . ., hilf uns!

Wie ein Ruf und ein Flüstern. Der Regen schlägt in heftigen Sturmböen gegen das Fenster und verwischt alle Konturen. Im Zimmer ist es halbdunkel, und der Wind preßt sich gegen das alte Haus, das ächzt und kracht.

Er ruft wieder und wieder zu Gott. Schließlich verstummt er ermüdet. Steht einige Augenblicke still, reißt dann ein paar Decken aus seinem Bett, geht hinaus in die Diele und wickelt sie in einen Regenmantel. Dann wirft er sich Ölzeug über und eilt wieder hinunter zum Wrack.

Karin steht auf allen vieren unter der Lastluke und wippt vor und zurück, sie hat schwere Übelkeitsanfälle und öffnet konvulsivisch den Mund, wie gähnend, dann und wann entringt sich ihrer Kehle ein wimmernder Laut.

Minus springt hinunter in den Lastraum und wickelt die Decken aus dem Regenmantel. Es gelingt ihm, Karin aus dem Regen zu bringen und sie, so gut es geht, einzuhüllen. Er setzt sich an die Wand, den Rücken an einen groben Balken gelehnt, und zieht sie an sich. So hält er sie in seinen Armen, das scheint sie zu beruhigen, das Wimmern hört auf, und sie sinkt in ein abwesendes, dämmerschlafähnliches Schweigen.

Der Regen hört allmählich auf, die Sturmböen lassen nach, es tropft nur noch von den Kanten der Lastluke, und kleine Rinnsale fließen zu dem Wasser im Steven. Nach einer Weile bricht die Nachmittagssonne zwischen den abziehenden Wolkenbänken hervor. Lichtklingen durchkreuzen das Dunkel im Innern des Wracks.

Minus sitzt eine Ewigkeit irgendwo mit seiner kranken Schwester im Arm. Er ist leer, ausgeliefert und verfroren. Die Wirklichkeit, wie er sie bisher gekannt hat, ist entzweigeschlagen worden und hat aufgehört zu existieren. Auch in seinen Träumen und Phantasien findet sich keine Entsprechung zu diesem Augenblick der Haltlosigkeit und Trauer. Sein Kopf hat die Hülle barmherzigen Unwissens durchstoßen. Von nun an verändern und verhärten sich seine Sinne, seine Empfänglichkeit schärft sich, und er gelangt von den Spielen der Unbewußtheit zur Plage der Klarheit. Die Welt der Zufälle hat sich in das Universum der absoluten Gesetzmäßigkeiten verwandelt.

Jetzt ist das Motorboot draußen auf dem Meer zu hören, Minus macht sich vorsichtig frei und legt Karin auf den Regenmantel. Dann begibt er sich eilig auf den Weg, David und Martin entgegen. Es bedarf nicht vieler Worte, um die Situation zu erklären. Sie eilen hinunter zum Wrack. Martin und David klettern zuerst an Bord, Minus kommt langsam hinterher.

Martin fällt vor Karin auf die Knie und hebt vorsichtig ihren Kopf. Sie sieht ihn lange an, bewegt die trockenen Lippen und kann schließlich sprechen.

Karin: Wie spät ist es?

Martin: Fünf, glaube ich.

Karin: Ich bin schrecklich krank gewesen, aber es geht jetzt besser. Armer Minus.

Martin: Karin, Kleines, Liebes!

Sie macht sich vorsichtig von Martin los und steht auf, ihr Blick sucht den Vater, der etwas entfernt steht. Sie geht zum Steven vor, hockt sich nieder und spült sich das Gesicht ab, läßt die Handflächen auf dem Wasser ruhen.

Karin: Ich will allein mit Papa sprechen.

Martin: Können wir nicht erst nach Hause gehen?

Karin: Ich weiß nicht, wie lange die Ruhe dauert. Und ich muß mit Papa sprechen, ehe es wieder anfängt.

Martin: Karin, Kleines, Liebes!

Karin (gequält): Es dauert nicht lange. Sei so gut.

Martin erhebt sich langsam und geht dicht an David vorbei.

Martin: Ich gehe zum Hof und rufe die Ambulanz an.

David nickt schweigend.

Martin klettert aus dem Lastraum. Dort steht Minus vor ihm, fröstelnd im grellen Sonnenlicht.

Martin: Du weißt, wo meine Instrumententasche steht. Lauf und hole sie. Ich muß ihr nachher eine Spritze geben. Sonst bekommen wir sie nicht von hier fort.

Minus dreht sich wortlos um und läuft zum Haus hinauf. Martin geht in Richtung Bauernhof in den Wald.

David hat sich einige Meter von Karin entfernt hingesetzt. Sie lehnt sich immer noch über den glitzernden und beweglichen Wasserspiegel, der harte Reflexe auf die dunkel gewordenen Spanten und groben Planken des Rumpfes wirft.

Karin: Wie spät ist es?

David: Kurz nach fünf.

Karin: Das war vorhin ein gewaltiger Regen, nicht wahr?

David: Ja. Es war ein gewaltiger Regen.

Karin seufzt und steht auf, streckt sich, legt eine Hand an die Kante der Lastluke und blinzelt in das starke Sonnenlicht.

Karin: Es ist schwer zu atmen. So als wenn man schrecklich lange geweint hätte. Papa?

David: Ja.

Karin: Ich will nun im Krankenhaus bleiben. Ich will nicht mehr behandelt werden. Glaubst du, daß es geht. Wenn du ordentlich Bescheid sagst.

David: Ich weiß nicht.

Karin: Man kann nicht in zwei Welten leben. Man muß wählen, ich ertrage es nicht, von der einen in die andere zu gehen und wieder zurück. Ich ertrage es nicht.

Sie geht zum Heck. Dort setzt sie sich ins Halbdunkel, ein Lichtstreif schneidet dicht an ihrem Körper vorbei und beleuchtet hart ihr Gesicht, wenn sie sich vorbeugt.

Sie legt die Arme um die Beine und stützt das Kinn auf die Knie.

Karin: Es konnte ja nicht so weitergehen.

David: Was.

Karin: Der Haß.

David: Welcher Haß?

Karin: Ich habe es nicht aus eigenem Willen getan. Es war eine Stimme, die mir sagte, wie ich mich verhalten sollte.

David: Und diese Stimme hat dir gesagt, daß du in meinem Tagebuch lesen solltest.

Karin nickte.

David: Sie hat auch gesagt, daß du zu Martin gehen und erzählen solltest, was du gelesen hast.

Karin (nickt): Aber ich wollte es nicht.

David: Das glaube ich auch nicht.

Karin: Ich habe noch Schlimmeres gemacht als das. Viel Schlimmeres.

Plötzlich fängt sie an zu weinen, leise und hoffnungslos.

David: Du mußt sprechen.

Karin: Ich habe mich dagegen gewehrt, aber ich konnte nicht entkommen. Ich wurde dazu gezwungen.

David: Wann geschah es?

Karin: Eben. Armer kleiner Minus.

Sie beißt sich auf die Lippen, um nicht zu weinen, aber die Tränen steigen ihr in die Augen.

David: Ich werde mit ihm sprechen.

Karin: Ich verstehe es nicht. Nein, ich verstehe nicht.

David: Versuche ruhig zu sein, Karin.
Karin: Und dann das Zimmer mit denen, die warten.
David: Ja?
Karin: Die Guten, Lichten, die warten, daß sich die Tür öffnet, daß Gott ihnen entgegenkommen wird. Und sie sagen, ich darf dabeisein. Aber dann kommen die Stimmen, und ich muß tun, was die Stimmen sagen. Ich finde mich nicht durch. Ist das alles nur die Krankheit? Papa, es ist so schmerzhaft, wenn man seine Verwirrung sieht und sie versteht. Das vorige Mal . . . Und jetzt. Dennoch ist es ja nichts Schlimmes. Ich erinnere mich, wie es mit anderen Armen war, die meine Krankheit hatten. Welche schlimmen Dinge sie erzählten, und wie sie schrien und sich auf die Erde warfen und sich blutig schlugen.
Sie sitzt eine lange Weile schweigend.
David: Ich will dich um Verzeihung bitten, Karin.
Karin antwortet nicht.
David: Ich habe dir gegenüber immer ein schlechtes Gewissen gehabt, und dann habe ich mich verhärtet und abgewandt.
Karin: Du wolltest nicht gestört werden.
David: Wenn ich an all das Leben denke, das ich für meine sogenannte Kunst geopfert habe, dann würgt es mich.
Karin: Du meinst Mama?
David: Als Mama krank wurde, bin ich weggefahren und habe dich bei Großmutter gelassen. Ich hatte ja an meinen Roman zu denken. Als Mama starb, hatte ich meinen großen Durchbruch, und das bedeutete mehr für mich als ihr Tod, ich freute mich in aller Heimlichkeit, und dennoch liebte ich deine Mutter auf meine verworrene und selbstsüchtige Weise. Oh, Karin, wie es in den Augen schmerzt, wenn man sich selbst sieht.
David streicht mit der Hand über die Augen und sieht auf das Wassergeglitzer, das ihn blendet.
Karin: Und als ich krank wurde, bist du in die Schweiz gefahren. War es so?
David: Ich konnte es nicht ertragen, daß du Mamas Krankheit geerbt hattest, und ich bin Hals über Kopf geflohen, ich mußte ja mit meinem Buch fertig werden.
Karin: Wird es denn gut?
David antwortet nicht, schüttelt aber den Kopf. Er streckt seine Hand nach Karin aus, und sie ergreift sie. Sie sind tief versunken in einer bedingungslosen Zusammengehörigkeit.

David: Siehst du, Karin. Man zieht einen magischen Kreis um sich und sperrt alles aus, was nicht in seine heimlichen Spiele paßt. Jedesmal wenn das Leben den Kreis zerschlägt, werden die Spiele klein und grau und lächerlich. Dann zieht man neue Kreise und baut neuen Schutz.
Karin: Armes Papachen.
David: Gewiß doch, armes Papachen, das gezwungen ist, in der Wirklichkeit zu leben.
Karin erhebt sich, sie ist sehr müde, und es fällt ihr schwer, sich aufrecht zu halten, sie stützt sich mit der Hand gegen die Wand.
Karin: Wir wollen nun heimgehen, bevor es wiederkommt. Martin hat doch die Ambulanz angerufen, und ich muß packen.
David zieht seine Tochter an sich und hält sie in einer wortlosen, unbeholfenen Umarmung fest.
Danach klettern sie aus dem Lastraum.
Als sie sich oben zeigen, wendet ihnen Minus den Rücken und rennt in den Wald. Karin ruft nach ihm, er sieht sich einen Augenblick um, stürzt aber weiter, stolpert und verschwindet zwischen den kahlen, toten Bäumen.
Karin (ruhig): Wann kommt die Ambulanz?
Martin: In einer Stunde ungefähr.
Karin: Ich will mich nur umziehen und packen.
Martin steht da, die kleine braune Tasche zu seinen Füßen. Er hebt sie auf, wie ertappt.
Karin: Was willst du mit der Tasche?
Martin: Du brauchst vielleicht etwas zur Beruhigung.
Karin: Ich bin ruhig.
Er will den Arm um ihre Schultern legen, um sie zu stützen und ihr näher zu kommen, doch sie macht sich vorsichtig frei.
Karin: Nein danke, ich kann allein gehen.
Sie gehen auf das Haus zu: Karin und Martin nebeneinander und David einige Schritte dahinter. Die Nachmittagssonne brennt heiß über dem Meer und dem weißen Sand. Das Licht ist kräftig, fast unwirklich.
Karin: Das Licht ist so grell.
Martin dreht sich um und sieht über das Meer, das in einer Sonnenstraße glitzert. Im Norden und Osten liegen immer noch schwarze Wolkenbänke.
Karin: Papa, du mußt mit Minus Latein üben.
David: Ich hatte es vor.
Martins Gesicht ist vor Kummer wie zusammengezogen, die

Haut ist eigenartig rotfleckig und der Blick hinter den dicken Brillengläsern halb erloschen.

Martin: Ich darf nicht vergessen, die Schlüssel mit in die Stadt zu nehmen. Der Hausmeister ist sicher in Urlaub.

Karin: Fährst du nicht zurück?

Martin: Nein, ich bleibe. Es ist besser so.

Sie sind bis zum Haus gekommen und gehen durch den Garten.

Karin: Nun haben wir nicht einmal Pilze suchen können.

Karin bleibt am Gartenhaus stehen und hebt etwas aus dem Gras auf. Es ist die Krone aus Silberpapier, die sie trug, als sie die Prinzessin in Minus' Theatervorstellung spielte. Sie ist naß vom Regen und geht sofort entzwei. Sie wirft sie weg und geht den Weg zwischen den Beerenbüschen weiter.

Karin: Martin, willst du mir ein bißchen beim Packen helfen. Ich bin so wahnsinnig müde.

Martin geht mit ihr ins Schlafzimmer. Sie sprechen gedämpft miteinander.

David bleibt einige Augenblicke auf der Treppe stehen. Es ist ein stiller, heißer Sommernachmittag mit milden Böen vom Meer. Der Garten ist nach dem Regen voll von Leben und starken Düften. Nun erscheint Minus zwischen den Bäumen.

David: Komm Minus, laß uns miteinander sprechen!

Aber Minus antwortet nicht, verschwindet nur schnell im Grün, wie ein scheues Tier.

David lockt ihn noch ein paarmal, doch vergebens.

Er geht in sein Zimmer.

Auf dem Schreibtisch liegt das Romanmanuskript. Er hebt es hoch und wiegt es zwischen den Händen. Dann macht er Feuer im Kachelofen.

Methodisch und ohne zu zögern, wirft er Bündel auf Bündel der maschinengeschriebenen Blätter in die Flammen.

3

Die Reisekoffer stehen offen auf dem Bett. Karin hat sich schon für die Reise umgekleidet. Martin sucht in einer Kommodenschublade nach einem sauberen Hemd.

Karin: Die Hemden sind gewaschen, aber nicht gebügelt.

Martin: Dann muß ich wohl in diesem hier fahren. In der Stadt gibt es Hemden, übrigens.
Karin: Kannst du mir helfen, den Koffer zuzubekommen.
Sie versuchen es beide, kämpfen mit dem Schloß.
Martin: Die Schuhe. Ich kann sie hierlassen.
Er nimmt ein Paar Schuhe aus dem Koffer und stellt sie auf den Fußboden. Karin schaut sie bekümmert an.
Karin: Kannst du sie nicht anziehen. Und dafür die hierlassen, die du anhast.
Martin: Sie sollen zum Schuhmacher.
Karin: Hast du eine Kopfschmerztablette.
Martin sieht sich suchend um. Karin massiert sich mit dem Zeigefinger die Stirn.
Martin: Ich meinte, ich hätte die braune Tasche hergestellt.
Karin: Du hast sie in der Küche gelassen.
Martin erinnert sich und geht in die Küche.
Dort steht die Tasche auch richtig auf dem Küchentisch. Er nimmt die Kopfschmerztabletten heraus und gießt mit dem Schöpfer Wasser in ein Glas.
Dann kehrt er ins Schlafzimmer zurück. Karin ist nicht dort. Martin läuft sofort hinaus auf die Haustreppe und schaut nach allen Richtungen, aber Karin ist nicht zu sehen. Da reißt er die Tür zu Davids Zimmer auf.
Martin: Hast du Karin gesehen?
David schüttelt den Kopf, und Martin ist sofort verschwunden. David geht zur Tür und sieht in die Diele. Dann eilt er die Treppe zum Obergeschoß hinauf. Er hört sofort Karins Stimme aus dem Zimmer ganz hinten links.
Er tritt näher, und durch die halboffene Tür sieht er Karin im Zimmer stehen, das Gesicht nach rechts gewandt und mit einer unsichtbaren Person sprechend, die viel größer zu sein scheint als sie selbst. Die Worte sind kaum zu hören.
David vernimmt Schritte und wendet sich um. Martin kommt ihm entgegen. Er hat die braune Tasche in der Hand (als wäre sie seine letzte Sicherheit). Er bleibt hinter David stehen und schaut in das Zimmer. Karin setzt ihr geheimnisvolles Gespräch fort.
Karin: Ich weiß, es dauert nicht mehr so lange. Und das zu wissen macht so ruhig. Aber unser Warten war doch eine Freude.
Martin sucht Davids Blick, der aber tritt einen Schritt zur Seite, und Martin ist plötzlich auf dem Weg.

Karin: Martin, geh leise!
Martin: Ja, ja.
Karin: Sie sagen, daß er jeden Augenblick kommen kann. Daß wir bereit sein müssen.
Martin: Karin.
Karin: Ja.
Martin: Wir wollten in die Stadt fahren, hast du das vergessen?
Karin: Ich kann jetzt nicht fahren, das verstehst du doch.
Martin: Du irrst dich, Karin. Es geschieht nichts dadrinnen. (Pause) Karin! Es kommt kein Gott durch die Tür.
Karin: Sie haben gesagt, daß er jeden Augenblick erscheinen wird. Und da muß ich hier sein.
Martin: Karin, Kleines, es ist nicht so.
Karin: Du darfst nicht so laut sprechen. Wenn du nicht schweigen kannst, ist es besser, du gehst.
Sie wendet ihr Gesicht Martin zu und ist plötzlich heftig erregt.
Martin: Karin, Kleines, komm jetzt mit mir.
Karin (plötzlich flehend): Warum mußt du es zerstören? Geh und laß mich in diesem Augenblick allein.
Martin ist plötzlich sehr müde. Er macht ein paar Schritte rückwärts und sinkt auf den einzigen Stuhl im Zimmer, nimmt die Brille ab und putzt sie mit dem Taschentuch.
Karin faltet die Hände und fällt auf die Knie, den Blick unverwandt auf die Tapetentür gerichtet. Ihr Gesicht ist völlig ruhig und wie von innen her erleuchtet.
Karin (leise): Sie sagen, daß er im Raum nebenan ist und daß sie seine Stimme hören. (noch leiser:) Martin, Liebster, verzeih, daß ich eben böse war. Aber kannst du nicht auch niederknien, du auch, und die Hände falten, hier neben mir. Es sieht so merkwürdig und herausfordernd aus, wenn du dort auf dem Stuhl sitzt. Ich weiß, daß du nicht glaubst, aber um meinetwillen, Martin.
Martin schüttelt den Kopf. Er versucht etwas zu sagen, bringt aber kein Wort heraus. Schließlich gleitet er neben seiner Frau auf den Fußboden und lehnt den Kopf an ihre Schulter.
Martin: Karin, Geliebte, Geliebte, Geliebte.
Sie entzieht sich ihm vorsichtig, gleichsam gestört und verletzt von seinem plötzlichen und unpassenden Ausbruch. Er streckt die Hand nach ihr aus, aber sie berührt sie nicht.
Jetzt sind die Motoren des Hubschraubers zu hören, das Geräusch nimmt rasch an Stärke zu, und in wenigen Augenblicken

erschüttert ein gewaltiges Donnern das Haus. Die Maschine streicht dicht über das Dach und erscheint einen Augenblick vor dem Fenster, wie ein dunkles, riesenhaftes Isekt.
Die Fensterscheiben klirren, und Karin erhebt sich langsam. Die Tür in der Tapete öffnet sich sperrangelweit zu dem Dunkel der Kleiderkammer.
Sie steht gespannt da, gleichsam leuchtend vor Erwartung. Da verändert sich ihr Gesicht. Sie scheint etwas aus dem Dunkel kommen zu sehen, das sich schnell nähert. Sie läuft mehrere Schritte rückwärts und preßt sich gegen die Wand, die Hände gegen den Unterleib gedrückt. Ein gurgelnder Laut des Entsetzens dringt aus ihrer Kehle. Sie wirft sich mit aller Kraft gegen Martin, der fällt hin und verliert dabei die Brille. Sie klammert sich an ihn, und wieder und wieder preßt sich dieser tierische Schrei aus ihrem Mund.
Martin faßt sie, um sie zu halten, aber sie reißt sich los und stürzt zur Tür, dort draußen steht David. Er fängt sie auf, aber ihre Kräfte sind plötzlich enorm.
Sie stürzt zur Treppe, läuft ein paar Schritte hinunter, verharrt dann aber.
Dort unten steht Minus und sieht sie an. Sie sinkt auf der Treppenstufe zusammen und beugt sich zurück, dabei wehrt sie sich die ganze Zeit mit den Händen. David wirft sich neben sie und hält sie fest. Martin kommt gleich hinterher. Er hat die Injektionsspritze in der rechten Hand.
Martin: Halte ihr Bein fest.
Das sagt er in plötzlich ruhigem Ton zu Minus, der gehorcht und sich auf die gewaltsam strampelnden Füße legt.
Martin zieht den Rock weg und betupft mit einem Wattebausch die Außenseite des Schenkels, dann setzt er die Spritze an.
Karin bewegt sich heftig in konvulsivischen Zuckungen. Martin schützt ihren Kopf mit beiden Händen. David umfängt sie und murmelt unhörbare Worte.
Allmählich ebbt der Anfall ab.
Ihre Muskeln erschlaffen, und sie wird still.
Martin holt eine Tasse Wasser. Sie trinkt gierig. Dann setzt sie sich auf und zieht den Rock über die Knie, glättet das Haar.
Karin: Ich habe mich gefürchtet.
Sie schweigt einige Augenblicke, nimmt Martin die Tasse ab und trinkt noch einen Schluck.
Karin: Die Tür ging auf. Aber der Gott, der herauskam, war eine

Spinne. Er hatte sechs Beine und bewegte sich schnell über den Boden.

Ein würgendes Angstgefühl schüttelt sie, als sie erzählt. Dann beherrscht sie sich, indem sie ihren ganzen Willen aufbietet.

Karin: Er kam auf mich zu, und ich sah sein Gesicht, er war ein ekelhaftes, bösariges Gesicht. Und er kletterte auf mich herauf und versuchte in mich einzudringen. Aber ich habe mich gewehrt. Die ganze Zeit habe ich seine Augen gesehen. Sie waren kalt und ruhig. Als er nicht in mich eindringen konnte, kletterte er schnell zu meiner Brust und in mein Gesicht und dann weiter die Wand hinauf.

Sie sitzt wieder schweigend. Martin nimmt ihr die Tasse aus der Hand und schraubt die Spritze auseinander. Sie begegnet Minus' Blick, erkennt ihn aber nicht mehr.

Karin: Ich habe Gott gesehen.

Sie sagt das mit vollkommener Ruhe, aber unter der Ruhe zittert ein neues und grenzenloses Entsetzen, das schnell seine wachsenden Fangarme um ihre Seele schließt. Jetzt sind draußen auf dem Hofplatz Stimmen zu hören. Jemand klopft an die Tür. David geht hinaus. Einige Augenblicke später ist er zurück in der Diele.

David: Sie warten am Steg.

Martin berührt vorsichtig Karins Arm. Sie reagiert kaum. Da nimmt Minus sie bei der Hand und führt sie ins Schlafzimmer, er hilft ihr in den Mantel, kämmt ihr das Haar und reicht ihr die Handtasche. Sie öffnet sie sofort, nimmt die Sonnenbrille heraus und setzt sie auf. David führt sie behutsam durch die Tür hinaus und hinunter zum Steg, sie folgt ihm gehorsam und völlig apathisch. Dann und wann wimmert sie leise.

Minus bleibt in der Diele, er setzt sich mit dem Rücken an den rostigen eisernen Ofen und schluchzt trocken und tränenlos. Als er die Maschine starten hört, stürzt er hinaus auf den Hang. Der Hubschrauber hebt ab und wird fast sogleich vom Sonnendunst verschluckt. Weit unten steht David, sein Körper wirft einen schwarzen, langgezogenen Schatten über den weißen Sand. Minus läuft in die verborgenste Ecke des Gartens, dort öffnet sich die barmherzige Dämmerung des Gartenhauses.

David ist hinunter zu den Netzen gegangen und betrachtet sie genau, während er seine Pfeife stopft. Wieder und wieder blinzelt er in das grelle Licht der Nachmittagssonne, als wollte er die Tränen des Selbstmitleids verbrennen lassen. Als er sich umdreht, steht Minus hinter ihm.

Minus: Papa, ich habe Angst.

David hebt einen Augenblick den Arm, als wollte er den Jungen umfassen, hält jedoch inne, als Minus eine kleine Bewegung zur Seite macht.

Minus: Als ich dort unten im Wrack saß und Karin festhielt, da zersprang die Wirklichkeit, verstehst du, wie ich das meine?

David: Ich verstehe.

Minus: Die Wirklichkeit zersprang, und ich fiel hinaus. Das ist wie im Traum, obwohl es richtig ist. Alles kann geschehen – *alles.*

David: Ja, ich weiß.

Minus: Es erschreckt mich so, daß ich schreien könnte.

David: Komm ein Stück!

Er berührt Minus' Hand, und sie gehen den Strand entlang. Die ganze Zeit haben sie das harte Sonnenlicht im Gesicht. Sie gehen schweigend nebeneinander. Da legt David seinen Arm um Minus' Schulter. Sie gehen am Uferrand. Minus ist barfuß, und das Wasser spült dann und wann über seine Füße.

Minus: Ich kann in diesem Neuen nicht leben, Papa.

David: Doch, du kannst. Aber du mußt etwas haben, an das du dich halten kannst.

Minus: Was sollte das sein. Ein Gott? Ein Spinnengott, wie Karin ihn hat? Oder ein unsichtbarer Potentat irgendwo im Dunkel? Nein, das geht nicht. (Schweigen) Nein, Papa, das geht nicht. Gott gibt es nicht in meiner Welt.

Schweigen. Sie gehen weiter den Strand entlang.

Minus (angstvoll): Gib mir einen Beweis für Gott. (Schweigen) Du kannst es nicht.

David: Doch. Ich kann. Aber du sollst genau auf das hören, was ich sage, Minus.

Minus: Ich *muß* zuhören, Papa.

David: Es steht geschrieben, daß Gott die Liebe ist.

Minus: Für mich sind das nur Worte und Nonsens.

David: Warte. Und unterbrich mich nicht.

Sie sind hinaus auf eine flache, sandige Landzunge gekommen, die sich fast unmerklich ins Wasser senkt. Es wirkt so, als stünden sie mitten in der Weiße des Meeres, die Weiße des Sommerhimmels über ihren Köpfen, als wären sie in eine Glocke aus Milchglas eingeschlossen. Unendlich klein in dieser diesigen, schweigenden Weiße.

David: Ich will dir nur meine eigene Hoffnung andeuten.

Minus: Und das ist Gottes Liebe?

David: Es ist das Wissen, daß Liebe als etwas Wirkliches in der Welt der Menschen existiert.

Minus: Und es ist bestimmt eine *besondere Art* Liebe, die gemeint ist.

David: Jede Art von Liebe, Minus! Die höchste und die niedrigste, die armseligste und die reichste, die lächerlichste und die schönste. Die besessene oder die krasse. Jede Art von Liebe.

Minus (leise): Sehnsucht nach Liebe.

David: Sehnsucht und Verleugnung, Mißtrauen und Vertrauen.

Minus: Dann sollte die Liebe der Beweis sein?

David: Wir können nicht wissen, ob die Liebe Gottes Existenz beweist oder ob die Liebe Gott selbst ist. Aber das macht nicht soviel aus.

Minus: Für dich ist die Liebe und Gott dieselbe Erscheinung.

David: Ich bringe meine Leere und meine schmutzige Hoffnungslosigkeit in diesem Gedanken zur Ruhe. (Verstummt)

Minus: Sprich, Papa!

David: Plötzlich verwandelt sich die Leere in Reichtum und die Hoffnungslosigkeit in Leben. Es ist wie eine Begnadigung, Minus. Von der Todesstrafe.

Minus: Deine Worte sind schrecklich unwirklich, Papa. Aber ich sehe, daß du meinst, was du sagst. Und deshalb zittere ich am ganzen Körper.

Minus: Papa.

David: Ja.

Minus: Wenn es so ist, wie du sagst, dann wäre Karin von Gott umgeben, weil wir sie lieben.

David: Ja.

Minus: Kann es ihr helfen?

David: Ich glaube es.

Minus: Papa.

David: Ja.

Minus: Ich friere, und mir klappern die Zähne, und ich zittere am ganzen Leib. Bist du böse, wenn ich ein Stück laufe?

David: Lauf zu, ich gehe hinauf und mache inzwischen das Abendbrot zurecht. Wir sehen uns in einer Stunde.

Minus antwortet nicht, sondern rennt die äußerste Uferlinie entlang, daß das Wasser um ihn aufspritzt. Allmählich bleibt er stehen, ganz atemlos. Steht da und sieht auf das Meer.

Minus (flüstert): Papa hat mit mir gesprochen!

Rättvik, den 12. Mai 1960
Für Käbi, meine Frau

Licht im Winter

(Nattvardsgästerna)

1

Es ist zwölf Uhr mittags an einem Sonntag Ende November. Es dämmert über der Ebene, und vom Moorgebiet im Osten bringt der Wind rauhe Feuchtigkeit mit.
Die mittelalterliche Kirche von Mittsunda liegt auf einem Hügel zwischen zwei Dörfern, Hol und Djuptjärn. Die Gemeinde, die dreihundertsiebenundsechzig Personen zählt, gehört zu der Pfarre von Frostnäs, aber sie hält sich einen eigenen Kirchenrat, einen Pfarrer und eine Volksschule.
Es hat gerade angefangen zu schneien, dünn, doch hartnäckig, der Boden ist schon lange gefroren, bald werden Wege und Äcker von einer grauweißen Schicht bedeckt sein.
Neun Gemeindemitglieder haben sich zum Abendmahlsgottesdienst eingefunden. Sie sitzen gruppenweise im Raum verteilt, die unbeweglichen Gesichter zum Chor gewandt.
Die Kirche ist nicht groß, doch gut proportioniert. Der Altarschrein ist eine berühmte belgische Arbeit aus dem fünfzehnten Jahrhundert, ein Triptychon mit der heiligen Dreifaltigkeit in der Mitte: Christus am Kreuz zwischen den Knien Gottes, darüber eine schwebende Taube, rechts in Gruppen die Apostel, links die heilige Jungfrau mit Joseph, dem Kinde, Kuh und Esel.
An der einen Längswand gegenüber den Fenstern summt ein gewaltiger eiserner Ofen.
Man hat gerade das Eingangslied gesungen.
Pastor Tomas Ericsson wendet sich der Gemeinde zu. Er hat Grippe und wird von Schüttelfrost geplagt, seine Augen sind fiebrig, seine Stirn ist blank von Schweiß.
Tomas: Erhebet eure Herzen!
Die Gemeinde erhebt sich, die Orgel intoniert, und der Organist singt zusammen mit zwei oder drei Anwesenden.
Gemeinde: Wir erheben sie zum Herren.
Tomas: Lasset uns Dank sagen dem Herren, unserm Gotte.
Gemeinde: Das ist würdig und recht.
Tomas wendet sich zum Altar, liest ziemlich schnell und mit fester Stimme. Die Gemeinde bleibt stehen.
Tomas: Wahrhaft würdig und recht, billig und heilsam ists, daß wir dir, heiliger Herr, allmächtiger Vater, ewiger Gott, allezeit

und allenthalben Dank sagen durch Christum, unsern Herren.

Die Turmuhr schlägt mit spröden, doch deutlichen Schlägen zwölf. Tomas schweigt, er hebt den Kopf, als ob er lauschte. In der Kirche hustet jemand, der Wind drückt gegen die großen Fenster, draußen bewegt sich das schwarze Netzwerk der Zweige.

Tomas (fährt fort): *Denn es ist geopfert unser Osterlamm Christus. Er ist das wahrhaftige Gotteslamm, welches die Sünden der Welt hinweggenommen, unsern Tod durch sein Sterben zerstört, und durch sein Auferstehen das Leben wiedergebracht hat.*

Tomas lauscht. Dieses Schweigen, wie farblose Leere – wie im Traum.

Tomas: Darum mit allen Engeln und Erzengeln, mit den Thronen und Herrschaften und mit dem ganzen himmlichen Heer singen wir deiner Herrlichkeit einen Lobgesang und bekennen ohne Ende.

Die Orgel spielt, der kleinere Teil der Gemeinde und er selbst versuchen diese Lobpreisungen und Anbetung zu singen.

Gemeinde und Pfarrer: Heilig, heilig, heilig ist Gott, der Herre Zebaoth, alle Lande sind seiner Ehre voll, Hosianna in der Höhe. Gelobet sei, der da kommt im Namen des Herren. Hosianna in der Höhe.

Die Gemeinde setzt sich, es dröhnt in den Holzbänken: der Hofbesitzer Johan Åkerblom, dreiunddreißig Jahre, die Lehrerin der Volksschule von Mittsunda, Märta Lundberg, dreiunddreißig Jahre, die Witwe Magdalena Ledfors, neunundsechzig Jahre (sie ist den vier Kilometer langen Weg vom Dorf Hol hergekommen), der Fischer und Tischler Jonas Persson von Öcklarö zusammen mit seiner Frau Karin, beide fünfunddreißig Jahre, der Kirchenvorsteher Knut Aronsson, neunundsechzig Jahre, der frühere Stationsschreiber Algot Frövik, neununddreißig Jahre, die Bäkkersfrau Hanna Appelblad, siebenunddreißig Jahre, zusammen mit ihrer Tochter Doris, fünf Jahre.

Tomas: Gelobet seist du, Herr des Himmels und der Erde, daß du dich über deine Geschöpfe erbarmt und deinen eingebornen Sohn in unser Fleisch gesandt hast, auf daß ein jeder, der an ihn glaubt, nicht verloren werden soll, sondern soll haben das ewige Leben.

Eine Fieberwelle treibt durch den Kopf des Pfarrers, und er versucht tief zu atmen.

Tomas: Wir danken dir für die Erlösung, die du uns durch Jesus Christus bereitet hast. Sende deinen Geist in unsere Herzen, damit er in uns einen lebendigen Glauben entzünde und uns bereit mache, recht zu feiern das Andenken des Erlösers . . .

Er schluckt, der Hals schmerzt wie eine offene Wunde.

Tomas: . . . und ihn zu empfangen, wenn er kommt zu uns in seinem heiligen Abendmahl.

Diejenigen, die wissen, wie es in der Kirche zugeht, neigen nun die Köpfe, die anderen folgen ihrem Beispiel, und dann liest Tomas die Einsetzungsworte.

Tomas: Unser Herr Jesus Christus, in der Nacht, da er verraten ward, nahm er das Brot, dankte, brachs und gabs seinen Jüngern und sprach: Nehmet hin und esset, dies ist mein Leib, der für euch gegeben wird. Solches tut zu meinem Gedächtnis.

Algot Frövik rückt sich vorsichtig zurecht, er sitzt schlecht wegen seines Gebrechens, denn er hat einen Buckel, die rechte Seite seines Körpers ist sehr verrenkt, der Brustkorb ist eingedrückt, und der Kopf hängt vornüber. Er hat weiche, kindliche Gesichtszüge, aber er sieht ständig kummervoll aus, seine Augen sind rot von Schlaflosigkeit.

Tomas: Desselbengleichen nahm er auch den Kelch nach dem Abendmahl und dankte und gab ihnen den und sprach: Nehmet hin und trinket alle daraus; dieser Kelch ist das Neue Testament in meinem Blut, das für euch vergossen wird zur Vergebung der Sünden, solches tut, sooft ihrs trinket, zu meinem Gedächtnis.

Der Hofbesitzer Johan Åkerblom, der genau dem Text in der Bibel gefolgt war, schlägt das Buch zu, nimmt die Brille ab und kratzt sich mit dem einen Bügel in den eisengrauen kurzen Harrstoppeln.

Tomas: So lasset uns nun alle beten, wie unser Herr Jesus Christus selbst uns gelehrt hat.

Doris Apelblad, die fünf Jahre alt ist, gähnt und läßt die Beine baumeln, sie ist eine Standuhr. Die Mutter nimmt ihre Hände und faltet sie. Zugleich macht sie ein mißbilligendes Gesicht. Die Uhr bleibt für eine Weile stehen. Tomas beugt die Knie.

Tomas: Vater unser im Himmel, geheiligt werde dein Name, dein Reich komme, dein Wille geschehe wie im Himmel so auf Er-

den. Unser tägliches Brot gib uns heute, und vergib uns unsere Schuld, wie wir vergeben unsern Schuldigern. Und führe uns nicht in Versuchung, sondern erlöse uns von dem Bösen. Denn dein ist das Reich und die Kraft und die Herrlichkeit in Ewigkeit. Amen.

Tomas erhebt sich mit Mühe, er nimmt den Silberteller mit den Oblaten und wendet sich der Gemeinde zu. Die Orgel gibt den Ton an, und nun singt er mit angestrengter Stimme.

Tomas (singt): *Der Friede des Herrn sei mit euch allen.*

Die Gemeinde erhebt sich.

Die meisten stehen stumm und mit ausdruckslosen Gesichtern, der Organist Fredrik Blom und seine Frau singen zusammen von der Orgelempore.

Gemeinde (singt): *Christe, du Lamm Gottes, der du trägst die Sünd der Welt, erbarm die unser. Christe, du Lamm Gottes, der du trägst die Sünd der Welt, erbarm dich unser. Christe, du Lamm Gottes, der du trägst die Sünd der Welt, gib uns deinen Frieden.*

Alle setzen sich hin, und für einige Augenblicke entsteht Unschlüssigkeit.

Da steht die Lehrerin Märta Lundberg auf und geht nach vorn. Nach einigem Zögern kommt Algot Frövik auf die Beine. Der Fischer Jonas Persson hantiert an der Gestühltür und hält sie seiner Frau auf, die hochschwanger ist. Die alte Witwe aus dem Dorfe Hol tritt mit entschlossenen Schritten und knarrenden Sonntagsstiefeln in den Mittelgang.

Märta Lundberg nähert sich dem Altar, steht einen Augenblick unentschlossen, fällt dann auf die Knie – auf der linken Seite, etwas abseits von den vier anderen Empfängern des Abendmahls. Tomas wendet sich Algot Frövik zu und schiebt ihm die Oblate zwischen die Lippen.

Tomas: Empfange den Leib Christi.

Die alte Frau aus Hol streckt den Kopf vor und schnappt schnell nach dem Brot, läßt dann den Kopf auf die Brust sinken. Tomas hebt die Hand zu einer segnenden Geste.

Tomas: Empfange den Leib Christi.

Er wendet sich zu Jonas Persson, stößt ihn behutsam an, der Mann scheint abwesend, zuckt aber bei der Berührung zusammen.

Tomas: Empfange den Leib Christi.

Tomas geht schließlich zu Märta Lundberg. Sie wartet mit einem

ironischen Lächeln. Er gibt ihr das Brot und hebt segnend die Hand.
Tomas: Empfange den Leib Christi.
Aber er begegnet ihrem Blick nicht.
Dann tritt er zurück zum Altar und nimmt den Kelch, hält ihn in der linken, das Tuch in der rechten Hand. Er geht hinab zu Algot Frövik, der feierlich einen ordentlichen Schluck nimmt, nickt und schluckt.
Tomas: Empfange das Blut Christi.
Die alte Frau hebt eine Hand, als wollte sie den Kelch fassen, ihr Eifer ist groß, sie ist ein erfahrener Abendmahlsgast.
Tomas: Empfange das Blut Christi.
Er wendet sich zu Jonas Persson, der scheu den Kopf hebt und die Lippen mit dem Wein nur anfeuchtet.
Tomas: Empfange das Blut Christi.
Seine Frau hat Mühe mit ihrer Körperfülle und der ungewöhnlichen Stellung, sie bewegt sich etwas schwerfällig und lächelt den Pfarrer um Entschuldigung bittend an, trinkt dann gehorsam aus dem Kelch und faltet die Hände.
Tomas: Empfange das Blut Christi.
Dann Märta. Sie hat die Hände auf das Altargeländer gelegt, er kann jetzt ihren Blick hinter den dicken Brillengläsern nicht sehen, sie hat den Kopf zur Seite geneigt, und Tomas muß einen Augenblick warten, bis sie Notiz von ihm nimmt.
Tomas: Empfange das Blut Christi.
Jetzt haben sie das Brot und den Wein empfangen. Der Pfarrer geht zum Altar zurück.
Tomas: Unseres Herrn Jesu Christi Gnade und Frieden sei mit euch allen. Amen. Gehet hin im Frieden des Herrn.
Die Abendmahlsgäste erheben sich. Der Fischer Jonas Persson verneigt sich tief vor der Dreifaltigkeit auf dem Altar. Die alte Frau läßt den Blick herumirren, bis sie sich entschließt zurückzugehen. Frau Persson fällt das Aufstehen schwer. Märta gibt ihr die Hand, sie lächeln sich flüchtig an. Algot Frövik steht ganz still, mit geschlossenen Augen und ernstem Gesicht, der Kummer ist von seinem Gesicht gewichen, er sieht auf eine stille Art zufrieden aus.
Dann kehren sie auf ihre Plätze zurück. Tomas räuspert sich vorsichtig, es tut sehr weh.
Tomas: Laßt uns beten.
Er wendet sich zum Altar, er liest aus der Agende.

Tomas: Wir danken dir, allmächtiger Vater, der du durch deinen Sohn Jesus Christus dieses heilige Abendmahl gestiftet hast, uns zu Trost und Seligkeit. Wir bitten dich: Verleihe uns die Gnade, so Jesu Gedenken auf Erden zu begehen, daß wir auch teilhaftig werden des großen Abendmahls im Himmel.

Kantor Blom singt zusammen mit seiner Frau und Algot Frövik ein kräftiges Amen. Tomas wendet sich zur Gemeinde.

Tomas: Danket dem Herrn, denn er ist freundlich. Halleluja.

Die Gemeinde erhebt sich, und die Orgel bläst und wimmert. Jemand läßt einen Stock fallen.

Gemeinde (singt): *Und seine Güte währet ewiglich. Halleluja.*

Einige setzen sich hin, aber der Kirchenvorsteher und Algot Frövik bleiben weiter stehen, worauf sich die anderen wieder erheben. Es kracht und knackt in den Holzbänken.

Tomas: Gehet hin im Frieden des Herrn. Der Herr segne euch und behüte euch, der Herr lasse leuchten sein Angesicht über euch und sei euch gnädig. Der Herr erhebe sein Angesicht auf euch und gebe euch Frieden. Amen.

Die Orgel leitet kunstlos zum Schlußchoral über.

Nach dem Gemeindegesang bleibt es für einige Augenblicke still. Doris' Mutter knipst mit der Handtasche und weckt ihre schlafende Tochter. Der Gottesdienst ist zu Ende. Fredrik Blom bringt ein überstürztes Postludium zustande.

Tomas geht zur Sakristei, dicht gefolgt von Kirchenvorsteher Aronsson, der den Kollektenbeutel trägt. Er schüttet den mageren Inhalt auf den Tisch und zählt die Münzen in eine kleine Tüte, die er sorgfältig wieder zumacht. Dann trägt er den Betrag in die Kollektenliste ein.

Tomas hat sich inzwischen vom Talar befreit. Er sitzt in einem abgeschabten lederbezogenen Armstuhl. Er kramt in seiner Aktentasche und holt eine Thermosflasche und eine Packung Keks heraus. Den Kaffee gießt er in eine gesprungene große Tasse.

Aronsson: Du siehst schlecht aus.

Tomas: Wenn man nur nach Hause gehen und sich hinlegen könnte.

Aronsson: Kannst du nicht Broms anrufen und ihn bitten, um drei Uhr den Gottesdienst in Frostnäs zu übernehmen?

Tomas: Er ist auf Probefahrt mit dem neuen Auto.

Aronsson: Du hast eine richtige Grippe.

Tomas: Am schlimmsten ist es im Hals.

Er nippt vorsichtig am Kaffee. Aronsson setzt die Brille auf und beugt sich über die Schreibarbeit.

Aronsson: Tomas!

Tomas: Ja?

Aronsson: Wie ist es geworden?

Tomas: Womit?

Aronsson: Hast du eine Haushälterin gefunden?

Tomas: Nein.

Aronsson: Du schaffst es nicht allein, auf die Dauer.

Tomas: O doch. Ist es fünf Jahre gegangen, geht es auch noch eine Weile.

Tomas knabbert an einem Keks, kaut und schluckt. Aronsson holt ein großes Taschentuch hervor und putzt damit seine Brille.

Aronsson: Du könntest Märta Lundberg bitten, dir zu helfen. Sie möchte wohl nichts lieber. Ich kann sie fragen.

Tomas: Nein, danke.

Das Thema ist erschöpft. Es ist Aronsson nicht gelungen, sich bis zu dem eigentlichen Gegenstand seiner Rede vorzuarbeiten. Er steht auf und hängt den Talar in den Schrank. Tomas hat die Beine ausgestreckt und ist im Sessel zusammengesunken. Er schließt die Augen, seine Lippen sind straff und ein wenig aufgesprungen.

In die Sakristei tritt Algot Frövik. Er hat aus reiner Höflichkeit an die Tür geklopft, tritt dann aber gleich ein, und zwar mit dem Ausdruck dessen, der zu den Auserwählten gehört, die sich hinter dem Vorhang aufhalten dürfen.

Algot: Guten Tag, Herr Pastor, grüß dich, Aronsson. Wie geht es? Danke für die Predigt.

Tomas: Guten Tag, Herr Frövik. Danke.

Aronsson: Grüß dich, Algot.

Algot kommt etwas aus dem Takt. Er verstummt verlegen, lächelt, um Entschuldigung bittend.

Tomas: Wollten Sie etwas Besonders, Herr Frövik?

Algot: Nein, nein. Ich dachte, daß ich möglicherweise zu etwas nutze sein könnte. (Pause) Sonst wäre da eine Sache ... Ich möchte mit Pastor Ericsson sprechen.

Tomas: Wir sehen uns ja in Frostnös um drei.

Algot: Wird der Pastor da mit mir sprechen können?

Tomas: Natürlich. Nach dem Gottesdienst.

Algot: Ich bin eine Stunde vorher in der Kirche und heize. Sind es die gleichen Lieder?
Tomas nickt.
Algot: Pastor Ericsson fühlt sich nicht richtig wohl?
Tomas (ungeduldig): Nein, ich habe mich erkältet.
Algot: Ja, dieses Wetter. Ich für mein Teil . . .
Er sieht ein, daß sich jetzt keiner für seine persönlichen Kümmernisse interessiert, grüßt wortlos und zieht sich mit Verbeugungen zurück.
Tomas: Armer Kerl.
Aronsson: Er kriegt vor der Zeit Pension von der Eisenbahn und dann wohl noch ein bißchen vom Kirchenrat, für seinen Dienst in Frostnös.
Aronsson seufzt wieder einmal, doch mit Würde. Tomas gähnt, befühlt seinen Hals. Der schmerzt. Er schließt die Augen, versunken in sein Fieber.
Aronsson: Du hast Besuch.
Tomas öffnet die Augen. In der Tür erscheinen Jonas Persson und seine Frau.
Aronsson: Frau Persson will dringend mit dir sprechen.
Sie wartet nicht auf Antwort, sondern tritt ein.
Frau Persson: Ich muß mit dem Pastor sprechen.
Tomas: Ja. Gewiß.
Er wendet sich dem Mann zu und gibt ihm ein Zeichen. Der folgt zögernd seiner Frau, bleibt aber an der Tür stehen und verbeugt sich erst vor Aronsson und dann vor dem Pastor. (Jonas Persson ist ein langer, magerer Mann mit einem Holzschnitt-Gesicht. Aus diesem Gesicht starren schmerzhaft erschrockene Augen. Das dünne struppige Haar wird schon grau, aber der Mund ist kindlich weich. Frau Perssons Haar ist dunkel und voll. Ihr Gesicht ist breit und zeigt Eigensinn, aber der Blick ist ängstlich.)
Tomas steht auf, gibt ihnen die Hand und fordert sie auf, sich zu setzen. Aronsson nimmt seinen Hut, windet sich den Wollschal um den Hals, zwängt sich in die Gummigaloschen und verabschiedet sich.
Aronsson: Ich rufe heute abend an und frage nach, ob du etwas brauchst.
Tomas: Danke, aber das ist wirklich nicht nötig.
Aronsson: Adieu, Herr Persson, adieu, Frau Persson.
Perssons: Adieu.

Aronsson entfernt sich durch die Außentür der Sakristei. Eine graue Kühle zieht durch den Raum.
Der Pastor betrachtet seine beiden Gäste. Jonas Persson hat die Ellenbogen auf den Tisch gestützt und reibt ununterbrochen mit den Fingerspitzen an der Wange. Er hat die Augen abgewandt, als wollte er seine Mitmenschen nicht mit ihrem verstörten Ausdruck behelligen. Frau Persson beugt sich vor und drückt den Leib hart gegen die Tischkante, aber sie findet keine Worte.
Tomas: Sie wollten mit mir sprechen.
Frau Persson: Ja. Obwohl auch nicht ganz so. Es ist eher Jonas. Obwohl er nichts sagt. Da dachte ich, daß ... Heute morgen meinte ich, daß wir zur Kirche fahren sollten. Um mit einem Menschen zu sprechen.
Jonas: Wir sind aber unschlüssig gewesen ...
Frau Persson: Unschlüssig! (nickt) Das heißt, Jonas. Ich nicht so sehr. Jonas ist unschlüssig ...
Sie wendet sich zu dem Mann. Er verbirgt seine Angst vor ihr und blickt auf den Tisch.
Frau Persson: Kann der Pastor nicht mit Jonas *reden*?
Tomas: Doch. Gewiß.
Tomas betrachtet das Gesicht des Mannes.
Tomas (behutsam): Tragen Sie sich schon lange damit, Herr Persson?
Jonas Persson reibt mit dem Finger an der Wange.
Frau Persson: Es fing im Frühjahr an. Jonas hatte in der Zeitung von den Chinesen gelesen.
Sie sieht den Mann unsicher an, aber der sitzt wie vorher, er ist vom Pastor und von der Frau weggerückt. Tomas versucht es mit einem verständnisvollen Kopfnicken.
Frau Persson: In dieser Zeitung stand, daß die Chinesen zum Haß erzogen werden.
Tomas nickt noch einmal ermunternd.
Frau Persson: Sie haben nichts zu essen, oder jedenfalls sehr wenig. Sie werden Soldaten, man bildet sie für den Krieg aus.
Jonas Persson hört auf, mit dem Zeigefinger die Wange zu reiben. Er legt die Hände auf den Tisch.
Frau Persson: In diesem Artikel stand, daß ... Es ist eine *Zeitfrage,* daß die Chinesen Atombomben haben. *Sie haben nichts zu verlieren.* So stand es da. (Pause) Ich bin nicht so sehr unruhig. Das ist wohl, weil ich nicht soviel Phantasie habe. Aber Jonas denkt immerzu. Und wir drehen und wenden die Sache.

Obwohl ich nicht soviel helfen kann. Wir haben drei Kinder – und dann das, das kommt.

Sie schweigt und sucht eine Antwort beim Pastor, der die Stütze und Hilfe ist. Sie vertraut ihm das Leben des Mannes an und wartet auf das erklärende Wort, das ihm die chinesische Drohung ausreden soll.

Tomas: Wir gehen alle mit der gleichen Angst herum – mehr oder weniger. (Er betrachtet hilflos Jonas Perssons strenge Stirn und die zusammengezogenen Augenbraunen.) Wir müssen auf Gott vertrauen.

Jonas Persson hebt langsam den Kopf und sieht Tomas an. Die Angst fährt wie ein Funke auf, der ihn gleichsam körperlich trifft. Er greift nach der Tasse und schlürft den Rest des erkalteten Kaffees in sich hinein.

Der Fischer wendet den Blick nicht ab, er nimmt keine Rücksicht, schont ihn nicht länger.

Die Frau hebt die Arme und nimmt den Hut ab. Dann streicht sie das volle Haar mit den Handflächen glatt.

Tomas: Wir leben in unserem einfachen Alltag. Und da drängen sich entsetzliche Nachrichten in unsere Geborgenheit. Das ist unerträglich. – Das Zusammentreffen erscheint uns so übermächtig und Gott so fern.

Jonas Persson schüttelt lächelnd den Kopf. Es sieht aus wie Mitleid.

Frau Persson (unsicher): Jaha.

Tomas: Ich fühle mich so – machtlos. Ich weiß nicht, was ich sagen soll. Ich verstehe Ihre Angst, Gott, ich verstehe sie! Aber wir *müssen* leben.

Jonas: Warum müssen wir leben?

Tomas: Weil wir müssen. Wir tragen Verantwortung.

Jonas: Der Herr Pastor ist krank und soll nicht hier sitzen und erklären. Wir kommen ja doch zu nichts.

Tomas (angstvoll): Doch! Laßt uns miteinander sprechen. Laßt uns alles sagen, was uns einfällt.

Der Fischer sieht den Pastor verwundert an und schüttelt dann langsam den Kopf. Das Lächeln, das wie Mitleid ist, kommt zurück.

Jonas: Das ist unmöglich.

Tomas: Unmöglich?

Jonas: Karin und ich müssen nach Hause zu den Kindern. Sie sind allein, und man weiß nie, worauf sie kommen.

Frau Persson: Du bringst mich nach Hause und fährst zurück zum Pastor. Es ist viel besser, wenn ihr unter vier Augen sprecht.
Tomas: Wann können Sie zurück sein?
Frau Persson: Es dauert nur zehn Minuten bis nach Hause.
Tomas: In zwanzig Minuten sind Sie hier. *Versprechen Sie es mir!*
Jonas erhebt sich, schweigend. Die Frau nimmt seine Hand, als wollte sie ihm ein Versprechen abzwingen.
Frau Persson: Versprich dem Pastor, daß du zurückkommst.
Jonas (geniert): Ich verspreche es ja.
Sie verabschieden sich, schnell und unbeholfen. Tomas schließt die Außentür auf, hält sie offen.
Tomas: Haben Sie das Auto auf dem Parkplatz?
Frau Persson: Es steht da unten an der Ecke.
Tomas: Ich warte. Und Herr Persson kommt in einer halben Stunde zurück. Spätestens.
Frau Persson: Ich werde dafür sorgen, daß er kommt.
Tomas: Die große Tür ist offen. Er kann durch die Kirche gehen. Ich warte. Ich warte hier drinnen.
Jonas Persson nickt und stemmt sich in der Türöffnung gegen den Wind. Seine Frau folgt ihm. Tomas macht die Tür zu und schließt ab.
Nach einigen Augenblicken sieht er die beiden am Auto. Sie fahren rückwärts und biegen dann vorsichtig hinunter zur großen Landstraße.
Der Sturm hat zugenommen. Es ist halb eins.
Tomas geht hinaus in die Kirche, bleibt gedankenverloren vor dem Altar stehen: Christus am Kreuz, zwischen den Knien Gottes, Gott selbst schwarzhaarig mit braunem Bart und erstaunt gewölbten Augenbrauen, die Taube flattert über seinem Haupt.
Tomas (vor sich hin): Was für ein lächerliches Bild!
Er spürt, daß ihn jemand beobachtet, und dreht sich um.
Tomas: Oh, ach du bist es.
Märta steht hinten neben dem Eingang, sie hat einen Korb in der Hand.
Märta: Ich habe etwas Warmes für dich.
Tomas: Danke, das ist nett, aber ich habe mir Kaffee von zu Hause mitgenommen.
Er geht von ihr weg. Sie folgt ihm in die Sakristei.
Tomas: Ich warte auf einen, der mit mir sprechen will. Er kann jeden Augenblick hier sein.

Märta: Du brauchst dich nicht zu beunruhigen, ich gehe gleich wieder.

Sie stellt den Korb auf einen Stuhl und knöpft ihren Schafpelz auf, sucht etwas in der Tasche, holt ein Taschentuch heraus und schneuzt sich.

Märta: Es scheint ordentlich kalt zu werden.

Tomas tritt zu dem kleinen Gefängnisfenster der Sakristei, stützt die Ellenbogen auf das breite Steinsims. Sie stellt sich neben ihn, umfaßt seine Schultern und zieht ihn an sich.

Märta: Armer Tomas.

Die Zärtlichkeit in ihrer Stimme, das Fieber, das Gefühl einer Vorahnung – seine Augenlider schwellen, röten sich.

Märta: Was ist, Tomas?

Tomas: Das kann dir gleichgültig sein.

Märta: Sag es trotzdem.

Tomas: Gottes Schweigen.

Märta: (verwundert): Gottes Schweigen?

Tomas: Ja. (Lange Pause) Gottes Schweigen.

Sie lehnt den Kopf an seine Schulter, ihre Baskenmütze verruscht, fällt dann auf den Boden. Sie betrachten den Schnee, der immer dichter fällt.

Der Waldrand auf der anderen Seite des Weges und die Einfriedung verschwinden mehr und mehr.

Tomas: Dann kamen Jonas Persson und seine Frau.

Er preßt die Faust gegen den Mund, und sein Körper wird vom Husten geschüttelt.

Tomas: Ich habe geschwafelt. Abgeschnitten von Gott. Dennoch hatte ich das Gefühl, als ob jedes Wort – entscheidend wäre. Was soll ich nur tun!

Märta: Armer Tomas, du mußt einen Kognak bekommen und zu Bett gebracht werden. Du hast hohes Fieber.

Märta legt ihre große Hand an seine Schläfe, er läßt es geschehen, die Hand ist auf jeden Fall kühlend.

Tomas: Warum bist du zum Abendmahl gekommen?

Märta: Es soll doch ein Liebesmahl sein. (Pause) Hast du meinen Brief gelesen?

Tomas: Deinen Brief? Nein. Ich bin noch nicht dazu gekommen.

Märta zieht ihre Hand zurück und lächelt ironisch.

Märta: Es ist hoffnungslos mit dir. Wann hast du ihn bekommen?

Tomas (wahrheitsgemäß): Gestern. Ich schrieb gerade die Predigt, und es ist ein so dicker Brief. Ich dachte übrigens . . .

Märta: Was dachtest du?

Tomas: Daß es etwas Unangenehmes ist. Ich habe ihn mit. Er greift nach seiner Tasche, sie schüttelt den Kopf.

Märta: Nein, nein, lies ihn später, irgendwann, wenn du Lust hast.

Tomas: Warum schreibst du, wo wir uns jeden Tag sehen?

Märta: Wenn man miteinander spricht, verirrt man sich. Sieh nicht so erschrocken aus.

Tomas verliert den Gesprächsfaden, er bringt keine Erklärung heraus, jede Silbe schmerzt ihn im Hals. Er gähnt wie ein schläfriges Kind und legt den Kopf auf die Arme.

Märta (lächelnd): Ein Sonntag auf dem Grunde des Tals der Tränen.

Tomas: Es geht mir nicht besonders gut.

Märta: Willst du Mitleid?

Tomas: Danke, ja.

Märta (lächelnd): Dann mußt du mich heiraten.

Tomas (seufzt, schließt die Augen): Jaha.

Märta: Du könntest mich gut und gern heiraten.

Tomas: Warum?

Märta: Dann müßte ich nicht hier wegziehen. Zum Beispiel.

Tomas: Warum solltest du hier wegziehen?

Märta: Solange ich Hilfslehrer bin, können sie mich versetzen, wohin sie wollen. Weit weg. (Lächeln) Von dir.

Tomas (sehr müde): Wir werden sehen müssen, wie wir es machen . . .

Märta (hastig, immer noch lächelnd): Ja, ja, ich weiß. Du kannst mich nicht heiraten, weil du mich nicht liebst. Außerdem glaube ich überhaupt nicht an Gott. Nein, ich glaube nicht an Gott. Das ist wahr.

Tomas schaut zum Fenster hinaus.

Der Organist Blom kämpft sich den Hügel zur Kirche hinauf, er ist rot im Gesicht vom Wind. Vermutlich hat er etwas in der Sakristei vergessen.

Märta: Warum sagst du nichts?

Tomas: Du redest ja die ganze Zeit. Im übrigen habe ich das alles früher schon gehört. Mindestens einmal im Jahr.

Märta lacht ein wenig bitter und knufft ihm mit der Hand in den Rücken.

Märta: Du weißt nicht, was für dich das beste ist. Du kriegst eine gute Ehefrau, wenn du mich heiratest. Ich werde auch treu sein, ich bin ja nicht gerade eine Schönheit, da wirst du mich für dich allein haben.

Es sind hastige Schritte zu hören, jemand räuspert sich, Tomas und Märta gehen auseinander. Der Organist Blom tritt in die Sakristei, er ist voller Schnee und scheint verärgert. Er sieht die beiden an und lacht.

Blom: Ich bitte um Pardon, aber ich muß mich auf den Weg machen und bei einer Kindtaufe spielen, und nun habe ich die Noten vergessen. Verzeihung, daß ich störe, Verzeihung. Guten Tag, Fräulein Lundberg. Ich müßte eigentlich mit der Lehrerin über den Jungen sprechen, aber gerade jetzt habe ich es eilig. Man hat nicht jeden Tag Extraverdienste in diesem Loch hier. Wo, zum Kuckuck, habe ich diese Noten hingelegt! Da sind sie. Sieh, da liegt der ganze Haufen. Adieu denn, Fräulein Lundberg. Servus, Tomas.

Er lacht, eine Spur verächtlich. Diese ältlichen Menschen mit ihren ängstlichen Gesichtern und unterdrückten Gefühlen. Er, Blom, hat jedenfalls sich selbst und den ganzen Mist durchschaut. Gleichwohl lebt er weiter und übt sein Handwerk aus: Musik zur Ehre Gottes. Im übrigen ist er eine Persönlichkeit und gibt gern zu, daß er nachmittags größer ist als morgens.

Märta: Ich muß gehen. Tante Emma ist zu Besuch. Sie wollte einen Zuckerkuchen backen (seufzt) zum Kaffee.

Tomas: Märta.

Märta: Ja, Tomas.

Sie zieht den Pelz an und sucht nach der Baskenmütze, die auf den Boden gefallen ist. Dannach hebt sie den Kaffeekorb vom Stuhl auf den Tisch.

Tomas: Wenn er nicht kommt, ich meine, Jonas Persson?

Märta: Dann kannst du wohl nach Hause fahren und dich ein bißchen ausruhen. (ironisch) Und meinen Brief lesen.

Tomas: Nein, du verstehst nicht.

Märta: Kaffee steht dort.

Sie geht zur Tür, im Vorbeigehen streckt sie die Hand aus und faßt Tomas am Arm.

Tomas: Was willst du denn noch?

Märta: Armer Tomas. Ich meine das wirklich so. Da komme ich her und mache es dir schwer.

Tomas (ungeduldig): Oh, schon gut.

Märta (gereizt): Manchmal halte ich es einfach nicht aus mit dir! Gottes Schweigen, Gott schweigt, Gott hat niemals gesprochen, denn Gott gibt es nicht. So unheimlich einfach ist das.

Sie beugt sich vor und küßt ihn auf den Mund und auf die Wange. Sie ist sehr traurig.

Tomas: Nun bekommst du die Grippe.

Märta (ironisch): Ich werde sie gern haben müssen. Weil ich sie von dir bekommen habe. Soll ich bleiben?

Tomas: Nein danke, das ist nicht nötig.

Märta: O Tomas, was du noch alles lernen mußt.

Tomas (ironisch): Was die Lehrerin nicht sagt.

Märta (im gleichen Tonfall): Lernen zu lieben.

Tomas (im gleichen Ton): Würdest du es mich denn lehren?

Märta sieht ihn ziemlich lange an, dann schüttelt sie den Kopf und lächelt schief.

Märta: Ich kann nichts. Ich habe solche Kräfte nicht.

Sie verläßt ihn, geht durch die Kirche hinaus. Er hört die Tür hinter ihr zuschlagen.

2

Dem Fenster der Sakristei gegenüber hängt ein Kruzifix. Das Bild des leidenden Christus ist plump gemacht: der Mund geöffnet im Schrei, die Arme grotesk verrenkt, die Finger um die Nägel gekrümmt, die Stirn blutig unter der Dornenkrone, und der Körper beugt sich nach vorn, als versuchte er, sich vom Holz des Kreuzes loszureißen.

Das Bildnis riecht nach pilzigem, verrottetem Holz. Die Farbe ist in langen Rissen abgeblättert.

Die Wanduhr tickt, sie hat ihr eigenes geheimnisvolles Leben hinten in der Ecke. An der Schmalseite steht ein großer Schrank, übersät mit geschnitzten Figuren in der üppigen Fülle des Barock. Die Tür ist halb offen, drinnen schimmert die wachsgelbe Seide des Festornats.

Tomas: Er muß kommen, er ist ja auch zum Abendmahl gekommen.

Die Uhr stockt, seufzt und schlägt einen hart klingenden Schlag.

Tomas: Er muß kommen!

Er meint Schritte in der Kirche zu hören und eilt hinaus, um Jonas zu empfangen, aber er hat sich getäuscht, der Raum liegt leer in der Dämmerung des Winternachmittags.

Es heult im Feuerloch des eisernen Ofens, und drüben am Eingang preßt der Wind einen peinigenden Laut durch die Türflügel.

An der Wand gegenüber dem Ofen hängt ein schweres Adelswappenschild mit Helm, Adler, Gebeinen und Totenkopf.

Der Schnee fällt in großen grauen Flocken und rinnt über die Scheiben.

Tomas geht zur Sakristei zurück, öffnet die Brieftasche und holt Märtas Brief heraus, legt ihn vor sich auf den Tisch. In einem Fach stecken Fotografien seiner Frau. Sie ist schon von der Krankheit gezeichnet, abgemagert, die Augen furchtsam, ruhelos: Frau Anna Magdalena Ericsson, siebenundzwanzig Jahre, vier Monate und zwölf Tage alt. Der Herr lehre uns, unseres eigenen bevorstehenden Hinscheidens zu gedenken, damit wir, wenn wir von diesem vergänglichen Leben scheiden müssen, bereit sein mögen zu einem seligen Dahinfahren. Totengeläut. Die große Glocke knarrt, und dann läutet sie. Die Frau ist tot, doch Tomas ist in Gottes Hand, alle Zweifel verstummen, und die Ungewißheit löst sich auf in einem triumphierenden Ruf: *Gott hat mich geschlagen!*

Die Fotografie seiner Frau. Am Rand steht: *Meinem Mann zu seinem siebenundzwanzigsten Geburtstag.* Ihr Mund ist bitter verzerrt, und der Hals hat zwei scharfe Narben von den Operationen.

Tomas: Geliebte.

Er legt die Hand über das Bild, steckt es in die Brieftasche, sieht Märtas Brief, der dick und gebieterisch daliegt.

Er nimmt ihn, reißt den Umschlag auf und faltet die liederlich zusammengelegten Briefbogen auseinander:

Es fällt uns schwer, miteinander zu sprechen. Wir sind beide ziemlich schüchtern, und ich werde leicht etwas ironisch. Deshalb schreibe ich dir, denn ich muß dir etwas berichten, das mir wichtig vorkommt.

Erinnerst du dich an den vorigen Sommer? Ich hatte ein Ekzem an beiden Händen, und alles war so trübselig. Einen Abend waren wir zusammen oben in der Kirche und schmückten den Altar mit Blumen, es sollte ja Konfirmation sein. Erinnerst du dich, daß ich es gerade da besonders schwer hatte, die Hände waren beide verbunden, ich konnte nachts wegen des Juckreizes nicht schlafen, die Haut war abgeblättert, die Handflächen waren wie offene Wunden. Wir standen da und hantierten mit Margeriten und Kornblumen (oder was es war), und ich war sehr gereizt. Plötzlich wurde ich böse auf dich und fragte dich aus reiner Bosheit nach der Macht des Gebetes, ob du daran glaubtest. Du antwortetest, daß du natürlich daran glaubtest. Ich fragte genauso boshaft, ob du für meine Hände gebetet hättest, und du sagtest nein, du warst nicht darauf gekommen, du hattest nicht daran gedacht. Ich schlug dir sehr melodramatisch vor, daß du sofort beten solltest. Du warst, merkwürdig genug, einverstanden. Ich wurde noch böser über deine Fügsamkeit und riß den Verband ab – ja, du erinnerst dich. Du warst unangenehm berührt von den offenen Wunden. Du konntest nicht beten, die ganze Sache ekelte dich. Jetzt hinterher verstehe ich dich, aber du hast mich nie verstanden. Wir hatten ja ziemlich lange zusammengelebt, fast zwei Jahre. Es war auf jeden Fall ein kleines Kapital in unserer Armut, unsere Zärtlichkeiten und unsere ungeschickten Versuche, an der Liebesleere unseres Verhältnisses vorbeizukommen. Als dann mein Ekzem auf die Stirn, den Haaransatz übergriff, merkte ich ziemlich schnell, daß du dich mir entzogst. Obwohl du mich unappetitlich fandest, warst du taktvoll und wolltest mich nicht verletzten. Dann flammte die Krankheit auch an den Füßen auf. Da war unser Verhältnis zu Ende. Es war ein furchtbarer Schlag für mich und eine weitere schmerzliche Nervenbelastung. Daher die Bosheit, die Ironie, all die Sticheleien. Ich hatte ja den unerschütterlichen Beweis bekommen, daß wir einander nicht liebten – es war nicht mehr möglich, auszuweichen und zu mogeln und die Augen zuzumachen. Ich war nie von deiner Gläubigkeit überzeugt. Der Hauptgrund war natürlich, daß ich selbst niemals von religiösen Anfechtungen geplagt worden war. Ich bin in einer nichtchristlichen Familie aufgewachsen, mit unerhört viel Wärme und Zärtlichkeit und Zusammenhalt – und Freude. Gott und Christus gab es nicht, allenfalls als vage Begriffe. Und als ich deinem Glauben begegnete, kam er mir dunkel und neurotisch vor, irgendwie grausam, gefühlvoll, primitiv. Eine Sache verstand ich überhaupt nicht, das war deine merkwürdige Gleichgültigkeit gegenüber den Evangelien und Jesus Christus.

Nun werde ich dir dennoch von einem eigentümlichen Fall von Erhörung erzählen. Wenn du dazu in der Stimmung bist, kannst du darüber lachen. Ich selbst glaube natürlich nicht einen Augenblick an einen Zusammenhang, das Leben ist verworren genug, ich meine, auch ohne überirdische Faktoren. Es reicht völlig mit dem biologischen und psychologischen Quatsch – zumindest für den sogenannten Verstand.

Doch, du erinnerst dich, du solltest wegen des Ekzems an meinen Händen beten, aber du verstummtest völlig vor Unbehagen, wenn du es auch hinterher abgeleugnet hast. Ich geriet gleichsam außer mir und wollte dich noch mehr reizen, wie ich dein erschrockenes Gesicht neben mir sah. Erinnerst du dich, daß ich sagte: Still, nun werde ich selbst beten, weil du nicht kannst.

Gott! sagte ich vor mich hin. Warum hast du mich ewig unzufrieden, ängstlich und so bitter geschaffen? Warum muß ich meine Trübsal verstehen, warum muß ich wie in der Hölle unter meiner Gleichgültigkeit leiden? Wenn du mit meinem Leiden eine Absicht verfolgst, dann sage es mir! Dann werde ich meinen Schmerz tragen, ohne zu jammern. Ich bin stark. Du hast mich so unheimlich stark gemacht, am Leib und auch an der Seele, aber du gibst mir keine Aufgabe für meine Stärke. Gib meinem Leben einen Sinn, und ich will deine gehorsame Dienerin sein! – So ungefähr war mein Gebet. Dann dachte ich nicht mehr an die Sache. Danach wurde ich etwas hysterisch und bereitete dir Unbehagen, armer Tomas! Ja, alles das war so melodramatisch wie nur möglich, aber dieses Ekzem war wirklich quälend.

Nun, im Herbst, verstand ich, daß mein Gebet erhört worden war. Und jetzt wirst du lachen. Ich bat um Klarheit, und ich erhielt sie: ich begriff, daß ich dich liebe. Ich bat um eine Aufgabe für meine Stärke, und ich bekam sie auch. Die Aufgabe bist du.

So können sich also die Gedanken einer Schullehrerin am Abend in der Einsamkeit bewegen, wenn das Telefon schweigt und es dunkel und einsam ist.

Ob es nun der Zufall oder Gott oder meine biologischen Funktionen sind, was meine Liebe zu Dir zustande gebracht hat, auf jeden Fall bin ich glühend dankbar. Und wenn es der Vormundmensch in mir ist, der mich dazu verleitet, dich als die große Aufgabe zu sehen, so macht es nichts, denn es kann dir nicht schaden, weil du nicht mehr beschädigt werden kannst, als du schon bist.

Was mir ganz und gar fehlt, ist die Fähigkeit, meine Liebe zu zeigen. Ich weiß überhaupt nicht, wie ich mich benehmen soll. Ich

habe daran gedacht, noch ein Gebet zu beten, so betrübt bin ich gewesen! Aber ein bißchen Selbstgefühl und einen Begriff von dem, was sich gehört, habe ich mir doch bewahrt, trotz allem.
Liebster Tomas, dies ist ein langer Brief geworden. Aber ich habe nun geschrieben, was ich nicht einmal dann zu sagen wage, wenn ich dich im Arm halte: Ich liebe dich, und ich lebe für dich. Nimm mich und wende mich an. Bei allem falschen Stolz und aller gespielten Selbständigkeit habe ich doch nur den einen Wunsch: für jemanden leben zu dürfen. Es wird schrecklich schwer werden.
Wenn ich nachdenke, dann weiß ich nicht, wie dies vor sich gehen soll. Vielleicht ist alles falsch. Sag, daß es nicht falsch ist, Geliebter!
Tomas liest den Brief zu Ende, wiederholt hier und da einige Zeilen, faltet die vielen Blätter mit der großen, eigensinnig schrägen Handschrift zusammen, knüllt sie in den Umschlag, der an einer Ecke entzweigeht.
Er steckt den Brief in die Aktentasche, holt ihn wieder heraus, hält ihn in der Hand, legt ihn in die Brieftasche, aber er paßt nicht mehr hinein. Verärgert stopft er ihn in die Manteltasche.
Er setzt sich an den Tisch und trommelt mit den Fingern, fühlt sich übermächtig schläfrig, klappt mit den Augenlidern und streicht mit der Hand übers Gesicht.

Plötzlich ist Jonas Persson da. Er steht auf einmal in der Tür und hält seinen schneenassen Hut in der Hand. Sein Gesicht ist bleich und feucht. Er atmet heftig, als wäre er gerannt.
Tomas: Wie gut, daß Sie kommen. Wie gut, daß Sie . . . Das war ein langes Warten.
Jonas: Verzeihung, wenn ich mich verspätet habe.
Tomas: Nein, so nicht. Ich habe das nicht als Vorwurf gemeint. Wollen Sie nicht den Mantel ablegen? Ich habe gerade etwas warmen Kaffee hier. Und zwei Tassen.

Folgende Fotos stammen aus dem Film ›LICHT IM WINTER‹.

Ein zweifelnder Mensch sucht nach einer Stütze in einer ungewissen Welt, nachdem er das Vertrauen zu seinen Mitmenschen und seinen Glauben an Gott verloren hat.
Mit Ingrid Thulin, Gunnar Björnstrand, Max von Sydow, Gunnel Lindblom.

Jonas Persson setzt sich an den Tisch, doch ohne den Mantel auszuziehen, den Hut behält er weiter in der Hand. Er lehnt ab, aber als Tomas darauf besteht, nippt er höflich an dem Kaffee.

Tomas: Um diese Jahreszeit ist es nichts auf See, oder?

Jonas: Nein, nur kurze Touren, die ja.

Tomas: Viel Arbeit an Land?

Jonas: Ich baue mir ein neues Boot, drüben auf Törnströms Werft.

Tomas: Ja gewiß, das ist eine gute Werft. Ich habe mein Boot auch dort bauen lassen. Auf Törnströms Werft also.

Ende des Gesprächs. Jonas starrt auf den Tisch und Tomas spürt wieder seine Machtlosigkeit, sie treibt kalten Schweiß und lähmt ihn.

Tomas: Haben Sie wirtschaftliche Sorgen?

Jonas schüttelt den Kopf, lächelt.

Tomas: Ja, entschuldigen Sie, daß ich frage, aber so etwas kann einen schon verzweifelt machen.

Jonas (höflich): Doch, gewiß. Das ist klar. Das weiß man ja.

Tomas faltet die Hände, daß seine Knöchel weiß werden. Es schmerzt ihn hinter den Augen, und sein Mund ist ganz trocken. Das Schwindelgefühl in Kopf und Magen steigt und sinkt.

Tomas: Wie lange gehen Sie schon mit dem Gedanken um, sich das Leben zu nehmen?

Jonas: Ich weiß nicht. Lange, glaube ich.

Tomas: Haben Sie mit einem Arzt gesprochen?

Jonas blickt verwundert.

Tomas: Ich meine, Sie sind körperlich gesund.

Jonas (verwundert): Ja. Ich glaube.

Tomas: Man kann ja oft . . . Ich meine . . . Naja. Leben Sie gut mit Ihrer Frau? Ich hatte den Eindruck . . .

Jonas: Karin ist gut. Sie ist gut.

Tomas: Dann ist es eigentlich das mit den Chinesen, das . . .

Jonas (gequält): Ja.

Tomas: Aber *wenn* es geschieht, Herr Persson, dann trifft es doch uns alle. Wir alle sind verantwortlich, und wir tragen die Folgen gemeinsam.

Jonas ist erschrocken.

Tomas: Es gibt immer noch so viele Möglichkeiten, einen Krieg zu verhindern. Wir, die wir die Gefahr sehen, dürfen uns nicht hinsetzen und auf die Katastrophe warten. Wir müssen uns dagegen wehren, den Friedenskräften all unsere Unterstützung geben.

Jonas sieht aus dem Fenster.

Es wird still, die alte Wanduhr holpert, stockt, knirscht. Sie zeigt acht Minuten nach eins.

Tomas: Hör mir einen Augenblick zu, Jonas. Ich werde sehr offen sprechen und ganz ohne Vorbehalt. Du weißt, daß meine Frau vor vier Jahren gestorben ist. Ich habe sie geliebt. Das Leben war zu Ende, ich habe keine Angst vor dem Tod, es gab für mich nicht den geringsten Grund weiterzuleben.

Jonas zeigt eine Spur von Interesse.

Tomas: Ich bin geblieben. Nicht um meinetwillen, sondern um nützlich zu sein.

Jonas nickt langsam.

Tomas: Ich hatte große Träume, das kannst du glauben. Ich wollte ein bedeutender Mann werden, ja, du weißt, wie man denkt, wenn man jung ist. Meine Mutter behütete mich vor allem Bösen, allem Häßlichen, allem Gefährlichen. Ich wußte nichts von Grausamkeit oder Leid. Ich war noch wie ein kleines Kind, als ich zum Pastor ordiniert wurde. Dann kam alles auf einmal, durch Zufall wurde ich Seemannspfarrer in Lissabon. Das war während des spanischen Bürgerkrieges, und wir saßen im ersten Parkett. Ich weigerte mich, zu sehen und zu verstehen. Ich weigerte mich, die Wirklichkeit zu akzeptieren. Ich und mein Gott lebten in einer Welt, einer besonders geordneten Welt, wo alles stimmte. Rundherum wand sich das wirkliche Leben in Ängsten. Aber ich sah es nicht. Ich wandte den Blick zu meinem eigenen Gott.

Jonas wirkt gequält, unruhig.

Tomas: Verzeih, daß ich von mir selbst spreche, du darfst mich nicht mißverstehen. Ich meine nur, daß wir, du und ich, uns auf unterschiedliche Weise in uns selbst verschlossen und eingesperrt haben. Du mit deiner Angst, und ich . . .

Jonas schaut fragend, gequält.

Tomas: Du *mußt* verstehen. Ich bin kein guter Pfarrer. Ich wählte meinen Beruf, weil Mutter und Vater religiös waren, tief und wie selbstverständlich fromm. Ich wollte ihnen gehorchen, ohne daß ich sie eigentlich geliebt hätte. So wurde ich Pfarrer und glaubte an Gott. (lacht auf) An einen ganz unangemessen privaten väterlichen Gott. Der zwar alle Menschen liebte, am meisten aber mich.

Tomas bekommt einen heftigen Hustenanfall und muß aufstehen. Er ringt schwer nach Atem und verzieht das Gesicht.

Tomas: Ein Gott, der alle denkbare Geborgenheit versprach. Vor Todesangst. Vor Lebensangst. Ein Gott, den ich mir eingebildet, den ich von verschiedenen Seiten zusammengeliehen und mit eigenen Händen hergestellt hatte. Verstehst du meinen furchtbaren Irrtum, Jonas? Verstehst du, was für ein schlechter Pfarrer aus so einem verklemmten, verwöhnten und ängstlichen Kerl werden mußte?

Jonas wird immer ängstlicher.

Tomas (eifrig): Kannst du dir meine Gebete vorstellen? Zu einem Echogott, der wohlwollende Antworten und ausreichende Segnungen gibt?

Jonas hört gespannt zu.

Tomas: Jedesmal wenn ich Gott mit der Wirklichkeit, die ich sah, konfrontierte, wurde er häßlich, widerspenstig, ein Spinnengott – ein Monstrum. Deshalb schützte ich ihn vor Leben und Licht. Ich drückte ihn an mich in Dunkel und Einsamkeit. Der einzige Mensch, der meinen Gott sehen durfte, war meine Frau. Sie unterstützte mich, ermunterte mich, half mir, machte die Lücken dicht. Unsere Träume . . . (Er lacht plötzlich).

Jonas wirkt zunehmend erschrocken.

Tomas: Meine Gleichgültigkeit gegenüber der Verkündigung der Evangelien, mein eifersüchtiger Christushaß.

Jonas (sieht weg): Ich muß nun wohl gehen.

Tomas: Nein. (angstvoll) Nein. (angstvoll) Nein, du darfst nicht gehen! Du mußt verstehen, warum ich soviel von mir selbst spreche. Ich will, daß du siehst, welch armseliger Mensch, welch ruinierter armer Kerl dir hier gegenübersitzt. Ich bin kein Geistlicher. Ich bin ein Bettler, der deine Hilfe braucht.

Jonas (ängstlich): Ich bin sehr dankbar, daß mir der Herr Pfarrer soviel von seiner kostbaren Zeit geopfert hat, und der Herr Pfarrer hat wirklich schön gesprochen. Aber ich muß gehen. Sonst wundert sich Karin, wo ich abgeblieben bin, und wird unruhig.

Tomas: Nur noch eine kleine Weile. Fünf Minuten . . . Nur . . .

Jonas setzt sich, er ist sehr unruhig.

Tomas: So. Laß uns nun ruhig sprechen. Verzeih mir, wenn ich verworren und unbegreiflich gesprochen habe, aber es ist so viel, was mich ganz plötzlich überkommt.

Tomas steht vom Tisch auf und schließt die Tür zur Kirche, stellt sich unter das Kruzifix.

Jonas wirkt verschlossen.

Tomas: Wenn es nun so ist, daß es Gott nicht gibt. Was macht das für einen Unterschied?

Jonas sieht zur Tür.

Tomas: Das Leben ist begreifbar. Welche Erleichterung. Der Tod ist ein Verlöschen, eine Auflösung von Körper und Seele. Die Grausamkeit der Menschen, ihre Einsamkeit, ihre Angst, alles wird verständlich, erhellt. Das unbegreifliche Leiden braucht nicht erklärt zu werden. Die Sterne, die Erden und die Himmel der Welträume haben sich selbst und einander geboren. Es gibt keinen Schöpfer, keinen Verwalter, keinen Gedanken, alles ist schwindelnd und unermeßlich.

Jonas sieht zur Tür.

Tomas: Wir sind einsam, du und ich. Wir haben vor der einzigen menschlichen Bedingung versagt: mit den Menschen leben. Deshalb sind wir verarmt und freudlos und voller Angst. All dieser Gestank von alter Göttlichkeit, all diese übersinnliche Machtlosigkeit und dieses demütigende Gefühl der Sündigkeit.

Jonas wendet den Blick ab.

Tomas: Du mußt leben, Jonas, der Sommer kommt doch, die Dunkelheit wird nicht ewig dauern. Du hast doch deine Erdbeerbeete und deinen blühenden Jasmin. Denk doch, wie er duftet. Warme, lange Tage. Das ist das irdische Paradies, Jonas. Dafür zu leben lohnt sich.

Jonas sieht die Wand an.

Tomas: Wir werden uns wiedersehen, du und ich. Wir werden miteinander über diesen dunklen Tag sprechen, wir werden Freunde sein. Wir haben einander etwas gegeben, nicht wahr? Du hast mir deine Angst gegeben, und ich habe dir einen getöteten Gott gegeben.

Jonas sieht weg.

Tomas: Es geht mir nicht gut, ich habe hohes Fieber, alles schaukelt, und ich kann meine Gedanken nicht beisammen halten. Ich fühle mich schlecht . . . Ich fühle mich sehr elend.

Er legt die Arme auf den Tisch, stützt die Stirn in die Hände, er hat Schüttelfrost, ächzt schwach, der Schweiß bricht an Haarwurzeln und Händen aus. Allmählich geht der Anfall vorüber, und er beruhigt sich. Als er aufblickt, ist Jonas weg. Keine

Schritte, keine Tür, die zuschlägt. Kein Wind in Ritzen und Winkeln. *Ein vollständiges Schweigen.* Er tritt ans Fenster. Kein Auto, keine Spur, nicht ein Laut, der Schnee fällt gleichmäßig und still.

Gottes Schweigen, das verzerrte Gesicht Christi, das Blut an Stirn und Händen, der lautlose Schrei hinter den entblößten Zähnen.

Gottes Schweigen.

Tomas (stöhnend): Gott, mein Gott, warum hast du mich verlassen?

Er tritt hinaus in den Kirchenraum. Die Uhr ist halb zwei, und die Sonne bricht aus den Schneewolken hervor. Sie ruht auf der Höhe über dem Wald und wirft ihr schweres rotes Licht durch das Schweigen, trifft die Steinwände, die Adelsporträts, die Holzvergoldungen der Kanzel und das dunkle Loch der Sakristei.

Eine dumpfe Stummheit erfüllt den großen Raum bis hinauf unter das Mauerwerk des Kreuzgewölbes, preßt sich gegen die geschnitzten Propheten der Empore, beschwert die Steinplatten und halb verwischten Inschriften der Grüfte am Fußboden. Das Leben ausgeronnen, der äußerste Augenblick.

Tomas fällt auf die Knie, dann vornüber auf den Steinboden, stützt sich auf die Handflächen, erhebt sich halb, atmet keuchend.

Tomas: Nein. (Pause) Gott gibt es nicht mehr.

Er kommt auf die Füße, steht und lauscht ohne Bewegung. Das plötzliche Sonnenlicht blendet ihn. Ihm schwindelt der Kopf, er ist atemlos.

Tomas: Nun bin ich frei. Endlich frei.

Im selben Augenblick sieht er Märta. Sie steht gleich hinter der Kanzel, geschützt vor dem Sonnenlicht. Er setzt sich erschöpft auf eine Bank des Chores. Lange Pause.

Tomas: Hast du jemanden von hier weggehen sehen?

Märta: Nein.

Tomas: Bist du eben gekommen, oder bist du schon länger hier?

Märta: Als wir uns getrennt hatten, wollte ich nach Hause gehen. Aber dann habe ich es mir überlegt und bin wieder hergegangen. Als ich in die Sakristei kam, sah ich dich am Tisch sitzen und schlafen. Ich wollte dich nicht stören und beschloß, hier draußen zu warten.

Tomas: Du hast Jonas Persson nicht gesehen.

Märta schüttelt den Kopf.

Tomas: Dann kommt er nicht.

Märta: Erwartest du ihn?

Tomas verbirgt den Kopf hinter dem Arm. Er antwortet nicht, aber nach einer Weile hört sie seine rauhe, verbitterte Stimme. Wieder und wieder bricht er ab, sein Kopf sinkt noch tiefer.

Tomas: Ich hatte ein schwache – ich hatte eine schwache Hoffnung. Daß er trotz allem kommen würde. Daß nicht alles Einbildung, Traum und Täuschung wäre.

Da ist sie bei ihm, bringt ihn zum Schweigen, drückt seinen Kopf fest gegen ihre flache Brust und die harten Knöpfe ihres Wollpullovers. Er beginnt zu husten, sie gibt ihn frei und setzt sich neben ihn auf die Bank.

Tomas: Ich muß mich umziehen. Der Gottesdienst in Frostnäs beginnt um drei Uhr.

Märta: Ich komme mit.

Tomas: Nein.

Tomas steht auf und wischt sich über Gesicht und Augen. Schneuzt sich. Märta geht ein paar Schritte von ihm weg. Die Tür zur Kirchenvorhalle wird geöffnet, und die alte Frau aus Hol steht da, verwirrt und zitternd.

Frau: Ich habe gesehen, daß das Auto vom Herrn Pfarrer noch dastand, da bin ich hergegangen, Fredrikssons Jungen haben ihn gefunden.

Tomas (heftig): Ja.

Frau: Gleich unten.

Sie zeigt mit dem Wollhandschuh und sieht Tomas ängstlich an.

Tomas: Ihn gefunden. War er tot?

Frau: Jonas Persson. (nickt) Er hat sich mit dem Gewehr durch den Kopf geschossen. Der Kreisstaatsanwalt ist schon da und besichtigt. Die Jungen haben ihn gleich geholt. Ich habe sie auf dem Wege hierher getroffen. Sie waren ganz verschreckt.

Ohne zu antworten, geht Tomas in die Sakristei, schlingt den Schal um den Hals, wirft die Schuhe von sich und zieht die Filzstiefel an. Dann macht er die Aktentasche zu und streift die Pelzhandschuhe über.

Märta steht in der Tür zur Sakristei.

Er geht an ihr vorbei hinaus in die Kirche, hinunter zum Auto. Die Sonne wirft einen langen Schatten über den Schnee.

3

Unter auf dem kleinen Parkplatz vor der Pforte des Friedhofs ist eisiger Schatten. Tomas schließt das Auto auf und kriecht hinein in die rauhe Kühle, startet den Motor und läßt ihn eine Weile laufen, er schaltet die Scheibenwischer an, die mühsam knirschend den dichten Schnee von den Scheiben kratzen. Als er den Gang einlegt, rutschen die Räder ein wenig, aber der alte Wagen ist schwer und setzt sich widerwillig in Bewegung, bergab zur großen Landstraße.

Kurz vor der Abzweigung zur Dampferanlegestelle steht der Dienstwagen des Kreisstaatsanwalts mit summendem Motor. Der Staatsanwalt und ein anderer Mann beugen sich über einen ausgestreckten Körper, der halb in den Straßengraben gerutscht ist. Fredrikssons Jungen stehen ein Stückchen entfernt, verfroren, unbeweglich, mit laufenden Nasen, die Mützen tief in die Augen gezogen. Sie starren erschrocken und neugierig. Der eine hat ein Paar Schistöcke unter dem Arm.

Jonas liegt mit dem Gesicht nach unten, der Schnee um den Kopf herum ist zum Teil weggeschmolzen, zum Teil dunkelrot gefärbt. Das Gewehr liegt im Graben, eine Hand ist ausgestreckt.

Der Kreisstaatsanwalt grüßt umständlich, gewiß, Selbstmord, kein Zweifel, Fahrlässigkeit ist undenkbar. Persson war ein tüchtiger Jäger, der mit Schußwaffen umgehen konnte, bestimmt Selbstmord. Er hatte das letzte halbe Jahr viel gegrübelt. Der Kreisstaatsanwalt hat gerade mit Söderberg auf der Bootswerft gesprochen, gerade vor ein paar Tagen hätten sie über Jonas gesprochen und sich gesagt, daß er sich in der letzten Zeit sehr verändert habe. In sich gekehrt und grüblerisch, wie gesagt. Es ist also Selbstmord, kein Zweifel. Aber er muß trotzdem zur Krankenstation gebracht werden, damit man einen Totenschein erhält. Fribergs haben einen Kombiwagen, da bekommen wir die Leiche hinein.

Der fremde Mann bietet sich an, hinunter zu Fribergs zu gehen und nach dem Kombiwagen zu fragen. Zusammen mit Tomas bringen sie den Toten zum Waldrand, hinter die Büsche. Der Kreisstaatsanwalt holt aus dem Gepäckraum des Dienstwagens eine fleckige Persenning, die er über die Leiche deckt. Das Gewehr wirft er auf den Rücksitz, dann wendet er sich onkelhaft an die kleinen Jungen.

Kreisstaatsanwalt: Jetzt, Jungs, verschwinden wir von hier.

Fredrikssons Jungen lösen sich aus ihrer Versteinerung und ziehen sich den Weg hinunter zurück. Der ältere schleift die Schistöcke hinter sich her.

Kreisstaatsanwalt: Willst du ein paar Minuten achtgeben. Ich will nur nach Hause und die Krankenstation und die Ortspolizei anrufen. Es sind so verdammt viele Formalitäten heutzutage.

Tomas: Fahr du, ich warte.

Kreisstaatsanwalt: Wenn Friberg vor mir hier ist, braucht er bloß einzuladen und zu fahren. Richte das aus, sei so nett.

Tomas nickt, macht einen Schritt über den Graben und geht zu dem Toten. Nun sind alle weg, und er ist allein mit Jonas.

Die Sonne erlischt, sie hat eine Weile an den Rändern der Wolken geleuchtet und sie zum Glühen gebracht, nun verdunkelt sich der Nachmittag zur Nacht. Es rauscht in den Fichten, und der Schnee beginnt dicht und unaufhörlich zu fallen.

Vollkommene Stille.

Jemand kommt den Weg entlang. Es ist Märta, die sich mit großen Schritten nähert, die Hände tief in den Taschen des Schafpelzes vergraben. Sie sieht Tomas und bleibt am Grabenrand stehen.

Tomas: Setz dich solange ins Auto.

Sie zögert, gehorcht aber. Nach einer Weile ist ein Automotor zu hören, und Fribergs Wagen kommt langsam den Berg heruntergekrochen. Die Männer heben gemeinsam den Körper in das Auto.

Tomas: Richtet dem Kreisstaatsanwalt aus, daß ich zu Frau Persson nach Hause fahre.

Die Männer nicken zum Abschied.

Tomas steigt in sein Auto und startet.

Tomas: Du hast den Kaffeekorb in der Kirche vergessen.

Märta: Ich kann ihn morgen holen.

Nach ein paar Minuten halten sie am Schulhaus, ein rotgemaltes Gebäude mit zwei Schulzimmern im Untergeschoß und der Wohnung der Lehrerin im oberen. Auf dem Vorplatz, der durch eine kleine Auffahrt mit der Landstraße verbunden ist, steht eine gewaltige Linde. Sie beherbergt ein paar Krähennester, und die dunklen Vögel fliegen in den Zweigen hin und her.

Märta: Adieu denn, Tomas.

Tomas: Adieu.

Schweigen.

Märta: Du läßt wohl in der Woche etwas von dir hören.

Tomas: Hast du vielleicht ein paar Magnecyl?
Märta: Ja gewiß. Ich habe auch Hustenmedizin.
Tomas: Das wäre ganz gut.
Märta: Komm mit herein.
Tomas: Deine Tante ist doch da.
Märta: Du kannst im Klassenzimmer warten, während ich hinaufgehe und es hole. Es dauert nur ein paar Minuten.

Sie steigen aus dem Auto, nachdem Tomas in die Auffahrt eingebogen ist.
Märtas Fahrrad steht ziemlich verschneit auf dem Vorplatz. Sie hebt es an und trägt es in die Diele.
Zur Rechten liegt das Klassenzimmer, das immer noch von den sechs Schülern benutzt wird. Es ist ein großer Raum, abgenutzt durch die Jahre. In einer Ecke steht ein Radio, an der Längswand gegenüber den Fenstern haben die Kinder ihre Malereien und Zeichnungen ausgestellt.
Tomas läßt sich in einer Schulbank nieder. Märta geht hinauf ins Obergeschoß, man hört sie mit ihrer Tante über den Zuckerkuchen reden. Plötzlich schreien die Krähen. Er sieht aus dem Fenster. Ein Junge kommt über den Vorplatz getrabt, gefolgt von einem gewaltigen Schäferhund, der zerstreut einer der zänkischen Krähen nachsetzt. Dann poltert es in der Diele. Hund und Junge kommen ins Klassenzimmer. Tomas grüßt, der Junge grüßt verwundert und schüchtern. Der Hund schnüffelt mißtrauisch an den Stiefeln des Pfarrers, entschließt sich aber, ihn zu akzeptieren, und zieht sich in die Diele zurück.
Tomas: Wessen Junge bist du?
Junge: Strands.
Tomas: Wie alt bist du?
Junge: Zehn.
Tomas: Was machst du hier am Sonntag?
Junge: Hab was unter der Bank vergessen.
Tomas: Wie heißt der Hund?
Junge: Jim.
Tomas: Ist es deiner?
Junge: Nä.
Tomas: Dann gehört er deinem älteren Bruder, dem, der bei mir dieses Jahr in die Konfirmandenstunde geht?
Junge: Ja.
Tomas: Wirst du auch zu mir kommen?

Junge: Nä.
Tomas: Warum denn nicht?
Junge (verlegen): Ich weiß nicht.
Der Junge hat ein buntes Magazin unter der Bank hervorgeholt und steht nun vor Tomas, schaut aus dem Fenster und schiebt den schneeigen Stiefel vor und zurück.
Tomas: Findet dein Bruder den Unterricht langweilig?
Junge: Njä. Ich weiß nicht.
Tomas: Was willst du werden, wenn du groß bist?
Der Junge ändert die Blickrichtung und sieht Tomas mit einem Ausdruck von Verachtung und Nachsicht gerade in die Augen.
Junge: Weltraumpilot.
Tomas (lächelt plötzlich): Ja, ich verstehe. Adieu dann.
Der Junge verbeugt sich höflich, aber schweigend, lockt den Hund. Im selben Augenblick kommt Märta die Treppe herunter. In der Hand trägt sie ein Tablett mit Glas, Flasche, Löffel, Medizinschachtel.
Märta: Guten Tag, Johan. Was machst du hier?
Junge (geduldig): Ich habe eine Sache geholt, die ich unter der Bank vergessen hatte.
Er zeigt das Magazin vor. Märta frage nach einem, der Pelle heißt. Der Junge sagt, daß es Pelle viel besser geht, er ist schon am Freitag aufgestanden und kommt vielleicht Mitte der Woche wieder zur Schule. Märta bittet Johan, die Eltern zu grüßen. Er verspricht, den Gruß auszurichten. Dann macht er sich gemächlich auf den Weg, zusammen mit Jim, der der Lehrerin mit dem Schwanz zuwedelt.
Märta kommt herein und läßt sich Tomas gegenüber in der Bank nieder. Sie stellt das Tablett ab und gießt Hustensaft auf einen großen Löffel. Er schluckt gehorsam, verzieht das Gesicht und greift zum Wasserglas.
Märta: Trink vorsichtig, es ist warm. Das hier ist zum Gurgeln. Man löst diese Pastillen darin auf. Ich habe sie von der Tante bekommen. Sie sagt, es sind sehr gute Pastillen.
Tomas: Nein danke.
Märta: Ja, aber Tante sagt, daß sie immer Halsschmerzen hat und daß diese Pastillen beinahe sofort helfen.
Tomas: Nein danke.
Märta: Wie du willst. Hier sind jedenfalls die Magnecyltabletten. Soll ich ein Glas kaltes Wasser holen, damit du sie hinunterspülen kannst?

Tomas: Nein danke, das ist nicht nötig.
Märta: Wie unfreundlich sich das anhört.
Tomas schweigt, schluckt Tabletten.
Märta: Manchmal . . .
Tomas sieht sie an.
Märta: Manchmal klingt es fast so, als ob du mich haßtest.
Tomas schweigt, schluckt.
Das Schweigen kündigt eine Entladung an. Sie reicht ihm die Tablettenschachtel, aber er sieht sie nicht.
Märta (leise): Du kannst die Schachtel mitnehmen, wenn du willst. Tante hat eine ganze Hausapotheke mit.
Sie lächelt wieder, doch unsicher. Tomas zieht den Schal um den Hals und knöpft den Mantel zu.
Märta: Kann ich dich nicht nach Frostnäs begleiten?
Tomas: Ich will erst zu Perssons.
Märta: Ich kann im Auto warten.
Tomas: Deine Tante hat doch Zuckerkuchen gebacken.
Märta (traurig): Tomas.
Tomas: Ich will in Frieden gelassen werden.
Märta: Willst du mich loswerden?
Tomas (heftig): Nein, das nicht, Märta. Aber gerade jetzt, zum Kuckuck, jetzt ertrage ich es nicht.
Märta: Warum willst du mich loswerden?
Tomas deutet resignierende Müdigkeit an. Er hat sich halb erhoben, setzt sich indessen wieder und streicht mit den Händen übers Gesicht.
Märta: Tomas, kleiner, geliebter Tomas, du bist auf dem besten Wege, alt zu werden. Du bist unzufrieden mit deinem Leben, mit allem, mit dir selbst am meisten. Da bekommst du mich in die Arme, und das stimmt nicht mit dem übrigen überein.
Sie hält inne. Tomas sieht auf, er lächelt ziemlich boshaft, sagt aber nichts.
Märta (leise): Oder stimmt es zu gut?
Tomas: Du siehst selbst.
Märta (hastig): Ich weiß, du hast deine Träume, liebster Tomas. Und ich nehme nicht an ihnen teil. Manchmal habe ich sie sogar ein wenig verachtet. (nickt) Ja. Ich hätte netter sein können.
Tomas: Das sind doch Kleinigkeiten, Märta.
Märta: Nicht Kleinigkeiten. Du hast wirklich Pech gehabt. Ich

weiß schon, daß ich ein schrecklicher Vormund bin. Doch. (Pause) Widersprich mir nicht.

Tomas: Willst du mir einen Augenblick zuhören.

Märta: Verzeih! Ich rede die ganze Zeit.

Tomas: Ich fühle mich gedemütigt von all dem Klatsch. Früher kümmerte sich niemand darum, was der Pfarrer dachte oder meinte. Er war nur eine Art Gebrauchsartikel, obwohl niemand eigentlich wußte, wozu er gut sein sollte. Dann fingen die Gerüchte über dich und mich an. Ein gräßliches Getuschel und Gezischel. Nein, der Pfarrer. Wahrhaftig, Pfarrer sind nicht Gottes beste Kinder. Na, du weißt ja, wie es so geht.

Märta: Ist *das* dein Grund?

Tomas: Du brauchst nicht so verächtlich zu tun.

Märta: Dann heirate mich.

Tomas: Nein. (schüttelt den Kopf) Nein. (Pause)

Märta: Tomas, Lieber, es ist so schwer, in eigener Sache zu sprechen.

Tomas: Ja, das ist schwer.

Märta: Du kannst nicht, du darfst mich nicht wegstoßen. Es ist mir unbegreiflich, daß du so blind sein kannst.

Tomas: Liebe Märta, werde nicht hysterisch.

Märta: Das sagst du immer, wenn du mich weinen siehst. Und das ist klar, ein bißchen hysterisch bin ich wohl.

Tomas: Märta, beruhige dich. Stell dir vor, deine Tante hört uns.

Märta: Ich kann doch nichts dafür, daß die Tränen laufen. Du kannst mit mir genauso wie sonst sprechen, ich höre alles, was du sagst.

Sie sehen einander abwartend an, plötzlich platzt die Eiterbeule des Schweigens und das Gift rinnt heraus.

Tomas (ruhig): Ich dachte, daß ich mir da einen guten Grund ausgedacht hätte. Ich meine das mit dem Ruf des Pfarrers. Das muß sie begreifen, dachte ich.

Märta starrt ihn an.

Tomas: Aber du hast den Grund weggewischt, und ich verstehe dich. Es war ja Lüge.

Märta ist unruhig.

Tomas: Der Grund, der entscheidende ist, daß ich dich nicht haben will.

Märta verharrt unbeweglich, lange schweigend.

Tomas: Hörst du, was ich sage?

Märta (ruhig): Ja, gewiß höre ich, was du sagst.

Tomas: Ich habe deine Fürsorge satt, dein Geplapper, deine guten Ratschläge, deine kleinen Leuchter und Tischtücher. Ich bin deiner Kurzsichtigkeit überdrüssig und deiner ungeschickten Hände. Deiner Ängstlichkeit und deiner ängstlichen Zärtlichkeiten. Du zwingst mich, mich mit deinen physischen Umständen zu beschäftigen, mit deinem empfindlichen Magen, deinen Ekzemen, deinen Tagen, deiner erfrorenen Wange. Ich muß endlich heraus aus dem Gerümpel dieser idiotischen Umstände. Ich bin alles dessen müde, alles dessen,was mit dir zu tun hat.

Märta: Warum hast du früher nichts gesagt?

Thomas: Ein einfacher Grund. Ich bin wohlerzogen. Von Geburt an habe ich gelernt, daß Frauen höhere Wesen sind, bewundernswerte Wesen, unverletzbare Märtyrer.

Märta (ruhig): Und deine Frau?

Tomas: Die habe ich geliebt! Hörst du es! Ich habe sie geliebt! Aber dich liebe ich nicht. Denn ich habe meine Frau geliebt. Und als sie starb, da starb ich. Und es ist mir vollkommen gleichgültig, ob das Leben weitergeht oder was sonst mit mir geschieht. Begreifst du, was ich sage! Ich habe sie geliebt, und sie war alles, was du niemals werden kannst und doch dauernd sein willst. Es wird nur etwas Häßliches, eine Parodie, wenn du ihre Art nachahmst.

Märta (ruhig): Ich habe sie nicht gekannt.

Tomas: Am besten, ich gehe jetzt (mit trockner Verzweiflung) Am besten, ich gehe, bevor ich noch schlimmeren Unsinn sage.

Märta: Gibt es noch schlimmeren?

Tomas antwortet nicht.

Märta nimmt die Brille ab.

Tomas: Laß das doch, dir die Augen so zu reiben!

Märta: Verzeih!

Tomas: Siehst du. Ich ertrage es schon.

Märta (schwach lächelnd): Ich kann dich ohne Brille kaum sehen. Du bist ganz verschwommen, und das Gesicht ist wie ein weißer Fleck – du bist nicht richtig wirklich.

Sie sitzt nachdenklich, die Finger an der Brille, den Kopf vornüber gebeugt und die breiten Schultern krumm.

Märta (zu sich selbst): Ich verstehe, daß ich Fehler gemacht habe. Die ganze Zeit.

Tomas spielt mit dem Glas, dreht es in der Hand, hebt es hoch und führt es an die Lippen, setzt es ab.

Tomas (gequält): Ich muß jetzt fahren. Ich muß mit Frau Persson sprechen.

Märta: Nein, ich habe alles falsch gemacht. Jedesmal wenn ich Haß gegen dich empfunden habe, habe ich mich angestrengt, ihn in Mitleid zu verwandeln. (sieht ihn an) Du hast mir leid getan. Ich habe mich so daran gewöhnt, dich zu bedauern, daß ich dich jetzt auch nicht hassen kann.

Sie lächelt entschuldigend – dieses schiefe, ironische Lächeln. Er sieht sie schnell an: die krummgezogenen Schultern, den vorgeschobenen Kopf, die unbeweglichen großen Hände, den Blick, der plötzlich schutzlos und brennend ist, die Ohrläppchen die aus dem ungepflegten dünnen Haar hervorstehen.

Märta: Was soll aus dir werden – ohne mich?

Tomas: Oh!

Verächtliche Geste. Er beißt sich auf die Lippe. Ein schwerer Widerwille steigt aus seinen Eingeweiden hoch, bis zum Kopf. Er empfindet ihn wie Brechreiz und gähnt krampfhaft.

Märta (sicher): O nein, du schaffst es nicht. Du gehst unter, liebster kleiner Tomas. Nichts kann dich retten. Du wirst dir das Leben aus dem Leibe hassen.

Tomas: Kannst du nicht still sein! Kannst du mich nicht in Frieden lassen! Kannst du nicht schweigen!

Er steht auf und geht zur Tür, sie bleibt in der gekrümmten Haltung sitzen. Als er hinaus in die Diele tritt, dreht er sich um.

Tomas: Willst du mit mir nach Frostnäs fahren? (Pause) Ich werde versuchen, nett zu sein.

Sie sieht auf. Ihr Gesicht hat einen Ausdruck von Strenge, Verschlossenheit.

Märta (steif) Willst du wirklich? Oder ist es nur eine neue Angst, die in dich gefahren ist?

Tomas: Mach, was du willst, aber ich bitte dich.

Märta: Gewiß. Es ist klar, daß ich mitkomme. Ich habe ja keine Wahl.

Sie sammelt die Gegenstände auf dem kleinen Tablett und trägt es in die Diele, danach geht sie ein paar Schritte die Treppe hinauf, während sie den Gürtel des Schafpelzes enger zieht. Tomas geht hinaus.

Märta (ruft): Tante! Ich komme um sechs Uhr nach Hause. Hast du gehört? Sie schläft bestimmt. Ich muß hinauf und nachsehen, ob sie nichts auf dem Herd hat.

Sie holt das Tablett, läuft die Treppe hinauf und verschwindet im Obergeschoß. Tomas geht hinunter zum Auto. Die Fußspuren von vorhin sind schon verschneit. Er setzt sich ins Auto und startet den Motor. Ein alter Mann kommt den Weg entlang. Er führt ein großes schwarzes Pferd am Halfter. Sie mühen sich ab und rutschen aus auf dem glitschigen Weg. Als der Mann am Auto vorbeikommt, grüßt er den Pfarrer.

Da kommt Märta gerannt.

Märta: Ich habe die Tabletten mitgenommen.

Tomas vermag nicht zu antworten. Er schlägt die Tür mit einem ungeduldigen Ruck zu. Sie steckt die Schachtel in seine Manteltasche und setzt sich zurecht.

Sie fahren den Weg hinunter zum Haus des Fischers. Die Scheiben beschlagen. Märta wischt sie mit dem Handschuh sauber. Sie begegnen einem Auto mit aufgeblendeten Scheinwerfern. Tomas blendet ab.

Der Motor brummt monoton, das Geräusch wird vom Schnee gedämpft, dann und wann zischen die Reifen durch einen Streifen feuchten Schneematsch.

Der Weg führt schnurgerade durch den Wald und neigt sich leicht zum Meer hinunter. Zwischen den Bäumen ist Nacht. Sie sitzen still, jeder in seine Gedanken versunken.

Jonas Perssons Haus ist eine alte Sommervilla, umgeben von einem verwilderten Obstgarten. Unterhalb des Hauses liegt eine hohe Düne, die ein zerzaustes Fichtengehölz krönt. Das Meer ist noch offen, grauschwarz, dumpf murmelnd in der Dämmerung.

Die Petroleumlampe leuchtet in der Küche. Tomas kann sehen, wie sich Frau Persson zwischen dem Eßtisch vorn am Fenster und dem Herd bewegt.

Die Kinder sitzen und essen. Die älteste Tochter, eine dicke, mütterliche Dreizehnjährige, hat das jüngste Kind auf dem Schoß und füttert es geduldig.

Der Junge sitzt an der Schmalseite, den hohen schmalen Nacken zum Fenster. Er hat den Hals mit einem Strumpf umwickelt. An der anderen Schmalseite des Tisches sind zwei Teller, Glas, Bierflasche und Besteck aufgedeckt. Frau Persson will sich gerade neben ihre älteste Tochter setzen, als sie Tomas draußen auf der Vortreppe sieht.

Sie sagt etwas zu der Dreizehnjährigen, geht hinaus in die Diele und öffnet die Tür. Tomas tritt ein. Ein Geruch von Blumenkohl und muffigem Wintergemüse schlägt ihm entgegen. Das schwindende Nachmittagslicht vermag den langen, schmalen Raum mit den buckligen Tapeten und der schmutzigen Treppe nicht zu erhellen. Das Gesicht der Frau ist groß und verschwommen, die Augen gleichen schwarzen Höhlungen.
Sie steht, die Hand am Türgriff, aufgedunsen und zusammengesunken, das Haar hängt um die Stirn.

Tomas: Ihr Mann ist tot, Frau Persson. Sie haben ihn zur Krankenstation gefahren, aber es ist nichts mehr zu machen. Er hat sich erschossen.

Die Hand läßt den Türgriff los. Frau Persson setzt sich auf die Treppe, zieht den Rock über die Knie und die geschwollenen Beine. Die Hände halten den Rocksaum fest.

Frau Persson: Da ist man also allein.

Tomas setzt sich auf einen Stuhl ohne Lehne. Er faltet die Hände auf dem Knie, aus alter Gewohnheit. Sie sitzen still.

Tomas: Wollen wir ein Gebet zusammen sprechen?

Frau Persson: Nein. Nein danke.

Tomas nickt.

Frau Persson: Ich werde mit den Kindern sprechen.

Sie faßt nach dem Geländer und zieht sich hoch, gibt Tomas die Hand.

Tomas: Wenn Sie etwas von mir möchten, Frau Persson, ich bin den ganzen Abend zu Hause. Ich meine, wenn . . .

Frau Persson: Ja, danke. Ich lasse wohl in der Woche von mir hören. Wir müssen sicher über die Beerdigung sprechen.

Tomas läßt ihre Hand los und bleibt stehen, unbeholfen zögernd.

Tomas: Ich habe mit ihm gesprochen, aber ich war so machtlos.

Sie sieht den Pfarrer starr an, als ob ihre Gedanken schon weit weg wären. Dann nickt sie, als erinnerte sie sich seiner Gegenwart.

Frau Persson: Der Herr Pastor hat schon getan, was er konnte.

Tomas streckt wieder die Hand aus, aber Frau Persson sieht sie nicht. Sie geht in die Küche und schließt die Tür.

Als Tomas auf die Vortreppe kommt, dreht er sich um und sieht in die Küche. Frau Persson steht an den Tisch gelehnt und spricht mit den Kindern, vor allem an den Jungen gewandt. Die älteren hören aufmerksam zu, die Kleine hat einen Löffel genommen, den sie tief in den Mund steckt und auf dem sie eifrig herumkaut. Er geht die morschen Treppenstufen hinunter. Jonas' Hund taucht aus der Dämmerung auf, es ist ein alter Lappenhund, er knurrt erst warnend, geht dann an Tomas heran und beschnüffelt ihn mißtrauisch. Dann verschwindet er hinter der Hausecke.

Nun geht der Weg am Meer entlang. Hier ist es heller, und am südlichen Horizont steht eine quergestreifte, goldfarbene Wolke, die an den Seiten in Blau übergeht.

Ein Leuchtfeuer blinkt irgendwo über den Inseln. Die Steine am Strand sind schon von Eis bedeckt. Das Wasser ist von tonloser Schwärze, die in das Weiß der Brandung übergeht.

Märta: Wenn du müde bist, kann ich fahren.

Tomas: Nein danke.

Märta: Hast du mit ihr gesprochen?

Tomas nickt. Der Weg macht eine Biegung landeinwärts. Am Bahnübergang kurz vor der Station Frostnäs gehen die Schranken herunter, das Warnsignal läutet, das Stopplicht geht an. Tomas bremst und stellt den Motor ab. Weit entfernt hört man den herannahenden Zug.

Tomas: Als ich noch ein Kind war, wachte ich eines Abends mit einer schrecklichen Angst auf. Der Zug kreischte unten in der Kurve, du weißt, wir wohnten im alten Pfarrhof an der Brücke. Es war ein Vorfrühlingsabend mit einem seltsam wilden Licht über dem Eis und dem Wald. Ich stieg aus dem Bett, rannte durch alle Zimmer und suchte nach Vater. Aber das Haus war leer. Ich rief und schrie, aber keiner antwortete. Da zog ich mich an, so gut ich konnte, und lief hinunter zum Strand. Die ganze Zeit schrie ich und weinte nach Vater.

Der Zug wälzt sich vorbei mit majestätischem Donnern, in einer Wolke von Dampf und stäubendem Schnee. Es klirrt in den Puffern und Kupplungen, quietscht in Bremsen und Achsen. Die Fahrgestelle gehen schräg und knarrend in die Kurve, die Weichen krachen, und so schiebt sich der Zug knirschend vorwärts und hält schnaufend auf der Station Frostnäs an.

Tomas: Ich war von Vater und Mutter verlassen worden in einer vollkommen toten Welt. Ich wurde krank vor Schreck. Vater wachte bei mir die ganze Nacht.

Märta (zerstreut): Das war ein guter Papa!

Tomas: Vater und Mutter wollten, daß ich Pfarrer werden sollte, (Pause) und ich gehorchte ihnen.

Die Schranken heben sich langsam, die Fahrt geht weiter hinauf zur Kirche, die auf der anderen Seite des Ortes liegt.

4

Auf der kleinen Straße mit ihren drei Geschäften stehen ein paar halbwüchsige Jungen dicht zusammengedrängt, zwei kleine Mädchen ziehen mit großer Anstrengung ein drittes auf einem Schlitten, die Kufen durchschneiden die dünne Schneedecke, und die Mädchen lachen munter. Aus einigen Fenstern dringt Licht durch den fallenden Schnee. Unten an der Station setzt sich der Zug in Bewegung und erfüllt die Luft mit Rauch und heftigem Ächzen. Das Auto schwenkt in die Abzweigung ein hinauf zur Kirche, die am Ende einer alten Ulmenallee liegt. Das Gebäude ist verhältnismäßig jung. Anfang des neunzehnten Jahrhunderts, im strengen hellen Stil der Zeit, Kanzel und Altarbild spätes Rokoko. Das Schneetreiben hat aufgehört, aber nun kommt Kälte mit Sturmböen und Eisnebel. Tomas fährt um die Kirche herum und hält an der Rückseite. Im Hof quer über die Straße, bellt ununterbrochen ein Hund. Da beginnt das Läuten, das Dröhnen der beiden Glocken schwemmt alle anderen Geräusche fort. Tomas und Märta bleiben eine Weile im Auto sitzen und lauschen.

Märta: Weißt du, im Sommer, dieser Klang, wenn die Bucht vor Sonne brennt. Das Birkenwäldchen. Der Jasminduft. *Du nahst dich wieder, liebliche Sommerzeit, mit Lust und Freuden groß...*

Tomas wendet den Kopf und sieht sie an. Sie verstummt scheu.

Tomas streckt sich zum Rücksitz nach seiner Aktentasche.

Er bekommt einen heftigen Hustenanfall und muß sich gegen das Rückenpolster lehnen.

Zur gleichen Zeit entzündet Algot Frövik im Chor die Lichter.

Als Tomas und Märta in die dunkle, nur am Altar erleuchtete Kirche treten, stürzt er an ihnen vorbei, höflich, doch hastig grüßend, um die Kirchenglocken abzustellen. Nachdem er das besorgt hat, schüttelt er den Kopf und murmelt vor sich hin.

Algot: Ärgerlich, nun war das Läuten zwanzig Sekunden zu lang. Ärgerlich, aber erklärlich. Ich habe neue Kerzen in den Altarleuchtern. Ich stelle sonst das Läutwerk an, steige hinauf und zünde die Kerzen an und bin pünktlich zurück, um abzustellen. Heute habe ich es verpaßt. Ein bedauerliches Mißgeschick. Aber die Kerzen waren neu und schwer anzuzünden! Vermutlich ein Fabrikationsfehler. Man könnte sich auch denken, daß sich mein jämmerlicher Körper immer mehr Zeit nimmt, um die einfachsten Handgriffe auszuführen. Einerlei, wenn ich so sagen darf.

Während dieser langen Rede ist er bis zum Chor gekommen. Algot schaltet das elektrische Licht unter der Orgelempore an.

Algot: Ich lasse die Kirche im Dämmerlicht ruhen bis kurz vor dem Eröffnungsläuten. Nach meinem Empfinden stört das Licht unsere Andacht vor dem Beginn des Gottesdienstes. Nicht wahr, Herr Pastor? Nicht wahr, Fräulein Lundberg?

Mit erstaunlicher Schnelligkeit hat Algot den Talar herausgehängt und die elektrische Heizung in der Sakristei angestellt. Gleichzeitig schlägt er das Buch mit den Ankündigungen auf und legt es auf den Tisch vor Tomas hin, der sich hingesetzt hat, um die Stiefel auszuziehen.

Tomas: Wie geht es Ihnen sonst, Herr Frövik?

Algot: Sünde, sich zu beklagen, Herr Pastor. Mit den Schmerzen wird es natürlich nicht besser bei diesem Wetter. Aber man ist auf den Beinen.

Tomas: Und zu Hause?

Algot: Oh, danke, die Frau hat Arbeit in der Konservenfabrik bekommen, und ich besorge das Haus. Da geht es wirtschaftlich mit jedem Tag besser. Und wie geht es Herrn Pastor selbst? Nicht besonders gut, meine ich?

Tomas: Sie wollten mich heute vormittag sprechen, Herr Frövik.

Algot: Ja, es war tatsächlich wichtig.

Tomas: Nun!

Algot: Einmal, als ich geklagt habe, daß ich nachts wegen der Schmerzen nicht schlafen konnte, hat der Herr Pastor vorgeschlagen, daß ich etwas lesen sollte, um die Gedanken zu vertreiben.

Tomas: Ich erinnere mich.

Algot: Ich habe mit den Evangelien angefangen. Das waren richtige Schlafpillen, muß ich sagen.

Tomas: (lächelt): Ja so.

Algot: Zwischendurch also. Jetzt bin ich bis zur Leidensgeschichte Christi gekommen. Und bin nachdenklich geworden. Da dachte ich, darüber muß ich mit Pastor Ericsson sprechen.

Algot windet sich auf dem Stuhl, damit der Körper in eine bequemere Lage kommt. Er hebt den einen Arm, so daß die Hand auf dem Tisch ruhen kann.

Algot (als wollte er platzen): Christi Leiden, Herr Pastor. Man denkt falsch, wenn man von ihnen spricht, ist es nicht so?

Tomas: Wie meinen Sie das, Herr Frövik?

Algot: Man denkt zuviel an die Tortur an sich, sozusagen. Aber die kann ja nicht so schwer gewesen sein. Ja, entschuldigen Sie, das klingt natürlich vermessen, aber körperlich habe ich wohl in aller Anspruchslosigkeit sozusagen genausoviel gelitten wie Christus. Seine Qual war ziemlich kurz außerdem. Ungefähr vier Stunden oder so?

Tomas sieht Algot an.

Algot: Ich meine ein viel größeres Leiden *hinter* dem Körperlichen zu sehen.

Tomas: Ja. Nun.

Algot: Vielleicht habe ich es falsch gesehen. (schweigt, nimmt Anlauf) Aber denken Sie an Gethsemane, Herr Pastor. Alle Jünger schliefen. Sie hatten nichts begriffen, nicht das Abendmahl, gar nichts. Und als dann die Knechte kamen, da rannten sie. Und dann Petrus, der leugnete. Drei Jahre lang hatte Christus mit diesen Jüngern gesprochen, sie hatten täglich zusammen gelebt. Sie hatten ganz einfach nicht begriffen was er meinte. Nicht ein Wort. Sie verließen ihn allesamt. Und er war allein gelassen. (leidenschaftlich) Herr Pastor, das muß ein Leiden gewesen sein! Zu verstehen, daß keiner versteht. Verlassen werden, wenn man wirklich jemanden braucht, dem man vertrauen kann. Ein furchtbares Leiden.

Tomas (nach einer Pause): Ja, das ist klar.

Algot: Na. Aber das war noch nicht das Schlimmste! Als Christus an das Kreuz genagelt worden war und dort hing in seiner Pein, da schrie er: *Gott, mein Gott, warum hast du mich verlassen.* Er schrie, so sehr er konnte. Er glaubte, daß alles, was er gepredigt hatte, falsch gewesen war. Christus wurde in den Minuten, bevor er starb, von einem großen Zweifel befallen. Das muß ja sein allerentsetzlichstes Leiden gewesen sein. Ich meine, das Schweigen Gottes. Nicht wahr, Herr Pastor?

Tomas: Doch. Doch. (nickt abgewandt)

Märta, die in der Tür gestanden und Algots bekümmerter Auslegung zugehört hat, geht hinunter in die Kirche und setzt sich abseits in eine Bank.

Sie hört die Stimmen drinnen in der Sakristei.

Tomas hustet.

Algot erscheint einen Augenblick, als suchte er sie mit dem Blick.

Dann ist er wieder verschwunden. Märta sieht auf ihre Armbanduhr. Sie zeigt zehn Minuten vor drei. Kein Kirchenbesucher ist bisher erschienen. Am Eingang ist Lärm zu hören, die Tür wird aufgerissen, und der Organist Fredrik Blom eilt durch den Mittelgang hinauf zur Empore. Er entdeckt Märta und winkt ihr zu, kommt zu ihr heran, schüttelt ihr die Hand, atmet sie an.

Blom: Was sage ich, heute erleben wir einen Reinfall. Keine Besucher, nicht eine Visage. Wer geht denn zum Haus des Herrn bei diesem Wetter. Du zählst nicht. Du gehörst ja sozusagen zum Schafstall.

Märta: Ist deine Frau mitgekommen?

Blom: Nicht doch! Sie ist bei der Kindtaufe geblieben. Ich mußte zusehen, wie ich herkam.

Einige Adern schwellen in dem fetten Gesicht. Die Gemütlichkeit verläßt ihn plötzlich , und der Blick wird klar vor Bosheit.

Blom: Dieser Pastor da, um den du da herumschnurrst, Märta, mit dem ist nicht viel los. Das muß ich dir sagen. Ja, ja, ja, ich weiß. Red nicht dagegen. Du selbst sitzt auf dem Glasberg. Du nimmst, was du kriegen kannst.

Er lacht, aber der Blick ist weiter scharf.

Blom: Um deinetwillen, Märta. Du kannst wegziehen, verschwinde von hier, so schnell du kannst. In Mittsunda und Frostnäs herrschen Tod und Vergängnis. Sieh mich an. Erinnerst du dich an die Zeit, als ich Orgelabende veranstaltete? Auf dieser Mistorgel? Und einen richtigen Chor hatte? Konzerte machte?

Er streicht sich mit dem Handrücken über den Mund, er beugt sich nahe zu ihr heran, sein Atem ist unangenehm, er nickt zur Bekräftigung.

Blom: Und was Tomas zustande gebracht hat! In die Kirche hier und in Mittsunda kamen mal Leute, verstehst du, aber das war die Frau, die ihn zuschanden gemacht hat.

Märta, die sich bisher nicht um sein Gerede gekümmert hat, hört im plötzlich zu.

Blom: Nun interessiert es dich also. Ja, die Frau. Eine richtige Kellerassel. Als sie ernstlich krank wurde, hat es ihr keiner geglaubt. Und dann starb sie. Das war wohl nicht gespielt, versteht sich. Und Tomas, er hat eine Menschenkenntnis wie meine alten Gummigaloschen. Er hat nur sie gesehen. Nur für sie gelebt. Sie geliebt wie ein Verrückter. Sie, die nicht ein echtes Gefühl im Leibe hatte, nicht einen ehrenhaften Gedanken.

Aber er war blind, das kann man Liebe nennen. Jesses. Aber das hat ihm den Rest gegeben, dem Pastor. Und nun ist Schluß mit ihm.

Blom beugt sich noch näher, jetzt nahezu gut gelaunt, und legt seine fette Hand auf ihre Schulter.

Blom: Du, Märta. So war das mit dieser Liebe. (zitiert) *Gott ist Liebe, und Liebe ist Gott. Die Liebe ist der Beweis der Existenz Gottes. Die Liebe gibt es als etwas Wirkliches in der Menschen Welt.* Du hörst, unsereiner kennt das Gerede. Man war ein aufmerksamer Zuhörer, wenn der Pastor verkündigte. Hej. (lacht) Turteltaube du!

Die Bosheit hat sich genauso plötzlich verflüchtigt, wie sie gekommen ist. Er geht ein paar Schritte von ihr weg und kratzt sich den linken Handrücken.

Blom: Du kannst hier wegfahren – tu's.

Er reißt die Augen auf, als wollte er klarsehen. Geht in die Sakristei, überläßt Märta ihren einsamen Gedanken.

Tomas hustet, seine Augen sind fiebrig und rotgesprenkelt, er sitzt über den Tisch gebeugt und liest das Konzept seiner Predigt. Algot beschäftigt sich geräuschlos in irgendeiner Ecke.

Blom: Servus, alter Schwindsuchtskandidat. Nein, hör mal, ich geb dir nicht die Hand, ich will deine Grippe wirklich nicht haben. Na, wie haben wir's denn, lassen wir den Gottesdienst ausfallen?

Tomas: Mir geht es nicht besonders gut.

Blom: Florence Nightingale sitzt draußen und wartet darauf, dich pflegen zu dürfen. Ich selbst würde großen Wert darauf legen, ein bißchen Mittagsruhe halten zu können. Spiele heute abend beim Zimmermannsorden, verstehst du. Was sagt Algot?

Algot: Nichts.

Blom: Ich gehe rauf zur Orgel. Algot kann mir nach dem Einläuten ja ein Zeichen geben.

Blom entfernt sich. Tomas gießt Wasser in ein Glas und nimmt noch zwei von Märtas Magnecyltabletten. Algot geht zur Tür, um nachzusehen.

Tomas: Nun?

Algot (traurig): Nä, draußen sitzt nur Fräulein Lundberg. (entschuldigend) Ja, das ist ja nicht *nur*, natürlich.

Tomas: Was machen wir?

Algot: Fragen Sie nicht mich, Herr Pastor. Ich sehe schon, daß es Herrn Pastor richtig schlecht geht, und eine große Gemeinde kommt nicht zusammen. Aber, ja, fragen Sie nicht mich.

Er schaut auf den Boden und zur Wand, kratzt mit dem Fingernagel an irgendeiner Unebenheit im Putz, schaut auf seine Uhr, entschuldigt sich.

Algot: Es ist Zeit zum Einläuten. Wenn die Leute das hören, pflegen sie sich zu beeilen. Ich meine, wenn jemand draußen auf der Straße ist.

Er eilt durch den Mittelgang und verbeugt sich höflich vor Märta, die nicht einmal in seine Richtung blickt. Dann werden die Glokken in Bewegung gesetzt, und wieder läuten sie durch die Dämmerung und den eiskalten Wind. Märta wird von einer heftigen Gemütsbewegung befallen. Um diese ungewohnte und heftige Bewegung zu meistern, faltet sie die Hände und preßt die Arme hart in die Seiten, den Kopf beugt sie tief.

Märta (langsam, mit Pausen): *Wenn ich ihn aus der Leere führen könnte, weg von seinem Lügengott. Wenn wir Geborgenheit fänden, damit wir es wagen könnten, einander Zärtlichkeit zu zeigen. Wenn wir an eine Wahrheit glauben könnten . . . Wenn wir glauben könnten . . .*

Tomas erhebt sich aus dem Stuhl, steht frierend mitten im Raum. Das Einläuten schließt mit ein paar verklingenden Schlägen. Die Dämmerung geht langsam in Dunkelheit über. Algot schaut durch die Tür der Sakristei.

Tomas: Nun?

Algot: Doch ja, Fräulein Lundberg ist noch da. Und während des ersten Liedes kann immer noch jemand kommen.

Tomas sieht Algot an.

Algot: Dann halten wir also den Gottesdienst?

Tomas: (nickt): Ja.

Algot wirft Tomas einen verwunderten Blick zu, dann gibt er Blom auf der Orgelempore ein Zeichen. Der intoniert sofort ein donnerndes Präludium. Algot tritt hinaus in die Kirche, setzt sich gleich neben den Mittelgang und unterstützt den ziemlich wohllautenden Baß des Organisten mit unbestimmt murmelndem Gesang.

Während des Kirchenliedes geht Tomas nach vorn zum Altar, kniet nieder, erhebt sich, wendet seiner Gemeinde ein bleiches, angstvolles Gesicht zu.

Tomas: Heilig, heilig, heilig ist Gott der Herr, der Allmächtige. Die ganze Erde ist voll seiner Herrlichkeit . . .

Torö, den 7. August 1961, S. D. G.

Das Schweigen

(Tystnaden)

I

Nachtschnellzug.
Die Abteilfenster sind offen, aber der Luftzug spendet keine Kühle, er preßt sich gegen das Gesicht wie fiebriger Atem. Eine rußige Gardine flattert wie wahnsinnig.
Anna sitzt versunken in schweißigem Halbschlaf, der zehnjährige Sohn Johan schläft an ihren Körper gelehnt. Die muffigen, staubigen Plüschsitze sind unbequem, das Sommerkleid ist zerknittert, sie hält die feuchten Schenkel weit auseinander.
Dann und wann gähnt sie, starrt auf die unverändert gleiche Ebene vor dem Fenster.
Die Lampen im Abteil sind ausgeschaltet, im Licht der Morgendämmerung zeichnet sich eine ferne bucklige Bergkette ab.
Anna schräg gegenüber sitzt Ester. Sie scheint von der Wärme unberührt, hält den Körper aufrecht, die Handflächen ruhen auf den Polstern, die Augen sind geschlossen. Das Gesicht ist bleich, gequält.
Die drei sind allein in dem Abteil, das sich im Schweigen der Morgendämmerung vorwärtsbewegt.
Der Junge erwacht und will etwas zu trinken haben. Die Mutter gibt ihm eine Apfelsine.
Er steht ungeduldig auf, geht in den Gang hinaus, kommt fast sofort zurück, bleibt stehen und liest ein gedrucktes Plakat, das an die Abteiltür geklebt ist.
Er fragt Ester, was da stehe. Sie schüttelt den Kopf, weiß es nicht.
Der Junge buchstabiert sich hartnäckig durch: NITSEL STANT NJON PALIK. Anna sagt, er solle sich setzen oder hinlegen oder zu schlafen versuchen. Er kriecht auf den Sitz, legt den Kopf auf ihren Schoß.
Sie schiebt ihn behutsam zur Seite und legt ein Reisekissen unter seinen Kopf.
Der Zug hält zögernd an.
Keine Station, kein Signal, niemand steigt aus oder ein. Ein Stillstehen über der Ebene. Im Nebenabteil bewegt sich jemand und spricht mit undeutlicher leiser Stimme.

Ester wendet das Gesicht zum helleren Viereck des Fensters, wo die Gardine nun unbeweglich hängt.
Sie wird von unterdrücktem Husten geschüttelt, führt die Handfläche zum Mund und wimmert, preßt die Stirn gegen die Knie. Der Mund öffnet sich, ein Strom von Blut und Schaum rinnt über ihre Beine und hinunter auf den Fußboden.
Anna versucht, ihr den Kopf zu halten, aber sie schlägt auf die ausgestreckten Hände und wirft den Rücken gegen die Lehne, als müßte sie ersticken.
Der Junge hat sich aufgesetzt und starrt, mehr erstaunt als erschrocken.
Ester beruhigt sich und kommt wieder zu Atem. Sie streicht sich mit der Hand übers Gesicht und beginnt mechanisch mit dem Taschentuch das Blut vom Rock zu wischen.
Aber die Pause dauert nicht lange. Eine neue Krampfwelle zerreißt ihren Körper, sie erhebt sich und fällt gegen das Fenster. Anna legt die Arme um ihre Taille und hält sie aufrecht.
Dann ist der Anfall so plötzlich vorbei, wie er gekommen ist.
Ester legt sich hin und schließt die Augen. Anna sitzt an ihrer Seite und trocknet ihr Kinn und Mund. Der Zug setzt sich langsam in Bewegung.
Der Junge steht am Fenster und vermeidet, die Blutflecken am Glas anzusehen.
Die Sonne geht über dem Berg auf und wirft einen langen Schatten über das verbrannte Gras der Ebene. Das harte Licht trifft seine müden Augen, und der Geruch von Schweiß, Staub und heißem Eisen sticht ihn in die Nase.
Aber da ist noch ein anderer, ein dunkler, süßlicher Geruch, der sich ihm auf den Magen legt. Die Gardine, gefärbt vom Morgenlicht, flattert gegen die Wand.
Er geht in den Gang hinaus. Im Nebenabteil schlafen zwei uniformierte ältere Herren. Sie liegen jeder auf einer Polsterbank, mit offenen Mündern, aber ohne zu schnarchen. Auf dem kleinen Tisch am Fenster stehen ein paar halb geleerte Bierflaschen, eine Zigarette schickt einen hohen Rauchfaden aus dem Aschenbecher.
Der Schaffner nähert sich. Er wirft einen flüchtigen Blick zum Abteil der Frauen, hält dann an und öffnet die Tür. Johan hört ihn mit der Mutter sprechen, murmelnd und unverständlich. Dann und wann sagt Ester etwas.

Ester: Es ist nichts – nein, ich will nicht ins Krankenhaus. Nur einen Tag in einem Hotel ausruhen.
Der Schaffner schüttelt ernst den Kopf, schlägt seinen Fahrplan auf und setzt den Daumennagel unter eine mit Maschine geschriebene Ziffer, dann schüttelt er wieder den Kopf und zeigt auf seine Armbanduhr.
Die Mutter sieht Ester ratlos an. Sie flüstern sich etwas zu. Johan verläßt sie. Es ist sicherer bei den schlafenden Uniformen.
Dort ist ein hölzerner Klappsitz. Er setzt sich, krümmt den Rükken zu einem Bogen und stützt das Kinn auf den Fensterrahmen.
Die Räder lärmen über den Weichen, eine Schiene stürzt aus der anderen, ein Bahnhof wird größer und größer: ein stillstehender Güterzug, eine Eisenbrücke über einem sprühenden, tiefgrünen Wasserfall.
Noch ein Güterzug, beladen mit Kanonen, schweren LKW's und Soldaten.
Ein Haufen schwarzgrauer Häuser mit dunklen Fensterhöhlen. Fabrikmauern, Hinterhöfe, verrostete Straßenbahnen. Der Bahnhof weitet sich, schwenkt, wird riesig. Ein Kirchturm wirft seinen Schatten wie ein Hindernis über die Schienen, Signale schimmern vorbei, dann ein Tunnel mit blitzenden Lampen.
Auf der anderen Seite des Tunnels prallt ihm die Sonne ins Gesicht. Ein Sandwirbel umhüllt den knarrenden, schüttelnden Wagen. Aus der Wolke erhebt sich der Giebel einer Brandmauer. Dort steht mit grünen Riesenbuchstaben auf gelbem Grund: ARKIN STAJK, und eine Hand hält eine lange schwarze Zigarre.
Der Lautsprecher in der Tiefe des Ganges beginnt zu knattern und eine Stimme spricht schnell, doch deutlich: TIMOKAN RETJE FEL SIS TIMOKAN RETJE FEL SIS.

2

Johan steht am Fenster des Hotelzimmers und sieht auf die Straße hinunter.
Sie ist ziemlich schmal und führt von der großen Verkehrsstraße hinauf zu einer aus Ziegeln gebauten Kirche, die von einem hohen Eisenzaun umgeben ist.
Die Gehwege sind dichtbevölkert mit Leuten, die unablässig in beide Richtungen drängen, viele gehen auf der Fahrbahn, deren

rechte Seite von einer langen Reihe geparkter Autos blockiert ist.
Das Sonnenlicht bahnt sich eine Rinne zwischen den hohen und schmutzig-weißgrauen Häuserfassaden.
Gegenüber der stattlichen Hotelvorderfront im Stil der Jahrhundertwende liegt eine Bar, die wie eine tiefe Grotte in den Körper des Hauses eindringt. Man erkennt die Umrisse von Theke und Tischen, Menschen bewegen sich hinein und heraus, wie Bienen vor einem Flugloch.
Neben der Bar befindet sich ein Kino. Es wird gerade geöffnet, ein Portier zieht die Gitter beiseite. Die Anzeigenkästen sind voller Ansichten von koloriertem weiblichem Fleisch. Der scharfe Neonschein bekämpft erfolgreich das Vormittagslicht und zeichnet den Namen des Kinos in kühnem Schwung.
Neben dem Zaun der Ziegelkirche steht ein Zeitungskiosk, zwei Verkäufer rufen abwechseln die schwarzen und roten Schlagzeilen aus.
Es sind die einzigen Laute, die das auffallende Schweigen stören.
Das Menschengewimmel unten auf der Straße bewegt sich schnell, doch lautlos.
Keine hupenden Autos, keine knallenden Absätze, kein plötzliches Lachen, keine Musik aus der Bargrotte.
Nur die beiden heisernen Stimmen von der Straßenecke, die eine grell, schreiend, die andere tiefer und durchdringend.
Anna sagt zu Johan, er möchte das Fenster schließen. Er gehorcht sofort und steigt vom Stuhl herunter. Sie tritt hinter ihn und zieht die durchsichtige weiße Gardine vor. Sie hat das Reisekleid ausgezogen und trägt einen grünschimmernden seidenen Morgenrock. Als sie sich zum Fenster beugt, spürt er den starken Durft ihres Körpers. Im Spiel greift er nach ihrem Gürtel und hält sie fest, als sie sich wieder ins Zimmer wendet. Sie lächelt etwas irritiert, streicht ihm mit der feuchten breiten Hand über das Haar.
Johan setzt sich auf den Fußboden, zieht die Knie unters Kinn und betrachtet seine Mutter, besonders ihre nackten Füße mit den rotlackierten Zehennägeln und den kräftigen hohen Fußgewölben. Sie bewegen sich gleichsam selbständig über den verschlissenen großen Teppich.
Anna beobachtet ihn in der Spiegeltür des Schrankes.
Anna: Worauf guckst du?
Johan: Ich gucke auf deine Füße.

Anna: Warum denn?

Johan: Die Füße gehen mit dir die ganze Zeit umher. Ganz von allein.

Die Mutter geht in den Nebenraum, ein ebenfalls sehr großes Doppelzimmer in der nun verschlissenen Eleganz der Jahrhundertwende.

Ester liegt bereits im Bett, mit geschlossenen Augen, das Gesicht zum Fenster gewandt.

Anna: Sollten wir nicht auf jeden Fall versuchen, einen Arzt zu bekommen?

Ester schüttelt den Kopf.

Anna: Frierst du?

Ester: Ein bißchen.

Anna: Es ist furchtbar warm.

Ester: Wenn ich nur ein wenig ausruhen kann, dann fahren wir morgen, und am Montag sind wir zu Hause.

Anna (seufzt): Das wird schön.

Ester (lächelt): Ich verstehe, daß du das schön findest.

Anna geht mit unentschlossenen Bewegungen zum Fenster, als wolle sie es öffnen.

Ester: Ist schlechte Luft hier drin?

Anna: Ziemlich.

Ester: Dann mach das Fenster auf.

Anna öffnet das Fenster und geht dann in ihr Zimmer zurück. Johan hockt immer noch auf dem Fußboden, nachdenklich.

Anna: Kann ich die Tür zumachen?

Ester: Ja, natürlich.

Anna schließt die Tür, kramt eine Weile in einem Koffer und holt einen durchsichtigen Behälter mit verschiedenfarbigen Badeölkapseln heraus.

Sie geht ins Badezimmer. Johan folgt ihr langsam. Sie zieht den Morgenrock aus, prüft die Wassertemperatur. Wirft die Badeölkapseln hinein und steigt in die Wanne, groß und weiß.

Johan: Das ist hübsch, wenn du das Haar so hast.

Anna hat ein Band um das Haar gebunden, so daß der Nacken frei ist.

Anna: Komm und bürste mir den Rücken.

Die Mutter umfaßt die Wannenränder, senkt den Kopf zwischen die Arme. Er legt die Hand auf ihre Schulter und lehnt die Stirn gegen ihren Rücken.

Anna: Beeil dich jetzt.

Die Stimme der Mutter ist eine Spur unfreundlich. Er möchte am liebsten weinen, beherrscht sich aber. Als er eine Weile schweigend gearbeitet hat, nimmt sie ihm die Seife aus der Hand.

Anna: Es ist gut, geh inzwischen ins Zimmer. Wir wollen Mittagsruhe halten.

Er gehorcht wie immer und verläßt sie seufzend, setzt sich auf das eine Bett mit den gewaltigen weißen Kissen, wirft sich zurück und legt die Füße auf die eiserne Rückwand der Bettstelle. Die Kissen wölben ihre weißen Berge zu beiden Seiten seines Gesichts.

Er hebt den Arm und verwandelt den Zeigefinger in ein Düsenflugzeug, läßt es brummend über diese unendlich weiße Schneelandschaft dahinfliegen.

Die Mutter kommt herein, sie hat wieder den grünschimmernden Morgenrock an.

Anna: Zieh das Hemd und die Hose aus.

Er tut es. Die Mutter läßt die Jalousien herunter, im Zimmer herrscht nun rauchgraue Dämmerung.

Sie holt eine Flasche, gießt etwas daraus in die Handfläche und benetzt Gesicht und Schultern. Sie streckt die Hände nach Johan aus und streicht ihm dieses wohlriechende, kühlende Etwas auf Stirn und Hals.

Stumm und feierlich sinkt er in die Umarmung der Kissen, umgeben von den Düften der Mutter. Er schläft fast sofort ein.

Ester versucht zu lesen, kann sich aber nicht konzentrieren. Sie hat ein paar Zigaretten geraucht, um sich zu beruhigen, aber der Rauch ist ihr nicht bekommen, ihr ist schwindlig, und sie muß husten. Es tut weh, dumpf und entfernt, aber bedrohlich.

Sie gießt sich ein großes Glas Kognak ein und trinkt ziemlich schnell. Eine angenehme Schläfrigkeit verbreitet sich in ihrem Körper, endlich kommt die Wärme zurück, die Angst verflüchtigt sich, der Schmerz nimmt ab, sie lacht, nun gut gelaunt, vor sich hin. Eine Weile geht es gut mit dem Lesen, dann fangen die Buchstaben an zu tanzen, und es fällt ihr schwer, den Zeilen zu folgen.

Sie wirft das Buch auf den Fußboden und steht auf. Öffnet die Tür zum anderen Zimmer.

Anna liegt auf dem Bauch, die Nase tief in das Kissen vergraben, das dicke Haar in einer wirren Masse über dem Kopf. Im anderen Bett schläft Johan wie ein sehr kleines Kind, die Arme über dem Kopf, die Hände halb geöffnet.

Sie betrachtet die Schlafenden lange, bevor sie die Tür wieder schließt und in ihr Zimmer zurückkehrt.
Sie stellt sich ans Fenster und schaut auf die Straße, die nun fast leer ist.
Die Sonne flimmert auf der gegenüberliegenden Hauswand, der Barbesitzer rollt seine große Markise herunter.
Ein mageres Pferd kommt, es zieht eine schwere Last mit alten Möbeln und Hausgerät.
Der Barmann und der Kutscher wechseln ein paar Worte, das Gefährt hält an, und der Kutscher verschwindet unter dem Sonnenschutz.
Das Pferd steht mit gesenktem Kopf und knochigen, keuchenden Flanken.
Ester gießt mehr Kognak ein, spricht ein bißchen vor sich hin. Sie hat eine Idee und läutet die Klingel neben dem Bett. Schnelle Schritt im Korridor und ein diskretes Klopfen an der Tür. Ester sagt ja, und der Etagenkellner tritt ein. Es ist ein älterer Herr in einem untadeligen, wenn auch etwas abgenutzten Frack. Sein Gesicht ist auffallend zerknittert, das Haar bleich und gefärbt, die Augen verbergen sich hinter schwarzeingefaßten dicken Gläsern. Sein Ausdruck ist ernst und aufmerksam.
Ester versucht englisch mit ihm zu sprechen, dann deutsch und französisch, aber er schüttelt bedauernd den Kopf. Sie reicht ihm die leere Kognakflasche und macht Zeichen, daß sie eine neue haben wolle. Er lächelt. Es ist ein freundliches, fast munteres Lächeln, das seine ernsten, unpersönlichen Züge verwandelt.
Er entfernt sich. Ester läßt sich in einem Stuhl nieder und probiert eine neue Zigarette, es geht nun viel besser, ist fast angenehm, sie atmet tief ein, das Gefühl von Wollust und Heiterkeit verflüchtigt sich nicht, sie fühlt sich frisch und ruhig.
Als der Kellner mit der neuen Flasche Kognak auf einem silbernen Tablett zurückkommt, zeigt Ester auf den anderen Lehnstuhl neben dem kleinen Tisch. Der Kellner lächelt abwehrend und öffnet die Flasche.
Er gießt in einen schönen, gewölbten, altmodischen Schwenker ein, hält Tablett und Glas mit höflich erwartungsvoller Miene hin.
Ester riecht an dem Getränk und lächelt anerkennend, nippt und lächelt wieder. Bietet eine Zigarette an. Der Kellner lehnt bedauernd ab und deutet die Absicht zu gehen an.

Ester hält ihn zurück und zeigt auf ihre Hand. Er sagt das Wort in seiner Sprache.
Sie nimmt einen Stift, und auf einen vergilbten Schreibblock schreibt sie das Wort, wie sie es verstanden hat.
Der alte Herr prüft sorgfältig das Geschriebene, ändert ein paar Buchstaben, zeigt seine Korrektur und wiederholt das Wort langsam und deutlich.
Er verbeugt sich anerkennend. Dann wird er plötzlich betrübt, zeigt auf die Tür, markiert eilig laufende Plattfüße und gibt sich selbst eine leichte Ohrfeige. Ist verschwunden.
Ester wiederholt das Wort: – Hand, KASI. Sie langt nach ihrem Tagebuch und malt das Wort auf eine leere Seite. Dann gähnt sie und steht schwankend auf, macht die Zigarette aus und sinkt auf das Bett, sitzt in ihrem blauen Schlafanzug da, betrunken und furchtlos.
Eine Alarmsirene ertönt über den Hausdächern, sie zerreißt das sonnenheiße, lastende Schweigen mit kurzem, rhythmischem Geheul. Als sie ebenso plötzlich aufhört, wie sie begonnen hat, ist die Stille noch deutlicher wahrnehmbar.
Ester steckt die Hand unter die Jacke und streicht sich über die Brust, hält die eine Brust in der gewölbten Hand, legt sich vorsichtig hin, zieht die Knie an und schiebt die andere Hand unter das Gummiband der Schlafanzughose.
Schläfrige Geborgenheit hat sie überkommen, sie befeuchtet die Lippen, drückt den Kopf in das weiche Kissen. Eine Weile liegt sie keuchend still, hustet ein wenig, streckt sich dann aus und schließt die Augen.
Sie ruht wie in lauwarmem Wasser. Der Schlaf kommt in kurzen, sanften Stößen.

3

Der Junge erwacht von dem Sirenengeheul, er setzt sich im Bett auf, völlig ausgeschlafen und sehr zufrieden. Die Mutter schläft tief und ohne jede Bewegung. Johan seufzt, aber durchaus nicht bekümmert, es ist mehr ein Seufzer der Kritik über die ständige Müdigkeit älterer Leute.
Er zieht sich die Hose und das Hemd an. Sucht seine Sandalen, steckt seinen Revolver in die Hosentasche und ist bereit zu einem Erkundungsgang.

Die Tür knarrt und geht außerdem schwer zu schließen, aber nach geduldigem Bemühen steht er draußen in einem überwältigenden Hotelkorridor, der ist gesäumt von hohen weißen Türen und durchkreuzt von anderen Korridoren, die sich verzweigen. Hier und da schimmert, halb verborgen von schweren Vorhängen ein großes Fenster. Aus Vertiefungen und Nischen lugen Statuen nackter Damen oder versteinerter Herren.
Der Junge spürt einen Anflug von Unruhe und Abenteuerlust, er schleicht sich fort aus der Geborgenheit.
Das Hotelzimmer war schwül, hier draußen herrscht eine modrige Kühle, und Johan schaudert ein wenig. Er hört Schritte und stürzt sofort zur Seite, versteckt sich hinter einem goldverzierten bauchigen Sessel und entsichert seinen Revolver. Ein Arbeiter in blauem Overall, mit großem Schnurrbart im rotgeschwollenen Gesicht biegt um die Ecke und eilt weiter. Er trägt eine sehr lange Leiter und atmet pfeifend.
Am Ende des Korridors stellt er seine Leiter auf und klettert mühsam hinauf zu einer der altmodischen Lampenglocken. Der Junge, der die ganze Zeit mit dem Revolver auf ihn gezielt hat, betrachtet ihn als ungefährlich, sichert die Waffe und schleicht weiter.
Nun steht er vor einem dunklen Winkel. An der Decke befindet sich ein Fenster, das spärliches Licht über den Etagenkellner siebt. Er hat sich mit einer Zeitung auf den Knien auf einem abgenutzten Ledersessel niedergelassen. Er liest indessen nicht, sondern starrt unbeweglich vor sich hin, versunken in eine Art wacher Bewußtlosigkeit. Die unzähligen Kerben und Falten in seinem Gesicht sind noch tiefer geworden, die Brille ist heruntergerutscht, die Augen erscheinen talgig und künstlich, der Mund ist fest geschlossen zu einem grauen Strich.
Da läutet eine Klingel, an einer Tafel klappt ein kleines weißes Schild mit einer Nummer herunter, der Mann erhebt sich sofort und streicht die Schürze glatt, er sieht Johan und sagt etwas zu ihm.
Der Junge antwortet nicht, bleibt aber zögernd stehen, bereit zur Flucht.
Als sich der alte Mann eilig nähert, nimmt er die Beine in die Hand, schwenkt um eine Ecke, dann um noch eine und verharrt, er spürt den Pulsschlag bis in den Hals.
Er lauscht. Es ist wieder still.
Ein hohes, schmales Fenster geht hinaus zu einer Brandmauer,

die so nah und so hoch ist, daß nur wenig graues Tageslicht von oben heruntersickert.
Johan dreht sich um.
Ein sehr kleiner Mann mit großer gebogener Nase, runden Augen und Stirnfransen eilt vorbei. Da diese merkwürdige Person kleiner ist als Johan, bekommt er keine Angst, sondern grüßt höflich. Der Mann beantwortet seinen Gruß, bevor er durch eine halbgeöffnete Tür weiter hinten verschwindet.
An der Wand gegenüber dem Fenster hängt ein Bild mit Goldrahmen. Es stellt eine völlig nackte dicke Dame dar, sie kämpft mit einem Kerl in zottigen Fellhosen, der Klauen statt gewöhnlicher Füße hat. Die Dame ist sehr rosig anzusehen, der Kerl ist dunkelbraun und hat überall Haare. Die Dame erscheint bei näherer Betrachtung nicht völlig mißvergnügt, denn sie lächelt dümmlich.
Johan ist so mit dem Studium des Bildes beschäftigt, daß er nicht merkt, wie sich der Etagenkellner nähert. Er sieht ein, daß es sich nicht lohnt davonzulaufen.
Der alte Mann bleibt stehen, beugt sich vor, streckt die Hand aus, aber Johan weicht schnell aus und schüttelt energisch den Kopf.
Da macht der Alte einen plötzlichen und sehr geschmeidigen Satz und packt den Jungen am Arm, kann ihn einen Augenblick festhalten, aber dann reißt Johan sich los.
Der Kellner ruft etwas, verfolgt ihn aber nicht.
Eine offene Tür, dahinter ein sehr großes Zimmer, das in grellem Sonnenlicht liegt. Betten, hohe Fenster, zwei mächtige Schränke mit Spiegeln und Schnitzereien, ein bauchiges Sofa, drei mächtige Sessel. Die Wände verstellt mit Holzkisten, Koffern, Taschen, zur Hälfte ausgepackt, eigenartige Gegenstände überall auf dem Fußboden und den Möbeln verstreut.
Fünf sehr kleine, eifrig beschäftigte Menschen bewegen sich eilig, sprechen und gestikulieren.
Auf der Bettkante sitzt ein sehr fetter älterer Mann mit grauweißem Haar und Vogelaugen. Er näht an einem kleinen Kleid. Er winkt Johan zu und sagt etwas in seiner unverständlichen Sprache.
Die Tür schließt sich hinter Johan.
Ein kleiner Wicht mit einer großen Löwenmaske auf dem Kopf springt hervor und knurrt, tut, als wollte er Johans Bein schnappen, aber der hat keine große Angst, sondern zieht seinen Revol-

ver und schießt. Alle lachen, und das Untier wirft sich auf den Boden wie tödlich getroffen.
Einige der kleinen Wesen tragen glänzende Kostüme in Pastellfarben. Ein junger Mann steht an dem einen Bettpfosten. Er hält sich fest und hebt die Beine gespreizt an.
Zwei Greise in bunten Röcken mit gelblich glänzenden Gesichtern sitzen jeder in seinem Sessel versunken. Sie haben Gläser in den Händen. Auf dem Tisch stehen leere Flaschen.
Sie sehen Johan an und lachen.
Johan zielt mit dem Revolver auf sie, und sie tun erschrocken. Der eine verkriecht sich hinter der Sessellehne und zittert heftig. Der andere jammert: – Ojojoi.
Der fette Mann auf dem Bett läßt sich ächzend auf den Fußboden herunter und schaukelt auf Johan zu, streckt ihm die Arme hoch und zieht ihm das Kleid an.
Der junge Mann mit den Beinübungen fängt an zu lachen, läuft auf ihn zu und nimmt seine Wangen in beide Hände und küßt ihn, spricht empört mit dem Alten.
Alle versammeln sich um Johan, dem ist sein Aufputz etwas peinlich, er hat aber keine Angst. Sie fassen ihn an und tätscheln ihm den Kopf, einer hält ihm einen vergoldeten Ball hin. Ein anderer beginnt Mundharmonika zu spielen, ein dritter gibt ihm einen Pfirsich.
Der Alte mit der Löwenmaske verwandelt sich in einen Affen und versucht mit allen möglichen Sprüngen die Aufmerksamkeit der übrigen auf sich zu ziehen.
Die Tür wird geöffnet, und der kleine Mann vom Korridor kommt mit wichtiger Miene herein.
Die anderen sind sofort mißgelaunt, ihr Schwatzen und Lachen verstummt. Als er Johan in dem bunten Kleid sieht, wird er ärgerlich und befiehlt dem Fetten, es ihm sofort auszuziehen.
Er wittert mit seiner großen Nase, zeigt auf einen der Alten im Sessel und weist ihn hart zurecht. Der beginnt kleinlaut die Bierflaschen zusammenzusammeln.
Dann wendet er sich mit höflichem Bedauern an Johan und zeigt auf die Tür.
Johan geht stillschweigend hinaus in den Korridor. Als sich die Tür hinter ihm schließt, hört er von innen die scharfe, dunkle Stimme.
Er steht wieder unter dem Bild mit der rosigen Dame und dem

Kerl in zottigen Hosen, hört von weitem das Geheul der Alarmsirenen, doch gedämpft, wie aus einer fernen Welt.
Die Einsamkeit schließt sich um ihn auf eine andere und beunruhigende Weise, und er merkt, daß er mal muß. Er sieht sich ängstlich nach einer Toilette um, findet jedoch keine. Er rennt um die Ecke und schaut nach, aber ohne Resultat.
Er macht sich schnell auf den Weg zu seinem Zimmer, merkt aber bald, daß er sich in den Korridoren verirrt hat.
Resigniert stellt er sich hin und macht in eine Ecke. Es wird ein ordentlicher Fluß mit vielen Nebenflüssen, alle rinnen zu dem roten Teppich.
Nachdem er sich erleichtert hat, steckt er die Hände in die Hosentaschen und pfeift.
Das hilft nicht viel.
Er geht ein paar Schritte, ist bekümmert über seine Lage. Als er vom Muster des Teppichs aufsieht, erkennt er den alten Kellner am anderen Ende des Korridors.
Johan geht näher.
Der Kellner winkt ihm zu, er solle keine Angst haben, es sei nichts Gefährliches, er nimmt die Brille ab und lächelt mit großen Pferdezähnen.

4

Anna erwacht aus ihrem Dämmerschlaf, die Sonne ist herumgewandert und prallt gegen die Fenster, die Hitze ist drückend und schwül.
Sie steigt aus dem Bett und sieht sich nach Johan um, öffnet die Tür zu Esters Zimmer.
Anna: Ist Johan hier?
Ester: Nein, er ist nicht hier.
Anna läßt die Tür offen, geht ins Bad, macht, um sich abzukühlen, ein Handtuch mit kaltem Wasser naß und klatscht es auf den Körper. Im Spiegel kann sie Ester hinten im anderen Zimmer sehen.
Anna sucht saubere Unterwäsche hervor und ein helles, ärmelloses Sommerkleid, zieht sich mit schnellen, ungeduldigen Bewegungen an, fängt an, das dichte Haar zu kämmen.
Ester: Wie braun du geworden bist.
Anna antwortet nicht. Auf Oberlippe und Stirn erscheinen

schon kleine, glänzende Schweißperlen, sie malt sich den Mund, begegnet ihrem eigenen Blick im beschlagenen Glas des Handspiegels, ganz tief in den hellen Augen wird verächtlicher Zorn sichtbar.
Sie wirft den Spiegel auf den Tisch und nimmt ihre Tasche, steigt in die spitzen, hochhackigen Schuhe.
Anna: Ich gehe ein bißchen aus.
Ester: Warte.
Anna: Was ist?
Sie steht an den Türrahmen gelehnt und inspiziert ihre Fingernägel, beißt am Zeigefinger einen kleinen Hautfetzen ab.
Ester: Nichts. Es ist nichts.
Anna geht, ohne sich umzudrehen.
Als die Tür geschlossen wird, führt Ester die Hand zum Mund, als wollte sie einen Schrei ersticken.
Sie tastet nach Halt, dreht sich herum, klammert sich an den Bettpfosten, reckt sich nach der Kognakflasche, bekommt den Korken heraus und schiebt den Flaschenhals zwischen die klappernden Zähne. Sie nimmt ein paar Schlucke, wird von einem Krampfanfall geschüttelt und verliert die Flasche, die ihren Inhalt über Bettwäsche und Fußboden ergießt.
Sie jammert und flucht abwechselnd. – Das ist, verdammt noch mal, demütigend, das hier, ich lasse mir diese Demütigung nicht gefallen.
Sie versucht aus dem Bett zu steigen, verliert aber sofort die Balance und fällt hin. Steht auf allen vieren und winselt wie ein Hund. – Nun muß ich klar denken, ich bin bekannt für meine klare Logik.
Sie stellt die Flasche hin und rollt den staubigen Bettvorleger zusammen, der am meisten gelitten hat, kommt auf die Knie und reißt die Bettdecke herunter.
Auf Knien, die Hände über das Bett gestreckt, sagt sie: – Guter Gott, hilf mir, daß ich auf jeden Fall zu Hause sterben kann. Nun geht es besser, ich muß versuchen etwas zu essen, der Magen ist ganz leer, idiotisch, mit leerem Magen zu saufen.
Sie erhebt sich, findet die Klingel, läutet.
Nach kurzem Warten ist der alte Etagenkellner da, er hebt sie auf, setzt sie auf einen Stuhl, reißt Laken und Bettwäsche heraus, wirft alles nach draußen vor die Tür, nimmt die Bettdecke von dem anderen Bett weg, hilft Ester herum, hebt ihre Füße hoch, ordnet die Kissen, wäscht ihr das Gesicht und gibt ihr Kamm und Spiegel.

Er verschwindet einen Augenblick, ist aber sofort zurück mit einer beschlagenen Flasche Mineralwasser, gießt ein Glas voll, hilft ihr trinken. Sie gibt ihm mit Zeichen zu verstehen, daß sie etwas zu essen haben möchte, er versteht, nickt, macht ein Zeichen vor dem Bauch, eine beredte Kreisbewegung, schüttelt den Kopf. Schließt lautlos die Tür, als er sich entfernt.
Ester lehnt sich gegen die Kissen, die Übelkeit rumort irgendwo in ihren Eingeweiden.
Sie schließt die Augen und denkt an die Schären, eine Sommerbucht, das grüne kühle klare Wasser, den weißen Horizont, die leichten Nachmittagswolken über dem Landmassiv.

5

Der Schatten ist an den Häuserwänden hinaufgewandert. Ein Lautsprecherauto kriecht schrill lärmend die Straße entlang und biegt oben an der Kirche um die Ecke.
Das schwüle, stickige Schweigen schließt sich wieder um das Menschengewühl, das auf den engen Gehsteigen pulsiert.
Anna hat sich in die rote Dämmerung der Bar geflüchtet. Sie findet im Gedränge einen kleinen Tisch und zeigt auf einen Eiskaffee, der gerade auf der Theke steht.
Der Mann, der serviert, ist sehr jung und hat ein schweres, ernstes Gesicht, hat dickes, kurzgeschnittenes Haar und scharf rasierte Wangen.
Er trägt eine fleckige weiße Jacke, schwitzt stark und wischt sich dann und wann mit der Serviette übers Gesicht. Die Finger sind nikotinbraun, die Nägel schwarz und abgebrochen. Er bewegt sich trotz der Eile ohne Hast.
Er lächelt freundlich, als er sich vorbeugt und ihr Feuer gibt.
Ein Zeitungsverkäufer mit einem Packen unter dem Arm erscheint. Sie kauft ein Blatt und überfliegt zerstreut die unverständlichen Überschriften.
Sie bemerkt eine Annonce, in der mit großen Buchstaben J. S. BACH steht.
Plötzlich ist der junge Kellner zurück, hält die Kanne hoch, sie nickt bejahend, und er gießt ihr noch mal ein. Sie will bezahlen, er schreibt die Summe auf ein Stückchen Papier, auf dem schon mehrere Zahlen stehen.

Sie legt einen Schein hin, und er gräbt in seiner Jacke, zuckt die Schultern, nimmt das Geld und geht zur Theke.
Sein geschorener Nacken ist sehr braungebrannt, die Strümpfe in den Sandalen haben Löcher. Er steht vorn an der Theke, hebt sich auf die Zehen, als wäre er ungeduldig. Wedelt mit dem Schein, den er zwischen Daumen und Zeigefinger hält.
Er dreht sich um, begegnet ihrem Blick.
Nun ist jemand da und wechselt das Geld, er ist sofort zurück, legt die Münzen auf den Tisch, das Feuerzeug fällt herunter, er bückt sich schnell, einen Augenblick streift seine Wange ihren Schenkel.
Dann ist er weg, steht höflich vornübergebeugt draußen bei den Straßentischen und hält den kleinen Block vor sich.
Sie schaut etwas gleichgültig zu ihm hin und gähnt hinter der Hand. Der Zigarettenrauch steht im Raum, die Ventilatoren an der Decke drehen sich vergeblich.
Sie bahnt sich einen Weg zwischen den Tischen, vernimmt dieses Schweigen wie mit einem Deckel vor den Ohren, das Schweigen ist wie klopfende Angst.

6

Ester hat ein Tablett mit Essen bekommen, sie ißt vorsichtig, trinkt kleine Schlucke Wasser, ruht zwischendurch aus. Johan steht in der Tür, er hat die Hände immer noch in den Hosentaschen, sieht aber ziemlich betrübt aus.
Ester: Hast du Hunger?
Johan nickt.
Ester: Komm, dann gebe ich dir ein bißchen von meinem Essen ab.
Sie nimmt den Deckel von einer Schüssel, er setzt sich auf die Bettkante, ißt hungrig.
Ester: Hast du Sehnsucht nach Hause?
Johan nickt ernst.
Ester: Am Montag sind wir da.
Johan: Darf ich dann zu Großmutter fahren?
Ester: Sofort.
Johan: Wie lange soll ich dortbleiben?
Ester: Erst den ganzen Sommer und dann den Winter. Du sollst bei Großmutter in die Schule gehen.

Johan: Glaubst du, daß Mama kommt und mich besucht?
Ester: Das tut sie sicher.
Johan: Ist es gut bei Großmutter auf dem Lande?
Ester: Es ist schön dort. Du wohnst in einem großen Haus mit vielen Zimmern, und es ist fast immer Sonnenschein.
Johan: Kommt Papa hin?
Ester: Ich glaube es. Wenn er Zeit hat. Aber er hat ja so viel zu tun.
Johan: Das hat er.
Ester: Aber da gibt es anderen Spaß, weißt du. Eine Menge Pferde . . .
Johan: Ich habe Angst vor Pferden.
Ester: Und Kaninchen. Und dann darfst du mit Onkel Persson draußen segeln. Das Wasser ist ganz klar und grün. Du kannst den Grund sehen, obwohl es gewaltig tief ist. (Pause) Du mußt nicht traurig sein.
Johan (leise): Ich bin nicht traurig.
Ester: Und im Herbst fangt ihr Krebse.
Johan: Kommst *du* hin?
Ester: Du kannst unten am alten Steg sein. Und angeln! Was angelst du meistens? Du angelst doch gern.
Johan: Barsche. Aber man bekommt auch Plötzen.
Das Gespräch versickert und verstummt. Ester streckt eine Hand aus und berührt Johans Wange und Ohr, es ist fast wie ein Streicheln. Er weicht aus und wirft ihr einen verwunderten Blick zu, sagt aber nichts, weil er den Mund voll Essen hat.
Ester: Geh hinein zu dir, wenn du fertig gegessen hast.
Johan: Mahlzeit. Ich bin mächtig satt.
Er ist höflich und hält Distanz, springt vom Bett herunter und geht ins andere Zimmer.
Ester: Es wäre nett von dir, wenn du die Tür offen lassen würdest.
Johan: Ich kann etwas Hübsches für dich malen, wenn du willst.
Ester nickt. Zärtlichkeit für den Jungen und Angst. Verworrene Gedanken.
Johan: Du brauchst nicht unruhig zu sein. Mama ist gleich zurück. Und ich bin ja da.
Ester wendet den Blick zum Fenster.
Er erwartet keine Antwort und zieht sich in das andere Zimmer zurück. Dort kramt er eine Weile herum, bis er seine Farbkreiden und den Zeichenblock gefunden hat. Dann macht er einen lan-

gen roten Strich, der in einem Bogen weitergeht und sich zu einer Stirn formt, einer Nase, einem boshaft verzogenen Mund.

7

Anna steht unentschlossen im Mittagsgedränge bei den Straßentischen. Die Sonne knallt auf Wände, Blech und Fensterscheiben.

Um sich gegen die Hitze zu schützen, aber auch, um nicht gehen zu müssen (der Eingang des Hotels ist gegenüber auf der anderen Straßenseite), flüchtet sie zurück in das Dunkel der Bar.

Links von der Bar eine kurze Treppe und eine offene Tür, die in das angrenzende Kino führt.

Große Schilder kündigen das Programm an, und aus dem engen Vestibül strömt ihr eine angenehme Kühle entgegen.

Sie löst ein Billett und wird durch eine Tür in der sanft gerundeten Wand gewiesen.

Ein älterer Platzanweiser leuchtet mit seiner Taschenlampe, und sie erkennt im Dunkeln einen rötlichen Sessel. Sie befindet sich in einer Loge, durch eine hohe Barriere vom Parkett abgegrenzt.

Auf der anderen Seite des schmalen Mittelganges unterscheidet sie allmählich einen Mann und eine Frau. Sie sitzen in enger Umarmung aneinandergelehnt und nehmen keine Notiz von Anna.

Der Film, der gezeigt wird, ist ihr unverständlich. Ein Komiker ohne jede Komik, aber sehr bemalt und in phantastischem Aufputz traktiert ein kaputtes Klavier. Neben ihm, aber nach der anderen Seite gewandt, sitzt eine Frau mit schwellenden Formen. Sie hat einen Spiegel vor sich und macht große Toilette.

Die ganze Zeit redet sie in zornigem Ton, unterbricht sich aber dann und wann und seufzt tief. Der Clown befaßt sich nicht mit der Frau. Nicht einmal, als sie sich umwendet und ihre Formen auf der Klaviatur und ihren Spiegel oben auf dem Klavier plaziert, kümmert er sich um sie.

Er preßt weiter eigenartig schneidende Tonfolgen aus seinem Instrument. Als sie sich mit einer großen Quaste zu pudern beginnt, verschwindet der Clown in einer Wolke. Nachdem sich die Wolke verteilt hat, sitzt er mit einem Kontrabaß allein auf einer großen

dunklen Bühne. Er bearbeitet ihn mit einem dicken runden Fiedelbogen.
Anne sieht gähnend diesem fremdartigen Geschehen zu und zündet sich eine Zigarette an. Plötzlich wird ihr Interesse auf den Mann und die Frau gelenkt. Sie sieht sie jetzt besser, ihre Augen haben sich an das Dunkel gewöhnt.
Der Mann ist groß und mager, hat gescheiteltes dünnes Haar und dichte Augenbrauen, die vorstehen und so den Ausdruck der Augen nicht erkennen lassen. Die Frau ist ziemlich klein und hat ein rundes weißes Gesicht mit großem Schmollmund, das gefärbte Haar hängt zottlig und ungeordnet um die Ohren und auf die abfallenden Schultern herab.
Der Mann hat sich auf den Boden gekniet und ihre Bluse über die prallen kleinen Brüste hochgezogen, sie ergreift seine großen Ohren, preßt sein Gesicht gegen ihren Bauch.
Sie beugt sich vor und streckt die kurzen, drallen Arme nach dem Schoß des Mannes aus und fängt an, ihm die Hose aufzuknöpfen, die ganze Zeit ächzt sie wie bei einer großen Anstrengung.
Ihr blondiertes Haar fällt über beider Gesichter. Mit einer heftigen Bewegung steht der Mann auf und schlägt die Arme um die Frau, die völlig bewegungslos ist, er hebt sie vom Stuhl hoch, setzt sich selbst schwerfällig, lehnt sich zurück, sie tastet nach dem Rocksaum und zieht ihn bis zum Bauch hoch, ihre dicken Schenkel leuchten im Dunkeln.
Sie lehnt sich ungestüm zurück gegen die Barriere zum Parkett, ihre Hände stützen sich tastend gegen seine Knie. Sein Kopf ist zurückgebeugt, der Hals gespannt, und der große Adamsapfel wölbt sich, als wollte er die dünne Haut sprengen.
Der Widerschein von der Filmleinwand flattert über ihre tastenden und heftigen Bewegungen.
Anna sitzt gegen die Wand gedrückt und starrt unverwandt auf die seltsame Szene. Sie hält die eine Hand mit der Zigarette hoch, die Rauchringe steigen durch das Licht hinauf bis unter die schwarze Decke.
Aus den Lautsprechern mahlt das unverständliche Gerede des Clowns, dann und wann mit ein paar knarrenden Tönen und Akkoreden unterlegt.
Anna erhebt sich, verliert die Zigarette, tastet sich zur Tür und ist gleich draußen in dem schmutzigen, engen Vestibül mit seinen farbenprächtigen Plakaten und grellen Fotografien unbekannter Stars.

Sie stützt sich gegen die Wand, fühlt sich schwindlig im Kopf und schwer im Körper, erschöpft. Jemand sieht sie gleichgültig an, und sie geht langsam hinaus in das erdrückende graue Nachmittagslicht.
Verwirrt und träge folgt sie dem Strom der Fußgänger hinunter zur Bar. Vor der Abgrenzung der Straßentische bleibt sie stehen und schaut sich suchend um.
Der Kellner steht, in ein Gespräch mit einem älteren Kollegen vertieft, zwischen den Tischen. Erst scheint er sie nicht zu bemerken, doch dann wendet er den Kopf, immer noch sprechend, und sieht sie an.
Sie schaut schnell zur Seite.

8

Johan beobachtet heimlich den alten Kellner, der sich wieder in seinem Winkel niedergelassen hat.
Er hat seine Mahlzeit aufgetischt: eine Flasche Bier und ein paar belegte Brote in einer Blechdose, dazu eine sehr kleine Flasche mit einem Schraubverschluß, der auch als Becher dient und mit großer Geschicklichkeit gehandhabt wird.
Er hält das randvolle Becherchen zwischen Daumen und Zeigefinger, öffnet den Mund, wirft den Kopf zurück und kippt mit einer schnellen Bewegung den Inhalt zwischen die langen Zähne.
Das Manöver wird mehrere Male wiederholt. Johan starrt wie verhext auf diese Zauberei und vergißt völlig, sich versteckt zu halten.
Der Kellner bekommt ihn zu Gesicht und lacht. Johan, der es nicht mag, wenn man ihn auslacht, wird ziemlich ärgerlich und will seiner Wege gehen, aber da hört der Kellner sofort auf zu lachen und ruft hinter ihm her. Als der Junge sich umdreht, hat der Alte aus seiner Aktentasche mit dem Proviant eine Tafel Schokolade herausgefischt und schwenkt sie in der Luft. Das ist eine übermächtige Versuchung.
Johan geht zu dem Alten, gibt ihm die Hand und macht einen Diener, bekommt die halbe Schokoladentafel geschenkt und setzt sich auf eine umgedrehte Holzkiste, ißt.
Der Alte kaut mit einem eigenartig kratzenden Laut und saugt

dann und wann zwischen den Zähnen, worüber nun Johan lachen muß.
Der Kellner schaut ihn an und lacht mehr zur Gesellschaft, er sucht etwas in seiner großen schwarzen Brieftasche und holt dann ein paar Fotografien heraus: ein ländliches Haus hinter einem hohen Baum, eine alte Frau in einem offenen Sarg, der von Verwandten und Freunden umgeben ist, Kinder in verschiedenem Alter in unterschiedlicher Kleidung.
Zwischen den Bissen kommentiert der Alte jedes Bild, aber man hört meistens nur kleine, stoßartige Schnaufer. Er nimmt die Brille ab und putzt sie, neben der Nasenwurzel im Augenwinkel sitzt eine Träne, er zerdrückt sie mit dem Zeigefinger und macht eine weitläufige Geste, die bedeuten kann: alles ist weg, aus.
Das veranlaßt einen neuen Schwenk mit dem Flaschenverschluß, dann trinkt er einen großen Schluck Bier, die zerknitterten Wangen bekommen rote Flecken, die trüben Augen sind feucht. Er versinkt in Nachdenken, preßt die leberfleckigen Hände fest zusammen, murmelt hin und wieder vor sich hin. Plötzlich legt er den Arm um Johans Schulter und zieht ihn an sich.
Der Junge fürchtet sich nicht, läßt es geschehen, sitzt still und läßt den Alten seine Schulter tätscheln.
So sitzen sie ziemlich lange beisammen.
Als Johan die Schritte der Mutter im Korridor hört, macht er sich vorsichtig vom Arm des Alten frei und schleicht um die Ecke.
Er ruft nach ihr, sie bleibt stehen und dreht sich um, er stürzt ihr mit ausgebreiteten Armen entgegen und umarmt sie leidenschaftlich.
Er faßt mit beiden Händen ihre rechte Hand und läuft hopsend neben ihr her.
Als sie zur Tür kommen, küßt sie ihn schnell aufs Haar und flüstert ihm etwas ins Ohr. Er nickt verständnisvoll.
Hopst etwas melancholisch auf einem Bein.
Anna steht einen Augenblick unentschlossen, ihr Gesicht bekommt einen ängstlichen Ausdruck. Dann öffnet sie die Tür und geht hinein. Als Johan allein ist, hopst er weiter, nun aber auf dem anderen Bein.
Anna geht sofort ins Badezimmer und läßt Wasser ins Waschbekken laufen, zieht den Schlüpfer aus und legt ihn hinein. Dann zieht sie das Kleid aus und wirft den Morgenrock über.
Ester steht hinter ihr in der Tür. Sie hat einen weißen Rock und eine dünne Seidenbluse mit viereckigem Ausschnitt an. Ihr Ge-

sicht ist ungeschminkt, nur die Wimpern sind stark getuscht. Um das rechte Handgelenk trägt sie ein dickes Silberarmband. Das Haar wird von einem starken Silberkamm zusammengehalten.
Anna sieht von ihrer Beschäftigung hoch, entdeckt den kalten Zorn in Esters Augen, bekommt erst Angst, beherrscht sich aber sofort.
Anna: Geht es dir besser. Das ist gut.
Ester nimmt Annas Kleid, das über dem Badewannenrand hängt, hält es zwischen Daumen und Zeigefinger hoch, betrachtet es genau. Anna läßt sie gewähren, kämmt ihr Haar so heftig, daß es Funken sprüht, sucht in der Tasche nach Haarspangen, findet sie und fängt an, die Frisur zurechtzumachen. Ester läßt das Kleid fallen.
Anna schnaubt höhnisch. Esters Hand, in der sie eine Zigarette hält, beginnt zu zittern.
Sie verläßt die Schwester wortlos, außer sich.
Anna beendet ihre Haarpflege, sie sucht in dem großen, liederlich gepackten Koffer nach einem sauberen Schlüpfer und zieht ihn an. Dann macht sie ein paar unschlüssige Bewegungen in verschiedene Richtungen: zur Tür, zum Korridor, zu einer Schachtel Zigaretten auf dem Nachttisch, zum Spiegel in der Schranktür.
Aber die Grausamkeit schießt in ihr hoch wie ein leichter Rausch, und sie geht in das angrenzende Zimmer.
Ester sitzt am Schreibtisch mit ihren Wörterbüchern, ihrer Korrektur und einem Haufen Notizen auf losen Blättern.
Anna stützt die Hände auf den Tisch, Ester schaut nicht von ihrer Arbeit auf.
Anna: Was hast du vor?
Ester: Arbeiten, wie du siehst.
Anna: Dann finde ich, du solltest dich auch deiner Arbeit widmen.
Ester blickt sie fragend an.
Anna: Und nicht hinter mir her spionieren.
Ester: Vielleicht.

Folgende Fotos stammen aus dem Film ›DAS SCHWEIGEN‹.

Der Konflikt zwischen den beiden Schwestern Anna und Ester findet in einer Welt ohne Liebe, einer Welt, in der Gott schweigt, statt.
Mit Gunnel Lindblom, Ingrid Thulin.

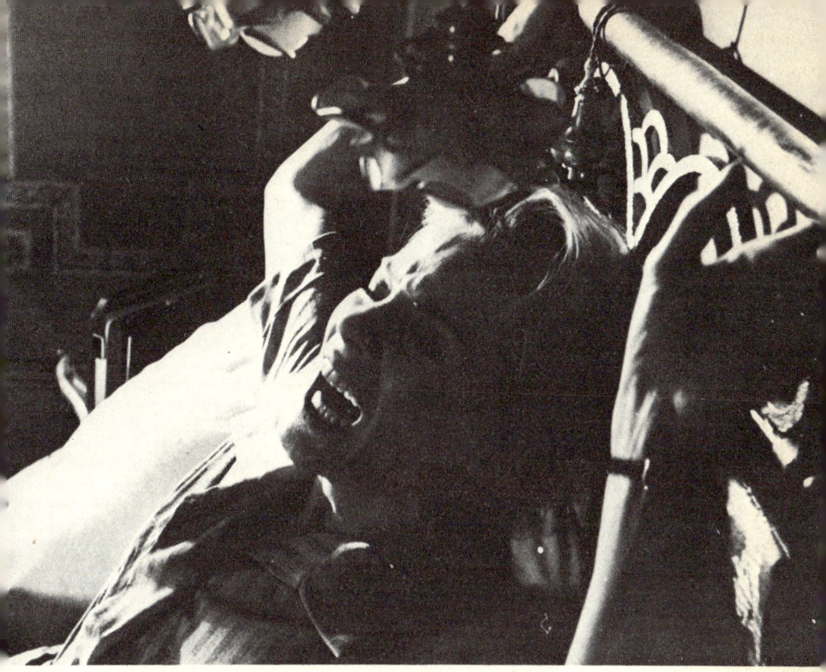

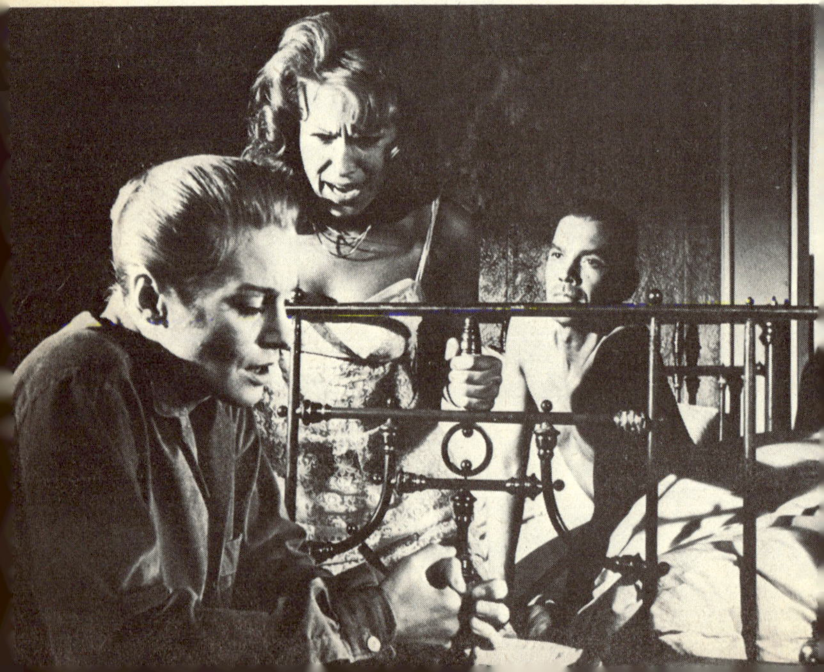

Anna steht immer noch über den Tisch gebeugt, wippt ein bißchen mit dem Oberkörper, richtet sich dann auf und zieht den Morgenrock zusammen.
Als sie Esters Blick sieht, lächelt sie spöttisch, geht schweigend aus dem Zimmer und schließt die Tür sanft. Ester hört sofort auf zu arbeiten und starrt durch das Fenster auf die sonnenflirrende Hauswand. Todesangst überkommt sie, und ein schwaches Winseln dringt durch die zusammengebissenen Zähne.

9

Johan steht in der Dämmerung des Korridors und betrachtet ein uraltes Wesen. Er hat noch nie einen so alten Menschen gesehen. Das Gesicht ist ganz gelb und die Stirn hoch, und um den Scheitel ist ein Kranz von dünnem Haar. Die Augen kindlich blau und starr hinter den goldgefaßten Brillengläsern. Unter der schmalen, langen Nase bewegt sich ein bläulicher, verschrumpelter Mund, der Kopf scheint sich auf den sehr großen gestärkten Kragen zu stützen, der aus einem sehr ordentlichen, doch zu großen Anzug hervorragt.
Mit einem eleganten Stock tastet sich der Alte, die ganze Zeit mühsam keuchend, langsam über den weichen Teppich vorwärts.
Als die Sonne von einem Seitenkorridor hereinprallt, bleibt das Wesen stehen und wendet das Gesicht zur Sonne und zu Johan.

10

In der Abenddämmerung wächst die schweigende Unruhe der Stadt. Vor dem Hotel pulsiert in der engen Straße ein dunkler Menschenstrom.
Die Schaufenster werden mit schweren Blechjalousien verschlossen, die Neonlichter blinken wie Grünspan.
Die Glocken der Ziegelkirche erfüllen die Luft mit ihrem Dröhnen, ein paar Kinder bewegen sich schreiend auf den Treppen vor dem Gitterzaun.
Ester steht am Fenster, sieht und lauscht, alles, was unter dem Schatten der Vernichtung erbebt, wird von ihrem Bewußtsein aufgenommen.
Im anderen Zimmer sitzt Anna auf dem Bett und schneidet dem

Sohn die Nägel. Er genießt es, daß sie sich mit ihm beschäftigt, obwohl er das Nägelreinigen verabscheut.

Johan: Wann werden wir nach Hause fahren?

Anna: Vielleicht heute abend.

Johan: Kommt Ester mit?

Anna: Ich weiß nicht.

Johan: Du bist schrecklich böse auf sie, nicht wahr?

Anna macht die Lampe auf dem Nachttisch an, begutachtet das Resultat ihrer Arbeit. Johan hebt den Arm und legt ihn der Mutter um den Hals. Sie zieht ihn an sich und küßt ihn wieder und wieder, sitzt lange stumm da und wiegt ihn auf dem Schoß in ihren Armen.

Johan: Wie heißt die Stadt hier, Mama?

Anna: Tiimoka, glaube ich.

Der Junge nimmt den Namen auf und denkt über ihn nach. Flüstert ihn vor sich hin, wie er das gern mit eigentümlichen Wörtern macht.

Ester geht vom Fenster wieder ins Zimmer, stellt das kleine Transistorradio an, das sie mit im Gepäck hatten. Durch die traumhafte Dämmerung ist Musik von Johann Sebastian Bach zu hören. Ein leises Klopfen an der Tür, der Etagenkellner tritt ein. Er fragt höflich, vornübergebeugt. Sie schüttelt den Kopf, nein, sie hat nicht geläutet. Er entschuldigt sich, bleibt aber lauschend stehen.

Ester (leise): Wie heißt das. MUSIK?

Kellner (lächelt): Musik – Musike! Musik – Musike.

Ester: Sebastian Bach?

Kellner (erfreut): Sebastian Bach, (nickt heftig) Johann Sebastian Bach.

Steht lange lauschend. Kommt zu sich. Ist gehetzt, verbeugt sich entschuldigend und ist verschwunden.

Ester sitzt vornübergebeugt, die Arme über den Knien gekreuzt, auf einem Stuhl an der Wand. Die Schuhe hat sie abgestreift, das Gesicht ist geneigt, an der Innenseite des Handgelenks kann sie die kleine Pulsader oberhalb des schwarzen Uhrarmbands schlagen sehen.

Die Tür zum anderen Zimmer wird unmerklich geöffnet, und Johan steht da, horchend, zögernd. Anna sitzt wie vorher auf dem Bett, das Profil dunkel vor dem Lampenlicht vom Nachttisch. Alle drei lauschen.

Anna (leise): Johan sollte dich nach Zigaretten fragen. Meine sind alle.
Ester: Auf dem Schreibtisch.
Anna: Darf ich ein paar nehmen?
Ester: Gewiß.
Anna: Danke. Das ist nett.
Gehorsam holt Johan ein paar Zigaretten vom Schreibtisch und gibt sie der Mutter. Dann geht er zurück zur Tür und setzt sich auf die hohe Schwelle, stützt den Kopf in die Hand.
Ester: Ich meine, ihr solltet heute abend fahren. In einigen Stunden geht ein Zug.
Anna: Und du?
Ester: Ich bleibe.
Anna: Wir können dich doch nicht einfach hierlassen.
Ester: Es ist besser. Ihr müßt nach Hause. Ich kann jetzt jedenfalls noch nicht reisen. Vielleicht in ein paar Tagen.
Es wird still. Die Musik wandert durch die Dämmerung. Johan seufzt tief.
Anna: Was für Musik ist das?
Ester: Bach. Sebastian Bach.
Anna steht auf und geht mit beherrschter Ungeduld über die Dielen. Ester folgt ihr mit dem Blick, kann sich schließlich nicht beherrschen, reckt sich nach dem Radio und stellt es ab.
Feindseliges Schweigen.
Anna sieht sich nach der Tasche und den Handschuhen um.
Anna: Ich gehe ein Weilchen aus.
Keine Antwort.
Anna (ängstlicher): Es ist auch so warm. Du weißt, ich vertrage es nicht . . .
Keine Antwort. Anna geht zur Tür, legt die Hand auf den Drükker.
Johan blickt fragend zu ihr auf.
Anna: Ich komme bald zurück.
Johan nickt, sieht aber traurig aus.
Anna: Du bekommst was Schönes, wenn du Ester Gesellschaft leistet. Du kannst ihr vorlesen.
Ester: Geh jetzt, bevor du vor schlechtem Gewissen schreist. (Pause) Geh jetzt.
Anna wirft die Handtasche auf einen Stuhl, geht ins Zimmer und setzt sich Ester gegenüber auf das Bett, streicht mit den Fingern über Kinn und Hals.

Anna: Glaubst du, daß *du* irgendeine Bedeutung hast. Ich meine, daß es wichtig ist, was du tust oder sagst?
Ester betrachtet ihre Beine, zuckt die Schultern.
Anna: Wer hat dir diese Vorstellung eingegeben, daß du zu bestimmen hast?
Ester (kalt): Du kannst nicht auf eigenen Beinen stehen.
Anna: Du glaubst, daß du über mich bestimmen kannst, genau wie Vater, aber das kannst du nicht.
Ester schweigt.
Anna: Du glaubst, ich bin dumm? Was?
Ester (lächelt): Ich glaube nicht, daß du dumm bist.
Ester lehnt sich in dem unbequemen Stuhl weit zurück und streckt die Arme über den Kopf, berührt mit dem Finger die Wand. Anna wendet sich zu ihrem Sohn, ihre Stimme ist verändert.
Anna: Du kannst ein Weilchen ins andere Zimmer gehen und die Tür zumachen, damit ich allein mit Ester reden kann.
Johan steht auf, tief beunruhigt, zögernd.
Johan: Sollte ich Ester nicht vorlesen?
Anna: Nachher.
Johan: Ich gehe eine Weile in den Korridor.
Anna: Ja, aber geh nicht zu weit.
Johan sieht die Mutter mit traurigem Gesicht an. Nein, er wird nicht zu weit gehen. Er wird in der Nähe sein, wenn es ihr gefällt, ihn zu rufen. Aber jetzt will sie nichts von ihm wissen. Er wird auf der Stelle verschwinden.
Das tut er auch.
Die beiden Frauen sind allein in der Dämmerung, die immer mehr in Dunkelheit übergeht.
Das Licht von der Straße wirft große Schatten auf Decke und Wände. Das Zimmer wird zu einem Aquarium.
Ester gießt sich Kognak ein, nippt vorsichtig.
Ester: Wo bist du den ganzen Nachmittag gewesen?
Anna: In der Stadt, spazieren.
Ester: Wo?
Anna: Hier in der Nähe.
Ester: Das war ein langer Spaziergang.
Anna: Ich wollte nicht ins Hotel zurückgehen.
Ester: Warum wolltest du das nicht?
Anna: Ich hatte keine Lust.
Ester: Du lügst.

Anna: Das ist wohl gleichgültig.
Ester: Was hast du vorgehabt?
Anna: Wenn du es nicht begreifst, dann bist du dumm.
Ester schweigt eine Weile, raucht ihre Zigarette, sieht aus dem Fenster, lächelt unvermindert verächtlich.
Ester: Wo hast du diesen Mann gefunden?
Anna: In der Bar gegenüber.
Anna sieht die Schwester mit einem Lächeln an.
Anna: Soll ich im Detail erzählen?
Ester: Antworte auf meine Fragen.
Anna: Erinnerst du dich an den Winter vor zehn Jahren, als wir mit Vater in Lyon wohnten? Und ich war mit Claude zusammen gewesen? Erinnerst du dich, daß du mich damals auch so ausgefragt hast? Daß du mich am Arm gekratzt und damit gedroht hast, es Vater zu sagen, wenn ich nicht alle Einzelheiten erzählen würde.
Esters Gesicht wirkt gequält.
Anna: Ich ging in ein Kino und saß in einer Loge ganz hinten im Zuschauerraum. Und da saßen ein Mann und eine Frau, die fingen an es miteinander zu treiben. Direkt vor meiner Nase. Als sie fertig waren, gingen sie ihrer Wege. Nach einer Weile kam ein Junge aus der Bar herein und setzte sich neben mich und fing an, mir über die Schenkel zu streichen. Dann lagen wir auf dem Fußboden. Davon ist das Kleid schmutzig geworden.
Ester: Ist das wahr?
Anna: Warum sollte ich lügen?
Ester (dumpf): Ja, warum solltest du lügen.
Anna: Obwohl ich jetzt zufällig gelogen habe.
Ester: Das macht nichts.
Ester ist in grauer Ermattung zusammengesunken, gequälte Grimasse.
Anna: Ich habe dem Paar, das liebte, zugesehen. Dann ging ich von dort weg hinunter zur Bar, dann ging der Junge mit mir mit, aber wir wußten nicht so recht, wohin wir gehen sollten, da sind wir in die Kirche gegangen, und dort haben wir uns in einer dunklen Ecke hinter ein paar dicken Pfeilern geliebt. Es war wenigstens nicht so warm.
Ester (nach einer Pause): Werdet ihr euch wieder treffen?
Anna: Ich wollte zu ihm gehen, als du anfingst zu reden. Er wartet auf mich.

Ester: Ich verstehe.

Anna: Ich werde zusehen, daß ich es diesmal schaffe, mich auszuziehen.

Ester steht neben der Schreibtischlampe, abgewandt, mit hochgezogenen Schultern. Knipst an und aus.

Ester: Warum müssen wir einander quälen?

Anna: Du quälst mich nicht.

Ester dreht sich um, und Anna sieht das aufgedunsene, rotgeflammte Gesicht der Schwester, die vernebelten dunklen Augen, den zitternden offenen Mund.

Anna: Willst du dich nicht hinlegen?

Ester (müde): Doch.

Sie fällt auf das Bett, hält Anna mit den starken, mageren Armen fest, drückt den fieberheißen feuchten Mund gegen ihren Hals. Anna macht sich los.

Ester: Setz dich zu mir, hier auf die Bettkante.

Anna schüttelt den Kopf.

Ester: Nur einen Augenblick.

Anna nimmt die Tasche vom Stuhl und setzt sich ganz unten ans Fußende, abwartend.

Anna: Nun.

Ester: Wirst du ihn treffen?

Anna nickt.

Ester: Kannst du es nicht seinlassen, ihn zu treffen. Nur jetzt, heute abend.

Anna schweigt.

Ester: Du quälst mich.

Anna: Warum?

Ester: Darum, weil . . . Weil ich mich gedemütigt fühle. Du darfst nicht glauben, daß ich eifersüchtig bin.

Zuletzt flüsternd, mit weitgeöffneten Augen nach Annas Hand tastend.

Anna: Ich gehe jetzt.

11

Er wartet im Korridor auf sie und packt sie hart an den Armen, küßt sie, sie drückt sich an ihn. Die gelben elektrischen Lampen in ihren altertürmlichen eisernen Leuchtern scheinen matt, und die beiden sehen Johan nicht, der zwei Meter entfernt steht.

Er geht hinter ihr, eine Hand auf ihrer Schulter. Sie bleiben vor einer Tür stehen, er kramt in der Tasche, holt einen Schlüssel heraus und öffnet.

Johan sieht, wie sich die Tür hinter ihnen schließt.

Er setzt sich in einen vergoldeten Stuhl, sitzt vornübergebeut, kaut an der Unterlippe, schluckt Trauer und Zorn hinunter.

Das Zimmer ist schmal, aber hoch, die Fensterläden sind geschlossen, Möbel und Gegenstände verschwimmen in dem fliehenden gräulichen Licht. Die Hitze ist stickig, es riecht nach Staub und altem Holz. Ein Kleiderschrank mit eingebautem Spiegel neigt sich von der Wand ab. Die Kissen und Polster des Bettes schimmern schwach.

Sie ziehen sich schweigend aus, ohne einander zu berühren.

Johan steht vor der Tür und horcht. Er hört die Stimme der Mutter, gedämpftes Ächzen, das Rascheln der Bettwäsche, das Flüstern des Mannes. Sie lacht, aber das Lachen klingt fremd und endet in einem erstickten Ruf.

Johan macht ein paar Schritte rückwärts. Dann rennt er in ihr Zimmer.

Esters Tür ist geschlossen, die Lampe auf seinem Nachttisch brennt, es ist still.

Er nimmt ein Buch aus dem offenen Reisekoffer, legt es aufs Bett, blättert unschlüssig, betrachtet die einfältigen bunten Bilder.

Er schlägt das Buch zu und tappt zu Ester hinein, sie ist auf dem Bett eingeschlummert, ihr Mund steht offen, sie schnarcht leise.

Das Gesicht ist eingefallen und fremd, die eine Hand bewegt sich, es zuckt in den Fingern.

Johan geht zum angelehnten Fenster und schaut auf die Straße hinunter, die nun ganz leer und still ist.

Lichtreklamen an der Bar und am Kino, blaues, unruhiges Licht der Straßenlaternen, Hitze von den Häuserwänden.

Er zieht den Kopf ein, erschreckt von der dumpfen, beängstigenden Stille.

Auf dem Schreibtisch liegen ein paar Blätter, vollgekritzelt mit Esters mikroskopisch kleiner Schrift.

Manches ist indessen mit Druckbuchstaben geschrieben. Da steht HADJEK – Geist, MAGROV – Angst, Furcht, KRASCJ – Freude.

Danach hat sie geschrieben: »Wir hören BACH. Ein Augenblick des Friedens. Ich empfand keine Angst vor dem Sterben.«

Johan macht die Schreibtischlampe aus und steht lauschend im Dunkeln. In den Fußsohlen spürt er ein leichtes Beben des Bodens. Er hört ein schwaches Klirren und entdeckt, daß das Glas gegen die Karaffe stößt. Durch das Schweigen steigt und sinkt ein rasselndes Grollen, wie von einer schwer arbeitenden Maschine. Er kriecht aufs Fensterbrett und schaut in beide Richtungen der Straße. Zuerst ist sie ebenso leer und öde wie vorher.

Doch nach einer Weile löst sich an der Treppe der Ziegelkirche ein unförmiger Schatten aus der Dämmerung. Er nimmt Gestalt an, schwenkt laut krachend in die schmale Straße und wälzt sich langsam zur nächsten Querstraße hinunter.

Er bleibt stehen, alle Geräusche verstummen, das Glas klirrt nicht mehr gegen die Karaffe, die Diele bebt nicht mehr unter Johans Fuß. Der Panzerwagen steht bewegungslos, gleichsam versunken in drohendes Warten. Kein Mensch ist zu sehen.

Johan wendet den Blick zu Ester und sieht, daß sie erwacht ist und daß sie ihn beobachtet, ihr Blick ist groß und fremd.

Ester (sanft): Du wolltest mir vorlesen.

Johan läßt den Kopf hängen. Unaussprechliche Angst, Esters fremder Blick, ihre heisere, ungewohnte Stimme machen ihn schläfrig.

Johan: Wie komisch du aussiehst.

Ester lächelt, aber das Lächeln bleibt zwischen den Zähnen hängen, und sie ringt nach Atem.

Ester: Liest du mir nun vor?

Johan: Ich werde lieber für dich Theater spielen.

Er läuft ins andere Zimmer und sucht im Koffer nach einer braunen Pappschachtel. In der Schachtel liegen seine bunten Handpuppen aus Stoff. Er holt den Kasper und die Großmutter heraus, zieht sie über die Hände und versteckt sich hinter der Rückwand des Bettes, läßt die Puppen über der Kante auftauchen.

Kasper (wütend): Utji utji brrr kollepastimos fritrabuntil karhpestapista alla bom! Alla bom urr stakrafast.

Großmutter (ängstlich): Kasperlein, oj oj Kasperlein oj kiss, kiss, kiss.

Kasper (außer sich, losschlagend): Hoffra kollipenna mossbill kurradomm rarasipäl hoj hoj.

Die Puppen schlagen sich, die Großmutter schreit und weint. Kasper tobt.

Zum Schluß stirbt die Großmutter, jedenfalls verschwindet sie hinter der Bettrückwand.

Johan: Nun weiß er nicht, was er machen soll, denn die Großmutter ist tot.
Kasper (faucht): Ulipiss kissisipiss.
Ester: Was sagt er?
Johan: Weiß ich nicht. Er spricht eine komische Sprache. Weil er Angst hat.
Ester: Kann Kasper heute nicht etwas singen.
Johan: Ja doch, aber erst, wenn er nicht mehr so böse ist.
Kasper fährt herauf und herunter. Verschwindet hinter der Bettrückwand.
Schweigen.
Johan kommt hervorgestürzt, rot im Gesicht vom Weinen. Er kriecht zu Ester ins Bett, sie legt die Arme um ihn, um Kopf und Wangen, spürt seinen Atem, sein Herz, das hämmert.

Anna ist aus dem Bett gestiegen und hat die Fensterläden geöffnet, steht da und sieht hinunter in einen engen Lichtschacht.
Tief unten ist ein erleuchtetes Viereck, es ist ein großes Dachfenster, von einem Netz überzogen und von Eisenstangen gekreuzt.
Unter dem schmutzigen, fast undurchsichtigen Glas erscheinen verschwommen Menschen, die sich hin und her bewegen, geschäftig herumrennen wie Ameisen.
Aber es ist alles still, keine Geräusche dringen aus dem Schacht herauf. Sie lehnt sich hinaus, das schwache Licht des Nachthimmels fällt auf ihre Schultern, auf die wirre Fülle des Haares.
Der Mann sitzt zusammengekauert im Bett, das Kinn auf den hochgezogenen Knien, den Rücken an die Wand gelehnt.
Sie betrachtet aufmerksam sein Gesicht, seinen Mund, seine Augen, sie können sich in dem sparsamen Licht ziemlich genau sehen.
Sie nimmt seine Hand, sieht die schwarzen abgebrochenen Nägel an, berührt die breite weiße Narbe an seinem Arm.
Anna drückt mit dem Fingernagel, er reagiert lächelnd, aber uninteressiert, sein Blick ist zum helleren Rechteck des Fensters gewandt.
Anna: Wie schön es ist mit Dir. Wie schön, daß wir uns nicht verstehen.
Ihre Hand berührt streichelnd seine Hüfte, streichelt seinen Bauch, gleitet zwischen seine Beine.
Anna: Ich wünschte, Ester wäre tot.

Sie schiebt ihr Gesicht nahe an seins. Er nickt bekräftigend und legt die Hand auf ihre Brust.

12

Johan ist bei den Vorbereitungen zum Zubettgehen. Er putzt sich die Zähne, gurgelt, spuckt aus, spült Wasser nach. Dann macht er es sich im Bett der Mutter bequem, mit einem Buch und einem Apfel, die Brille auf der Nase. Die Tür zwischen den Zimmern steht offen, und er kann Ester sehen, die am Schreibtisch sitzt, eingehüllt in eine Wolke Zigarettenrauch.

Johan: Warum bist du Übersetzer?

Ester: Wenn ein Buch in einer fremden Sprache geschrieben ist, dann übersetze ich es, damit du es lesen kannst.

Johan: Kannst du die Sprache in diesem Land hier?

Ester: Nein. Aber ich habe ein paar Wörter gelernt.

Johan denkt darüber nach, ißt seinen Apfel, wird sehr ernst.

Johan: Du darfst nicht vergessen, diese Wörter für mich aufzuschreiben.

Ester: Das werde ich nicht vergessen.

Johan: Du?

Ester: Ja.

Johan: Warum will Mama nicht bei uns sein?

Ester: Das will sie sicher.

Johan: Nein, sie schleicht sich weg, so schnell sie kann.

Ester: Sie macht nur einen Spaziergang.

Johan: Das macht sie nicht.

Ester schweigt.

Johan: Sie ist mit jemand in einem Zimmer. Sie haben sich mächtig geküßt, und dann sind sie vom Korridor in ein Zimmer verschwunden. Ich habe es selbst gesehen.

Ester: Bist du sicher?

Johan: Ich habe es doch gesehen.

Ester steht in der Tür und sieht den Jungen an. Er sitzt mitten in dem aufgeplusterten Bett und versucht zu lesen, aber sein Gesicht ist vor Schmerz zusammengezogen.

Sie geht zu ihm, berührt sein flaumiges Haar und den hohen schmalen Nacken, läßt die Finger über seine großen weichen Ohren gleiten.

Ester: Hast du dich ordentlich gewaschen.

Johan (traurig): Ne! Muß ich das?

Ester: Und da haben wir gedacht, diese Reise würde amüsant werden. Eine richtige Lustreise zu den schönsten Orten der Erde. Und nun ist es ...

Johan (höflich): Ich habe mich sehr amüsiert.

Sie streichelt dem Jungen Kopf und Wange, er findet das ein wenig anstrengend und macht eine kleine Bewegung zur Seite. Sie zieht sofort die Hand zurück.

Ester: Darf eigentlich nur Mama dich anfassen?

Johan schweigt etwas verlegen.

Ester: Wir haben Mama beide lieb, du und ich.

Sie lächelt. Johan schaut in sein Buch, ohne zu lesen. Auf der rechten Seite ist ein schönes Bild von Robin Hood im grünen Wald. Er spannt den Bogen und zielt auf einen Damhirsch.

Ester: Weißt du, wie Gesicht in der Landessprache hier heißt? (Pause) Das heißt NAJGO, und Hand heißt KASI.

Johan (nickt): Aha.

Ester berührt leicht seine Schulter.

Ester: Gute Nacht.

Johan: Gute Nacht.

Ester: Macht es was, wenn ich die Tür schließe?

Johan: Ach wo. Das macht nichts.

Ester: Mama kommt ja bald.

Johan antwortet nicht.

13

Anna ist dabei, sich anzuziehen, bleibt dann aber sitzen, das Kleid in der Hand.

Der Mann hat die kleine Lampe mit dem harten Licht über dem Waschbecken angeknipst und kämmt sich umständlich die Haare.

Anna: Wenn sie krank ist. Sie ist dauernd krank. Wenn sie krank ist, will sie alles bestimmen. Dann bin ich ein Idiot.

Sie streicht sich mit der Hand übers Knie, schürzt die Lippen, legt den Kopf auf die Seite.

Anna: »Du bist ein Freßsack«, sagt sie. »Wie dick du in den letzten Monaten geworden bist. Du mußt abnehmen.« Ich mag Essen. (gähnt) Das würde sie auch mögen, wenn sie nicht so viel trinken würde.

Anna stellt sich hinter den Mann, sieht ihn im Spiegel an. Er begegnet ihrem Blick ernst.
Jemand faßt an die Tür, die Klinke wird vorsichtig heruntergedrückt, Klopfen.
Ester: Bist du da?
Anna: Was willst du?
Ester: Ich muß mit dir sprechen.
Die Klinke schnellt mit einem kleinen Knall hoch.
Anna horcht. Reckt sich und macht die Lampe aus, das Zimmer wird erst undurchdringlich dunkel, dann sind zwei Schatten vor dem grauen Nachtlicht des Fenstervierecks auszumachen.
In der Stille ist Esters Atem zu hören, der Druck der Handflächen gegen die Wand, das hervorbrechende, doch verhaltene Weinen.
Anna: Sie steht noch da. (Pause) Sie weint.
Anna umarmt den Mann und küßt ihn, nimmt ihn bei der Hand und führt ihn zum Bett. Auf bloßen Füßen schleicht sie zurück zur Tür, dreht den Schlüssel um, öffnet.
Läuft zurück zum Bett, kriecht hinein, zieht den Mann an sich.
Ester ist verwirrt in dem schwülen Dunkel, hört Bewegungen vom Bett her, geht tastend näher.
Die Lampe auf dem Nachttisch klirrt gegen die Marmorplatte. Das plötzliche Licht ist verschwommen, rot, mit weißen Reflexen an der Decke.
Anna legt den Arm um den Nacken des Mannes und tut, als lege sie sich zurecht, aber er entzieht sich ihr, rückt zur Wand.
Ester geht zum Fenster, sieht in den Lichtschacht, sieht das kleine Viereck des Nachthimmels, das grauschmutzig ist von den Lichtern der Stadt.
Ester: Warum willst du dich eigentlich immer rächen.
Anna schweigt.
Langes Schweigen.
Ester: Als Vater lebte . . .
Anna: Als Vater lebte, da bestimmte er. Und wir gehorchten. Weil wir mußten. Als Vater starb, glaubtest du, du könntest genauso vorgehen. Und du hast deine Prinzipien ausposaunt: daß alles bedeutungsvoll sein sollte und alles wichtig! Aber das war nur Gerede. (Pause) Weißt du, warum? Das will ich dir sagen. Alles nur, um dich aufzuspielen. Du kannst nicht leben, ohne dich als etwas Besonderes herauszustellen. Das ist die ganze Wahrheit. Du kannst es nicht *aushalten*, wenn nicht alles »le-

benswichtig« und »bedeutungsvoll« und »sinnvoll« und ich weiß nicht was ist.

Ester setzt sich vorsichtig, legt die Arme auf den Tisch. Jede Bewegung ist bedacht, als ob die geringste Heftigkeit ihr physischen Schmerz bereiten könnte.

Ester (ruhig): Wie sollen wir denn deiner Meinung nach leben. Wir haben doch alles gemeinsam.

Anna (ruhiger): Ich habe immer geglaubt, daß du recht hast. Und ich habe immer versucht, zu sein wie du. Und ich habe dich bewundert. Ich habe nie verstanden, daß du mich nicht leiden konntest.

Ester: Das ist nicht so.

Anna: Du kannst mich nicht leiden. Das war bisher immer so, aber ich habe es nicht verstanden, erst jetzt.

Ester: Nein.

Anna: Doch. Aus irgendeinem Grund, den ich nicht weiß, hast du Angst vor mir.

Ester: Ich habe keine Angst, Anna. Ich liebe dich.

Anna (verächtlich): Du redest immer so viel von Liebe.

Ester will antworten, hält aber mit offenem Mund inne. Nach Augenblicken des Schweigens artikulieren die Lippen, aber die Stimme gehorcht nicht, es wird ein undeutliches Flüstern.

Ester: Du darfst es nicht sagen . . .

Anna (kalt): Was darf ich nicht sagen? Daß Ester haßt. Denn das ist ein dummer Einfall von der dummen Anna. Du haßt mich genauso, wie du dich selbst haßt. Und alles, was ich habe. *Du bist voll von Haß.*

Ester: Das stimmt nicht.

Anna: Du, die du so intelligent bist und so viele Examen bestanden und so viele Bücher übersetzt hast, kannst du mir eine Frage beantworten? (Pause) Als Vater starb, sagtest du: »Nun will ich nicht mehr leben.« Warum lebst du denn noch?

Ester schweigt.

Anna: Meinetwegen? Für Johan? (Pause) Oder vielleicht für deine Arbeit? (Pause) Oder für nichts Besonderes?

Langes Schweigen.

Ester: Es ist nicht so, wie du sagst. Ich bin *sicher*, daß du unrecht hast.

Anna (schreit): Laß das sein. Nicht diesen Ton, bitte!

Ester antwortet nicht.

Anna (schreit): Geh weg und laß mich in Ruhe!

Ester hat mit gesenktem Blick dagesessen, nun hebt sie den Kopf und sieht die Schwester an.
Ester: Arme Anna.
Anna: Kannst du nicht still sein.
Ester steht auf, geht zur Tür. Ihr Gesicht ist vollkommen ruhig. Der versteinerte, gequälte Ausdruck hat sich aufgelöst und in ein fast unmerkliches Lächeln verwandelt. Sie sieht ihre Schwester an, mitleidig, ohne Überlegenheit, mit Zärtlichkeit.
Sie schließt langsam die Tür hinter sich.
Anna wirft sich laut lachend gegen die Wand. Als der Mann ihre Schulter berührt, schlägt sie ihm über den Mund.
Das Lachen geht in dumpfes Weinen über, sie wirft sich auf die Seite, gegen die Rückwand des Bettes, der Kopf schlenkert, und das volle Haar fällt über seinen Arm.
Er beugt sich über sie, redet ihr murmelnd und bittend zu, küßt ihren Nacken, ihren Rücken, legt die Hände auf ihre Schenkel.
Sie tritt nach dem wackligen Nachttisch, die Lampe fällt herunter, brennt einige Augenblicke grell und erlischt dann mit einem schwachen, aber scharfen Klirren.
Sie liegt über der Bettrückwand und umfaßt die Eisenstäbe mit hartem Griff, hebt das Gesicht an, erkennt einen Augenblick lang das schmutziggraue Lichtquadrat oberhalb des Lichtschachtes. Die Morgendämmerung färbt es schwachgelb.
Ester, draußen im Korridor, hat an der Wand Halt gefunden, der Gang liegt ruhig in der sparsamen Nachtbeleuchtung.
Aus dem Schweigen steigt das Geräusch vieler schnatternder Stimmen. Der Lärm nähert sich, und eine Karawane aufgeräumter, bunt ausstaffierter Zwerge biegt um die Ecke und kommt ihr im Korridor entgegen.
Sie tragen unförmige Kostüme, große spitze Hüte, übertrieben geschminkte Masken.
Mehrere sind betrunken, torkeln, stützen einander, lachen.
Einer beginnt zu singen, macht Tanzschritte, die anderen zischen kichernd.
Sie entdecken Ester, verstummen, grüßen mit übertriebener, ironischer Höflichkeit.
Als sie vorbei sind, geht der letzte im Gefolge ein paar Schritte zurück und fragt etwas.
Als er keine Antwort bekommt, läuft er zu den anderen.
Hinter der Ecke brechen sie in schallendes Gelächter aus.
Ester macht ein paar kleine Bewegungen mit den Armen, zieht

die Schultern zusammen, öffnet den Mund. Ein dünner Blutstrom läuft langsam über das Kinn herunter, befleckt den Rock und tropft auf den Teppich.
Sie steht still mit verwunderten, weitgeöffneten Augen und versucht Luft zu bekommen.

14

Es ist heller geworden über dem Lichtschacht, von der Kirche ist Glockengeläut zu hören, das zur ersten Morgenmesse ruft.
Anna trinkt gierig Wasser aus dem Hahn über dem Waschbekken, sie glättet das Haar, sieht sich im Spiegel. Das graue Morgenlicht erfüllt das Zimmer.
Scharfe Konturen und ein dünner Hauch von Kühle.
Der Mann liegt im Bett auf dem Bauch, in tiefen Schlaf versunken, der eine Arm hängt über den Bettrand, die Finger berühren den Boden, schwarze Bartstoppeln stehen an Kinn und Wangen.
Anna weckt ihn, drückt dann geräuschlos die Klinke herunter und versucht zu öffnen.
Etwas leistet Widerstand und gibt nur langsam nach. Sie drückt mit aller Kraft.
Nun wird eine Schulter sichtbar, ein Kopf, ein Bein, das über den Teppich weggespreizt ist. Sie läßt die Tür los, kauert sich auf den Boden, streckt die Arme dem ruhelosen Kopf entgegen.

15

Die Mittagshitze lehnt schwer an den Häuserwänden und wälzt sich durch das offene Fenster herein.
Die Rufe der Zeitungsverkäufer. Die dumpfe Bewegung in dem Menschenhaufen, der sich über die engen Gehsteige drängt. Ein paar grelle Rhythmen aus einem Lautsprecher.
Ester sitzt halbaufgerichtet im Bett, drei Kissen im Rücken. Sie keucht kurz und hörbar, aber der Blick ist klar und bewußt.
Der alte Etagenkellner hockt auf einem Stuhl neben dem Bettpfosten. Dann und wann steht er auf und gibt ihr von dem Zitronenwasser, das in einer beschlagenen Karaffe auf dem Nachttisch steht.

Anna hat gerade fertig gepackt. Johan sitzt mit seinem Buch auf dem Fußboden.

Anna: Johan und ich gehen über die Straße und essen einen Happen.

Ester nickt, ohne zu antworten.

Anna: Dann bezahle ich Johans und meine Rechnung.

Ester schließt die Augen.

Anna: Wir fahren mit dem Zug um zwei Uhr.

Ester nickt.

Anna: Ein Arzt kommt so schnell wie möglich. Ich weiß nicht, ich verstehe nicht ein Wort – aber es scheint . . .

Ester: Danke.

Anna (gequält): Es ist furchtbar warm.

Feine Schweißperlen glänzen auf ihren Wangen und auf der Oberlippe.

Ester: Was hast du für ein Parfüm?

Anna: Das ich von dir bekommen habe.

Ester: Wenn es warm ist, darfst du nicht so viel nehmen.

Anna geht in das Zimmer nebenan, sagt etwas zu Johan, der schlägt sofort sein Buch zu. Er ist für die Reise gekleidet und zieht an den Kniestrümpfen.

Johan: Tschüß. Ich bin bald zurück.

Anna: Tschüß.

Anna und Johan unterhalten sich leise am Fenster, dann gehen sie in den Korridor hinaus und schließen die Tür zu ihrem Zimmer ab.

Ester ist mit dem alten Kellner allein.

Sie streckt sich nach dem Glas aus, er ist sofort da, stützt sie und gibt ihr zu trinken. Sie dankt und bittet ihn, ihr die Notizen zu geben, die auf dem Schreibtisch liegen. Er reicht ihr die Schreibunterlage und gibt ihr den Füllfederhalter in die Hand. Sie beginnt gleich in Druckbuchstaben zu schreiben: »AN JOHAN ein paar Wörter in der fremden Sprache«. Immer noch mit Druckschrift malt sie eine Reihe von Wörtern.

Die Arbeit ermüdet sie, und sie lehnt den Kopf gegen die Kissen, die hinter ihrem Rücken aufgestapelt sind, schließt die Augen, lauscht.

Sie hört ein Kind unten auf der Straße schreien. Der gellende Ton steigt bebend aus der dumpf fließenden Lautmasse.

Wenn sie den Kopf dreht, kann sie eine Uhr hören, die rasch und hart tickt.

Sie öffnet die Augen, um sich zu vergewissern – der alte Kellner, der nun in einem Sessel sitzt, hat seine große goldene Uhr hervorgeholt und betrachtet sie nachdenklich, zieht sie dann mit einem kleinen Schlüssel, der an der Uhrkette hängt, auf.

Das Kinderweinen hört auf, die Gardine wird von einem Luftzug bewegt.

Esters Bewußtsein trübt sich langsam, das Gesicht wird grau und schwillt an, die Augen weiten sich, die Stimme ist gereizt und grell.

Ester: Sie ist eine Stunde fort. Und den Jungen hat sie mitgeschleppt.

Sie lacht bitter und schlägt mit der flachen Hand auf das Polster, der Füllfederhalter rollt auf den Boden, der Kellner erhebt sich und nimmt ihn auf, legt ihn auf den Nachttisch.

Ester: Schwellkörper. Es handelt sich um Blutüberfülle und Schleim. Eine Beichte vor der letzten Ölung: Ich finde, der Samen riecht schlecht. Ich habe nämlich eine empfindliche Nase und fand, daß ich wie ein verfaulter Fisch stank, als ich befruchtet wurde. Für mich ist das so.

Sie trocknet sich mit dem Laken unter dem linken Arm ab und rutscht im Bett herunter, so daß ein Bein herausragt. Papier, Schreibunterlage und Kissen fallen auf den Fußboden. Der Kellner steht wieder auf und hebt die Sachen auf. Sie streckt die Hand aus und legt sie auf seinen Kopf.

Ester: Ich will meine armselige Rolle nicht akzeptieren. Aber nun finde ich es doch ganz gut, so allein.

Der alte Mann neben dem Bett, die Schreibunterlage in den Händen, den Kopf geneigt, ihre Hand auf dem Scheitel. Er hält still, ganz nahe ihrem trockenen großen Mund.

Ester: Man probiert Haltungen. Und findet sie alle sinnlos. Die Kräfte sind zu stark, ich meine die Kräfte die *unheimlichen*. Man muß sich vorsichtig bewegen zwischen Spukgestalten und Erinnerungen. (grinst) Möchte ich sagen.

Sie nimmt die Hand vom Kopf des alten Mannes und sieht auf die schweren Ornamente aus Gips und Kalk an der Decke.

Ester (leise): Ich rede. (noch leiser) Zu sterben ist trotzdem etwas.

Es ist lange still.

Der Alte steht neben dem Bett, die Hände auf einer Stuhllehne. Seine Uhr tickt in der Westentasche, irgendwo ist Klaviermusik zu hören, aber sehr entfernt, nur einzelne Töne dringen bis zu ihrem Bewußtsein vor.

Ester: Man braucht nicht über die Einsamkeit zu sinnieren. Das ist wirklich unnötig. Gib mir das Schreibzeug.

Sie stemmt sich hoch, und der Kellner hilft ihr, gibt ihr, worauf sie zeigt. Sie schreibt ein paar Wörter und beginnt zu lachen.

Ester: Nun fühle ich mich richtig wohl, möchte ich sagen. (lacht)

Sie stellt das Radio an, das gibt sofort ein kratzenden Trompetenton von sich.

Ester: Ziemlich hübsch. Ich wußte nicht, daß ihr solche Musik hier in diesem bösen kleinen Land habt. Weiß der Alte, wie sich mein Zustand nennt? Euphorie, die kurz vor dem Todeskampf auftritt. Mit Vater war es genauso. Er lachte und erzählte lustige Geschichten. Dann sah er mich an: »Nun ist es die Ewigkeit, Ester«, sagte er. Er war so nett, obwohl er schrecklich groß und schwer war, er wog fast zweihundert Kilo. Man hätte die Gesichter der Kerls sehen sollen, die den Sarg getragen haben. Ich bin so müde.

Sie gähnt krampfhaft und ringt nach Atem, die Augen werden rund vor Entsetzen, sie schreit, rudert mit den Armen, um Luft zu bekommen, beugt sich vor, wirft sich zurück, stemmt sich hoch.

Nach einer Weile läßt der Krampf nach.

Ester (flüstert): Nein, nein, nein. Ich will nicht so sterben, nein, nein. Ich will nicht ersticken. Oh, das war schrecklich eben, jetzt habe ich Angst. Das darf nicht wiederkommen. Nein, nein! Ich kann doch nicht . . .

Aber der Krampf zieht ihren Körper zusammen, und sie reißt den Mund weit auf, die Augen werden rotgesprenkelt, das Gesicht läuft dunkel an. Sie setzt sich ganz auf im Bett, die Hände über der Brust, das Haar ist zottlig und verschwitzt, und an den Schläfen sind ein paar kleine Blutgefäße geplatzt, die Nase ist schmal, gleichsam zusammengepreßt. Wieder und wieder durchfährt sie ein kurzes Zittern.

Ester: Warum kommt der Arzt nicht. (Pause) Soll ich hier liegen und einsam sterben.

Tränen steigen ihr in die Augen und laufen über die Wangen, sie weint verlassen wie ein Kind.

Der alte Kellner steht hilflos mitten im Zimmer und sieht sie weinen. Er schüttelt den Kopf und sagt etwas. Dann eilt er aus dem Zimmer.

Ester wird schnell schwächer, und ihr Bewußtsein erlischt immer schneller. Sie ruft keuchend.

Ester: Mutter! Ich bin krank geworden. Mutter, komm und hilf mir! Ich habe solche Angst. Ich habe solche Angst. Ich habe solche Angst. Ich will nicht sterben.

Sie hört auf zu rufen, zu weinen und zu jammern, horcht still. Sie legt sich gerade hin, nachdem sie die Kissen beiseite geschoben hat, und zieht das Laken übers Gesicht.

Johan steht verwundert und etwas erschrocken auf der Schwelle und nähert sich dann, geht zum Kopfende.

Er hört eine Uhr hart und hastig ticken, dreht sich um. Der alte Kellner ist hinter ihm hereingekommen.

Johan zieht das Laken von Esters Gesicht. Sie öffnet sofort die Augen und sieht ihn lange an.

Ester (flüstert): Fürchte dich nicht. Ich werde nicht sterben.

Der Junge nickt stumm.

Ester: Ich werde schon etwas ruhiger.

Johan: Ich verstehe.

Ester: Ich habe dir einen Brief geschrieben, wie ich versprochen habe. Der liegt auf dem Fußboden, wenn du ihn finden kannst. (Pause) Johan! Es ist *wichtig,* verstehst du! Du mußt genau lesen. (Pause) Es ist alles, was . . . Es ist alles, das . . . Du wirst es verstehen.

Ihre Stimme ist kaum hörbar.

Johan sucht auf dem Fußboden und findet sofort das Papier mit den Druckbuchstaben und der Überschrift: AN JOHAN.

Anna geht schnell durch das Nebenzimmer. Sie bleibt in der Tür stehen.

Anna: Wir müssen uns beeilen. Der Zug geht in einer Stunde.

Johan steht neben Esters Bett und schaut sie unverwandt an. Genauso unverwandt sieht sie auf ihn.

Ester: Fürchte dich nicht. Du mußt mutig sein. (Pause) Du mußt mutig sein.

Anna kommt herein, ihr verschwitzter großer Körper füllt den Raum. Sie ruft ihren Sohn mit ungeduldiger Stimme. Bevor sie ihn zu fassen bekommt, duckt er sich auf den Boden und kriecht unters Bett.

Der alte Kellner knurrt ärgerlich und bückt sich schnell auf der anderen Seite, packt seinen Arm und zieht ihn hervor.

Johan steht da, staubig und zerrauft. Er verbeißt sich das Weinen, ist aber sehr blaß unter der Sonnenbräune, und die Brille sitzt schief auf der Nase.

Ein Gepäckträger erscheint mit den Koffern. Anna geht zum Bett, aber Ester hat die Augen geschlossen. Sie steht einige Augenblicke abwartend und sieht die Schwester an, beugt sich über sie. Das Gesicht dicht an ihrem Gesicht.

Ester (schwach): Es ist *gut,* daß ihr abreist.

Anna: Ich habe dich nicht um Rat gefragt.

Anna richtet sich auf. Geht dann.

Ester und der alte Mann sind wieder allein in dem schwülen Zimmer.

Plötzlich ertönt das kurze, dumpfe Heulen der Sirenen.

Der Alte schließt das Fenster, um das peinigende Geheul zu dämpfen. Er wendet den Blick zu der kranken Frau.

Ihr Gesicht ist grau und eingesunken. Sie atmet mit kurzen keuchenden Stößen.

Er verläßt sie, lautlos auf Zehenspitzen.

16

Es dunkelt über der Stadt.

Ein giftiger gewitterblauer Dunst bedeckt den Himmel und als der Schnellzug kurz nach zwei Uhr den Bahnhof verläßt, fällt der erste schwere Regen.

Anna und Johan sind allein im Abteil. Sie sitzen jeder in einer Ecke, ohne miteinander zu reden. Sie hat ein Buch auf den Knien, liest aber nicht. Er hat Esters Brief hervorgeholt und studiert ihn.

Anna: Was hast du da?

Johan: Ester hat mir einen Brief geschrieben.

Anna (mißtrauisch): Einen Brief? Laß sehen.

Johan gibt ihr widerwillig das zerknitterte Papier mit den fremden, unverständlichen Wörtern.

Anna zuckt die Schultern, gibt es dem Sohn zurück. Er liest flüsternd.

Es wird immer dunkler, der Regen sprüht gegen die Scheiben.

Anna öffnet das Fenster und läßt das Wasser über Hände und Gesicht spritzen.

Johans Gesicht ist blaß von der Anstrengung, die fremde Sprache zu verstehen. Diese geheime Mitteilung.

Djursholm, im März 1962

Die Schande

(Skammen)

Alles geht vorüber und wird zum Traum.
Wieland

1

Szenerie: Ein weißverputztes, ziemlich mitgenommenes zweistöckiges Haus am Waldrand. Ein paar Gewächshäuser und Gartengelände. Alte Obstbäume. Auf dem Hofplatz ein großer Ford, der bessere Tage gesehen hat. Rechts vom Haus Aborthäuschen, Geräteschuppen, Hühnerstall und ein paar Kaninchenbuchten. Den Platz umgibt eine zum Teil verfallene Steinmauer. Die Landstraße folgt der Mauer und biegt dann ab zu den sandigen Hügeln und zum Meer.
Spätsommermorgen. Stille. Meeresrauschen in der Ferne. Ein struppiger alter Dackel döst in der Sonne. Ein paar Hühner auf der Vortreppe. Eine fette Katze jagt Wühlmäuse, die unter der Mauer ihre Schlupflöcher haben.
Im Haus klingelt ein Wecker.
In einem großen eisernen Bett schlafen Eva und Jan Rosenberg. Er ist ein langer, magerer Mann um die Vierzig mit sensiblem Gesicht, sonnengebleichtem flaumigem Haar und ängstlichen Augen.
Frau Rosenberg ist jünger, aber auch mager und kantig. Sie hat ein rundes, kindliches Gesicht, große Augen und ein energisches Kinn. Das Haar ist zur Nacht in einen straffen Zopf geflochten. Sie schläft in einem einfachen Nachthemd, der Mann hat einen zerrissenen, verwaschenen Schlafanzug an. Die Sonne scheint durch das schadhafte Rouleau, ein paar große Fliegen summen gegen die Scheiben.
Als der Wecker klingelt, erwachen beide. Eva steigt aus dem Bett und geht hinunter in die Küche, um das Frühstück zurechtzumachen. Der Mann sitzt lange vornübergebeugt auf der Bettkante und betrachtet seine Zehen. Er gähnt und kratzt sich die Brust.
Nachdem Eva im Herd Feuer gemacht hat, geht sie ins Schlafzimmer zurück und beginnt ziemlich geräuschvoll mit Wasser zu plantschen. Sie wäscht mit einem großen Lappen den ganzen Oberkörper und putzt dann die Zähne. Jan beobachtet sie ohne Begeisterung. Eva beginnt ihr Haar in Ordnung zu bringen, sie löst den Zopf und kämmt sich mit langen, kräftigen Strichen. Sie hat eine weite Strickjacke und verschlissene lange Hosen angezogen.

Jan: Kannst du dir vorstellen, daß ich einen so eigentümlichen Traum hatte. Weißt du, was ich geträumt habe?

Eva antwortet nicht.

Jan (fährt fort): Ja, ich habe geträumt, daß wir wieder im Orchester waren und dort nebeneinander saßen und Bachs Viertes Brandenburgisches Konzert probten, den langsamen Satz. Und es war Vormittag, und das Holz des Podiums roch nach frischem Firnis, und Dorati dirigierte. Und daß wir alles, was jetzt ist, hinter uns hatten. Wir erinnerten uns daran wie an einen schrecklichen Traum, und wir waren dankbar, daß wir hatten zurückkommen dürfen. Und ich wurde wach davon, daß ich weinte – kannst du dir das vorstellen. Ich fing schon an zu weinen, als wir spielten – es war der langsame Satz, du weißt, dieser hier. (Er summt ein bißchen.)

Eva: Gedenkst du dich heute auch nicht zu rasieren?

Jan (traurig): Doch, doch. Wenn du unbedingt willst.

Eva steckt das Haar auf und geht wieder in die Küche. Jan schiebt die Füße in seine alten Pantoffeln, seufzt etwas deprimiert. Zieht seine Sachen an. Eva gießt ein grünliches Getränk in die Tassen.

Auf dem Tisch steht auch eine Schüssel mit harten Zwiebäcken und ein paar gekochten Eiern.

Jan: Am Anfang konnte ich diesen verdammten Kräutertee nicht herunterbekommen. Nun finde ich ihn richtig schmackhaft. Warum bist du sauer?

Eva: Ich bin nicht sauer.

Jan: Jadoch, du bist ganz verdammt sauer, und das bist du neuerdings ständig. Du tust so, als wenn alles meine Schuld wäre.

Eva: Beeil dich nun und iß, Jan, sei so nett. Wir müssen mit den Erdbeeren zum Bürgermeister, ich habe versprochen, sie vor neun zu liefern.

Jan: Wenn wir heute Geld bekommen, dann könnten wir vielleicht eine Flasche kaufen.

Eva lächelt plötzlich, und Jan nimmt ihre Hand und küßt sie schnell auf die Handfläche.

Jan: Ich glaube, ich bekomme einen Weisheitszahn. Meinst du, daß der Zahnarzt noch in der Stadt ist. Wir können ja nachschauen, nicht wahr, ich meine, wenn wir die Erdbeeren abgeliefert haben. Das ist ziemlich unangenehm mit Weisheitszähnen. Ich hatte einen Weisheitszahn hier oben rechts, und den mußte der Doktor Stück für Stück herausholen. Die Operation dauerte mehrere Stunden. Ohne Betäubung. Ich hatte zwei Wochen lang Fieber. Und wenn sich das Wetter ändert, habe ich immer noch Schmerzen in der Narbe. Stell dir vor, dieser Zahn hier ist genauso gemein. Das wäre reizend. Kannst du sehen, ob es geschwollen ist. Eva, sieh nach, sei so nett. Du. Siehst du etwas?

Eva schaut. Sie kann nichts sehen. Vielleicht nimmt sie sich auch nicht die Zeit, genau nachzusehen.

Sie sind hinaus auf den Hügel gekommen. Der alte Dackel wacht auf, wedelt heftig mit dem Schwanz und stellt sich ihnen vor die Füße. Eva hat schwarze Holzschuhe an. Jan ein Paar abgerissene Sandalen.

Eva: Hast du die Telefonrechnung bezahlt?

Jan: Teufel, das habe ich vergessen. Hat das übrigens Sinn, für etwas zu bezahlen, das man nicht hat. Das verfluchte Telefon funktioniert ja nie.

Eva: Wir müssen Telefon haben, das weißt du.

Jan: Ja ja. Das ist klar. Obwohl wir nicht gerade viel Bestellungen bekommen.

Eva: Wir müssen Telefon haben. Haben wir kein Telefon, können wir uns begraben lassen.

Jan: Schon, schon, ganz wie du meinst.

Jan verschwindet im Gewächshaus. Eva geht zum Hühnerstall. Der Dackel folgt, indem er von einem zum anderen irrt, die Nase auf der Erde und den Schwanz wachsam gekrümmt.

Eva findet ein paar frischgelegte Eier, und Jan stellt die Kisten mit den Erdbeeren zusammen, die über Nacht im Gewächshaus waren.

Weit entfernt hört man Kirchenglocken.

Jan: Eva! Hörst du die Kirchenglocken. Ist heute irgendein Feiertag? Nein, es ist ein gewöhnlicher Freitag – oder? Ich finde, Kirchenglocken klingen unangenehm an einem Werktag. Was mag das bedeuten?

Eva: Nichts. Beeil dich jetzt. Wir sind schon zu spät dran.

Jan: Wie spät ist es denn?

Eva: Halb acht, fünf nach sogar.

Sie packen die Erdbeerkisten in große Tüten und stellen sie in den Gepäckraum des Ford. Jan füllt Benzin aus einem Kanister ein. Eva holt einen Mantel aus dem Haus, schließt die Tür ab und legt den Schlüssel unter die Treppenstufe. Sie steigen ins Auto. Der alte Dackel setzt sich auf den Rücksitz. Die Katze springt über den

Kiesweg. Es weht vom Waldessaum her, über dem schwarze Wolkenschatten aufkommen

Eva: Es bezieht sich, glaube ich. Willst du nicht deine Lederjacke mitnehmen? Wenn es regnet.

Jan steigt aus, sucht den Schlüssel unter der Treppe hervor, schließt auf und verschwindet. Eva bleibt eine Weile im Auto sitzen. Wird ungeduldig, nachdem sie ein paar Minuten gewartet hat.

Sie findet ihn im Obergeschoß. Er sitzt auf einem Stuhl an der Wand, das Gesicht abgewandt. Die Lederjacke liegt auf dem Fußboden.

Eva: Was ist denn nun?

Es ist offensichtlich, daß Jan geweint hat. Er antwortet nicht, schüttelt nur den Kopf und steht auf. Als er an Eva vorbei durch die Tür geht, wendet er ihr das Gesicht zu und sieht sie mit ängstlichen Augen an.

Eva: Du darfst nicht so empfindsam sein. Ich halte das nicht aus. Versuche dich zu beherrschen. Ich tue es auch.

Jan: Kannst du nie das Maul halten.

Nachdem er das gesagt hat, sieht er noch verängstigter aus.

Eva zeigt für einen Augenblick Verachtung. Sie geht vor ihm die Treppe hinunter.

Jan: Nun habe ich die Jacke vergessen.

Als Eva auf den Hofplatz kommt, hört sie ein lautes Motorengeräusch, das sich schnell nähert. Fünf Autos, beladen mit schwerbewaffneten Soldaten, donnern vorüber, in einer Wolke von weißem Staub, der über den Hof treibt.

Jan: Es waren gewaltig viele Transporte in den letzten Tagen.

Eva: Ich wollte eben nicht böse zu dir sein. Es kam einfach so.

Jan: Oh, meine Liebe, ich lasse mir schon nichts gefallen.

Das Auto schaukelt schwerfällig und vorsichtig über den unebenen Weg. Es klappert beängstigend und ist grau von Staub und Schmutz. Ein Kotflügel ist abgefallen.

Eva hat die Sonnenbrille abgenommen und kneift die Augen fest zu.

Eva: Morgen ist es genau vier Jahre her, daß wir hierhergezogen sind. Vorgestern vor einem Jahr ist Großvater gestorben. Wir dürfen nicht vergessen, auf den Friedhof zu gehen und Blumen auf das Grab zu legen.

2

Eine karge Landschaft mit niedrigem, windzerzaustem Wald, durchkreuzt von gewundenen Steinmauern. Eine holprige, staubige Landstraße. Ein paar Bauernhöfe, magere Äcker, unvermutete Ausblicke über ein graues Meer.

Eva hebt den Dackel auf die Knie und legt ihm die Hand auf den Kopf. Jan hat eine Mütze mit Schirm aufgesetzt, der seine Augen beschattet. Er sitzt über das Lenkrad gebeugt, lang und mager, mit hochgezogenen Schultern.

Jan: Du hast recht, wenn du mit mir schimpfst. Aber ich war ein guter Musiker, das mußt du zugeben. Und als wir im Orchester saßen – die Jahre hatten wir es gut. Du sagst immer, daß ich schlapp bin und nachgebe. Eigentlich habe ich nur Fehler. Manchmal verstehe ich nicht, warum du mich nicht verläßt.

Eva: Das hast du tausendmal gesagt, und du meinst nichts damit. (lacht) Ich bin deiner so müde, habe dich so über, daß ich sterben könnte. Du hast mich sicher auch über, du. Oder nicht?

Jan: Doch, ich hab dich ziemlich über.

Eva: Man sollte nicht über Gefühle und so was sprechen. Das lohnt sich kaum. Viehzeug. Er hat eine Zecke. Sieh mal! Genau hinter dem Ohr.

Sie beschäftigt sich mit der Zecke des Dackels. Unter freundlichem Schweigen fahren sie weiter. Nun geht es über eine schmale Holzbrücke. Unter der Brücke fließt ein flacher, jedoch ziemlich reißender Bach. Auf einem großen Stein steht ein Mann und angelt. Eva sagt zu Jan, er solle halten. Sie springt aus dem Auto, beugt sich über das Geländer.

Eva: Hallo, Filip! Wie geht es, fängst du etwas?

Der Mann sieht hoch und grinst. Sagt etwas, das vom Brausen des Baches übertönt wird. Eva ruft: – Was sagst du? Der Mann macht eine Geste zum Hals, um anzudeuten, daß er heiser sei. Eva nickt und ruft ihm zu, daß sie zu ihm hinunter komme, und gefolgt vom Dackel klettert sie den steilen Hang hinab. Jan bleibt im Auto sitzen. Er grüßt mit der Hand, betrachtet seine Frau, die eifrig spricht. Plötzlich ist sie heiter, lächelt: das rotschimmernde Haar, das Lachen, die schnellen, übermütigen Bewegungen.

Nun kauft sie von Filip ein paar Lachsforellen. Sie reden über den Preis, und der Mann lacht heiser. Eva fischt ihre große Brieftasche aus der Hose und kramt einen Schein hervor. Der Kauf ist abgemacht. Filip hat eine Gabel zurechtgeschnitzt und überreicht die

Fische ordentlich aufgereiht. Eva klettert den Hang hinauf, hält die Gabel in der linken Hand. Filip sagt etwas, und sie dreht sich um, er hat die Angel weggelegt und kommt hinter ihr her. Sie unterhalten sich mit ernsten Gesichtern.

Jan kann nichts verstehen: der Bach rauscht, und in den Bäumen raschelt der Wind. Sie nicken einander zu, und Filip geht wieder zu seinem Angelgerät.

Eva steigt ins Auto und wickelt die Fische in eine alte Zeitung. Der Dackel springt auf den Rücksitz.

Jan: Worüber habt ihr gesprochen.

Eva: Filip hat vor ein paar Stunden Radio gehört. Er sagt, sie haben vor einer Landung gewarnt. Über Ar und Hense sind Luftkämpfe gewesen.

Jan: Über das da mit der Landung reden sie nun schon bald fünf Jahre.

Eva: Im Radio haben sie jedenfalls gewarnt. Zu dumm, daß unser Apparat ständig kaputt sein muß. Wenn du es nur lassen könntest, andauernd daran herumzubasteln. Kannst du ihn nicht jemand geben, der sich darauf versteht.

Jan: Es ist besser, nichts zu wissen.

Eva: »Es ist besser, nichts zu wissen.« Dein Eskapismus macht mich verrückt. Ich sollte ja nicht mit dir schimpfen. Jedenfalls habe ich Fisch zum Mittag besorgt. Und wenn wir nun noch eine Flasche Wein erwischen könnten.

Jan: Als du da unten gestanden und mit Filip gesprochen hast, war ich jedenfalls in dich verliebt. Du warst schön.

Eva: Auf Abstand, natürlich. (lacht)

Sie legt ihre Hand auf seinen Nacken. Das Auto klappert und holpert durch eine Wolke Kalkstaub. Es hat sich tüchtig bezogen, und die ersten Regentropfen fallen gegen die Windschutzscheibe.

Eva: Siehst du, es regnet. Was habe ich gesagt!

Der Amtssitz liegt ein paar Kilometer außerhalb der Stadt, umgeben von einem gepflegten Park. Die Erdbeeren werden am Kücheneingang abgeliefert und bar bezahlt.

Eva und Jan gehen zum Auto zurück und wollen gerade abfahren, als jemand sie ruft. Es ist der Bürgermeister Jacobi, der auf den Hofplatz herausgekommen ist. Sein großer schwarzer Dienstwagen ist vorgefahren, und der Chauffeur, in Univorm, steht daneben, die Hand am Türgriff. Jacobi geht ihnen mit einem Lächeln und freundlich ausgestreckter Hand entgegen. Er ist ein Mann in

den Sechzigern mit fleischigem, undurchdringlichem Gesicht, ruhigem, dunklem Blick und ironisch heruntergezogenen Mundwinkeln. Die Hand ist trocken und hart. Die Kleidung ist elegant, ohne pedantisch zu wirken.
Jacobi plaudert ein paar Minuten über Wind und Wetter und eine Grammophonplatte, die er gerade bekommen habe. Er hoffe, daß sie bald zum Essen kommen würden und daß man dann am Abend zusammen musizieren könne. Seine Frau, die sich an der Rosenhecke aufgehalten hatte, kommt heran und grüßt freundlich, doch ein wenig formell. Jacobi erzählt, daß seine Frau Gärtner geworden sei, seit der eigentliche Inhaber dieser Funktion einberufen wurde. Die Frau unterstreicht, daß es immer schwerer werde, Leute zu bekommen, und daß alles verfalle, aber daß man versuchen müsse, so lange wie möglich Ordnung zu halten.
Ein junger Offizier mit einer Aktentasche unter dem Arm kommt schnell aus dem Haus, nickt freundlich und geht hinüber zu seinem Sportwagen, den er in der Nähe der Einfahrt geparkt hat. Nun bekommen Eva und Jan zu hören, daß der Sohn zu Hause auf Urlaub gewesen sei, daß man ihn aber zu seinem Verband gerufen habe. Daß er trotz seiner Jugend befördert worden sei. Der Bürgermeister sieht bekümmert drein und sagt, es scheine sich etwas zusammenzuziehen. – Aber vielleicht haben wir auch diesmal Glück? – Wir sind ja sonderbarerweise verschont geblieben, hier auf unserer kleinen Insel, sagt die Frau. – Dieser entsetzliche Bürgerkrieg. Es wird einen Augenblick still, und ein paar Dohlen flattern über den Eichen des Parks. Jacobi erzählt, daß seine Frau eine Schwester habe, die als Flüchtling zu ihnen gekommen sei. Sie könne die gräßlichsten Sachen berichten.
Der Bürgermeister muß sich auf den Weg machen. Er drückt ihnen die Hand und bedankt sich für die Erdbeeren. Eva sagt, daß sie eine Flasche Wein kaufen wollen, wenn sie eine erwischen. Jacobi lacht und wünscht ihnen Glück. Er steigt in den schwarzen Wagen. Der Chauffeur grüßt militärisch, schließt die Tür, fährt mit dem Bürgermeister ab. Eva und Jan verabschieden sich von Frau Jacobi, die die Einladung ihres Mannes zu einem kleinen Abendkonzert wiederholt. Auch der Dackel bekommt einen gemessenen, doch freundlichen Abschiedsklaps. Jan und Eva fahren los. Im Auto riecht es nach Fisch.
Jan: Pfui Teufel, wie das nach Fisch riecht.
Eva: Du hättest das Auto ja in den Schatten stellen können.
Jan: Als wir gekommen sind, hat es geregnet.

Eva: Wenn du das Auto näher ans Haus gestellt hättest, dann wäre es auf jeden Fall im Schatten gewesen. Aber du überlegst nie. Wenn man doch einen Mann hätte, der ein bißchen praktisch wäre.

In der kleinen Stadt herrscht Verwirrung. Die Straßen sind abgesperrt. Überall stehen Transportfahrzeuge verschiedener Art. Schwerbepackte Soldaten. Militärpolizei auf schnellen Motorrädern, plötzliche Ansammlungen von Menschen mit Bündeln und Reisekoffern. Lautsprechersäulen, die dann und wann unverständliche Mitteilungen ausstoßen.

Jan und Eva haben das Auto verlassen und drängen sich durch die schmalen Straßen vorwärts.

An einem kleinen Platz voll mit Kriegsgerät liegt ein altes Haus, eingezwängt zwischen zwei robusten Mietskasernen. Hinter einem verkümmernden Garten befindet sich der Eingang zu einem Antiquitätenladen. Als die Türglocke läutet, kommt ein Mann in den Sechzigern aus einem Nebenraum. Er trägt eine Uniform, die viel zu groß ist, und er lacht bekümmert, als er grüßt. Der dürre Hals sticht wie ein Blumenstiel aus dem schwarzen Loch des Kragens.

Lobelius: Habt ihr gesehen, wie sie mich ausstaffiert haben. Mich, der ich vierzig Jahre nicht mehr mit einer Schußwaffe umgegangen bin. Du hast es gut, Jan, mit deinem Herzfehler. Und morgen geht es ab. Ich habe auch keinen, der den Laden besorgen kann. Aber das macht wohl nicht soviel. Was darf's denn heute sein?

Eva: Hast du eine Flasche Wein. Wir können bar bezahlen.

Lobelius: Ein paar Flaschen hat man noch. Wartet, ich komme sofort. Habt ihr die hier gesehen?

Lobelius stellt eine kleine Porzellangruppe auf den Tisch: ein liebendes Paar in einer zierlichen, aber gewagten Umarmung. Mit dem Zeigefinger berührt Lobelius einen Haken, und aus den Gestalten erklingt eine Melodie, klirrend wie gesprungenes Glas.

Der alte Herr geht in den Keller, um den Wein zu holen. Jan und Eva lauschen der Spieldose, die den dunklen Raum mit ihrer spröden Melodie erfüllt. All diese Dinge, mäßige, sinnlose, zerbrechliche, häßliche, unentbehrliche. Sie lauschen schweigend und traurig.

Lobelius kommt mit zwei Flaschen Wein zurück. Er stellt sie mit einer einladenden Geste auf den Ladentisch. Die eine hat er entkorkt. Unter dem Ladentisch holt er drei hohe Kristallgläser hervor. Er schenkt ein, und sie prosten sich schweigend zu. Dann trinken sie, gierig, mit tiefen Zügen. Die Melodie ist verstummt. Hier drinnen, zum Hof hin, ist es still.

Lobelius: Keiner versteht, warum es weitergeht. Gestern drohte unser Sender mit den gräßlichsten Maßnahmen. Heute morgen antwortete deren Sender und gratulierte uns zu unserer Vernichtung. Es ist unbegreiflich.

Herr Lobelius trocknet sich die Augen und trinkt mit großen Zügen. Irgendwo in der Stille schlägt eine Uhr. Eva hat sich auf einen schwarzen Stuhl gesetzt. Jan beugt sich über den Ladentisch.

Lobelius: Ich glaube, ich weine. (lacht) Aber ich habe ganz einfach Angst. Warum habe ich denn Angst. Ich bin allein mit meinen Dingen. Einmal in der Woche kommt Frau Prins und macht sauber. Wenn sie fertig ist, trinken wir Kaffee und schlafen miteinander. Sie dürfte mich nicht sonderlich betrauern. Aber ich habe Angst, versteht ihr. Physisch Angst.

Eva: Das ist ein unerhört guter Wein. Aber meinst du, daß wir uns die andere Flasche leisten können?

Lobelius: Ihr bekommt sie für einen Zehner. Ihr würdet sie umsonst bekommen, wenn ich es mir leisten könnte. Aber ich muß Frau Prins ein bißchen Geld dalassen, damit sie nach meinen Sachen sieht.

Eva holt die Brieftasche heraus und legt zwei blanke Fünfer auf den Tisch. Lobelius steckt die ungeöffnete Flasche in eine Tüte. Sie sagen sich ein hastiges und etwas scheues Lebewohl. Der Alte begleitet sie zur Tür. Er trägt große Schnürstiefel und zieht den einen Fuß nach.

Lobelius: Mir tut der eine Fuß weh. Ob sie wohl Rücksicht auf so was nehmen? Ich könnte vielleicht eine administrative Aufgabe bekommen.

Jan: Die nehmen kolossale Rücksicht auf Fußgeschichten. Das weiß ich genau. Wir hatten einen Kollegen . . .

Lobelius: Ja, die Hauptsache ist wohl, daß man seinen guten Willen zeigt. Ich meine, wenn man es mit ärztlichem Attest und so versuchte.

Sie nehmen noch einmal Abschied. Lobelius schließt die Tür hinter ihnen ab, bleibt hinter der Glasscheibe stehen und sieht mit angstvollen Augen hinaus in den Garten.

Am Friedhof befindet sich ein kleiner Stand mit Blumen und Kränzen. Sie kaufen für fünf Kronen einen Kranz aus Immortellen und suchen Großvaters Grab auf, das etwas abseits in einer dunklen Ecke liegt. Um den Stein steht hohes Gras. Aber die Inschrift ist deutlich zu sehen.

Eva: Wir sollten das Grab in Ordnung bringen.

Jan: Wozu soll das gut sein.

Eva: Nein, vielleicht. (liest) *David Fredrik Egerman, geboren am 25. August 1914. Gestorben am 18. Juli 1968.*
Gott ist meine Stärke

Sie legen den Kranz an den Stein und gehen. Ein paar alte Frauen sind an einem Grab beschäftigt.

Von der Straße sind schwere Motorfahrzeuge, lärmende Lautsprecherstimmen und Militärmusik zu hören.

3

Sie kommen am Nachmittag nach Hause. Sitzen in der Sonne an der Hauswand, essen gekochte Lachsforellen und trinken Weißwein. Der Tisch ist ausnahmsweise gedeckt, ein paar Herbstblumen in einem Sahnegießer. Der Dackel unter Evas Stuhl. Die Katze auf der Treppe. Das Brummen einer Hummel wie im Hochsommer.

Jan, vom Wein angeregt, spricht darüber, daß er das eine und das andere reparieren werde. Eva versichert lächelnd, daß sie endlich mit ihrem italienischen Sprachkursus anfangen wolle. Jan fragt, wie es wäre, wenn sie eine Stunde am Tag ihre Geigenübungen wieder aufnehmen würden. Die Instrumente seien noch da, und gleich nach Kriegsende würden sie in das Orchester zurückkehren, so sei es jedenfalls vereinbart worden. Eva, die ein wenig berauscht ist, sagt, daß es für sie an der Zeit sei, ein Kind zu bekommen. Daß es mit jedem Jahr, das vergehe, schwerer werde zu gebären. Daß sie sich nicht wie eine Frau fühle, weil sie nicht drei Kinder habe. Sie sagt, daß sie sich beide untersuchen lassen sollten und daß sie fast sicher wisse, daß es nicht an ihr liege. Daß sie sicher ziemlich leichtempfänglich sei, aber daß Jan wohl in der Zeit, als sie getrennt lebten, so viele heikle Abenteuer gehabt habe, daß er unfähig geworden sei, Kinder zu machen. Jan versichert, daß er treu wie Gold gewesen sei, außer dem einzigen ärgerlichen Mal, als sie ihn mit der Operettensängerin erwischt habe. Eva ihrerseits glaubt, daß er unmöglich wissen könne, was wirkliche Liebe sei. Jan behauptet, daß er nie eine andere außer Eva geliebt habe. – Doch, sagt Eva, dich selbst. Wenn du doch nicht so selbstsüchtig wärst. Aber Jan antwortet, daß er beschlossen habe, sich zu ändern. Er glaube nämlich an grundlegende Charakterveränderungen. Er sei kein Determinist. Nach diesem bedeutungsschweren Wort verstummen beide einen Augenblick, worauf Eva sagt, daß sie darauf pfeife, ob Jan ein Determinist sei oder nicht, wenn er nur ein bißchen umsichtiger wäre und zum Beispiel den Ausguß in der Küche in Ordnung bringen könnte. Er verspricht, daß er das gleich am nächsten Morgen tun werde. Plötzlich wird Eva weich. Er behauptet, daß sie genau in diesem Licht schön sei, und sie findet, daß sie einen guten Tag gehabt hätten. Sie gehen vom Tisch, ohne abzuräumen.

Als Eva abwäscht und Jan zum Holzstapel geht, um Holz für den Herd zu hacken, können sie deutlich vor dem bleichen, abendhellen Himmel einen Luftkampf sehen. Ein paar Flugzeuge überschlagen sich lautlos, beleuchtet von der Abendsonne. Sie stehen schweigend, die Köpfe zurückgebeugt. Der Abend ist ruhig, von weit draußen auf See, hinter dem Horizont, ist ein schwaches, doch anhaltendes Donnern zu vernehmen.

Dann geschieht alles sehr schnell.

Von irgendwoher ein rasendes, zerrissenes Heulen. Über den Bäumen, in erschreckender Nähe, taumelt ein Kampfflugzeug, einen Feuerschweif an der einen Tragfläche. Es streicht über das Haus und bohrt sich in den Waldsaum, zerbricht Bäume und bohrt sich tiefer hinein, zersplittert. Ein weißer Schein dann und ein Knall. Es regnet Metall und Steine. Danach rotes Feuer im Dunkel des Waldes.

Oben taumelt unsicher ein Fallschirm, an dem hilflos ein Mann hängt. Er bewegt sich schnell auf die Erde zu. Da es windstill ist, treibt er nicht ab, sinkt nur stetig abwärts. Der hängende Mann bewegt die Beine.

Sie können ein kleines weißes Gesicht sehen, sich anklammernde Hände.

Mann und Schirm verschwinden im Wald, kurz hinter dem Feuer. Es donnert und kracht. Die Flamme windet sich in einer zerrissenen Spirale aufwärts.

Eva und Jan zanken sich heftig und aufgeschreckt. Eva will, daß sie beide den armen Mann am Fallschirm sofort aufsuchen. Er sagt, daß sie verrückt sei, es handele sich vermutlich um einen

Feind, und sie könnten auf der Stelle niedergeschossen werden. Sie sagt, daß er ein feiger Idiot sei und daß sie allein in den Wald gehen werde, wenn er sich nicht mitwage. Er gerät außer sich, nennt sie dummdreist und hält sie fest, sie schreit, er solle sie loslassen, sie schlägt nach ihm, er läßt sie los, und sie rennt in den Wald zu dem Feuer.
Er steht eine Minute unschlüssig, holt dann aus dem Vorbau ein altes Jagdgewehr.
Jan hat seine Frau eingeholt, und sie gehen schnell zu der Brandstelle. Das Flugzeug ist in eine kleine Lichtung geraten und hat eine Scheune und einen ausgetrockneten Baum entzündet. Das Feuer züngelt auf der Erde und am Ende der Gasse, die die Maschine gepflügt hat.

Am Wiesenrand bewegt sich etwas, es ist der Pilot. Er hängt, in seine Leinen verfitzt, in einer Kiefer und kann nicht loskommen. Sein Gesicht ist voller Blut, und er bäumt sich wie im Krampf. Der Hund steht unter dem Baum und bellt aufgeregt. Der Mann ruft Jan etwas zu. Der Ruf erstickt in einem gurgelnden Laut. Er schlägt sich in unbändiger Angst mit den geballten Fäusten in die Seiten. – Ich werde Hilfe holen, ruft Eva und rennt davon.
Jan bleibt mit dem Sterbenden allein. Er starrt machtlos auf die hängende, zappelnde Figur. Sieht in die angstvoll aufgerissenen Augen. Der Hund bellt ununterbrochen mit hellem Laut. Wind streicht durch den Wald und drückt den Rauch zwischen die Bäume. Das Sonnenlicht schießt hart und gelb zwischen die Schatten. – Töte mich, schreit der Mann und zieht in einer Grimasse die Oberlippe hoch. Er hustet gellend, und dunkles Blut quillt aus seinem Mund. Jan erträgt es nicht, er rennt davon, so schnell er kann. Hinter sich hört er unartikulierte Schreie.

Als er zum Haus kommt, scheint der Hofplatz voll von Soldaten zu sein. Vielleicht sind es nicht mehr als zehn, zwölf, aber es sieht nach viel mehr aus. Zwei Jeeps stehen am Wegrand. Eva spricht mit einem Offizier. Soldaten rennen an ihm vorbei zur Brandstelle. – Als ich zum Haus kam, waren sie schon hier, sagt Eva verschreckt. Der Offizier, ein älterer Mann mit blankem, fettem Gesicht und wasserblauen Augen, sieht Jan und seine Büchse gleichgültig an.
Offizier: Haben Sie gesehen, ob es einer oder zwei waren, die aus dem Flugzeug gesprungen sind?

Jan: Wir haben nur einen gesehen. Oder? Doch, einen.
Offizier: Haben Sie den Piloten erschossen?
Jan: Was! Ich! Nein. Wieso. Sollte ich das?
Der Offizier zuckt gelangweilt die Schultern und brummt. – Warum hatten Sie dann das Gewehr mit. Jemand tritt an ihn heran und spricht mit leiser Stimme. – Laßt ihn hängen, sagt der Offizier. Steckt Stift und Papier ein und geht zum Jeep.
Offizier: Ich würde Ihnen raten abzuhauen. Wir haben sie noch vor dem Morgen hier. Sie haben Fallschirmtruppen nur ein paar Kilometer von hier entfernt abgesetzt. Versuchen Sie südwärts zu kommen, wenn Sie eine Möglichkeit haben.
Jan fragt etwas, bekommt aber keine Antwort. Die beiden Jeeps verschwinden jenseits der Steinmauer im Wald.
Sie beginnen zu packen. Es dämmert, aber sie nehmen sich nicht die Zeit, Licht zu machen. Wintersachen, aufgesparte Konserven. Hausgeräte, das Gewehr, Tücher, Decken, ein Kissen, die Katze, den Dackel. Dazu Stiefel, Streichhölzer, Stearinkerzen, eine Flasche Branntwein, Teller. Jan läßt drei fallen, Eva hat keine Zeit, sich darüber aufzuregen. Alles wird in einem ziemlichen Durcheinander in Reisekoffer und Kisten und Pappkartons und Tüten verstaut. Das alte Auto ist schnell vollgeladen. – Nein, die Katze nicht, die kommt immer durch, aber der Dackel muß mit. Nun ist es fast dunkel. Drüben brennt es noch immer, aber nicht mehr so heftig. Der Himmel ist hell, und alles ist unbeweglich und still.
Sie tauchen aus dem Dunkel auf. Lautlos und plötzlich sind sie da, mit geschwärzten Gesichern, schwerbewaffnet, in schmutzigen Uniformen. Sie zerren Jan und Eva aus dem Auto, sie setzt sich zur Wehr und bekommt eine Ohrfeige. Jan bekommt einen Stoß ins Genick, so daß er vornüber fällt. Sie werden an die Hauswand gestoßen, stehen in plötzlichem Entsetzen nebeneinander, die Hände über dem Kopf gefaltet. Die Männer sprechen gedämpft, reißen die Sachen aus dem Auto, wühlen im Haus. Lichtkegel von Taschenlampen irren gegen die Scheiben.
Soldat: Du warst das, der den Piloten dort drüben erschossen hat. Nicht wahr?
Jan: Ich habe niemanden erschossen.
Soldat: Es ergeht dir nur schlimmer, wenn du lügst. Hast du den Piloten erschossen?
Jan: Als wir hinkamen, war er schon fast tot.
Soldat: Warum lügst du die ganze Zeit?

Eine harte Ohrfeige. Jan fällt hin, erhebt sich aber sofort. Eva schreit etwas, wird aber zum Schweigen gebracht.

Soldat: Ist eine A.G.-Patrouille vor uns hiergewesen?

Jan: Eine halbe Stunde, bevor Sie kamen, waren die hier. Sie haben uns gewarnt und gesagt, daß Sie einige Kilometer von hier entfernt sind. Sie kamen mit zwei Jeeps, ich glaube, es waren zwölf oder vierzehn Mann. Sie sind den Weg gefahren, der zum Meer hinunterführt. Nicht wahr, Eva? Sie sagten zu uns, daß wir so schnell wie möglich von hier verschwinden sollten.

Etwas entfernt steht ein Mann, das Maschinengewehr auf Jans Bauch gerichtet. Er zündet einen kurzen Zigarrenstummel an. Das Feuer des Streichholzes beleuchtet sein geschwärztes Gesicht.

Soldat: Na, wohin gehörst du?

Jan: Wohin ich gehöre? Nirgendwohin. Wir sind Musiker.

Soldat: Ihr wart Musiker. Es gibt keine Orchester mehr. Und wie ist es mit dir?

Eva: Ich bin unpolitisch wie mein Mann. Wir gehören keiner Partei an.

Der Soldat betrachtet sie einige Augenblicke. Dann wendet er sich an jemanden im dunklen Haus. Zwei Männer sprechen leise miteinander. Das alte Auto wird rückwärts über den Hofplatz gefahren, es kracht und bebt unter der unsanften Behandlung. Die Scheinwerfer werden auf Jan und Eva, die noch an der Wand stehen, gerichtet. Jemand kommt mit einem Mikrofon. Ein anderer stellt eine Filmkamera auf. Ein dritter Soldat tritt vor in den Lichtkreis. Er hat ein Mikrofon um den Hals gehängt, hat den Helm abgenommen. Sagt zu Jan und Eva, daß sie die Hände herunternehmen sollen, bietet Zigaretten an.

Die Kamera startet, der Automotor brummt.

Zwischen den blendenden Scheinwerfern erscheint der Interviewer wie ein dunkler Schatten.

Interviewer: Wir machen ein Programm für unser Fernsehen. Wir wollen dem Publikum zu Hause zeigen, was das für Menschen sind, die wir befreien. Wir haben eine Menge Leute wie Sie interviewt. Wir fangen an. Damen zuerst. Wesster, hast du die Kamera auf der Frau? Wie heißen Sie?

Eva: Eva Rosenberg.

Interviewer: Erzählen Sie etwas über sich.

Eva: Ich bin achtundzwanzig Jahre alt. Ich bin Konzertmeister des Philharmonischen Orchesters. Mein Mann und ich sind seit sieben Jahren verheiratet. Wir haben keine Kinder. Als das Orchester aufgelöst wurde, sind wir auf diesen Hof gezogen, den ich von meinem Großvater geerbt habe.

Interviewer: Was haben Sie für eine politische Anschauung?

Eva: Ich habe mich nie um Politik gekümmert. Was um mich herum geschieht, ist unbegreiflich. Übrigens ist unser Radio kaputt.

Interviewer: Dann ist es Ihnen gleichgültig, ob Sie in einer Demokratie oder in einer Diktatur leben?

Eva: Dauert der Krieg nicht schon viel zu lange, als daß man wissen könnte, was das eine und was das andere ist?

Interviewer: Demokratie, das ist, unter eigener Verantwortung zu leben, Frau Rosenberg. Demokratie, das ist Glauben an den Menschen und an die Größe des Menschen. Wesster, nun nehmen wir Herrn Rosenberg. Alles klar? Wie heißen Sie?

Jan: Mir ist schlecht. Können Sie es mir nicht erlassen? Ich habe ein schwaches Herz. Darf meine Frau gehen und meine Medizin holen? Mir ist schrecklich schlecht.

Die Augen flackern in dem harten Licht, er fährt mit der Hand übers Gesicht. Dann fällt er vornüber, liegt mit den Armen unter dem Körper da.

Eva beugt sich über ihn, doch der Soldat packt ihn am Genick und schüttelt ihn. Aus dem Dunkel eine Stimme: – Er simuliert, der verdammte Kerl.

Interviewer: Nein, er ist ohnmächtig geworden. (zum Kameramann:) Hast du die Ohnmacht mitbekommen. Ach so, nicht. Vielleicht auch gut. Scheinwerfer aus.

Es wird kohlschwarz. Aus dem Wald kurzer Schußwechsel. Heftige Bewegung auf dem Hofplatz. Geflüsterte Zurufe, man hört Menschen laufen. Eine Taschenlampe leuchtet auf und erlischt. Das Maschinengewehrfeuer hält an. Die Männer verschwinden über die Steinmauer und rennen die Hügel hinunter zum Meer. Das Feuer hält ein paar Minuten an und verstummt dann.

Jan setzt sich auf. Eva geht in der Dunkelheit herum, findet schließlich die Medizin. Er schluckt die Kapsel mit Mühe.

Jan: Ich kriegte solche Angst. Hattest du keine Angst?

Eva (müde): Kannst du jetzt aufstehen. Versuch aufzustehen.

Sie wanken ins Haus. Jan stützt sich auf Eva. Sie zündet einen Kerzenstummel an, eng aneinandergeschmiegt gehen beide ins Obergeschoß. Sie streifen Schuhe und Stiefel ab, lassen die Kleidungsstücke auf den Boden fallen, kriechen ins Bett und ziehen

die Decke über sich. Halten einander umfaßt, schweigend, pressen sich aneinander.
Sie streichelt seine Wange, er drückt seine Stirn gegen ihre Stirn, zieht sie dicht an sich, es wird warm.
Eva: Ich dachte die ganze Zeit: wie gut, daß wir keine Kinder haben.
Jan: Wenn Frieden ist, werden wir Kinder haben.
Eva: Nein, wir werden niemals Kinder haben.
Sie preßt sich an ihn, und er fühlt, daß ihre Wange naß ist. Sie umfangen einander in einem Augenblick der Geborgenheit. Für sie ist es der erste Tag des Krieges.

4

In der Morgendämmerung werden sie von einem Donnern geweckt, das schnell an Stärke zunimmt, das Haus erzittert, die Fensterscheiben klirren. Der Hund, der am Fußende des Bettes geschlafen hat, heult erschrocken. Sie eilen auf den Hofplatz. Im grauen Morgendunst sehen sie über dem Wald einen starken Feuerschein. Die Erde bebt von den Detonationen. Vom Meer hört man ein unartikuliertes Heulen, unterbrochen von dumpfem Donnern. Kein Mensch ist zu sehen. Sie sind allein, und die Erde geht unter.
Sie tragen ihre Habseligkeiten ins Auto. Ihre Worte sind ebenso verworren wie ihre Pläne.
Wohin, in welche Richtung? Sollen wir bleiben, sollen wir uns im Wald verstecken? Was sollen wir tun? – Wir versuchen, den Weg hinunter zum Meer zu nehmen. – Sollen wir die Hühner mitnehmen? – Dann haben wir wenigstens etwas zu essen. – Wer soll sie totmachen? Ich nicht. – Ich auch nicht. Soll ich sie abschießen. – Hast du jemals davon gehört, daß man Hühner erschießt? – Du wirst doch, zum Teufel noch mal, nicht wollen, daß ich ihnen die Köpfe abhacke. Ich bekomme Herzschmerzen, wenn ich bloß daran denke.
Jan zielt mit der Büchse und schießt. Gegacker und Geflatter und eine Wolke von Federn. – Ich glaube nicht, daß ich getroffen habe, wo, zum Teufel, sind sie hin. – Dort oben auf der Mauer. – Nein, ich schieß nicht auf Hühner. Sie sollen leben, so lange sie können. Die Eier werden schon für jemanden nützlich sein.

Das Auto biegt durch das Tor und fährt hinunter zum Meer.
An der Kurve steht ein Panzerwagen, das Geschützrohr auf das Wasser gerichtet. Am Waldrand sitzt ein bärtiger Kerl mit einem Rundfunksender, er starrt verblüfft auf das alte Auto, das dicht hinter dem Panzer angehalten hat.
Ein anderer Kerl taucht aus dem Panzer auf. Er hält ein Butterbrot in der einen und einen Pappbecher mit Kaffee in der anderen Hand. Jan verbeugt sich und zieht sich zurück. Als er das Auto wenden will, fährt er es in den Straßengraben. Der Graben ist nicht tief, aber das Ungetüm kommt nicht von der Stelle.
Der Soldat mit dem Sender nähert sich und fragt, ob sie Hilfe brauchen. Der mit dem Kaffee ruft etwas in den Panzer hinein.
Eva steigt aus, und sie begrüßen sich alle. Bald stehen fünf interessierte Männer um das havarierte Auto. Man diskutiert ein bißchen, wie man am besten vorgehen sollte. Eine Kette wird ausgelegt. Das Panzerwagen-Monstrum startet und fährt ein paar Meter, das Auto steht auf dem Weg. Man sagt sich Lebewohl und vielen Dank.
Die Fahrt geht denselben Weg zurück. Die Sonne ist aufgegangen und leuchtet auf den roten Dachziegeln des Hauses. In dem großen Getöse wirkt alles jämmerlich und zerbrechlich. Es ist fünf Uhr morgens. Wenn Jan die Armbanduhr ans Ohr hält, hört er das Ticken.
Er sitzt und wartet auf Eva. Sie kommt mit einer zusammengerollten Decke unter dem Arm über den Hofplatz.
Sie fahren ein paar Kilometer landeinwärts. Der Lärm hält ununterbrochen an, wie aus einer Höllenmaschine. In einem Graben steht ein Jeep. Rund um das Fahrzeug liegen Soldaten. Der andere Jeep steht weiter vorn auf dem Weg. Der Offizier, der sie am Tag zuvor verhört hat, sitzt auf dem Vordersitz neben dem Fahrer, der über dem Lenkrad zusammengesunken ist. Die Sonne scheint auf das schwammige Gesicht des Offiziers: seine Augen haben einen Ausdruck träger Verwunderung. Der Mund steht offen, und die dicken, weibischen Hände ruhen auf den Knien.
Jan weicht aus, um vorbeizukommen, er lenkt das Auto auf einen Acker, auf dem hoch das reife Getreide steht. Sie haben noch nie einen toten Menschen gesehen.
Der Nachbarhof brennt immer noch. Das Stallgebäude ist eingestürzt, aus seinem Inneren steigt dicker Rauch. Draußen auf dem Hofplatz liegen Mann, Frau und zwei Kinder, alle erschossen. Sie haben Nachthemden an.

Etwas weiter entfernt steht quer auf dem Weg ein beschädigter großer Panzer. Er hat ein riesiges Loch in der Seite und ist ganz schief. Kein Mensch ist zu sehen. Hier gibt es keine Möglichkeiten vorbeizukommen. Jan und Eva stehen schweigend und übermüdet vor diesem endgültigen Hindernis.

Jan stößt zurück, wendet und fährt wieder nach Hause.

Ohne miteinander zu sprechen, laden sie auf dem Hof aus und stellen in der Küche und den Zimmern alles an seinen Platz.

Sie sitzen sich am Küchentisch gegenüber, auf ihren Knien der Hund.

Jan: Nun schießen die Panzer dort unten an der Wegbiegung. Dieser verdammte Lärm. Ich halte das nicht aus. Ich halte es nicht mehr aus. Halte es nicht aus.

Er schlägt die Hände vors Gesicht. Eva sieht aus dem Fenster und beißt sich auf die Lippen.

Sie steht auf und geht hinaus. Jan folgt ihr. Sie steht in dem kleinen Flur und zieht sich mühsam einen dicken Pullover über den Kopf.

Eva: Kannst du mich nicht einen einzigen Augenblich allein lassen.

Sie setzt sich neben ihn auf die Treppe und nimmt seine Hand in ihre Hände. So sitzen sie schweigend Seite an Seite und lauschen dem Feuersturm.

Jan: Wir sollten uns vielleicht in den Keller setzen. Glaubst du nicht, daß es dort sicherer ist?

Eva: Du kannst gehen, wenn du willst. Ich denke nicht daran, wie eine Ratte im Dunkel eingesperrt zu sitzen.

Dauernd hört man das kurze, harte Krachen von dem Panzer unten am Weg. Dann wird das Donnern von Kampfflugzeugen übertönt, die sich aus geringer Höhe auf ihre Ziele stürzen, Welle auf Welle. Jan wendet sein verstörtes Gesicht Eva zu und sagt etwas, sie schüttelt den Kopf. Sie können sich nicht mehr verstehen. Die Detonationen sind näher gekommen, und plötzlich splittern im Obergeschoß die Fensterscheiben. Eine kräftige Druckwelle wirft sich gegen die Hauswand. Jan versucht wieder zu sprechen. Aber es werden nur einzelne, unzusammenhängende Wörter.

Nachdem das Schießen so sechs Stunden angehalten hat – es hatte im Morgengrauen gegen halb vier begonnen –, hört es allmählich auf. Es wird ganz still.

Eva und Jan gehen auf den Hof. Es ist windig geworden, und es riecht stark und beißend. Eine Henne gackert hinter dem Holzstapel. Im Laub der alten Eiche raschelt es. Regentropfen klatschen in die Wassertonne unter der Dachrinne. Irgendwo schreit eine Möwe. Jetzt sehen sie, wie sich der Panzer den Weg heraufwälzt, in den Wald fährt und dort anhält. Die Besatzung steigt aus und kommt heran. Die Männer bitten um etwas zu trinken. Sie wissen nichts weiter, als daß man sie zu ihrem Stützpunkt zurückgerufen hat und daß bei Kyrkviken Truppen gelandet sind, die jedoch zurückgeschlagen wurden. Weiter sagen sie, daß Jan und Eva Glück gehabt hätten, weil sie mit einer zerschlagenen Fensterscheibe davongekommen seien.

Die Abendsonne malt ein rotes Muster auf die Wand am Bett, läßt jedoch Evas Gesicht im Schatten. Sie sitzt da, in ihren Morgenrock gekauert, und schaut Jan an, der im Schlafanzug mitten im Zimmer steht. Er hält Evas Geige in den Händen. Der Bogen liegt auf dem Tisch.

Jan: Habe ich dir jemals erzählt, wer dieser Pampini eigentlich war? Er war Instrumentenbauer in Wien. Zeitgenosse von Beethoven und ausgebildet in Italien. Lange Zeit gehörte er der russischen Armee an und war gegen Napoleon mit dabei. Dann verlor er ein Bein und nahm seine Geigenbauerei auf. Diese Geige hier ist 1814 gebaut, im selben Jahr, in dem der Wiener Kongreß war. Pampini starb an der Cholera. In welchem Jahr, habe ich vergessen.

Er stimmt das Instrument und läßt es klingen, nimmt den Geigenbogen, schüttelt den Kopf.

Jan: Es klingt zu schlimm. Die Hand ist total unbrauchbar. Willst du es versuchen?

Eva schüttelt mit einem kleinen Lächeln den Kopf.

Er legt die Geige in den Kasten und schließt den Deckel. Es ist still. Still in ihrem Haus, im Wald, auf dem Meer, in der Luft. Die Sonne erlischt langsam hinter den Kiefern.

Eva: Komm her zu mir.

5

Einige Tage später werden sie zum Verhör abgeholt, zusammen mit einem Haufen Menschen, die sie nicht kennen, in einen Militärlastwagen gepfercht und zum Ausflugslokal gefahren.
Hier ist das Zentrum für Verhöre, auf dem Hof wimmelt es von Leuten und Fahrzeugen.
Sie werden in einem korridorähnlichen Raum eingesperrt. Die Fenster sind vernagelt, an den kahlen Wänden stehen Latrineneimer. Etwa zwanzig Personen sind schon dort. Dann und wann werden welche herausgeholt. Aber keiner kommt zurück.
Die Luft ist stickig und riecht nach Ausdünstungen und nassem Stroh. Jan hat nur den Schlafanzug an, Eva ist es wenigstens gelungen, einen Mantel über das Nachthemd zu ziehen.
Als sie darum baten, sich ankleiden zu dürfen, wurde geantwortet, daß sie vermutlich fortan nicht mehr so viele Kleidungsstücke brauchen würden.
Ein Mann in den Fünfzigern sitzt zusammengesunken neben Eva. Er hat ein bleiches längliches Gesicht und einen schmalen, bitteren Mund, die Augen sind groß und schwarz vor Angst. Er trägt eine goldgefaßte, etwas getönte Brille. Seine Hände sind äußerst gepflegt.

Oswald: Guten Tag, mein Name ist Oswald. Wir haben uns bei den Wohltätigkeitskonzerten vor einigen Jahren getroffen. Das war ich, der . . . Ich bin Lehrer und Jugendleiter. Oder war es. Es sieht böse aus. (lacht bitter) Ich bin von einigen meiner Schüler angezeigt worden. Wissen *Sie* etwas?

Eva: Wir wissen nichts. Man hat uns nur geholt und hierher gefahren.

Oswald: Das nennt sich Sanierung. Und jetzt nach dem letzten Sieg können die sich ja ein Blutopfer leisten.

Jan: Wir sind total unschuldig, das haben wir hundertmal gesagt.

Oswald (zuckt die Schultern): Sehen Sie, nun ist der Pfarrer dran, das alte Schwein. Bei ihm haben sie über ein Dutzend Fallschirmsoldaten gefunden, die er im Keller seiner Kirche versteckt hatte. Der hat kein langes Leben. Nun muß ich an der Reihe sein. Sehen Sie, wie meine Hand zittert. Das ist recht interessant. Ich meine, das mit der Angst.

Jan: Was haben Sie gemacht?

Oswald: Ich schwärme für die Antike. Kunst, Ethik, Philosophie,

Politik und so weiter. Ich bin Humanist, wenn das Wort nicht zu anspruchsvoll aufgefaßt wird.

Die Tür wird geöffnet und Oswald aufgerufen. Er erhebt sich mit einem verängstigten Lächeln, windet sich durch den Knäuel von Menschen und ist verschwunden. Ein dicker Kerl an der Wand gegenüber lacht und holt eine Zigarette heraus, die er sorgfältig teilt.

Kerl: Ich kenne diese Figur. Er ist andersrum, der Hund, und hat in den vergangenen drei Jahren am laufenden Band Schuljungen verführt. Geschieht ihm ganz recht, daß er jetzt bei der Sanierung abgeht.

Jan: Und Sie selbst?

Kerl: Schwarzer Markt. (grinst) Jeder Teufel hat bei mir gekauft. Sogar die Leiter des Verhörs.

Jan: Sind Sie schon dran gewesen?

Kerl: Nein, noch nicht. Aber ich weiß, wie ich es machen muß. Darf's eine Zigarette sein?

Eva nimmt dankend an. Jan lehnt höflich ab.

Eine neue Gruppe Menschen wird in den Raum gestoßen. Das elektrische Licht wird eingeschaltet. Ein Wachmann sagt, daß es in einer Stunde Essen gebe. Jemand ruft, daß sie die Eimer leeren müßten.

Der dicke Kerl kreuzt die Arme vor der Brust, krümmt sich zusammen, schließt die Augen und gähnt. Ein Kind schreit gellend, jemand spricht ununterbrochen mit aufgeregter Stimme. Jan lehnt den Kopf gegen die Wand und macht die Augen zu. Eva raucht.

Eva: Manchmal erscheint alles wie ein Traum, ein langer, sonderbarer Traum. Es ist nicht mein Traum. Es ist der Traum eines anderen, und ich werde gezwungen, ihn mitzuträumen. Nichts ist richtig wirklich. Alles zusammen ist erfunden. Wie, glaubst du, wird es gehen, wenn der, der uns träumt, erwacht und sich seines Traumes schämt?

Eva und Jan Rosenberg werden aufgerufen. Sie kommen in den Vorraum, dessen Fußboden aus roten Ziegeln besteht. Beamte gehen hin und her. Ein paar junge Wachposten mit Maschinenpistolen. Rauhe Kühle gemischt mit Schrecken.

Jan schnappt mehrere Male nach Luft und gähnt. Eva lächelt unsicher jemandem zu, der sie beobachtet. – Weißt du, daß du verschiedene Schuhe anhast, sagt Eva plötzlich. Er schaut nach unten und konstatiert den Fakt, wirft Eva ein schnelles, doch erschrockenes Lächeln zu. – Hier kommen wir nicht heraus, sagt er. Eva antwortet nicht. An der Wand ist eine häßliche, große, braune Uhr. Sie zeigt Viertel nach sechs.

Eine Tür wird geöffnet, und sie werden in den Verhörraum geführt, der viereckig und ziemlich geräumig ist. Die Fenster sind vernagelt, unter der Decke hängen starke elektrische Lampen. An einem Tisch sitzt ein Sekretär, ein kleiner Mann in korrekter Zivilkleidung, mit teilnahmslosem, nahezu gelangweiltem Gesicht. Neben den Türen stehen Posten. Der Leiter des Verhörs, ein uniformierter, magerer Mann im Hauptmannsrang, spricht stehend mit einem blonden, krummrückigen jüngeren Mann, der seinen Uniformrock aufgeknöpft hat. Auf dem Tisch liegen eine Menge Papier und Stöße von Aktenordnern. Der Fußboden ist schmutzig. Hier und da ein Blutfleck.

Jan und Eva dürfen jeder auf einem Stuhl Platz nehmen.

Der Leiter des Verhörs setzt sich an den Tisch und schaut in eine Akte, die ihm von dem Blonden mit dem offenen Uniformrock vorgelegt wird.

Verhörleiter: Es besteht Anlaß zu der Annahme, daß Sie mit der anderen Seite zusammengearbeitet haben. Sie sollen nicht ungehört verurteilt werden. Am meisten belastend ist natürlich Ihr Fernsehinterview, Frau Rosenberg, in dem Sie sich völlig den politischen Ansichten unserer Gegner angeschlossen haben. Haben Sie etwas zu sagen?

Eva: Das ist nicht wahr.

Verhörleiter: Nicht wahr? Wir haben eine Aufnahme des Interviews, wenn Sie sie hören wollen.

Ein Tonbandgerät wird eingeschaltet, ein Lautsprecher krächzt. Eine undeutliche Frauenstimme: – Ich wünsche euren Truppen Sieg. Wir sind allzulange unserer Freiheit beraubt gewesen, haben unter der Unterdrückung gelitten. Wir haben uns nach der Befreiung gesehnt wie Durstende in einer Wüste ...

Eva: Das ist nicht meine Stimme. Sie haben mein Gesicht genommen und eine andere Stimme unterlegt. Ich habe nicht ein Wort von alledem gesagt.

Der krumme, hellhäutige Mann tritt zu ihr und reißt sie an den Haaren.

Der Krumme: Jetzt sagen Sie die Wahrheit, sonst wird es unangenehm für Sie und Ihren Mann. Verstehen Sie? Keiner will Ihnen unnötig weh tun, aber an diesem Ort dulden wir keine Lügen.

Jan: Leugne nicht, daß du das da gesagt hast, Eva. Es ist viel besser, zu sagen, wie es ist.

Der Leiter des Verhörs starrt Jan mit offener Verachtung an. Dann wendet er sich an den Sekretär und flüstert ihm etwas zu.

Eva: Es war dumm von mir. Ich gestehe.

Verhörleiter: Wie ist die Zusammenarbeit im übrigen vor sich gegangen?

Jan: Wir haben keine Zusammenarbeit gehabt.

Verhörleiter: Wie erklären Sie sich dann, daß die Fallschirmtruppen, die in einem Umkreis von ungefähr vier Quadratkilometern die ganze Zivilbevölkerung liquidiert haben – wie erklären Sie sich, *daß gerade Sie beide verschont geblieben sind?* Daß Sie von über dreihundert Personen die einzigen Überlebenden sind, daß Ihr Haus unbeschädigt geblieben ist.

Eva: Wenn wir das Interview gäben, würden wir verschont bleiben. Erst wollten wir nicht, aber dann haben wir nachgegeben. Was sollten wir tun.

Verhörleiter: Bringt Frau Rosenberg solange hinaus. Wir wollen mit dem Mann allein sprechen.

Der Krumme reißt Eva vom Stuhl hoch und wirft sie gegen die Tür.

Sie gewinnt die Balance zurück und steht einen Augenblick vornübergebeugt, bekommt aber einen Tritt in den Rücken, so daß sie hinfällt. Sie wird hochgezerrt und ins Nebenzimmer befördert.

Ein großer Raum mit Parkettfußboden und Sommermotiven an den Wänden. Badende Jünglinge und Mädchen. Matronen mit nackten kleinen Kindern. Ältere Herren in weißen Sommeranzügen.

Sie dreht sich um und sieht Oswald in halb sitzender, halb liegender Stellung auf dem Fußboden. Er hat keine Brille, und die schwarzen Augen sind von blauen Flecken umgeben, der Mund ist geschwollen und blutet, die Kleidung zerrissen und blutbefleckt. Er wirkt stark benommen.

Folgende Fotos stammen aus dem Film ›DIE SCHANDE‹.

Eine ungewisse, bedrohliche Zukunft liegt vor dem jungen Musikerehepaar Jan und Eva Rosenberg, das in die Wirren eines Bürgerkrieges gerät.

Mit Liv Ullman, Max von Sydow, Gunnar Björnstrand, Birgitta Valberg.

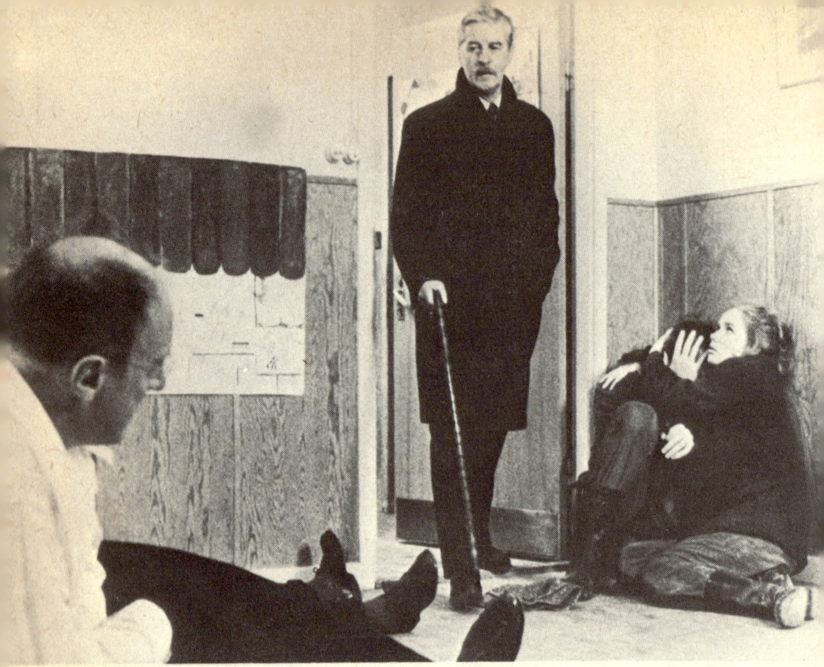

Jetzt sind aus dem Zimmer Schreie zu hören. Es ist Jan, der laut schreit. Jemand spricht mit gereizter Stimme.
An der Wand ein grüner, dichtbelaubter Baum, unter dem Baum ein Liebespaar mit einem Obstkorb. Drüben neben dem Eingang eine entzweigeschlagene Musikbox und eine farbenfrohe Zigarettenreklame.
Die Tür wird geöffnet und Jan herausgestoßen, er fällt hin.
Fast gleichzeitig hebt oder wirft man zwei Männer herein, die man genauso behandelt hat. Der eine hat eine Zigarette bekommen, die er schweigend raucht, während sich seine Augen wieder und wieder mit Tränen füllen.
Durch die Tapetentür kommt ein Arzt mit zwei Assistenten. Der Arzt, mager, alt und mit großen falschen Zähnen und dicken Brillengläsern, hat eine gerötete Stirn und riecht nach Schnaps.
Arzt (zu Jan): Kannst du auf den Beinen stehen. Was! Ja aber, das geht doch gut. Keine Gefahr mit dir. Du scheinst Arme und Beine heil zu haben. (zu Oswald:) Du siehst jämmerlich aus. Richtet ihn auf. Nein, ihn müssen wir ins Krankenhaus bringen. (zu dem Mann, der schreit:) Halt jetzt einen Augenblick das Maul. Was ist mit dir? Aha, sie haben dir die Schulter ausgerenkt. Komm her, wir werden sie wieder einrenken.
Sie halten den Mann fest, und der Arzt reißt den Arm zurück und hoch. Der Patient schreit auf.
Arzt: Laß in den nächsten Wochen das Tennisspielen. Hier hast du ein paar schmerzstillende Tabletten, damit wirst du dich wie im Paradies fühlen. Was ist mit der Dame? Nichts? Um so besser. Eine Zigarette? Bitte sehr. Die habe ich gerade von einem Schwarzmarkthändler bekommen, den ich ein bißchen bepflastert habe. Wie steht es mit dem dort? Schläft er? Ach so, nicht. Na, bringt ihn ins Krankenhaus, zum Teufel. Hier kann er nicht liegenbleiben.
Der Arzt kratzt sich die Stirn und sieht sich um, als würde er erst jetzt den Raum erkennen.
Arzt: Das hier war der Klubraum der Seglergesellschaft. Ich war hier sehr oft. Zur Herbstregatta. Haben Sie etwas zu essen bekommen? Ach so, nicht. Sie müssen entschuldigen. Wir sind neu eingezogen, und die Organisation funktioniert nicht. Ich werde wegen des Essens Bescheid sagen. Guten Abend.
Er stapft mit seinen Assistenten hinaus. Irgendwo ist ein Radio zu hören. In den Korridoren gehen Leute auf und ab. Gerade diese Hellhörigkeit gibt den drei zurückbleibenden Menschen ein Ge-

fühl von Stille und Isolierung. Der Mann mit der Schulter ist Redakteur der Lokalzeitung. Man hatte eine voreilige Mitteilung bekommen, daß die Landung geglückt sei. Die Zeitung war umbrochen worden, und sie hatte auf der ersten Seite die Befreier willkommen geheißen. Der Mann fand trotz allem, daß sie human behandelt worden seien. Als er ernstlich zu schreien begonnen hatte, hatten sie von ihm abgelassen. Sie hatten verlegen und etwas ungeübt gewirkt.
Nach Meinung des Redakteurs war das mit dem Arzt etwas Neues. Früher habe es so etwas nicht gegeben. Jan erzählt, daß er von dem Krummrückigen und seinen Helfern furchtbar viele Schläge bekommen habe. Der Leiter des Verhörs sei indessen hinausgegangen. Sie hatten gesagt, daß er Dresche für ein schlechtes Fernsehprogramm bekomme.
Dann tritt eine Frau ein. Sie trägt ein großes Tablett mit drei Tellern Suppe. Die Frau glotzt die Gefangenen an und zieht sich schnell wieder zurück.
Ein paar Stunden später werden sie geweckt und auf den Hof gejagt.
Es ist fast dunkel, und die Luft ist frostig. Sie werden mit einer Gruppe von fünfzig Menschen zusammengetrieben. An der einen Längswand des Lokals ist eine Kompanie angetreten. An der Küchenwand hat man einen Haufen Sandsäcke aufgestapelt. Zwei große Scheinwerfer sind auf ein Holzgestell montiert worden. Schreie und das Getrampel vieler Füße sind zu hören. Ein Mann in Jeans und weißem Hemd wird auf den Hof geschleift, er wehrt sich mit aller Kraft. Er wird an einen dicken Holzpfahl vor den Sandsäcken gebunden. Ein Sack wird ihm über das Gesicht gezogen. Der diensthabende Offizier gibt einen Befehl. Der Mann unter dem Sack schreit. Dann verstummt er.
Bürgermeister Jacobi kommt auf den Hof. Er geht schwerfällig, auf einen Stock gestützt, er trägt Uniform, mit den Rangabzeichen eines Obersten. Er stellt sich vor dem zum Tode Verurteilten in das Scheinwerferlicht, wendet sich den Gefangenen zu. In dem grellen Licht sieht sein Gesicht gealtert und aufgedunsen aus. Der schwere Kopf ist zwischen die Schultern gesunken, die Augen sind rotgerändert wie von Schlaflosigkeit.
Jacobi: Dieser Mann hier ist zum Tode verurteilt. Er hat mit unseren Feinden zusammengearbeitet und uns große Verluste zugefügt. Auf Befehl der Regierung wird er begnadigt, seine Todesstrafe in lebenslängliche Strafarbeit umgewandelt. Auch ihr

anderen, die ihr hier steht, werdet eine mildere Strafe bekommen, als euch im Grunde zukommen würde. Ihr werdet eine humane und gerechte Behandlung erfahren. Diejenigen von euch, die vor ein Gericht gestellt werden, bekommen einen Verteidiger. Einige werden sofort freigelassen und an ihre Heimatorte transportiert. Stellt die Gefangenen in einer Reihe auf.

Der Offizier gibt Befehl. Der Haufen wird vorwärtsgescheucht und an der Wand aufgestellt, so daß das Scheinwerferlicht auf ihre Gesichter trifft. Jacobi geht die Reihe entlang, zeigt mit seinem Stock.

Die freigelassen werden, bekommen einen weißen Papierzettel an die Brust geheftet.

Jacobi erkennt sie wieder. Er bleibt stehen und sieht sie mit einem fast unmerklichen Lächeln an. Dann gibt er Order, daß die beiden Gefangenen sofort in sein Büro geführt werden und dort unter Bewachung warten sollen. Er geht weiter.

Ein Holzsteg im Dunkeln. Eine Tür und eine Treppe. In einem großen Kontor wird Licht gemacht. Noch eine Tür, Jacobis Büro.

Ein Posten setzt sich neben die Tür, er hat eine Tüte, aus der er Bonbons in sich hineinstopft.

Eva: Dürfen wir uns hinsetzen?

Posten: Nein, zum Teufel. Wenn Jacobi sieht, daß ihr sitzt, dann erschlägt er euch und mich. Gratuliere. Nun wird's lustig. Ich möchte nicht in dem Nachtzeug der Herrschaften stecken. Ja, ich persönlich habe nie etwas gesehen, aber man hat ja erzählen hören. Wir glaubten, daß Schluß wäre mit alldem. Daß sie andere Methoden anwenden würden. Modernere. Psychologische. Aber gestern dann. Der arme Pfarrer. Drei Stunden hatte ihn Jacobi in der Mache. Ich selbst habe ihn ja hinterher nicht gesehen, aber die ihn gesehen haben, sagten, man hätte kotzen können.

Auf der Treppe sind Schritte zu hören, langsam und schwerfällig. Jacobi tritt ein. Er atmet schwer nach der Anstrengung, das Bein scheint ihm Beschwerden zu machen. Der Posten wird angewiesen, draußen vor der Tür auf weitere Befehle zu warten. Jacobi öffnet die Tür zu einem Innenraum und bittet Jan und Eva einzutreten.

Ein kleiner Salon. Bequeme Möbel, Gardinen vor den Fenstern, ein sehr geräumiges Bücherregal, Grammophon, ansehnliche

Stapel von Platten, Lampen mit behaglichem Licht, ein Teppich auf dem Fußboden. Er bittet sie, sich zu setzen, geht zu einem Schrank, nimmt Kognak und Gläser heraus, schenkt ein.

Jacobi: Ich habe ja von dem famosen Interview gehört. Es war eine Fälschung von Anfang bis Ende, darüber waren wir uns im klaren. Aber es galt, ein Exempel zu statuieren, und ich konnte nicht verhindern, daß Sie geholt wurden. Nun können Sie beruhigt sein. Der Gerechtigkeit ist Genüge getan. Ich habe befohlen, daß sie vorsichtig sein sollen, habe gesagt, daß Jan Rosenberg herzkrank ist und daß unter keinen Umständen etwas passieren darf. Wie fühlen Sie sich?

Jan: Oh, danke.

Jacobi: Nun ja, keine größeren Blessuren, wie ich sehe. Und Frau Eva kam mit dem bloßen Schrecken davon. Ich habe ihnen verboten, Sie anzurühren. Ich hoffe, sie haben gehorcht.

Eva: Sie waren nahezu korrekt.

Jacobi: Das ist schon viel. Prost dann. Ich hoffe, wir treffen uns ein andermal, wenn wir mehr Zeit haben, uns zu unterhalten. Sie wollen sicher so schnell wie möglich nach Hause. Ich werde ein Auto anfordern, damit Sie nicht mit dem Transport zu fahren brauchen.

Er stolpert ins Büro hinaus und ruft verschiedene Telefonnummern an, verflucht den Mangel an Organisation, bittet in unhöflichem Ton darum, mit dem diensthabenden Offizier sprechen zu dürfen, fragt diesen, wo, zum Teufel, sich der Chauffeur herumtreibe, wählt eine neue Nummer, erklärt, daß ab Montag hier eine andere Ordnung eingeführt werde, und ersucht dann in erstaunlich höflichem Ton darum, ihm ein Auto zur Verfügung zu stellen.

Er drückt ihnen die Hand und wünscht ihnen eine gute Fahrt. Brüllt dem Posten auf der Treppe zu, daß er den Transport begleiten und dafür sorgen solle, daß Herr und Frau Rosenberg ordentlich nach Hause kämen.

Der Posten, der etwas anderes erwartet hat, starrt Jan und Eva mißtrauisch an, nachdem sie in das Auto geklettert sind. Er selbst sitzt neben dem Chauffeur, doch dann und wann muß er sich während der Fahrt umdrehen, um die beiden Passagiere anzusehen.

Die Herbstnacht ist eiskalt, sie haben eine Decke bekommen, um sich einzuhüllen.

Sie sitzen eng beisammen, halb schlafend.

6

Einige Wochen später ist Waffenstillstand. Die Herbsttage sind kalt und dunkel, es regnet fast ununterbrochen, dann und wann zieht eine Schneebö vom Meer heran. Die Toten sind weggebracht und begraben worden. Die Menschen kommen allmählich aus ihren Verstecken im Landesinnern zurück. Hier und dort beginnt ein verspätetes Herbstpflügen.

Jan und Eva setzen Kartoffeln. Der Acker ist groß und die Arbeit schwer. Sie arbeiten unter finsterem Schweigen.

Jan: Jetzt scheiße ich auf das hier. Es ist in jedem Fall sinnlos. Du kannst ja weitermachen, wenn du Lust hast.

Eva arbeitet verbissen weiter. Jan bleibt stehen und sieht ihr bei der Arbeit zu. Er ist außer sich.

Jan: Du bist jetzt der Märtyrer. Du gehst da und schuftest und tust scheinheilig. Aber, verdammt noch mal, welchen Haß du in dir hast.

Eva antwortet nicht, spannt aber den Rücken.

Jan: Es ist eigenartig. Solange Krieg war, waren wir jedenfalls relativ nett zueinander. Und nun, wo die schlimmste Gefahr vorbei ist, können wir einander nicht ertragen. Kannst du dir das erklären? Es ist zehn Uhr, ich gehe hinein und höre Nachrichten.

Eva: Kleb du nur am Radio. Das ist richtig schön, dann brauche ich dich nicht zu sehen.

Jan: Jacobi hat uns das Radio gegeben, weil wir Nachrichten hören sollen. Er hat gesagt, daß es wichtig ist.

Eva: Wenn es so wichtig ist, solltest du nicht hier herumstehen und schwatzen.

Jan: Du hast vorgestern, als Jacobi hier war, selbst gesagt, daß es gut für uns ist, ihn zum Freund zu haben.

Eva: Das habe ich niemals gesagt.

Jan: Das hast du gesagt. Aber du warst so blau, daß du sicher vergessen hast, was du von dir gegeben hast.

Jan hat mit wütendem Gesicht begonnen, Eva bei der Arbeit zu helfen. Sie schweigen, völlig durchnäßt von dem eisigen Sprühregen.

Eva: Ich werde Jacobi sagen, daß er nicht mehr herkommen soll. Filip hat mit mir gesprochen. Er sagt, es kann uns übel ergehen, wenn etwas passiert.

Jan: Hat Filip zu bestimmen, wen wir in unserem Heim empfangen? Das ist das Unverfrorenste, was ich je gehört habe.

Eva: Jacobi kommt her und macht uns Geschenke. Sitzt ganze Abende hier und trinkt.

Jan: Er ist immer anständig zu uns gewesen. Wir sollten uns nicht um all dieses Scheißgerede kümmern. Wir wissen nichts.

Eva: Du brauchst dich jedenfalls nicht so anzubiedern.

Jan: Und du?

Eva: Ich bieder mich nicht an.

Jan: Doch, du biederst dich richtig an. Rennst herum und schmeichelst ihm.

Eva: Wenn du sagst, daß ich ihm schmeichle, schlage ich dich.

Jan: Schmeichlerin, Schmeichlerin, Schmeichlerin.

Eva starrt ihren Mann wütend an. Dann wird ihr Gesicht vor Ekel plötzlich schlaff. Sie hat Erde an der Wange, und das Haar hängt ihr schwer und naß in die Stirn.

Eva: Wenn nur erst Frieden ist, dann werden wir auseinandergehen. Teufel, das wird schön sein, dich und dein kindisches Gehabe nicht mehr um sich zu haben. Du bist nicht der einzige, dem das Leben zerstört worden ist. Es gibt noch andere Menschen außer dir. Steh nicht da und grinse. Du bist nicht so wahnsinnig bemerkenswert, wie du glaubst.

Sie schlägt mit aller Kraft nach ihm und fällt hin. Fängt an zu weinen. Jan setzt sich auf die Schubkarre mit dem Kartoffelsack. Über dem Wald hat es angefangen zu dämmern. Ein paar Möwen stelzen über den Acker, wie steife kleine Gespenster.

Jan: Wir können so nicht weitermachen. Es ist völlig sinnlos, das wissen wir doch alle beide. Verzeih mir.

Eva (zornig): Du bist immer schnell dabei, um Verzeihung zu bitten. Meinst du ernsthaft etwas damit, oder geht es dir nur so einfach von den Lippen.

Jan: Wir haben ja alles gesagt, was gesagt werden kann und noch ein bißchen mehr. Können wir nicht Freunde werden.

Eva: Doch.

Sie steht auf und bürstet sich die Erde mit der Hand ab. Er hilft ihr etwas ungeschickt. Sie nimmt seinen Kopf zwischen ihre schmutzigen Hände und beugt sich über ihn.

Es ist dunkel, die Petroleumlampe summt, denn es gibt wieder Petroleum zu kaufen. Das kleine Transistorradio spielt. Das Ehepaar Rosenberg ist dabei, ins Bett zu gehen. Da bellt der alte Dakkel. Kurz darauf ist ein Auto zu hören, dann klopft es an die Tür. Eva geht hinunter und öffnet.

Es ist Jacobi, der im Dunkeln am Fuße der Außentreppe steht. Er ist barhäuptig, in Zivil und trägt einen blanken, schwarzen Regenmantel. Die Schuhe sind lehmig wie nach einer Tageswanderung über aufgeweichte Wege.

Er hat ein paar Gegenstände, eingewickelt in Zeitungspapier, unter dem Arm.

Unten auf dem Weg steht das große schwarze Auto. Auf dem Fahrersitz ist ein uniformierter Chauffeur zu erkennen.

Jacobi: Verzeiht, daß ich so spät komme. Störe ich? Ich habe einen Spaziergang gemacht und wollte eigentlich direkt nach Hause fahren. Da sah ich bei euch noch Licht und dachte, ich schaue wohl mal hinein. Wenn ich nicht störe, natürlich. Ihr seid vielleicht dabei, ins Bett zu gehen?

Eva: Wir haben gerade gesessen und eine Mahlersinfonie gehört.

Jacobi: Ich will nicht mit lehmigen Schuhen hineingehen. Ob Jan mir ein Paar Pantoffeln leiht. Kannst du die Schuhe an den Herd stellen. Sie sind völlig durchgeweicht.

Eva geht voraus in die Küche und zündet dort die Petroleumlampe an. Nimmt Jacobis Schuhe und stellt sie an den Herd. Jacobi läßt sich am Küchentisch nieder, sitzt vornübergebeugt, die großen Handflächen auf das Wachstuch gedrückt.

Eva: Wenn du nichts dagegen hast, bleiben wir hier in der Küche. Es ist so kalt in den anderen Räumen.

Jacobi (ruft): Jan Rosenberg, wo, zum Teufel, treibst du dich herum. Du hast Gäste bekommen.

Jan kommt die Treppe herunter, grüßt herzlich und fragt, wie es gehe.

Jacobi: Es geht schlecht. Ich habe gerade einen Brief von meiner Frau bekommen. Sie ist in die Schweiz gefahren.

Jan: Keine unangenehmen Neuigkeiten, hoffe ich.

Jacobi: Warum denn? Nein, zum Teufel. Alles ist großartig. In einem halben Jahr haben wir Frieden. Überall wird das Feuer eingestellt, und beide Seiten . . ., ja, ihr habt ja Radio, ihr wißt Bescheid.

Eva: Jan meinte deine Frau. Keine unangenehmen Mitteilungen von ihr?

Jacobi: Ich habe etwas zu trinken mitgebracht. Eine Flasche schwarzen Renault. Was sagt ihr nun? Habt ihr ein paar Gläser? Eva, Liebling, du wirst mit jedem Tag schöner. Kannst du nicht diesen Trottel da, mit dem du verheiratet bist, verlassen und statt dessen zu mir kommen? Ich verspreche dir, ich bin viel besser. In jeder Beziehung. Ich bin bestimmt nicht nüchtern. Nein, das kann ich nicht sein. Habe eine halbe Flasche Whisky getrunken, bevor ich meinen Spaziergang gemacht habe. Weißt du, am Anfang, Eva, am Anfang hat es mir nichts ausgemacht. Aber jetzt. Weißt du, Eva, ich glaube, es ist der Geruch. Wenn Menschen Angst haben, schwitzen sie, und wenn die Jungs ihnen die Sachen ausziehen, dann sind sie oft naß von Schweiß. Das riecht.

Eva: Foltert ihr?

Es wird still.

Jan starrt seine Frau an. Jacobi hebt den Kopf und schaut auf das Glas, das er zwischen den Fingern dreht.

Jacobi: Ich habe ein Geschenk für dich, Jan. Es ist verdammt fein, aber du sollst es haben, ich habe es von einem Onkel geerbt. Es ist eine Erstausgabe von Dvořáks Trio in Es-Dur. Eines Tages können wir es zusammen spielen, wir drei. Ich habe auch ein Geschenk für Eva. Hier, bitte sehr. Hoffe, es ist die richtige Größe. Es ist ein altes Familienkleinod.

Es ist ein Ring mit Brillanten, die in einem eigentümlichen Muster von Rosensteinen umgeben sind.

Eva: Du sollst uns nicht so viel schenken.

Jacobi: Habt ihr mich nicht aufgenommen und mir Freundschaft erwiesen? Was wollte ich jetzt sagen?

Er versinkt in ein bedrückendes Schweigen. Eva zeigt Jan ihren Ring, und er zeigt ihr das Notenbuch. Dann schauen sie etwas ängstlich Jacobi an, der abwesend wirkt. Es wird an die Tür geklopft. Jan geht und öffnet. Es ist Filip. Er läßt ihn nicht herein. Aber Filip kann durch die offene Tür Jacobis Rücken sehen. Filip bittet Jan, ihm ein paar Liter Petroleum zu leihen. Er bekommt es. Dann verschwindet er im Regendunkel.

Jacobi: Wer war das?

Eva: Niemand besonderes. Nur ein guter Freund. Er schaut immer mal herein. Er wollte ein paar Liter Petroleum leihen. Und du hast uns ja ein ganzes Faß gegeben.

Jacobi: Man sollte aufhören zu rauchen. Diese Männer glauben ja daran, daß alles, was sie tun, bedeutungsvoll ist. Sie werden von einem furchtbaren Idealismus getrieben.

Eva: Du etwa nicht?

Jacobi: Eva mag mich heute abend nicht. Wenn ich sie um einen Kuß bitten würde, dann würde sie sagen, daß sie es deinetwegen nicht wagt. Jan. Aber du hast wohl nichts dagegen, wenn Eva mir einen Kuß gibt?

Jan (lacht): Du mußt sie selbst fragen.

Jacobi erhebt sich und geht um den Tisch herum, beugt sich über Eva und sieht sie voller Verzweiflung an.

Jacobi: Nun, gibst du mir einen Kuß?

Eva zieht seinen Kopf zu sich herunter und küßt ihn auf den Mund. Er sinkt auf die Knie und legt die Hand auf ihre eine Brust. Sie läßt es geschehen.

Eva: Du bist schon nett, und wir mögen dich, aber du bringst uns in eine schwierige Situation, wenn du dauernd herkommst.

Jacobi lacht. Er erhebt sich und stützt sich auf einen Stuhl.

Jacobi: Das mit dem Künstlerdasein. Ist das nun so schön? Befreit von allen Verpflichtungen? Aber ihr habt unrecht. Es geht nicht länger, auf die kolossale Feinheit eurer Seelen zu verweisen. Sagt, was ihr wollt, macht, was ihr wollt – in Ordnung. Aber tragt die Risiken. Ihr wollt mich nicht hier haben. Ich verstehe. Das ist ein Bescheid.

Eva: Sei nicht dumm. Du bist betrunken und redest Stuß.

Jacobi: Ich sehe, du hast Angst gekriegt. Wenn ich an deinen Achselhöhlen schnüffle, schwitzt du vor Angst. Schade, daß ich euch mag. Daß ihr mitten in der Treulosigkeit meine Freunde geblieben seid. Sonst würde ich euch ins Arbeitslager schicken. Hast du Angst, Jan Rosenberg? Bist du ein Künstler, oder bist du ein Sack?

Jan: Ich bin ein Sack. Aber setz dich nun hin, und laß uns über etwas anderes sprechen. Wir können ja ein bißchen Musik hören, zum Beispiel.

Jacobi: Die heilige Freiheit der Kunst, die heilige Schlappheit der Kunst. Ich schenke Evas merkwürdigem Einwurf keine Beachtung. Nun werden wir hören (singt). Ich gehe raus, pissen.

Eva und Jan bemühen sich, nüchtern zu werden, können aber nicht.

Sie sind in einen Traum eingeschlossen, aus dem sie zu erwachen versuchen. Das Atmen fällt ihnen schwer. Der Traum umschließt sie unerbittlich.

Eva: Gott, wenn ich nüchtern werden könnte. Ich bin noch nie so betrunken gewesen.

Jan: Wir müssen erreichen, daß er geht. Das mit Filip war scheußlich.

Nach ziemlich langer Zeit kommt Jacobi zurück. Er erscheint nun ausgeglichen, nüchtern, ruhig und würdig.

Jacobi: Verzeih mir, lieber Jan, aber nun bin ich mit deinen Pantoffeln draußen gewesen und habe sie schmutzig gemacht.

Er steigt aus den Pantoffeln und steht in Strümpfen da, stopft sorgfältig seine Pfeife und zündet sie an. Dann bittet er um ein Glas Wasser und leert es in einem Zug. Er hebt den Dackel auf seine Knie und streichelt ihm den Kopf. Lange Stille.

Jacobi: Der Wald ist voller Leute. Sie warten auf den richtigen Augenblick. Ich habe manchmal darüber nachgedacht, was sie mit mir machen werden. Ich gebe gern zu, daß mich der Gedanke erschreckt. Sie haben ja keinen konkreten Anlaß, mich zu foltern, ich weiß nichts von geheimen Dingen. Aber sie werden mich vielleicht trotzdem quälen.

Es ist still. Jan hat sich auf den Holzkasten gesetzt.

Eva stützt den Kopf in die Hand und sieht hinaus in die Dunkelheit.

Jacobi: Habt ihr Angst gekriegt? (lacht) Verzeiht mir, ich habe nur Spaß gemacht. Glaubt ihr, ich würde so dumm sein und hierher kommen, wenn ich nicht sicher wäre. Wir haben Patrouillen in dem ganzen Abschnitt. Und die Säuberungen sind effektiv gewesen. (gähnt) Nein, es ist keine Gefahr. Weder für euch noch für mich.

Er gießt Kognak ein und kostet ihn, langsam und mit Genuß. Wieder Stille.

Jacobi: Ich glaube, ich habe durch das, was ich im letzten Jahr zu tun gezwungen war, eine Schuld auf mich geladen. Und ich weiß, daß ich bestraft werde. Glaubst du an Schuld und Strafe?

Eva: Nein, ich glaube nicht an so etwas.

Jacobi: Es gibt Menschen, die von Zuneigung für ihre Henker ergriffen werden, ich habe es selbst gesehen. Entdeckung, Entlarvung, Strafe haben eine seltsame Anziehungskraft. Ich langweile euch.

Jan: Nein, keineswegs. Sprich nur weiter.

Jacobi: Nur wenn ich rede, denke ich. Und weil ich allein bin, schweige ich meistens. Also keine Gedanken. Darf ich etwas fragen? Erlebt ihr einander? Schaut nicht so verdammt dumm drein. Ich meine, was ich sage. Seid ihr nur zwei Begriffe, die umeinander herum traben und einander anfassen und zueinander sprechen? Oder seid ihr lebende Wesen, die sich die ganze Zeit berühren?

Jacobi leert das Glas, erhebt sich und setzt den Dackel auf den Tisch. Er geht zu Eva hin und bittet sie, mit den Händen seinen Kopf zu berühren, seine Stirn, seine Augen, seine Nase, den Mund. Er knöpft das Hemd auf und legt ihre Hand an seine Brust. Dann wendet er sich zu Jan und umfaßt seine Hände. Mit gebeugtem Kopf ergreift er die Hände und hält sie lange fest.

Jacobi: Als sie stanken vor Angst, wurden sie für mich faßbar. Aber nicht so, daß es mich gehindert hätte. Ich habe menschliche Nähe einige wenige Male erlebt. Aber immer in Verbindung mit Schmerz. Geht es euch genauso?

Eva: Es geht uns nicht so.

Jacobi nickt ernst, als hätte er eine Theorie bestätigt bekommen, und geht leicht schwankend in die Diele. Steht am Treppenfenster und sieht hinaus. In der beginnenden Morgendämmerung sind nur seine Umrisse zu erkennen.

Jacobi: Man kann nicht darüber sprechen. Alles ist so merkwürdig. Fast unanständig. Nein, es gibt nichts zu sagen. Nichts, wohinter man sich verstecken könnte. Keine Entschuldigungen oder Ausflüchte. Nur eine große Schuld und eine große Angst. Und dann der Geruch.

Es beginnt zu schneien. Ganz still. Die Petroleumlampe ist erloschen, die kleinen Räume liegen im Halbdunkel. Jan ist eingeschlafen, erschöpft von der Gemütsbewegung, schwer vom Kognak. Sein Kopf ruht auf den Armen. Er sitzt schlafend am Küchentisch. Eva geht herum und räumt auf, macht sauber.

Jacobi: Es schneit.

Eva antwortet etwas und bewegt sich weiterhin behutsam im Raum. Jacobi sieht ihr zu.

Eva: Ich finde, du solltest nach Hause fahren.

Jacobi: Ich habe diesen Wetterumschlag in meinem kranken Bein gespürt. Eva, komm einen Augenblick her. Komm, du sollst etwas haben.

Aber Eva kommt nicht. Sie ist in den Nebenraum gegangen, eine kleine quadratische Kammer mit altertümlichen Möbeln und einem goldgerahmten Spiegel an der Wand.

Sie hat sich auf ein Ausziehsofa gelegt, das an der einen Längswand steht, den einen Arm hält sie unter dem Kopf, die Hand spielt mit ein paar Haarsträhnen. Sie hat die Augen geschlossen, fest und unbeweglich. Jacobi geht zum Tisch am Fenster, holt ein Bündel Geldscheine aus der Tasche und legt es auf den Tisch.

Jacobi: Es sind dreiundzwanzigtausend. Ich will, daß du sie bekommst.

Eva: Ich will dein Geld nicht haben.

Jacobi: Sei nicht dumm. Du beerbst mich einfach.

Er geht und holt Kognakflasche und Glas. Sie sieht ihm nach, dreht dann den Kopf zur Wand. Einige Augenblicke später ist er zurück. Er setzt sich in einen niedrigen Korbstuhl an der Wand.

Jacobi: Vorgestern war ich zu Hause bei meinem Sohn, der zur Zeit Urlaub hat. Er hat ein kleines Kind von anderthalb Jahren. Der Junge war fertig zum Schlafengehen, der Papa fütterte ihn aus einer großen Tasse mit Milchsuppe, er saß wie ein geborgenes kleines Affenjunges ganz dicht an den großen Körper des Vaters geschmiegt. Als er satt war, schlief er fast.

Eva wendet den Kopf und sieht ihn an.

Jacobi: Meine Frau hatte eine Fehlgeburt. Das ist jetzt viele Jahre her. Am Abend vor Pfingsten holte ich sie aus dem Krankenhaus ab, und wir fuhren mit dem Boot hinaus zu unserem Sommerhaus. Es war ein warmer, sonniger Maitag. Wir gingen im Wald auf den gewohnten Wegen. Es war ganz still, und viele Vögel sangen. Wir sprachen kaum, aber wir waren uns so nah wie niemals vorher oder nachher.

Eva schweigt und sieht ihn unverwandt an.

Jacobi: Meine Mutter starb vor einigen Jahren. Sie war alt und herzkrank. Eines Sonntagmorgens rief man mich an und sagte mir, daß sie schwerkrank sei. Ich fuhr zu ihr. Als ich in das Wohnzimmer trat, kam mir der Arzt entgegen. Ich sagte: »Kann ich einen Augenblick zu meiner Mutter hineingehen.« Da sagte der Arzt: »Ihre Mutter ist soeben verschieden.« Dann war ich eine Stunde bei ihr, saß da und sah sie an. Sie hatte am Zeigefinger ein kleines Pflaster. Manchmal glaubte ich sie atmen zu hören.

Eva schweigt und sieht ihn an.

Jacobi: Nein, es ist nicht viel, was durchdringt. Das was zu hören ist, sind die Schreie. Wenn es eine Überzeugung gewesen wäre. Weißt du, warum ich diese Arbeit übernommen habe? Ich durfte wählen. Und ich hatte Angst vor dem Dienst an der Front.

Eva sieht ihn immer noch an.

Jacobi: Bereust du es?

Eva: Nein.
Er streckt bittend die Hand aus. Aber sie tut, als sähe sie es nicht, setzt sich auf, glättet ihr Haar.
Eva: Manchmal erschrecke ich, wenn ich daran denke. Deshalb denke ich nicht daran. Ich habe Jan niemals vorher betrogen.
Er beugt sich über sie, um sie zu küssen, aber sie wendet den Kopf zur Seite. – Nicht hier, sagt sie leise, nimmt ihn an die Hand und führt ihn aus dem Haus über den Hofplatz, wo der Neuschnee im Dämmerlicht grauweiße Flecken bildet.
Sie gehen ins Gewächshaus und finden Platz auf ein paar alten Säcken.

Jan irrt halb schlafend durch das Haus. Er ruft mit leiser, unglücklicher Stimme nach Eva. Er hat Zahnschmerzen. Findet irgendein Schmerzpulver, das er mit einem Schluck Kognak in sich hineinschüttet. Seine Angst steigert sich mehr und mehr. Auf dem Tisch in der Kammer findet er das Geld. Steht mit dem Bündel Geldscheine in der Hand da, eine dumpfe Schwere in der Magengrube. Steckt das Geld in die Tasche. Geht hinaus auf die Vortreppe, sieht die Spuren im Schnee, weiß nicht, was er machen soll. Geht wieder hinein, setzt sich in der Küche auf einen Stuhl, trinkt den Kognak aus, winselt dann und wann wie ein kranker Hund, geht ins Obergeschoß, spült das Gesicht mit kaltem Wasser, friert, zieht noch einen Pullover an, sieht zum Fenster hinaus, legt sich auf das Bett, zieht die Decke über sich, friert so, daß ihm die Zähne klappern. Flüstert mit kläglicher Stimme: Eva, Eva, Eva. Sagt: – Dieser verfluchte Jacobi. Sagt: – Ich bin selbst schuld daran.
Er wird warm und fiebrig, wirft die Decke ab und steht auf. Schaut auf die Uhr, sie zeigt halb fünf.
Setzt sich auf die Treppe, den Kopf in den Händen. – Diese verdammten Zahnschmerzen. Drückt mit dem Zeigefinger gegen die Wange.
Es ist heller geworden, der Schneefall ist in Regen übergegangen. Eva erblickt ihn in der Küchentür. Er dreht sich hastig um und sieht sie ängstlich an. Sie hält Jacobi zurück und bittet ihn, in der Diele zu bleiben.
Jan: Was soll nun werden? Ich habe es die ganze Zeit gewußt. Aber daß ihr so unwahrscheinlich frech sein würdet, daß ihr – vor meiner Nase. Aber es ist so. Soll Eva zu dir ziehen. Was?
Eva: Kannst du nicht still sein.

Jan: Liebt ihr euch?

Eva: Kannst du nicht still sein. Lieber Jan, sei still.

Jan: Ich bin selbst schuld. Das habe ich den ganzen Morgen gedacht. Es ist recht und billig, daß Eva mich verläßt.

Er steht in der Tür, die Hände auf dem Rücken, lehnt sich gegen den Rahmen. Eva zieht den Mantel aus. Stille. Jacobi steht an der Haustür und schaut durch das Treppenfenster.

Jacobi: Ich frage mich, wo mein Auto abgeblieben ist.

Jacobi geht auf die Vortreppe und zündet eine Zigarette an. Jan schüttelt den Kopf. Eva füllt einen Topf mit Wasser und setzt ihn auf den Herd. Jacobi sagt: – Adieu, und nickt etwas verwirrt. Jan sieht ihn nicht an. Eva sagt mit leiser Stimme: – Adieu. Jacobi geht über den Vorplatz, duckt sich etwas unter dem Regen. Jan sitzt auf einem Stuhl in der Küche, der Dackel drückt sich an seine Beine.

Jan: Was ist das für Geld?

Eva: Er wollte, daß wir es für ihn verstecken.

Sie stellt Tassen, Butter, Brot und Marmelade hin.

Jan: Er hätte wenigstens etwas Warmes in den Leib bekommen können, bevor er ging.

Eva will gerade den Topf holen, hält aber plötzlich inne. Jan dreht ebenfalls den Kopf zum Fenster. Jacobi steht jenseits der Mauer unten am Weg und spricht mit ein paar Männern. Einige tragen Regenkleidung wie Fischer, andere Lederjacken, einer ist in einen kurzen Schafspelz gekleidet, alle sind bewaffnet. Insgesamt sind es ungefähr acht Mann, einer oder zwei in mittleren Jahren, die übrigen sehr jung, etwa um die Siebzehn. Jacobi wendet sich die ganze Zeit an einen von ihnen, er spricht ruhig und raucht. Der Mann sieht zum Haus hin. Es ist Filip. Jetzt kommen sie über den Hofplatz. Filip und Jacobi treten in den Vorraum. Die übrigen lassen sich draußen nieder. Die beiden gehen in die Kammer. Filip grüßt Jan und Eva kurz, schließt die Tür. Nach ein paar Minuten Warten versucht Jan hinaus auf die Treppe zu gehen, wird aber sofort zurückgewiesen.

Sie warten weiter. Es regnet. Im Herd rumort das Feuer. Irgendwo tickt eine Uhr. Filip öffnet die Kammer und sagt zu Jan und Eva, daß sie hereinkommen sollen. – Jacobi sitzt auf dem Sofa. Er hat immer noch den Mantel an, raucht. Das Gesicht ist eingefallen und mager, er hat die Schultern hochgezogen, sieht klein und elend aus. Räuspert sich. Spricht mit farbloser, rauher Stimme.

Jacobi: Wir haben ein bißchen hin und her diskutiert. Filip sagt, ich kann mich freikaufen, weil die Organisation Bargeld braucht. Der Idealismus ist offenbar nicht so groß, und auch Widerstandsleute wollen bezahlt sein. Deshalb bitte ich dich, liebe Eva, leihe mir das Geld, das ich dir gestern abend gab. Es ist peinlich, aber notwendig. Willst du so nett sein und es Filip geben.

Eva: Jan hat es bekommen.

Jan: Ich weiß von keinem Geld.

Filip seufzt und zwinkert mit den rotgeränderten Augen, er ist offenbar sehr müde. Jacobi beginnt zu zittern. Mit einiger Mühe zündet er sich eine neue Zigarette an. Jan schaut zu Boden. Eva hat sich gesetzt.

Jacobi: Dann hast du das Geld nicht genommen.

Jan: Ich verstehe nicht, wovon ihr redet.

Filip (gähnt): Sag deinem Mann, er soll das Geld herausgeben, wenn er welches hat.

Jan: Ich verstehe nicht, von welchem Geld ihr redet.

Jacobi: Er hat das Geld versteckt.

Eva: Wenn du das Geld versteckt hast, dann mußt du es herausgeben. Es ist ja nicht dein Geld.

Jan: Wir haben zweihundert in einer Blechschachtel.

Filip (grau): Dann müssen wir wohl eine Weile suchen.

Er geht gähnend hinaus auf die Treppe, wo man ihn mit seinen Männern sprechen sieht. Sie treiben Jan, Eva und Jacobi auf den Hof hinaus. Dann beginnt das Suchen. Das bedeutet, Hausgerät wird herausgerissen und zertrümmert, Möbel werden durch die Fensterscheiben geworfen, Sofas und Stühle aufgeschlitzt, Tapeten heruntergerissen, Bilder zerschlagen. Alles geschieht schnell und methodisch. Nun kommen Evas und Jans Instrumente durch das Fenster geflogen. Meister Pampinis schöne Schöpfung aus dem Jahr 1914 zerschellt auf dem Kies des Hofplatzes. Jans Geige liegt noch in ihrem Kasten, aber sie ist der Länge nach zersprungen. Er hebt sie auf und wirft sie weg, sie landet mit einem eigentümlichen Ton auf den Steinstufen der Treppe. Es vergeht eine Viertelstunde, eine halbe Stunde.

Jemand hat ihren Konservenvorrat gefunden, schleppt alles zusammen in einer großen Kiste auf die Treppe, ein anderer stiehlt Jans Stiefel, ein dritter untersucht die Kaninchenställe. Jacobi hat sich auf einen Gartenstuhl gesetzt, nun verschwindet er fast in seinem schwarzen Überrock, er friert und atmet in die Hände, das

Gesicht ist eingefallen wie bei einem Sterbenden. Jan und Eva stehen ein paar Meter voneinander entfernt. Filip kommt mit den Zweihundert auf die Treppe hinaus, wirft die Blechschachtel auf die Erde und steckt das Geld ein, sagt etwas zu dem ihm am nächsten Stehenden, der den Befehl weitergibt. Alle kommen aus dem Haus heraus. Einer der Männer, ein Sechzehnjähriger vom Nachbarhof, der das Massaker überlebt hat, setzt sich in Jans Auto und startet, stößt zurück an die Hauswand, steigt aus, gibt ein paar Schüsse auf den Benzintank ab, der explodiert. Kurz darauf steht das alte Haus in Flammen.

Filip sagt etwas zu Jacobi.

Jacobi: Ja, ich weiß.

Filip: Du weißt, wessen du angeklagt bist?

Jacobi: Ja.

Filip: Du weißt auch, was wir mit dir machen müssen?

Jacobi: Ja, ich glaube, ich weiß es.

Jacobis Zähne klappern, und die Augen flackern. Er hat sich erhoben und steht Filip gegenüber. Die Morgendämmerung lichtet sich, der Wind weht hart und eisig. Filip winkt Jan heran.

Filip: Komm her. Du hattest Schwierigkeiten, dich zu entscheiden. Jetzt werde ich dir eine Medizin verabreichen.

Er gibt Jan seine Pistole und macht eine Bewegung zu Jacobi hin. Gleichzeitig wird eine Waffe auf Jans Gesicht gerichtet. Es gibt keine Wahl. Eva ist rückwärts gelaufen, die Arme gegen den Unterleib gepreßt. Das Feuer donnert und erhitzt die Luft. Jacobi und Jan wechseln ein paar Worte. Die Männer stehen wartend. Jan läßt die Waffe fallen und schüttelt den Kopf, bekommt aber sofort Angst und hebt sie wieder auf.

Filip sagt zu ihm, er solle sich beeilen, sie könnten nicht den ganzen Tag hier stehen. Jan schießt, Jacobi macht einen Schritt zurück und fährt mit der Hand an den Leib. Er beugt sich vor. Jan gibt einen zweiten Schuß ab, und Jacobi taumelt zu Boden. Er fängt an zu weinen und zu schreien. Jan geht näher und schießt auf den Kopf. Jacobi rollt herum und rudert mit den Beinen im Kies, versucht hochzukommen. Einer der Männer gibt einige Schüsse auf seinen Hinterkopf ab. Er wird still.

Filip nimmt die Waffe und gibt einen Befehl. Die Männer gehen den Weg hinunter, tragen Jans und Evas letzte Habseligkeiten. Das Haus brennt heftig, das Dach stürzt ein, und eine hohe Flamme schlägt empor. Der Hund liegt mit gebrochenem Rücken am Fuße der Treppe.

Die Männer schwenken vom Weg ab und verschwinden hinter den Hügeln. Eva geht ins Gewächshaus und setzt sich in eine Ecke. Jan kommt langsam hinterher. Das Feuer spiegelt sich in den Scheiben und färbt alles in milden gelben Tönen. Es wird langsam warm. Sie sitzen lange schweigend.
Eva: Du hast das Geld genommen?
Jan: Ja, ich habe es getan.
Eva: Ich habe es nicht versteckt.
Eva: Wo hast du es dann?
Jan: Hier in der Tasche.

7

In der folgenden Zeit leben sie wie zu Tode erschrockene Tiere im innersten Winkel des Gewächshauses, das sie mit den Resten ihrer Habe notdürftig hergerichtet haben. Sie schlafen viel, eingemummt in alle möglichen Kleidungsstücke. Sie essen Futterrüben, Kohlrüben, Kartoffeln, die sie auf einem offenen Feuer kochen. Oft stöbern sie in der Hausruine herum. Manchmal finden sie etwas Verwendbares. Das kleine Transistorradio, einige Bücher, einen Topf, einen Stuhl, den alten Spiegel mit dem Goldrahmen. Im übrigen nutzen sie die Tage, um Wintervorrat und Heizmaterial zu sammeln. Im Gewächshaus steht ein rostiger Eisenofen.
Sie sprechen kaum. Eva bekommt hin und wieder heftige Weinanfälle. Eines Tages gerät Jan außer sich und befiehlt ihr aufzuhören. Sie weint nur noch verzweifelter. Da schlägt er ihr ins Gesicht. Seitdem bleibt sie für sich mit ihren Tränen.
Das Radio gibt sparsame, schwer verständliche und immer verworrenere Berichte über den Bürgerkrieg. Der Waffenstillstand ist von beiden Seiten durchbrochen worden, aber die eigentlichen Kämpfe haben aufgehört. Es ist die verhängnisvolle Ruhe vor dem Sturm. Beide Seiten beschuldigen einander bestialischer Gewalttätigkeiten, besonders gegenüber der Zivilbevölkerung.
Da geschieht dies:
An einem Spätherbsttag sind sie im Wald gewesen und haben Pilze gesucht. Als sie zurückkehren, entdecken sie, daß sich ein Fremder Einlaß in das Gewächshaus verschafft hat. Er sitzt zu-

sammengekauert vor dem Ofen, er ist fast noch ein Junge. Der Fremde trägt die Uniform der Fallschirmjäger, sie ist sehr abgerissen und schmutzig, die Maschinenpistole hat er neben sich gelegt. Als Jan die Tür öffnet, richtet er die Waffe auf ihn. Das Gesicht ist kindlich und mager, die Augen sind voller Angst. Als er sieht, daß die beiden unbewaffnet sind, beruhigt er sich ein wenig, ist aber weiter auf der Hut. Eva fragt, ob er etwas zu essen haben wolle, und er antwortet, daß er hungrig sei. Sie gibt ihm ein paar Kartoffeln, die er in sich hineinstopft.
Die eine Hand ist mit einer schmutzigen Binde umwickelt, zwei Finger stehen steif ab.
Er hat Fieber, die Lippen sind aufgesprungen, die Augen glänzen. Er fragt, ob sie etwas Schmerzstillendes hätten, die Hand tue so weh, es sei ein Hundebiß. Eva gibt ihm ein paar Aspirin und fragt, ob sie die Wunde ansehen dürfe. Er hat selbst Verbandmaterial und Desinfektionsmittel.
Während Eva die Wunde verbindet, sitzt Jan, die Hände in den Taschen, auf dem Bett.
Jan: Bist du abgehauen?
Der Junge antwortet nicht sofort, nickt aber.
Jan: Wie heißt du?
Johan: Johan.
Jan: Hältst du dich schon lange versteckt?
Johan: Ein paar Wochen. Überall sind Leute abgehauen, die ziehen herum und plündern, wo sie nur rankommen können. Wenn ich nur den Weg nach Hammars finden könnte. Ist das weit von hier?
Jan: Was willst du in Hammars?
Johan: Das sage ich nicht. Aber ich muß vor Dienstag hin.
Es wird ein paar Minuten still, der Wind rumort im Ofenrohr, und der Regen klopft leise auf das Glasdach.
Eva: Willst du dich nicht eine Weile hinlegen?
Der Junge wird plötzlich mißtrauisch, schüttelt den Kopf und zieht die Waffe zu sich heran.
Eva: Warum hast du dich abgesetzt?
Johan: Alles zusammen wirkt so irre. Vielleicht quatschen sie deshalb soviel. Ich frage mich, ob eigentlich überhaupt jemand weiß, warum dieser Krieg so lange dauert.
Er hustet und sieht krank aus. Jan reicht ihm eine Tasse mit heißem Wasser, das er auf dem Ofen gewärmt hat.
Johan: Wir waren ein paar, die gleichzeitig abgehauen sind. Ich

weiß nicht, wo die anderen abgeblieben sind. Drei haben sie fast sofort gekascht. Ich habe mehrere Tage und Nächte nicht geschlafen. Die Schmerzen haben nachgelassen.

Er starrt Jan und Eva verwirrt an, der Kopf fällt ihm auf die Brust, er erwacht sofort mit einer gequälten Grimasse, murmelt: ich muß mich wach halten.

Johan (lächelt): Wenn ich euch erschießen würde, könnte ich schlafen. So aber wage ich nicht zu schlafen. Und ich kann hier nicht weggehen, weil mir ganz schwindlig im Kopf ist.

Jan: Erzähl, warum du bis Dienstag nach Hammars mußt.

Johan: Was? Nach Hammars? Habe ich das gesagt? Ich kann euch auch gar nicht erschießen, ihr seid anständig zu mir gewesen. Bis jetzt ist es mir noch nicht gelungen, jemanden zu töten.

Er schläft wieder ein, diesmal richtig, schwer. Jan beugt sich vor und nimmt ihm die Waffe weg.

Eva: Laß ihn in Ruhe. Laß ihn schlafen. Laß ihn in Ruhe.

Sie sagt das mit kläglicher Stimme. Jan antwortet nicht, sitzt eine Weile nachdenklich da. Dann steht er auf und weckt den Jungen mit einem Tritt. Sagt zu ihm, er solle mitkommen. Johan fängt an zu fluchen und zu weinen. Jan sagt ihm, daß er sich ruhig verhalten solle.

Sie verschwinden im Regendunst auf dem Weg zum Meer hinunter.

Eva horcht. Sie geht auf den Hof, jetzt hört sie das Rauschen vom Meer und ein paar Dohlen, die über den Wipfeln am Waldrand kreisen. Sie rennt los, auf den Weg hinunter zum Strand, bleibt atemlos stehen und lauscht voller Angst.

Als sie zum Gewächshaus zurückkommt, ist Jan bereits dort. Er sitzt wie vorher auf dem Bett, die Hände in den Taschen vergraben, mit gleichgültigem Gesichtsausdruck.

Eva: Was hast du mit ihm gemacht.

Jan: Von Hammars geht am Dienstag im Morgengrauen ein Fischerboot. Es ist für Leute, die in die neutrale Zone wollen. Er hatte es von einem Kameraden gehört, der für die Überfahrt bezahlt hatte. Er wurde am selben Tag erschossen.

Eva: Was hast du mit dem Jungen gemacht?

Jan: Ich habe ihm seine Ausrüstung weggenommen. Die Schuhe sind gut zu gebrauchen, meine sind am Ende.

Jan kramt im Tornister, Waffe und Munition liegen neben ihm. Dort liegen auch ein paar Werkzeuge und ein Messer.

Eva: Was hast du mit ihm gemacht?
Jan dreht sich zu ihr um und schlägt sie. Sie weint nicht, senkt den Kopf.
Jan: Wir müssen packen. Wir müssen in Hammars sein, bevor es dämmert.
Eva: Ich komme nicht mit.
Jan: Es wird einfacher, wenn du hierbleibst.
Er bewegt sich in dem engen Raum hastig hin und her. Sucht seine wenigen Habseligkeiten zusammen und preßt sie in den Tornister. Eva setzt einen Topf auf den Ofen und kramt im Eßwarenvorrat.
Eva: Wir müssen wohl etwas zu uns nehmen, bevor wir losgehen?
Jan: Ich darf das Radio nicht vergessen, obwohl es fast hinüber ist.
Er dreht den Schalter. Aus einem knatternden Brausen kommt eine langsam artikulierende Stimme:
Radio: – das Recht, als freie Menschen in einem freien Land zu leben – dieser blutige Bruderkrieg – neun Jahre lang – unzählige Opfer – diese Helden in der Stille – Die Besten unserer Jungen. – Nun steht der letzte Kampf bevor – grausam und ohne Schonung. Unsere Gegner haben es so gewollt – die äußerste Waffe – wir haben bisher gezögert, nun müssen wir mit Festigkeit – diese schreckliche Waffe, aber letzten Endes – unmöglich.
Das Brausen ertränkt die leiernde Altmännerstimme. Jan steckt den Apparat in seine Manteltasche. Dann nimmt er plötzlich Johans Schuhe und wickelt sich seinen Schal um den Hals. Eva hat ihre Decken zusammengetragen und alles angezogen, was sie an Kleidung besitzt. Jan untersucht die Maschinenpistole und lädt sie.
Dann gehen sie los, schleppen ihr schweres Gepäck.
Sie gehen, so schnell sie können, durch die sinkende Dämmerung. Die Steine am Strand sind schon mit Eis überzogen, und das Meer ist wie schwarze Tinte. Über dem Wasser steht ein roter Sonnenball. Es weht kalt von Norden her.
Sie schwenken landeinwärts und kommen an zwei niedergebrannten Hönen vorbei, die sich gespensterhaft in das Grau des Winterabends kauern.

8

Sie kommen lange vor Morgengrauen am Strand von Hammars an. Das Meer hat sich tief in die Sandsteinklippen eingeschnitten und gewaltige Urzeitskulpturen herausgemeißelt, gleich Gesichtern, die sich dem Horizont zuwenden.

Eva: Jacobi gab mir ein Gefühl von Geborgenheit. Ich wußte, daß es falsch war. Daß er alt und müde und feige war. Er versprach, uns in jeder Weise zu helfen. Er sagte, daß er nach Kriegsende jemand sein würde, mit dem zu rechnen wäre. Ich war mir fast sicher, daß er log. Daß er ein kleiner ängstlicher Handlanger mit einem schmutzigen Auftrag war, den kein anderer übernehmen wollte.

Jan: Sprich nicht davon.

Eva: Wie soll es werden, wenn wir nicht mehr miteinander sprechen können?

Nun erscheint das Boot wie ein dunkler Fleck auf dem ruhiggrauen morgendlichen Meer. Ein paar Menschen kommen aus Löchern und Grotten gekrochen, sie bewegen sich verfroren und unbeholfen wie schwere, flügellose Insekten.

Das Boot scharrt gegen die Strandsteine. Filip steigt aus, läßt einen nach dem anderen an Bord, hilft einigen mit ihren Koffern und Bündeln. Es sind insgesamt sieben Personen. Vier Männer und drei Frauen.

Jan bittet, mit Filip sprechen zu dürfen. Sie gehen den Strand hinauf. Jan fragt, ob er und Eva mitkommen dürften. Sagt, daß der junge Mann, der sich einen Platz gekauft hatte, getötet worden sei. Filip antwortet, es werde einiges kosten. Jan sagt, er habe Geld und er möchte wissen, wieviel nötig sei. Filip antwortet, daß jeder von den anderen zehntausend bezahlt habe. Jan findet das angemessen und gibt Filip das Bündel Scheine. Filip lacht und fragt, wo er es versteckt gehabt hätte. Jan antwortet, er habe es bei sich gehabt. Filip lacht noch mehr.

Jan fragt, warum Filip abhaue. Filip schaut auf das Meer hinaus, in das unfreundliche graue Morgenlicht.

Filip: Es ist alles Scheiße. Ich weiß nicht. Nichts weiß ich.

Filip hilft Eva an Bord. Sie ist nahezu apathisch. Die Menschen grüßen einander ohne Freundlichkeit, müssen sich aber zusammendrängen. Eine Frau ist sehr krank.

Filip hat einige Mühe, das schwer belastete Boot flott zu bekommen.

Keiner will mithelfen, alle fürchten sie, zurückgelassen zu werden, man müht sich und stößt mit Rudern und Stangen.
Hoch oben am Strand ist ein schweres Rasseln zu hören. Ein Panzer wird sichtbar. Er hält am Abhang. Die Passagiere versuchen erschrocken, aus dem Boot herauszukommen. Sie werden von einer gewaltigen Lautsprecherstimme aufgehalten, die über ihre Köpfe, über das Meer, über den öden, steinigen Strand schallt.

Panzer: Wir lassen euch fahren, weil ihr eine Schande seid. Wir wollen nicht einmal eure toten Körper haben. Ihr habt für alle Zukunft das Recht auf ein Vaterland verwirkt. Beeilt euch, die Luft wird reiner, wenn ihr weg seid. Wir kennen eure Verbrechen. Der frühere Advokat Ernst Bergman und seine Frau. Er hat für beide Seiten gearbeitet, seine Freunde verraten und verkauft. Der frühere Oberarzt Peter Arman und seine Frau. Er hat ein Kinderkrankenhaus mit fünfhundert Patienten im Stich gelassen. Der frühere Fischer Filip Olsson. Hat für beide Seiten getötet und an Flüchtlingstransporten Geld verdient. Der frühere Fallschirmjäger Johan Egerman, Deserteur. Der frühere Ingenieur Paul Andersson und seine Frau. Ließ sich für falsche Auskünfte bezahlen. Macht, daß ihr wegkommt, beeilt euch. Ihr verdient nicht einmal unsere Verachtung.

Jan springt plötzlich auf und schreit.

Jan: Und wir! Habt ihr uns vergessen. Jan und Eva Rosenberg. Warum ruft ihr unsere Namen nicht auf? Gibt es uns nicht mehr? Warum antwortet ihr nicht? Was ist unser Verbrechen?

Er stolpert zwischen den Steinen umher und schreit. Jemand packt ihn, aber er macht sich los und versucht weiter, den Abhang hinaufzukommen. Der Panzer antwortet nicht. Das Meer braust und schwillt. Die Motoren werden angelassen. Das große schwarze Fahrzeug stößt zurück und verschwindet. Es ist bald außer Sichtweite.

Als sie ein paar Stunden auf See sind, stirbt die kranke Frau. Der Körper wird über Bord gehievt. Der Wind hat sich gelegt, das Meer ist fast ohne Bewegung. Das Radio, das plötzlich ganz deutlich zu hören ist, sendet Tanzmusik. Man nimmt an, daß es ein fremder Sender ist. Jan und Eva sitzen beieinander, reden aber nicht viel.
Früh am nächsten Morgen versagt der Motor, das Boot treibt in der Flaute dahin. Man wechselt sich beim Rudern ab. Noch sind

alle guten Mutes. Gegen ein Uhr nachmittags entdeckt man einen Schatten unter dem Boot, der einem gewaltigen Fisch ähnelt. Er bewegt sich langsam auf gleichem Kurs. Nach einer Weile wird ein Fühler ausgestreckt, dann folgt der ganze Körper: ein U-Boot. Ein paar Männer erscheinen an Deck, eine Kanone wird gerichtet, dann verschwinden die Männer, und das U-Boot taucht. Das Meer ist wieder öde.

Am dritten Tag ist das Trinkwasser alle, der Proviant verzehrt. Es hat ein wenig aufgefrischt. Die Männer haben keine Kraft mehr zum Rudern. Das Boot ist vom Kurs abgekommen. Der Himmel ist grauverhangen, es ist ziemlich kalt.

Eva erzählt Jan von einem Traum, aus dem sie gerade erwacht ist. Sie sind dicht beisammen, Gesicht an Gesicht.

Eva: Ich hatte einen eigenartigen Traum, es war wie in Wirklichkeit. Ich ging auf einer sehr schönen Straße. Auf der einen Seite waren weiße, offene Häuser mit Bögen und Säulen. Auf der anderen Seite befand sich ein dichtbelaubter Park. Unter den großen Bäumen gleich neben der Straße floß ein kühles, dunkelgrünes Wasser. Ich gelangte an eine hohe, mit Rosen bewachsene Mauer. Da kam ein Flugzeug mit gewaltiger Kraft und setzte die Rosen in Brand. Sie brannten mit klarer Flamme, und es war nicht besonders schlimm, weil es so schön war. Ich stand mit dem Gesicht zum grünen Wasser und konnte die brennenden Rosen sehen. Ich hatte ein Kind im Arm. Es war unsere Tochter, sie war erst ein halbes Jahr alt und hielt sich an meiner Halskette fest und drückte ihr Gesicht an meins. Ich fühlte ihren feuchten offenen Mund an meiner Wange. Die ganze Zeit wußte ich, daß ich etwas Wichtiges verstehen sollte, etwas, das jemand gesagt hatte, doch ich hatte vergessen, was es war. Ich drückte das Kind an mich und spürte, daß es schwer war und naß und gut roch, als ob es gerade gebadet hätte. Da kamst du auf der anderen Seite der Straße, und ich dachte, daß du mir dieses Wichtige sagen könntest, was ich vergessen hatte.

Vierter Tag. Starkes Sonnenlicht, wolkenloser Himmel, Windstille. Das Boot ist in eine Ansammlung toter Männer getrieben worden, es sind mehrere hundert, sie hängen in ihren Schwimmwesten.

Die Passagiere setzen sich an die Ruder, um zu entkommen. Das ist eine beträchtliche Arbeit.

Die Toten kleben an den Bootswänden, und die Ruder gleiten von den formlosen Körpern ab. Der Geruch ist kaum zu ertragen.
In der Nacht nach dem vierten Tag wird der Himmel für einige Sekunden von einem starken Lichtschein erhellt. Dann wird es wieder dunkel und vollständig still. Einige sind nun sehr krank und apathisch.
Fünfter Tag. Die Stimme im Radio kommt so schwach, daß Jan es ans Ohr halten muß, um etwas zu verstehen. Dann berichtet er, was er gehört hat.
Es seien auf beiden Seiten Bomben abgeworfen worden. Westlicher Distrikt und nordöstlicher Distrikt. Eine Linie von den Fischbänken nach . . . (Name unhörbar). Aufzählung von unbekannten Ortsnamen. Eine Stimme warnt vor dem Wasser, das verunreinigt sei. Weil der Wind von Südwest komme, sollten schnelle Schutzmaßnahmen veranlaßt werden.
Weiter ziehe ein Regengebiet über die östlichen Teile des Landes. Dieser Regen sei äußerst gefährlich. Alle Nahrungsmittel in den betroffenen Gebieten müßten vernichtet und dürften unter keinen Umständen genossen werden.
Sechster Tag. Sie schlafen viel, dann und wann erwachen sie und reden miteinander. Das Radio ist verstummt. Einige der Menschen im Boot sind bereits tot. Große, eigenartig geformte Wolken ziehen über den Himmel.
Jan: Ich überlege, wie es in diesen Briefen stand, die wir uns in dem Tourneesommer geschrieben haben. Ich frage mich, ob da stand: »meine Hand in deine« oder »deine Hand in meine«.
Eva: Da stand: »meine Hand in deine«.
Am siebenten Tag kommen Sturm und heftiger Regen auf. Die Überlebenden löschen den Durst mit dem vergifteten Wasser.

Grindstugan, den 21. Mai 1967

Das Reservat

(Reservatet)

Tragi-Komödie einer Banalität

MONOLOG

Anna: Ich heiße Anna Fromm, bin vierunddreißig Jahre alt, Lektor für slawische Sprachen und seit elf Jahren glücklich verheiratet. Ich habe zwei Kinder, einen Jungen und ein Mädchen. Mein Mann heißt Andreas. Es gibt keine Spur von Beunruhigung in meinem täglichen Leben. Meine Angehörigen sind anständige, nette Menschen, alle vollständig normal, abgesehen von meinem ältesten Bruder Albert, der dabei ist, sich zu Tode zu saufen.

Andreas: Ich heiße Andreas Fromm, bin vierzig Jahre alt und arbeite als Architekt in einem staatlichen Büro. Meine Ehefrau heißt Anna.

Ich glaube, es gibt nicht viele Menschen, die es so gut haben wie ich. Manchmal finde ich beinahe, daß man angesichts eines Daseins, das so sehr vor Unbehaglichkeiten und wirklichen Sorgen geschützt ist, ein bißchen Angst bekommen kann.

Anna: Es ist klar, daß mich das, was rings um mich her in der Welt geschieht, beunruhigt. In kurzen Augenblicken dringt es zu mir vor. Mir kann schwindlig werden vor Übelkeit, wenn mich eine derartige Nachricht erreicht. Aber dann schließt sich der Alltag wieder um mich.

Andreas: Es geschieht schon, daß man manchmal denkt: wann wird der Sturm die Richtung ändern. Wann wird er über diese geschützte Insel hier hereinbrechen. Aber das sind nicht direkt Gedanken, die einem nachts den Schlaf rauben.

ERSTER AKT

Anna erwacht zeitig, aber sie bleibt unbeweglich in dem großen, bequemen Bett liegen. Der Körper befindet sich noch immer in einer behaglichen Betäubung, der Raum ist dunkel und kühl, es kann nicht später als sechs Uhr sein, im Haus ist es still. Die große Uhr im Eßzimmer schlägt ein paarmal (aber das Schlagwerk ist nicht in Ordnung). Im Kinderzimmer hustet Henrik. Aus den Bäumen vor dem offenen Fenster hört man Vogelgezwitscher.

Sie streckt die Hand aus und dreht an dem kleinen weißen Radio, eine schwache, doch durchdringende Stimme ertönt: *Sei mir gnädig, Herr, denn ich bin in meinem Innersten erschreckt. Ja, meine Seele ist zutiefst erschreckt. Ach, Herr, wie lange noch? Komm zurück, Herr, rette meine Seele, erlöse mich durch deine Gnade.* Sie stellt das Radio ab und seufzt etwas mißmutig. Da hört sie tappende Schritte, und es kratzt an der Tür, eine leise, verschnupfte Stimme: – Darf ich hereinkommen.
Das darf er.
Henrik, acht Jahre alt, hat gerade Schnupfen und Husten, er kommt herein und kriecht zu Anna ins Bett. – Bist du schon wach? Ich kann nicht schlafen, weißt du, weil ich immerzu husten muß. Ich habe die ganze Nacht gehustet. Anna gießt ein wenig Mineralwasser in ein Glas und gibt dem Sohn zu trinken. – Darf ich nicht hier bei dir im Bett bleiben? – Nein, du sollst nun wieder in dein Zimmer gehen, Henrik. Wenn du ein Buch nimmst und ein Weilchen liest, dann ist gleich Morgen. Henrik klettert aus dem Bett und macht ein finsteres Gesicht. – Mama, Martin Luther King ist erschossen worden. – Was sagst du, er ist erschossen worden? – Ja, heute nacht, sie haben es in den Nachrichten gebracht, sagt Henrik und gähnt.
Andreas Fromm findet im Prinzip, daß der Morgen etwas Großartiges ist. Er erwacht einige Minuten bevor der Wecker klingelt, liegt eine Weile still da und genießt es, wach, gesund und – in aller Bescheidenheit – Andreas Fromm zu sein. Dann steht er auf: er zählt bis eins – sitzt im Bett, zählt bis zwei – setzt die Füße auf den Fußboden, zählt bis drei – steht auf dem Fußboden. Das Fenster ist offen, es ist hundekalt, im Garten schneit es ein bißchen, der Frühling hat sich ohnmächtig wieder hingelegt. Andreas stört das nicht weiter, er absolviert, nachdem er die Schlafanzugjacke ausgezogen hat, sein kleines Trainingsprogramm. Dann sucht er, vergnügt pfeifend (und ein bißchen tänzelnd), sein Badezimmer auf, rasiert sich, wäscht sich, macht sich fein und schneidet sich die Zehennägel. Er hat großes Vergnügen an allem.
Drei Viertel acht kommt er hinunter ins Eßzimmer, wo Berta bereits sein Frühstück aufgetischt hat: ausgepreßter Apfelsinensaft, ein Ei, geröstetes Brot, Käse, gekochter Schinken und Tee mit Zitrone. Er wirft einen Blick in die Zeitung. Die Überschriften sind schwarz von Vietnam. Kurz vor acht geht er ins Kinderzimmer und begrüßt Veronica, die fünf Jahre alt und sein Liebling ist. Sie ist bereits eifrig damit beschäftigt, ihre Puppen für den Morgen

zurechtzumachen, und nimmt die Huldigung des Vaters mit freundlicher, aber angestrengter Miene entgegen. Berta erzählt ihm, daß Henrik schläft und daß er in der Nacht unruhig war. Andreas sagt, daß er heute nicht zum Abendessen komme, nimmt mit zwei Sprüngen die Treppe und klopft an die Schlafzimmertür.

Anna ruft: – Herein! und sagt ihm freundlich guten Morgen. Sie sitzt mit ihrem Frühstückstablett im Bett. Ihre Konversation ist kurz, höflich und neutral. Anna sagt, daß sie Papa heute zum Abendessen eingeladen habe, wenn er sowieso nicht nach Hause komme, passe das sicher gut. Er bittet sie, den Alten zu grüßen. Anna wünscht ihm einen angenehmen Tag. Andreas erinnert sich, daß heute ein Mann kommen wird, der den Heizungskessel reparieren will, und meint, daß die Heizung sicher ein paar Stunden abgestellt werden müsse. Anna findet das nicht so gut, weil Henrik erkältet ist, aber Andreas beruhigt sie, die Räume würden vermutlich nicht sehr kalt werden; es sei schwer, Leute zu kriegen, und sie kämen, wann es ihnen passe, diese verdammten Kerle. Anna fragt, ob er die Eintrittskarten für das Konzert besorge oder ob sie sich darum kümmern solle. Er sagt, seine Sekretärin werde die Sache erledigen. Sie bittet ihn, es bestimmt nicht zu vergessen. Andreas versichert, daß er es bestimmt nicht vergessen werde. Sie lächeln freundlich (die Morgenstunden haben es in sich), und Andreas verabschiedet sich hastig.

– Hast du die Nachrichten gehört, fragt Anna plötzlich. – Nein, wieso, fragt Andreas. – Martin Luther King ist ermordet worden, sagt Anna. – Was sagst du, ist das wahr? – Ja, Henrik kam herein und erzählte es, er hatte es im Radio gehört, ich habe nicht geglaubt, daß es wahr ist. – Pfui Teufel, sagt Andreas. Sie verabschieden sich schnell.

Andreas nimmt Hut und Mantel, Berta ist auf der Treppe mit dem Staubsauger beschäftigt.

Er holt sein kleines Auto aus der Doppelgarage unten am Weg und stößt auf dem nassen, schlierigen Asphalt vorsichtig zurück.

Im Radio hört er von dem Mord.

Die Autoschlange in Richtung Stadt ist auf Grund der schlechten Straßenverhältnisse länger als gewöhnlich, aber er kommt trotzdem rechtzeitig zum Dienst. Er fährt mit dem Fahrstuhl bis zu seiner Etage, geht dann links den Korridor entlang zu seiner Abteilung.

Seine Sekretärin, Fräulein Prakt (ein etwas groß geratenes Mädchen mit hängenden Schultern und kleinen, intelligenten Augen), ist schon da. Sie legt die Post und die Besucherliste des Tages auf den Schreibtisch. Sie sagt, daß der Generaldirektor um ein Gespräch bitte.

Andreas: Ja, aber jetzt bin ich bis Viertel nach neun beschäftigt, es geht nicht. Hast du das nicht gesagt?

Prakt: Doch, ich habe gesagt, daß du besetzt bist. Aber der Generaldirektor meinte, es sei wichtig, und fragte, ob du die Sitzung nicht verschieben könntest.

Andreas: Ja, das kann ich dann wohl. Ruf doch mal Ray an und bitte ihn, daß er statt dessen morgen kommt, wenn er kann. Und wenn du auch noch zu Sonntag für das Konzerthaus Karten organisieren könntest, wärst du ganz lieb.

Prakt: Das mache ich. Gehst du zum Lunch?

Andreas: Nein, ich glaube nicht. Wieso?

Prakt: Ich muß zum Zahnarzt, verstehst du, und ich wollte wissen, ob du mich eine halbe Stunde nach dem Lunch entbehren kannst. Es könnte sein, daß ich es trotzdem schaffe, aber ich bin nicht sicher. Man muß ja warten.

Andreas: Geh ruhig. Ich habe um eins nur diese langweiligen Burschen vom Sozialamt hier. Und das dauert lange und wird ein rechtes Gequatsche, du kannst kommen, wann du willst. Hej.

Fräulein Prakt sagt ebenfalls hej, allerdings etwas leiser. Sie hat Respekt und Zahnschmerzen.

Andreas geht durch die Korridore, nimmt die Treppe mit ein paar Sprüngen und ist schnell unten beim Generaldirektor. Er wird sofort vorgelassen.

Generaldirektor Ek ist ein hochgewachsener Mann, er wirkt etwas bäurisch. Man hält ihn allgemein für einen »guten Kerl«, eine Auffassung, die Andreas teilt. Sie begrüßen sich herzlich, nahezu freundschaftlich, und lassen sich auf dem bequemen Sofa nieder, weit entfernt von den Dienstangelegenheiten auf dem Schreibtisch.

Ek: Fein, daß du gleich kommen konntest. Wie geht es dir?

Andreas: Mir geht's ausgezeichnet, danke. Wie geht es dir selbst?

Ek: Danke, du. Bei uns zu Hause grassiert eine Infektion. Alice fühlt sich nicht, und die Haushaltshilfe fühlt sich nicht, und die Kinder fühlen sich nicht. Ich bin bisher noch davongekommen, aber heute bin ich nicht auf dem Damm, doch das kann natürlich am Wetter liegen.

Andreas: Ja, der Frühling hat es in sich.

Ek: Hör mal, Andreas, ich muß mit dir über eine unangenehme Sache sprechen.

Andreas: So, das ist ja weniger schön.

Ek: Ich war gestern nachmittag im Ministerium, und da habe ich Rosén getroffen. Er hat mir unter der Hand zu verstehen gegeben, daß sie deinen Vorschlag nicht annehmen werden. Sie werden die Sache an uns zurückverweisen und werden eine neue Analyse und einen neuen Vorschlag verlangen.

Andreas: So. Das ist ja weniger schön.

Ek: Ich wollte sofort mit dir darüber sprechen, damit du es nicht durch die Zeitungen erfährst. Wann der offizielle Beschluß kommt, konnte Rosén nicht mit Bestimmtheit sagen, wahrscheinlich aber nach Ostern. Ich wollte dich, wie gesagt, sofort informieren.

Andreas: Das ist anständig von dir.

Ek: Irgendeine Teufelei war im Gange, das habe ich gespürt. Nachdem sich der Beschluß so lange verzögerte.

Andreas: Hatte Rosén eine Begründung?

Ek: Ja, du weißt, Rosén ist ein Trottel. Er hat ja nichts zu sagen. Er deutete an, daß dein Vorschlag etwas akademisch wirke. Ein wenig an der Entwicklung vorbeigehe. Ehrlich gesagt, ich habe nicht so genau zugehört. Er redet wie ein Wasserfall, und außerdem riecht er so schlecht aus dem Mund.

Andreas: Wer wird es denn übernehmen?

Ek: Rosén meinte, wir sollten Feldt und Bauer fordern. Das seien ja zwei begabte Jünglinge.

Andreas: Die haben doch nicht die geringste Erfahrung.

Ek: Ich finde schon, daß sie ziemlich weit vorn liegen. Und dann haben sie dir gegenüber einen kolossalen Vorteil, weil sie unerprobt sind.

Andreas (lacht): Ich bin vierzig, Georg!

Ek (lacht): Vierzig zu sein, das ist fast so, als hätte man eine peinliche Krankheit.

Andreas (lacht): Was soll ich denn nun machen? Wir hatten mich ja für das nächste Jahr dafür eingeplant.

Ek: Darüber müssen wir ausführlicher nach Ostern sprechen. Ich werde ein bißchen nachdenken.

Andreas: Dann werde ich dich nicht länger stören.

Ek: Aber – nichts für ungut.

Andreas: Ich bin dankbar, daß du so schnell mit mir darüber gesprochen hast. Grüße deine Frau und schöne Ostern, falls wir uns nicht mehr sehen. Hej denn. Sei bedankt.

Ek: Hej denn. Ich danke auch. Und grüße Anna herzlich.

Als Andreas wieder in sein Zimmer kommt, teilt ihm Fräulein Prakt mit, daß Rechtsanwalt Järnberg bereits warte. Andreas sagt, er müsse erst telefonieren, geht in sein Zimmer und schließt die Tür. Setzt sich an den Schreibtisch und horcht in sich hinein. Er empfindet nichts. Er ruft zu Hause an. Fragt nach Anna.

Berta sagt, seine Frau sei eben losgefahren, sie wolle zuerst zu ihrem Bruder ins Krankenhaus und dann in die Stadt und vor dem Abendessen werde sie nicht zurückkommen. Gegen zwei Uhr wolle sie in der Humanistischen Bibliothek sein, hatte sie gesagt.

Andreas legt den Hörer auf und empfindet immer noch nichts. Vielleicht eine Spur Kopfschmerzen. (Das kann das Wetter sein.) Vielleicht eine eigentümliche Schwellung der Augenlider.

Anna besucht am selben Tag ihren Bruder Albert, der sich in einer psychiatrischen Klinik befindet. (Er hat ein Einzelzimmer, nicht besonders groß, aber hell und modern.) Albert ist klein und kräftig gebaut. Das Gesicht ist rund und hellhäutig. Er ist etwa fünfundvierzig. Er hat die Jackettärmel aufgekrempelt, die Handgelenke sind mit Armbändern behängt. Wangen und Mund sind geschminkt.

Anna umarmt ihren Bruder und küßt ihn, überreicht ihm ein paar ausländische Zeitschriften und eine Packung Zigaretten. Damit sind sie eine Weile beschäftigt.

Albert: Annalein, wie schön, dich zu sehen. Ich habe mich ganz schrecklich nach dir gesehnt.

Anna: In der letzten Zeit gab es so viel zu tun.

Albert: Nimm's nicht so ernst! Ich weiß doch, wieviel du um die Ohren hast. So, setz dich. Wie geht es den Kindern.

Anna: Henrik ist ein bißchen erkältet, aber Veronica geht es gut wie gewöhnlich. Sie ist über Ostern bei Mama. Wir wollten über Ostern auch aufs Land fahren. Wir müssen wohl abwarten, ob das Wetter gut wird.

Albert: Ich habe gar nichts anzubieten. Möchtest du eine Banane? Eine Zigarette? Ein Stück Schokolade vielleicht?

Anna: Nein danke, ich will nichts haben.

Albert: Bla bla bla bla bla. (Er lächelt.)

Anna: Genau.

Albert: Kannst du mir ehrlich auf eine Frage antworten?

Anna: Ich werde es versuchen.

Albert: Bin ich eingesperrt, oder sitze ich hier, weil ich es so will. Ich habe den wirklichen Sachverhalt vergessen.

Anna: Keiner hält dich eingesperrt.

Albert: Wie, findest du, sehe ich aus?

Anna: Ich finde, du siehst viel gesünder aus, aber ich verstehe nicht, warum du dich schminkst und so herausputzt.

Albert (weinerlich): Ich bin am Ende, Anna.

Anna: Aber dein neues Buch.

Albert: Das ist nichts.

Anna: Was meinst du?

Albert: Ich habe zu allen gesagt, daß ich ein neues Buch geschrieben habe. Aber es ist nicht wahr.

Anna: Dein Verleger sagte doch . . .

Albert: . . . daß ich ihm vorgelesen hätte. (lächelt) Ich hatte ein Stück Baudelaire abgeschrieben, bevor er kam. Er ist nicht so gebildet.

Anna: Das ist bloß ein Tief, Albert. Es ging dir schon manchmal so, und dann ist dir plötzlich etwas eingefallen.

Albert (lacht): Nun ist es genug. Genug mit all dem Nonsens. Ich breche meine Kontakte ab. Es gibt ein großes Schweigen, das unfaßbar ist für diejenigen, die es nicht hören. Glaubst du, ich sehe nicht, wie sich die Dämmerung ausbreitet.

Anna: Du sollst so etwas nicht sagen.

Albert: Die Zerstörung hat die Macht übernommen, das ist die Wahrheit. Die Lüge hat die Macht übernommen. Das ist die Wahrheit. Der Haß hat sich in das Gewand der Gerechtigkeit gekleidet, das ist die Wahrheit. Denke daran, wenn du mit Andreas und unseren Freunden über unsere Begegnung sprichst. (Er beginnt zu weinen.) Das schlimmste ist, daß ich gehofft habe. (Er schlägt sich auf den Mund.) *Ich bin der Weg und die Wahrheit und das Leben.* Ich bin die Wahrheit, ich!

Anna: Du mußt dich beruhigen.

Albert: Ja, ich werde mich beruhigen. Es ist nur Hysterie, verstehst du, mein Schatz.

Keines der beiden Geschwister bringt es über sich, etwas zu sagen, aber beide geben einer unbeholfenen Zärtlichkeit Ausdruck.

Anna: Du machst mich so ratlos. Nicht, weil du das sagst, sondern weil es dich so quält. Das ist wie damals, als ich klein war und du bist ins Kinderzimmer gekommen und hast dich in einer Ecke auf den Fußboden gesetzt. Ich war ja erst sechs, und du warst wohl achtzehn. Und dann hast du dort in der Ecke gesessen und mich nur angesehen, bis ich anfing zu weinen, weil ich wußte, daß ich etwas verstehen sollte, das ich nicht verstand. Ich habe dich niemals trösten können.

Albert: Du sollst nur mit mir sprechen.

Anna: Genügt es nicht, daß ich hier bin und deine Hand halte?

Albert: Doch, das ist gut.

Sie sitzen schweigend und halten einander eine Weile an der Hand.

Obwohl Andreas zu Fräulein Prakt gesagt hatte, daß er den Lunch überspringen wolle, geht er kurz nach zwölf in die Kantine. Er nimmt Makkaroniauflauf und ein Glas Milch, geht mit seinem Tablett in eine Ecke, wo er einen leeren Tisch entdeckt hat, überlegt es sich aber und läßt sich bei Feldt und Bauer nieder, die mit einem jungen Mann zusammensitzen, der Andreas unbekannt ist. Die Jungen begrüßen ihren älteren Kollegen mit Herzlichkeit. Der Fremde wird vorgestellt, er erweist sich als Norweger, aus Bergen zu Konsultationen hergeschickt. Man spottet ein bißchen über das Kantinenessen im allgemeinen und den Makkaroniauflauf im besonderen. Plötzlich fragt Feldt, ob Andreas vom Ministerium Bescheid erhalten habe – ob sie den Arsch endlich hochbekommen hätten.

Die Frage wirkt zufällig und unwesentlich, aber Andreas sieht an Bauers Reaktion, daß sie bereits das meiste wissen. Bauer und Feldt sind weder bösartig noch grausam. Sie sind nicht einmal besonders taktlos. Sie sind beide Ende zwanzig, haben blasse, intelligente Gesichter, umrahmt von gepflegten Bärten. Sie sind elegant gekleidet, tragen farbige Rollkragenpullover und schmale, gutgeschnittene Jacketts. Bauer hat getönte Brillengläser. Feldt trägt keine Brille, dafür einen Siegelring. Sie sind höflich und völlig unbeschwert. Beide sehen Andreas aufmerksam an, und es herrscht für einige Augenblicke Schweigen, während die Frage im Raum hängt. Da lächelt Andreas und sagt, daß das Ministerium zu dem Vorschlag noch eine Strafarbeit aufgeben werde. Er habe es gerade von Ek erfahren, der seinerseits von Rosén im Ministerium unterrichtet worden sei. – Wirst du viel ändern, fragt Bauer. – Nein, so gut steht es leider nicht, sagt Andreas und lächelt. Ich werde nichts mehr mit dem Projekt zu tun haben. Es soll jemand anders übergeben werden. Ich dachte, ihr hättet vielleicht etwas über die Sache gehört. Feldt schüttelt den Kopf und meint, daß sie sich schon gewundert hätten, weil der Bescheid so lange auf sich warten ließ. Bauer sagt bedauernd, daß das ja unangenehm für Andreas sei, da er so lange an dem Projekt gearbeitet habe. – Sie finden offenbar, daß ich etwas zu altmodisch bin, sagt Andreas und lacht. – Ach so, das ist Scheiße, sagt Bauer. – Das ist mir vielleicht 'ne sachliche Begründung, sagt Feldt ironisch. – Du hast doch erwähnt, daß du diesen Rosén vor ein paar Tagen getroffen hast, sagt der Norweger unschuldig zu Feldt, dessen Stirn sich leicht rötet. – Das war eine ganz andere Geschichte. Hierüber hat er nichts gesagt, antwortet Feldt. Andreas schaut auf den Teller, äußerst peinlich berührt. – Ein Komplott also, sagt er scherzhaft ablenkend. – Jetzt machst du aber wohl Jux, erwidert Bauer befremdet. – Natürlich, was glaubst du denn, sagt Andreas. Ich traue der neuen Generation ja allerlei zu, aber daß sie solchen wie Rosén den Hintern leckt, das glaube ich nun doch nicht. Bauer und Feldt lachen.

Anna öffnet mit ihrem eigenen Schlüssel. Die großen, dunklen Räume der Bibliothek sind voll von Büchern. Es herrscht ein trokkener, etwas dumpfiger Geruch. Das Raucherzimmer ist ungelüftet. Hier und dort an den Arbeitstischen hinter den Regalen und an den Fenstern ein dunkler Schatten, jemand, der die Osterferien vergessen hat. Ansonsten ist es leer und still. Anna legt ein paar Bücher ab und sucht in der Kartei. Eine gleichaltrige Frau hat sich in eine Ecke verkrochen. Ihr Gesicht wirkt wie ausgelöscht, weichlich, farblos. Sie hat einen Mantel an und lange Hosen, nicht besonders adrett, sie lutscht einen Bonbon, fragt Anna, ob sie einen haben wolle. Anna will nicht.

Anna: Was machst du hier in den Osterferien?

Karin: Ich habe mich verzogen. Zu Hause ist von morgens bis abends ein Heidenspektakel, na, du weißt ja. Mama ist zu Besuch. Und dann ist –

Anna: Ich verstehe.

Karin: Gratuliere übrigens zum Stipendium!

Anna: Danke! Vielen Dank.

Karin: Wirst du im Herbst mit den Seminaren weitermachen?

Anna: Nein, ich glaube nicht. Ich habe um Beurlaubung gebeten. Es wird wirklich zuviel. Andreas würde –

Karin: Ja, das ist klar.
Anna: Warum, was ist klar?
Karin: Nein, verzeih, nichts. Überhaupt nichts.
Anna (verwundert): Ich wollte nur sagen, daß –
Karin: Nein, du brauchst nichts zu erklären.
Anna: Das hatte ich auch nicht vor.
Karin (nach einer Pause): Dann schöne Ostern.
Anna: Danke gleichfalls.
Anna will gerade gehen, als Karin sie ruft. Anna verharrt, und Karin kommt ihr mit einer angezündeten Zigarette entgegen. Sie gehen zusammen ins Raucherzimmer. Karin setzt sich auf einen Tisch und sagt, daß sie mit Anna über etwas sprechen wolle, es werde nicht lange dauern.
Karin: Du findest vielleicht, daß ich in der letzten Zeit ziemlich unfreundlich gewesen bin – nein, unterbrich mich nicht –, aber das hat seine Gründe. Nicht, wie du glaubst, wegen des Stipendiums. Ich bin nicht neidisch, glaub, zum Teufel, nicht, daß ich neidisch bin. Aber ich habe endlich ein Bedürfnis, mit dir über das zu sprechen, was ich empfinde. Ich habe mich immer gefragt, was es ist – aber ich glaube, es ist, ich weiß es nicht. Ich glaube, du lügst auf eine verdammt feine Weise. Manchmal bekomme ich eine unsinnige Lust, dich zu schlagen. Ja, mißversteh mich nicht, es ist nichts Persönliches, du hast mir nie etwas Böses getan. Dein Gesicht ist so schön, und du bist immer so hübsch angezogen, und du sagst immer das Richtige.
Anna: Keine Ahnung, wovon du sprichst.
Karin: Damit habe ich auch nicht gerechnet. An einem gewissen Punkt hören Menschen von deiner Sorte auf zu existieren. Ihr verwandelt euch in unpersönliches Erstaunen. Oder höchstens in eine wohlformulierte Mißbilligung.
Anna: Ist es nicht ganz einfach so, daß du gewaltig müde und herunter bist?
Karin: Nicht wahr? Dieser Winter ist ja schwer gewesen, und die Kinder waren krank, und du weißt, meine Mama! Was?
Anna: Ich muß jetzt gehen.
Karin lächelt, drückt die Zigarette in den übervollen Aschenbecher. Ihre Hände sind staubig geworden, sie wischt sie am Mantel ab, geht zusammen mit Anna zur Tür, packt sie hart an Arm.
Anna: Das tut weh.
Karin: Hast du gesehen, daß mir hier an der Seite ein Zahn fehlt? Sieht das nicht scheußlich aus? Es ist nicht aus ökonomischen

Gründen, daß ich nicht zum Zahnarzt gehe. Es ist aus Trägheit. Verstehst du, was ich meine?

Anna: Nein. Aufrichtig gesagt, nein.

Karin (lächelt): Aber ich kann mir leisten, dich und das, was du repräsentierst, nicht leiden zu können.

Anna: Laß meinen Arm los, sei so gut.

Karin: Hej denn. Schöne Ostern. Grüß Andreas.

Anna antwortet nicht, macht die Tür auf und geht hinaus in den Regen.

Nachdem Andreas wieder in sein Arbeitszimmer gekommen ist, ruft er Berta an und fragt, ob Anna etwas von sich habe hören lassen.

Das hat sie nicht.

Falls sie sich melden würde, möchte Berta so freundlich sein und ihr sagen, daß sie ihn anrufen solle. – Sag, daß es nicht wichtig ist, ich will nur ein bißchen mit ihr reden.

Das verspricht Berta.

Ist sonst alles in Ordnung? Ja doch, alles ist in Ordnung.

ZWEITER AKT

Am selben Nachmittag trifft sich Anna mit ihrem Geliebten. Bei ihren Zusammenkünften benutzen sie eine kleine, dunkle Wohnung in einer stillen und abgelegenen Straße.

Als sie die Wohnungstür aufschließt, steht er in der Kochnische und bereitet Tee. Im Brotröster, der schlecht funktioniert, schmoren zwei schwärzliche Scheiben. Anna rettet sie, bevor sie den Pelzmantel auszieht.

Anna: Ach nein, bist du schon da. Und ich dachte, ich würde heute ausnahmsweise mal zuerst hier sein und den Tee fertig haben, wenn du kommst. Wie schade! Du bist so tüchtig. Hej, Liebling, bist du schon lange hier?

Elis: Ich bin vor zehn Minuten gekommen.

Anna: Wir sollten uns einen neuen Brotröster anschaffen. Dieser hier ist wirklich jämmerlich. Nur zum Wegwerfen. Wollen wir einen neuen Versuch machen?

Elis: Nein, nein, die Kekse reichen, finde ich.

Anna: Ich jedenfalls bin nicht hungrig. Obwohl ich heute den

Lunch übergangen habe. Hatte keine Zeit. Außerdem muß ich abnehmen.

Elis: Nein.

Anna: Ich muß abnehmen, ich verabscheue das Kalorienzählen. Das Schlimme ist, daß Andreas Nachspeisen so gern mag. Aber er nimmt keine hundert Gramm zu. Ich muß wieder anfangen, Golf zu spielen. Bist du zu Fuß gekommen? Ich habe dein Auto nicht gesehen.

Elis: Es steht in der Querstraße. Ich habe eine Zeitung gekauft. Glaubte nicht, daß du so schnell kommen würdest.

Anna: Ich habe Albert besucht, hätte länger bleiben sollen, aber ich habe es nicht über mich gebracht.

Elis: Ist es noch genauso schlimm?

Anna: Ich weiß nicht, ich finde, es ist schlimmer geworden.

Anna hat das Haar aufgelöst. Sie steht vor dem Badezimmerspiegel und betrachtet sich.

Elis: Was machst du?

Anna: Betrachte mich im Spiegel.

Elis: Warum denn?

Anna: Ich weiß nicht. Es ist angenehm.

Elis: In einigen Jahren findest du nicht mehr, daß es angenehm ist.

Anna: Das ist nicht so schlimm, wenn du mir nur versprichst, daß du mich magst.

Elis: Ich verspreche es.

Sie küssen sich. Anna sieht ihn lange an.

Anna: Du siehst müde aus.

Elis (lächelnd): Ich bin müde.

Anna: Ist etwas Unangenehmes passiert?

Elis: Nicht mehr als sonst.

Anna: Zu Hause alles in Ordnung?

Elis: Eva ist gestern zurückgekommen. Ja, das weißt du ja.

Anna: Und es ist gut gegangen? Kein Streit?

Elis: Das einzige ist, daß sie sich über zu vieles beunruhigt. Und die Schmerzen haben nicht nachgelassen.

Anna: Was denn, wieso beunruhigt sie sich?

Elis: Immer wenn sie eine Zeit weg war, kommt sie mit schlechtem Gewissen nach Hause und glaubt, daß etwas passiert ist. Gott weiß, was sie sich einredet. Dann macht sie alle mit ihren Fragen nervös und fängt an zu schalten und zu walten. Klar, daß Fräulein Alma sich ärgert.

Sie haben sich auf das kleine Sofa am Fenster gesetzt. Anna serviert.

Anna: Ist er stark genug?

Elis: Danke ja. Hast du Zucker reingetan?

Anna: Nein. Darf ich dir ein Kleid zeigen, das ich heute vormittag ausgesucht habe?

Elis: Aber ja, da mußt du es anziehen.

Anna: Es muß etwas geändert werden, verstehst du. Aber ich wollte es nicht kaufen, bevor du es gesehen hast. Frau Arnold sagt, es steht mir phantastisch. Ich muß dich auf eine Sache vorbereiten. Es ist rot. Ich habe ja niemals vorher Rot getragen. Ich glaubte, es würde mich blasser machen, aber jetzt finde ich das nicht. Ich habe massenhaft Vorurteile, was Farben angeht.

Während Anna spricht, gleitet sie aus dem Kostüm und zieht das rote Kleid an. Sie hält das Haar hoch.

Anna: Nun mußt du dir ein paar andere Schuhe dazu denken und das Haar hochgesteckt. Und übrigens ist es auch ein bißchen zu lang und sitzt im Rücken nicht richtig, und diese Knöpfe hier kann man auswechseln. – Was meinst du?

Elis: O ja, das ist hübsch.

Anna: Findest du das wirklich?

Elis: Es ist kolossal hübsch.

Anna: Meinst du wirklich. Wie ich mich freue. Mir hat es gleich gefallen. Manchmal muß man ganz einfach ein rotes Kleid kaufen. Gefällt es dir ganz bestimmt?

Elis: Ich finde, es ist unerhört hübsch.

Anna: Dann werde ich gleich morgen hingehen und es ändern lassen. Ich glaube, es ist mein erstes rotes Kleid.

Sie zieht das Kleid und die übrigen Sachen aus, schlüpft in einen weißen Bademantel, der im Badezimmer hängt, kommt zurück, setzt sich, und sie trinken Tee.

Elis: Wie geht es Henrik?

Anna: Besser, aber er mußte auch heute noch im Bett bleiben.

Elis: Was macht ihr übrigens Ostern? Fahrt ihr irgendwohin?

Anna: Wir fahren wohl aufs Land, glaube ich. Wir haben uns noch nicht entschieden. Wir müssen am Gründonnerstag zu einem Abendessen gehen. Du kennst sie übrigens.

Elis: Ja, ich weiß. Rechtsanwalt Sernelius. Wir werden auch dort sein.

Anna: Das ist ja lustig.

Elis: Verdammt eigenartig. Leute am Gründonnerstag einzuladen, wo alle so schnell wie möglich aus der Stadt wollen.
Anna: Hm. Wir bekommen gutes Essen.
Elis: Daran habe ich kein Vergnügen.
Anna: Nein, du Armer, wie geht es mit dem Magengeschwür?
Elis: Auf und ab. Gerade jetzt fühle ich mich nicht besonders.
Anna: Kannst du nachts schlafen?
Elis: Überhaupt nicht, wenn ich aufrichtig sein soll.
Anna: Hast du ein gutes Schlafmittel?
Elis: Ich habe mir gestern abend zwei starke Tabletten eingeholfen und die ganze Nacht wach gelegen. Die reine Tortur.
Anna: Schläfst du überhaupt nicht?
Elis: Nein. Ich laufe herum. Und spiele Grammophon.
Anna: Was sagt Eva?
Elis: Eva, die Arme, hat genug mit ihren eigenen Sorgen. Übrigens ist Schlaflosigkeit nicht gefährlich, sagt mein Doktor. Man darf sich nur nicht beunruhigen.
Anna: Was beunruhigt dich?
Elis: Alles zwischen Himmel und Erde. Am meisten aber, daß wir wieder eine Masse Leute entlassen müssen. Es sind Menschen um die Fünfzig und älter. Sie sind zwanzig, dreißig Jahre im Betrieb. Du solltest ihre Gesichter sehen, wenn man es ihnen mitteilt. Und es sind gute Menschen, verstehst du. Tüchtig im Beruf. Nette, ordentliche, anständige Leute. Und dann die stumme, unausgesprochene Frage: Und du selbst? Warum darfst du bleiben?
Anna (lächelnd): Du bist auf dem Weg, alt zu werden.
Elis (lächelnd): Genau. Ich werde alt.
Anna (sieht ihn lange an): Wenn ich wüßte . . .
Elis: Was wüßte?
Anna: Nichts. Du erzählst mir doch alles – nicht?
Elis: Ja, das tue ich.
Anna: Nein, aber etwas verbirgst du vor mir.
Elis: Nein, was sollte das sein?
Anna: Ja, ich weiß nicht. Deshalb frage ich doch.
Elis (lächelnd): Wie ernst wir plötzlich geworden sind.
Anna: Stell dir vor, wir haben acht Jahre zusammengelebt und nicht eine armselige Woche für uns allein gehabt, ist das nicht seltsam? Wollen wir uns hinlegen? Du siehst schrecklich müde aus.

Anna nimmt die Tagesdecke vom Bett und zieht die Gardinen vor. Mildes, leicht dämmriges Licht. Sie wirft den Bademantel ab und kriecht ins Bett, liegt da und schaut Elis zu, der sich auszieht. Als er nackt ist, trinkt er einen Schluck Tee.
Anna lauscht. Die vage Angst aus den Träumen der Nacht und den Erlebnissen des Tages kehrt zurück.
Elis erwacht langsam und widerwillig.
Elis: Ich habe tief geschlafen.
Anna: Muß jetzt gehen. Es ist spät. Mein alter Papa kommt zum Abendessen, verstehst du. Und er wäre mächtig aufgebracht, wenn ich mich verspäten würde.
Elis: Nein, geh nicht gleich.
Anna: Doch, Liebling. Ich muß.
Sie beugt sich über den Mann und küßt ihn innig. Er erwidert ihren Kuß mit Zärtlichkeit und streichelt sie. Sie sehen sich lächelnd an.
Elis: Wie süß und weich und gut du trotzdem bist.
Anna (lacht): Es hilft nichts. Ich habe keine Zeit. Nein.
Schließlich gibt sie aber doch nach, und sie versinken in einer warmen, lächelnden Geborgenheit, nicht besonders leidenschaftlich.
Dann hat sie es doch eilig, sie huscht ins Badezimmer, wäscht sich und planscht, spricht mit Elis, der noch im Bett liegt und eine Zigarette raucht.
Anna: Andreas und ich wollen ein paar Aktien kaufen. Weißt du, was am besten ist? Wir haben natürlich unseren Alten, wie üblich, aber er ist so gräßlich vorsichtig und konventionell.
Elis: Ich kann Andreas anrufen und mit ihm über die Sache reden.
Anna: Wir haben ein Grundstück verkauft, weißt du. Andreas' Papa hatte es kurz nach dem ersten Weltkrieg für fünftausend Kronen gekauft. Heute ist es astronomische Summen wert, wie du dir denken kannst, zwanzig Kronen der Quadratmeter. Es ist nicht zu fassen. Eine Weile war zu befürchten, daß die Stadt das Gebiet kaufen würde, aber dann kam ihr eine private Baufirma zuvor. Auf diese Weise haben wir es viel besser bezahlt bekommen.
Sie steht vor dem kleinen Sofa und zieht sich an. Das Tageslicht sickert durch die Gardinen. Das Gespräch ist ein gedämpftes Plaudern ohne Bedeutung. Sie hat das Kostüm angezogen, das

Haar aufgesteckt und schminkt sich leicht in dem gräulichen Licht.

Elis: Ich rufe dich morgen an.

Anna: Ab neun Uhr bin ich in der Bibliothek, aber ich bin halb eins fertig, schätze ich. Du kannst gegen zwei zu Hause anrufen, wenn es dir paßt – da bin ich sicher allein.

Elis: Liebst du mich noch?

Sie blickt auf, lächelnd, schüttelt den Kopf.

Anna: Du verbirgst etwas vor mir, und ich weiß nicht, was es ist, und das macht mich traurig.

Elis: Ich wüßte nicht, daß ich Geheimnisse vor dir hätte.

Anna: Ist es etwas mit Eva?

Elis: Du bist doch nicht eifersüchtig?

Sie kommt zu ihm und setzt sich auf die Bettkante. Sieht ihn an, lächelnd, aber ernst.

Anna: Ich *bin* eifersüchtig, aber über so etwas sprechen wir nicht. Wir sprechen über nichts, was belastend ist oder weh tut. Das ist ein geheimes Übereinkommen, nicht wahr?

Elis (lächelnd): Das ist ja kolossal, wie tiefsinnig du geworden bist.

Anna: Nicht wahr? Aber jetzt muß ich mich aufmachen. Papa gerät außer sich. Schlaf nicht noch mal ein.

Elis: Ich will nur diese Zigarette aufrauchen. Fahr vorsichtig!

Anna: Ja, Liebling. Gib mir einen Kuß.

Sie lehnt ihr Gesicht gegen seins und schließt die Augen. Sie küssen sich. Sie öffnet die Augen und lächelt ihn an. Dann streichelt sie seine Wange.

Andreas hat seine Sitzung: die Herren vom Sozialamt sind von einem unbestimmbaren Grau. Einer von ihnen konstatiert plötzlich, daß man nun vier Stunden gesessen habe und nicht vorangekommen sei, und dabei habe die Sache am Anfang ziemlich einfach ausgesehen.

Ein anderer bedauert in diesem Zusammenhang, daß Schmidt vom Projektierungsbüro nicht an der Sitzung habe teilnehmen können. Das hätte die Sache ziemlich vereinfacht. Ein dritter versichert, man könne die Angelegenheit bestimmt nicht vor dem Spätherbst in Angriff nehmen, wie sehr sie auch von allen Instanzen betrieben werden möge. Das beste wäre natürlich, sagt der vierte, wenn man die ganze Sache höchsten Ortes im Schnellverfahren behandelte, weil keiner eigentlich wisse, wer die Verantworrung übernehmen solle. Da sagt Andreas, daß Gelder vorhanden seien, darüber habe man Bescheid bekommen. – Wer weiß, ob sie nach der Wahl noch vorhanden sind, sagt der erste düster. – Ja, wie auch immer, ich muß jetzt gehen, sagt Nummer drei angeödet.

– Ich sollte um zwei mein Auto holen, und jetzt ist es schon halb fünf, und man weiß nie, wann so eine verdammte Werkstatt zumacht.

Das ist das Signal zum allgemeinen Aufbruch.

– Sollten wir nicht so schnell wie möglich eine neue Sitzung einberufen, sagt Andreas. Vier ernsthafte Herren nicken, holen ihre Terminkalender hervor und schauen nach und murmeln. Alle sind sich darin einig, daß vor Ostern kein Gedanke daran sein könne. In der Woche nach Ostern sind zwei der Herren frei, und einer ist in England. Schließlich einigt man sich auf einen Dienstag. Alle sind zufrieden und glauben, daß man bis dahin in der Angelegenheit sicher ein Stück weiter sei und daß Schmidt vom Projektierungsbüro auch dabeisein könne, wenn man nur den Termin rechtzeitig bekanntgebe. Angeregt durch diesen neuen Gedanken, verabschiedet man sich herzlich und räumt das Feld. Fräulein Prakt kommt herein, schafft Ordnung und öffnet das Fenster. Sie entrüstet sich über den Geruch und all den Tabakrauch und sagt, daß die meisten Männer Schweine seien.

– Wir müssen Briefe schreiben, sagt Andreas, der sich an den Schreibtisch gesetzt hat. Wo hast du den Brief von MIRAGET ET CONSEILLE? – Den habe ich nicht bekommen, sagt Fräulein Prakt eine Spur vorwurfsvoll, während sie mit einer Art Frischluftspray im Raum herumsprüht. – Natürlich hast du ihn bekommen, erwidert Andreas gereizt. Du hast ihn gestern bekommen, wir wollten schon gestern antworten, aber bei mir war etwas dazwischen gekommen. – Du hast ihn behalten, weil du darüber nachdenken wolltest, sagt Fräulein Prakt höflich. – Sei so nett, hör jetzt auf mit dieser Sprayerei und geh und hole den Brief – ich weiß, daß du ihn hast, hier ist er jedenfalls nicht. Fräulein Prakt wirkt noch schwerfälliger als sonst, und ihre runden Schultern werden noch runder, aber sie stellt sofort die Sprayflasche weg. Sie geht zu Andreas und schaut einen Augenblick in einen der Ablagekörbe, die auf der rechten Seite stehen, sie fischt den Brief heraus, legt ihn vor Andreas auf die Schreibunterlage und verschwindet aus dem Zimmer. – Na, schreiben wir nun den Brief oder nicht, sagt Andreas gekränkt. – Ich will nur Papier und Stift holen, erwidert Fräulein Prakt mit ergebenem Tonfall. Sie kommt sofort zurück und läßt sich an der anderen Seite des Schreibtisches nieder, mit rundem Rücken, den Blick starr auf den Block gerichtet. Andreas diktiert die Adresse. – Der Brief ist halb privat, verstehst du. Wir schicken ihn zu ihm nach Hause, du bist wohl so nett und vergleichst die Adresse. Fräulein Prakt nickt schweigend. – Sei jetzt nicht sauer, liebe Britt, sagt Andreas müde. – Ich bin nicht sauer, erwidert Fräulein Prakt. – Nichts für ungut, ich bitte um Entschuldigung, sagt Andreas. Du hast immer recht, das weißt du doch, kein Grund also zum Streiten. Oder? Fräulein Prakt hat den Blick immer noch gesenkt. Der Rücken ist krumm, und die runden Schultern hängen hoffnungslos. – Ich weiß doch, wie genau du bist, liebe Britt, sagt Andreas. Du, es gibt keinen Menschen, den ich mehr schätze. Ich habe mich doch entschuldigt. – Das ist es nicht, sagt Fräulein Prakt sehr leise und schüttelt den Kopf. – Was ist es denn, fragt Andreas. – Nichts, nichts, das irgendwelche Bedeutung hätte. – Nein, altes Mädchen, das halte ich nicht aus, sagt Andreas mit einem letzten Bemühen um Geduld. Nun mußt du mir entweder erzählen, wo es drückt, oder wir müssen mit der Arbeit weitermachen. – Ich habe nicht damit angefangen, sagt Fräulein Prakt hartnäckig.

Anna: Was sagst du zu dem Mord an Martin Luther King, Papa, ist das nicht furchtbar? Glaubst du, es wird Bürgerkrieg geben? Ich habe heute morgen Sidney getroffen, und er sagt, daß man nun auf alles gefaßt sein müsse. Die Leute sollen ganz desperat sein vor Angst.

Vater: Hör mal, Anna, ich sollte vielleicht nichts sagen, aber ich kann es nicht lassen. Du lädst mich zum Abendessen ein, und das ist ja durchaus freundlich von dir, aber du kommst einfach eine Stunde zu spät.

Anna: Zwanzig Minuten, Papa. Und ich habe es erklärt.

Vater: Warum bist du nie pünktlich? Ist das erblich? Deine Mutter war genauso. Ich wollte schon gehen. Gerade als du zur Tür hereinkamst, wollte ich aufstehen und gehen. Ich dachte, du hättest meine Existenz vergessen. Ich brachte diese verflixte Madam, wie heißt sie noch gleich, dazu, deinen Mann anzurufen und ihn zu fragen, ob er wisse, wo du seist. Ob du ihm möglicherweise Bescheid gegeben hättest. Das hattest du natürlich nicht. Und in der Bibliothek wußten sie auch nichts. Verstehst du nicht, daß ich wütend bin. Was?

Anna: Doch, gewiß, lieber Papa, aber nun ist es ja gut. Können wir nicht von etwas anderem reden. Außerdem habe ich um Verzeihung gebeten.

Vater: Du haspelst nur ein paar Redensarten herunter. Das ist leichtfertig, muß ich sagen. Ich habe gehört, daß Henrik erkältet ist.

Anna: Das ist nicht so gefährlich. Soll ich ihn bitten herunterzukommen?

Vater: Nein, danke. Ich will seine Bazillen nicht haben. Es sei denn, er hatte bloß keine Lust, in die Schule zu gehen. Du verwöhnst ihn. Wo ist übrigens Veronica? Das ist der einzige Mensch in diesem Hause, mit dem man umgehen kann. Wo hast du die Kleine versteckt? Hol sie her, dann bekomme ich endlich wieder gute Laune. Das verspreche ich.

Anna: Sie ist bei Mama. Ich habe es doch gesagt.

Der Vater wirft ihr einen wütenden Blick zu, schweigt aber. Der Kopf wackelt ein bißchen. Er ringt schwer nach Atem.

Anna: Willst du dich jetzt nicht beruhigen, Papa.

Vater: Warum muß Gertrud immer Veronica zu sich nehmen. Warum kann sie nicht auch mal bei mir sein? Der Kleinen gefällt es verflixt gut bei mir zu Hause, will ich dir mal sagen.

Anna (geduldig): Deine Haushälterin sagt, daß sie keine Kinder mehr um sich haben kann, und jetzt hat sie ja mit ihrem Rücken zu tun.

Vater: Ester ist eine alte Närrin. Sie muß sich immer zieren. Ich trage mich mit dem Gedanken, mir eine Jüngere zu besorgen. Eine, die ein bißchen heiter ist. Es wird einem ja über, von all den Gebrechen zu hören, und dann dieses dauernde Gebrumme. Ich glaube übrigens, die Alte hat eine kleine Gehirnblutung gehabt.

Der Gedanke versetzt Fabrikdirektor Egerman in bessere Laune. Er prostet Anna zu, die sich zur Gesellschaft einen Sherry eingeschenkt hat. Der Alte betrachtet sie wohlwollend.

Vater: Ich habe in der Zeitung gelesen, daß du ein Stipendium bekommen hast. Ich gratuliere. Was wirst du mit dem Geld machen?

Anna: Ich werde wohl reisen, nehme ich an.

Vater: Ist es steuerfrei?

Anna: Ja, ich glaube.

Es wird still. Der alte Herr versinkt in seine Gedanken. Anna sitzt still da und sieht ihn an, empfindet plötzlich Zärtlichkeit.

Anna: Wie geht es dir, Papa?

Der Vater schaut auf, horcht auf den ungewötnlichen Tonfall, sieht erst mißtrauisch aus. Dann wird sein Gesicht leer, er nimmt einen Schluck.

Vater: Am schlimmsten ist es morgens. Ich kann nicht sagen, daß ich Angst vor dem Sterben habe. Das ist es nicht. Ich habe wohl eher Angst vor dem Tag. Solange ich eine Menge Arbeit hatte, ging es an. Aber nun letzten Monat, seitdem ich aufgehört habe – äh, das spielt keine Rolle. Mir geht es gut. Ich glaube, ich langweile mich nur.

Er verstummt. Der Kopf zittert, er wirft Anna von der Seite her einen scheuen Blick zu, das Glas hält er zwischen den Händen.

Vater: Ich sage dir, Altsein ist eine Hölle.

Als Andreas aus dem Büro kommt, regnet es. Fräulein Prakt steht auf der Treppe und sieht bedeppert aus. Sie hat keinen Schirm und trägt einen offenbar neuen Frühjahrsmantel. Andreas erbietet sich, sie mitzunehmen, da sie den gleichen Weg haben. Sie lächelt dankbar, sagt aber, daß das zuviel der Mühe sei. Andreas versichert das Gegenteil und holt sein Auto vom Parkplatz.

Er fragt, ob sie eine Zigarette haben wolle, und das möchte sie gern. Sie rauchen schweigend während der Fahrt.

– Macht es dir etwas aus, wenn ich hier einen Augenblick halte. Ich will nur die Abendzeitungen kaufen, sagt Andreas und parkt etwas nachlässig vor einem Tabakwarenladen.

Er duckt sich unter dem Regen, bekommt seine Zeitungen, wirft sie auf den Rücksitz und startet. Vor ihm steht ein blauer Volkswagen. Andreas nimmt die Kurve etwas zu knapp und schlägt mit einem kräftigen, krachenden Blechgeräusch gegen den anderen Wagen.

– O je, sagt Fräulein Prakt. – Das war sicher nicht so schlimm, sagt Andreas gereizt und fährt an dem leeren Wagen vorbei. Gleich darauf muß er an einer Straßenecke halten, um einen Lastwagen vorüberzulassen. Im selben Augenblick wird die Autotür aufgerissen, ein wütender fetter Kerl steckt den Kopf herein und schreit: – Willst du abhauen! – Ruhig Blut, stammelt Andreas völlig verstört. – Komm sofort raus, brüllt der Mann, der eine Lederjacke, blaue Arbeitshosen und eine Schiebermütze trägt. – War das Ihr Auto, gegen das ich gefahren bin, fragt Andreas einfältig und steigt aus. – »War das Ihr Auto«, äfft ihn der Mann verächtlich nach. Als ob das eine Rolle spielte, was! Sie gehen die wenigen Schritte zu dem Volkswagen zurück. Am linken Kotflü-

gel sind zwei kaum sichtbare Kratzer, und der Stoßdämpfer ist eine Spur verbogen. – Davon wolltest du also abhauen, das ist sauber. – Ich wollte nicht abhauen, verteidigt sich Andreas. Ich wollte nur dort drüben in der Nebenstraße parken und dann zurückgehen. – Äh, hör mal, lüg wenigstens nicht, denn das machst du verdammt schlecht. Der Kerl holt Papier und Bleistift heraus. – Was hast du für eine Nummer? – Die habe ich vergessen, antwortet Andreas verzweifelt. – Und wie heißt du, hast du das auch vergessen? – Könnten wir die Sache nicht im guten bereinigen, fragt Andreas. – Im guten, was heißt das? Das hier wird verdammt unangenehm für dich. Fräulein Prakt ist dazugekommen und hat sich neben Andreas gestellt. Ihr neuer Frühjahrsmantel wird dunkel vom Regen. – Sie können zumindest höflich sein, sagt sie zornig. Ich bin Zeuge, daß Sie sehr unverschämt waren und fast handgreiflich geworden sind. Das werde ich bezeugen. Seien Sie so gut und dämpfen Sie Ihren Ton, bevor wir weiter über diese Bagatelle streiten.
Eine kleine Schar interessierter Zuschauer hat sich angesammelt. – Hör mal her, versuch nicht wie eine feine Dame zu quatschen, du bist ja doch bloß die Hure von diesem Gangster da, sagt der Mann. – Sie hören, wie er spricht, sagt Fräulein Prakt zornbebend. Gibt es keinen Polizisten in der Nähe, der sich der Sache annehmen kann. Alle bleiben stehen. Es regnet. Der Mann läuft mit Papier und Bleistift herum, notiert die Autonummer. – Solche wie ihr sollten festgenommen werden, sagt er. Andreas fragt, ob er nicht endlich fertig sei, damit er fahren könne. – Du bleibst so lange, wie ich will, erwidert der Mann. Da kommt der Besitzer des Autos. Es ist ein jüngerer Mann, vielleicht Mitte Zwanzig. Er trägt eine Brille und ist barhäuptig, gekleidet ist er in einen alten, schäbigen Regenmantel. Er starrt verwundert auf die Versammelten. – Verzeihen Sie, ich habe versehentlich Ihr Auto angestoßen, als ich ausbog, ich habe die Kurve zu knapp genommen und dabei zwei Kratzer gemacht und den Stoßdämpfer verbogen. – Das ist doch nicht so schlimm, sagt der junge Mann. – Er wollte abhauen, sagt der Fette, aber das habe ich verhindert. – Das wollte ich wirklich nicht, sagt Andreas. Ich wollte hinter der Ecke anhalten, dann wäre ich zurückgegangen und hätte nachgesehen, was mit Ihrem Auto passiert ist. – Ja, wie auch immer, es ist ja kein Schaden entstanden, sagt der junge Mann erstaunt. Ich habe es nämlich etwas eilig, wenn Sie also entschuldigen würden. – Falls Sie Schadenersatz haben wollen, sagt Andreas, dann können Sie

mich anrufen. Ich heiße . . . Der junge Mann schüttelt lächelnd den Kopf und verschwindet mit einem Blitzstart. Die Ansammlung der Neugierigen löst sich auf. – Was werden Sie nun machen, sagt Andreas gequält. – Verdammte Oberklassengangster, sagt der Mann und geht zu seinem eigenen Auto, in dem eine magere Frau mit verbittertem, ängstlichem Gesichtsausdruck sitzt und ununterbrochen redet. Andreas und Fräulein Prakt kehren zu ihrem Auto zurück.

Andreas klingelt an der Tür zu Doktor Farmans Praxis. Es dauert eine Weile. Dann sind schnelle Schritte zu hören, und die Tür wird geöffnet. Es ist Schwester Ester, die Assistentin und Helferin des Doktors seit vielen Jahren. (Sie ist fünfunddreißig, hat ein schönes, etwas kantiges Gesicht mit sehr hellen Augen und einem großen, wohlgeformten Mund. Sie ist groß und breitschultrig, trägt einen weißen Kittel und ein Schwesternhäubchen, das Haar ist voll, blond und zu einem großen Knoten zusammengesteckt.) Als sie Andreas wiedererkennt, lächelt sie fröhlich und läßt ihn ein.

Ester: Guten Tag, Herr Architekt. Der Doktor ist nur ein paar Minuten weggegangen. Er kommt sofort zurück. Wir haben gerade unseren letzten Patienten abgefertigt. Bitte sehr, setzen Sie sich solange hier herein.

Andreas zieht den Mantel aus und läßt sich in dem großen, luftigen und modern eingerichteten Wartezimmer nieder. Ihm gegenüber befindet sich ein ansehnliches Aquarium. Schwester Ester wandert zwischen Aufnahmezimmer und Behandlungsraum hin und her, räumt auf, packt weg, sortiert Papiere. – Das war unser letzter Patient für vierzehn Tage, sagt sie und steckt einige Röntgenaufnahmen in ein braunes Kuvert. – Aha, schließen Sie so lange. – Wir nehmen ein bißchen Urlaub. Der Doktor fährt mit seiner Familie ins Gebirge. Das macht er richtig, finde ich, er hat wirklich zu tun gehabt diesen Winter. Ich glaube, die Leute sind nie so krank gewesen wie in diesem Jahr. – In welcher Beziehung denn? – Ja, ich weiß nicht so recht, sagt Schwester Ester nachdenklich, aber es ist, als hätten die Leute keine richtige Kraft mehr. Die Winter werden länger und länger, und alle Infektionen werden bösartiger und langwieriger. Die Menschen sind so müde, daß sie nicht wissen, wo sie mit sich hinsollen. Sie lacht.

Das Telefon klingelt. Sie meldet sich: – Praxis Doktor Farman,

Schwester Ester. Aha, hej, was sagst du, ja aber, das ist ja ärgerlich. Architekt Fromm ist hier. Nein, ich weiß nicht, was er will. Du kannst selbst mit ihm sprechen. Schwester Ester übergibt den Hörer. – Hej, sagt Andreas. – Furchtbar ärgerlich, sagt Ernst Farman. Ich bin bei einem Patienten im Sophiaheim und muß auf Professor Berg warten. – Ich brauchte ein bißchen Gesellschaft. – Ja, das ist wirklich schade, sagt Ernst aufrichtig bekümmert. Mach's gut. – Hej denn, sagt Andreas. Auf ein anderes Mal.
– Ja, dann darf ich mich bedanken, sagt Andreas. Da sind zwei tote Fische im Aquarium, fügt er auf dem Weg in die Diele hinzu. – Das ist irgendeine Krankheit, sie sterben in einer Tour. Nicht gerade Reklame für unsere Praxis, sagt Ester, kramt einen kleinen Kescher hervor und fischt nach den kleinen Leichen. Wir haben nicht nur das Wasser, sondern auch den Sand und die Pflanzen erneuert, aber es scheint nicht zu helfen. Man muß wohl das ganze Aquarium mit einem Desinfektionsmittel scheuern. Sie dreht sich um und schaut Andreas etwas verwundert an. Er hat sich im Mantel auf einen Stuhl an der Tür gesetzt, den Hut hält er in der Hand. – Was ist mit Ihnen? fragt Ester berufsmäßig. Andreas schüttelt den Kopf. Sie steht mitten im Raum, den kleinen Kescher in der Hand. Es hat angefangen zu dämmern. Die Sonne ist schnell in dicken Schneewolken erloschen. – Was ist? – Nichts, sagt Andreas. Ich weiß nicht. Aber ich mag nicht nach Hause gehen. Ester sieht ihn an und lächelt plötzlich. – Ja aber, dann gehen Sie nicht, sagt sie sachlich. Sie können ja hierbleiben, so lange Sie wollen. Rufen Sie an und sagen Sie, daß Sie noch beschäftigt sind. Im Kühlschrank sind Konserven. Sie können fernsehen und Bücher und Zeitschriften lesen. Dann gehen Sie heute abend nach Hause oder heute nacht oder morgen früh. – Dann müssen Sie bei mir bleiben, sagt Andreas. – Ich glaube nicht, daß ich das kann, erwidert Ester. Ich werde ja erwartet, und im Unterschied zu Ihnen finde ich es angenehm, nach Hause zu kommen. – Dann sind Sie glücklich verheiratet, fragt Andreas. – Ja, das kann man sagen. Ich habe es in jeder Beziehung gut, erwidert Ester. Sie geht zu Andreas und legt ihre große, trockene Hand an seine Wange. – Ich weiß nicht, was das ist, sagt Andreas, aber ich habe ein Gefühl, als ob ich – als ob ich langsam erstickte. Das klingt so verdammt melodramatisch. Aber es ist der einzig adäquate Ausdruck. Ich bin dabei . . ., er hält inne. Schwester Ester geht in die Privaträume des Doktors und holt eine Flasche Kognak, schenkt in ein Glas ein und reicht es ihm. Während er

trinkt, herrscht Schweigen. – Es ist lächerlich, sagt er. Ich habe wahrlich keinen Anlaß, mich zu beklagen. – Das tun Sie ja auch nicht, erwidert Schwester Ester schnell. – Können Sie sich nicht fünf Minuten hinsetzen, Schwester, fragt Andreas. – Doch, das kann ich wirklich. Sie lächelt wieder. – Ich mußte plötzlich an etwas denken. Da er schweigt, fragt Ester, woran er denn gedacht habe. – Es ist lächerlich, und vielleicht bin ich ungerecht. Dann müssen Sie es sagen. Wir berühren uns nie. Wir sind nur zärtlich, wenn wir miteinander schlafen, und das auch so nebenbei. Sonst streicheln und küssen wir uns nie. Und die Kinder erfahren äußerst wenig physische Zärtlichkeit. Sie bekommen alle verdammten Vitamine, die sie brauchen, aber keine körperliche Nähe. Sie berühren einander selten, nur, wenn sie sich prügeln. Ist das nicht merkwürdig? – Das ist sehr unterschiedlich, sagt Ester ruhig.

Sie sitzen ein paar Minuten schweigend. Andreas trinkt aus und stellt das Glas neben sich auf den Tisch. Das Aquarium leuchtet geheimnisvoll in der Dämmerung, und die kranken Fische bewegen sich in gravitätischem Tanz.

Er steht auf und geht zur Tür. Schwester Ester bleibt hinten im ungewissen Dämmerlicht sitzen. Man kann jetzt ihr Gesicht nicht mehr sehen.

Er geht um die Ecke in ein Lokal und bestellt Schreibpapier, ein Kuvert und einen Kognak, läßt sich in einer Ecke des schummrigen, verräucherten Raumes nieder und hört ein paar Minuten einem ungenießbaren Klavierspieler zu. Zwei junge Leute sitzen an der Theke und schäkern: das Mädchen ist sehr jung und hat nackte Arme, dann und wann wendet es sein kleines geschminktes Gesicht Andreas zu. Der Junge (ein paar Jahre älter) versucht dem Mädchen etwas zu erklären. Andreas setzt den Stift aufs Papier:

Liebste Anna. Es ist so seltsam, hier zu sitzen und dir einen Brief zu schreiben, aber ich muß versuchen, etwas auszudrücken, das ich niemals über die Lippen bringe, wenn wir zusammen sind. Er macht eine Pause und denkt nach. Dann schreibt er mit energischen Buchstaben. *Ich glaube, daß wir irgendwo etwas falsch machen. Vielleicht ist es so, daß wir ganz einfach falsch leben. Uns von der Mehrzahl da unten in einem kleinen Clan von Menschen isolieren, die alle ein privilegiertes Leben führen, weit entfernt von der Wirklichkeit der anderen.* Er hält wieder inne. Dann schreibt er mit heftigen Bewegungen in größeren Buchstaben. *Ist es nicht so, daß unsere Ehe eine verdammte Parodie auf das ist, was sie eigentlich sein sollte, auf das, was wir uns ursprünglich vorgenommen hatten. Ist nicht alles zusammen eine elende Lüge. Können wir das ändern? Können wir das? Oder haben wir uns festgefahren. Sind wir eingesperrt in unser Reservat. In unser komfortables ...*

Er starrt betroffen auf das, was er geschrieben hat, und zerreißt den Brief. Die Kleine mit den nackten Armen und den geschminkten Augen schaut neugierig herüber.

DRITTER AKT

Am Gründonnerstagabend um sieben Uhr geben Rechtsanwalt Sernelius und seine Frau Inger ein Abendessen für einige ihrer nächsten Freunde. Die große, altmodische Villa liegt am See auf einer Landzunge, am Tor und den Weg entlang hinauf zum Haus hat man kleine Laternen angezündet.

Anna und Andreas haben sich etwas verspätet. Die übrigen Gäste sind schon da. Man trinkt Sekt und unterhält sich lebhaft. Anna und Andreas machen eine Begrüßungsrunde. Alle sind mehr oder weniger miteinander bekannt und haben etwa die gleichen Voraussetzungen, vor allem, was Einkommen und Alter anbelangt.

Da ist also der Gastgeber Fredrik Sernelius, ein etwas zerfurchter, sich jugendlich gebender Herr in den Fünfzigern, mit wohllautender Stimme und kräftiger Tennishand.

Inger, seine Gattin, ist fraulich, herzlich und oberflächlich. Nach dem fünften Kind hat sie ihrer natürlichen Faulheit und Genußsucht freien Spielraum gegeben. Mit anderen Worten, sie ist ziemlich fett.

Da sind Fabrikdirektor Elis Andresen und seine Frau Eva. Elis haben wir schon getroffen, seine Frau Eva ist sehr schön, um die Fünfunddreißig, ihr Gesicht hat indessen die offenen, verwundbaren Züge der Kränkelnden.

Da sind auch Ernst und Magda Farman. Er ist ein bekannter Arzt mit Privatpraxis. Ein freundlicher, weltgewandter Fünfziger mit ruhigen, fröhlichen Augen.

Magda ist Malerin, korpulent fraulich, etwas verschlossen, mit

intelligentem Gesicht und einem plötzlich hervorbrechenden Lachen.
Dann sind da Ingenieur Sten Ahlmann und seine zweite Frau Petra. Herr Ahlmann ist lang und schlaksig, hat eine auffallend große Nase und sehr starke Brillengläser.
Seine Frau ist die jüngste der Damen und neu in der Gesellschaft. Sie ist Kinderpsychologin, in der für sie unbekannten Umgebung ein wenig unsicher. Sie hat ein hübsches Gesicht, still, wenn auch etwas leer.
Schließlich sind da Graf Edward Albrekt und seine Gräfin Karin. Obwohl noch jung, ist er erfolgreich, Chef eines Konzerns, und hat überall Einfluß. Eine freundliche, anspruchslose Person mit ziemlich blassen Zügen. Er ist von kleiner Statur, und sein Haar beginnt ernstlich dünn zu werden.
Seine Frau ist hochgewachsen, dunkel und schön. Sie hat große braune Augen und schwarzes Haar. Sie wirkt lebhaft oder eher nervös.
Es sind also zehn Gäste, Gastgeber und Gastgeberin – alles in allem zwölf Personen. Wohlerzogene Leute mit Einkommen. Anständige Menschen. Verantwortungsbewußt.
Fredrik: Nein, hej. Fein, daß man sich mal trifft.
Inger: Es tut mir leid, daß ihr warten mußtet.
Petra: Und wie geht es Kristinchen? Es ist so lange her.
Magda: Sie war die letzten Wochen mächtig anstrengend. Aber sie bekommt zwei neue Zähne.
Sten: Marie Meyer, sagst du. Ja, sie hat den Nobelpreis bekommen. Das stimmt.
Anna (lächelnd): Verstehst du, ich weiß nicht, was ich sagen soll. sicher muß das Theater ein Teil der heutigen Gesellschaft sein?
Magda: Ich weiß nicht, ich gehe nie ins Theater.
Anna: Gehst du nur in Kunstausstellungen.
Magda: Nein, aber ich finde, das Theater ist so trist geworden.
Karin: Du machst mich nervos, wenn du so sprichst. Ich verstehe nicht, was du meinst, aber es erschreckt mich.
Inger: Habt ihr gesehen, was für ein Mondschein ist? Die reinste Zauberei.
Ernst: Was für eine phantastische Aussicht ihr habt.
Inger: Oh, ihr habt auch keine schlechte Aussicht.
Ernst: Wie lange wohnt ihr hier?
Inger: Warte, laß mich überlegen. Ich rechne immer nach mei-

nen Entbindungen, weil ich die Jahre alle durcheinander bringe. Ja, warte, kurz bevor Margareta geboren wurde, sind wir nach Schweden gekommen, und als Elisabet gerade geboren war, sind wir hier eingezogen. Das war vor neun Jahren.

Ernst: Ist das wirklich neun Jahre her?

Inger: Entschuldige mich, lieber Ernst. Ich muß mal nachsehen, ob alles soweit klar ist, damit wir zu Tisch gehen können. Hej, bis dann.

Anna: Stehst du allein hier im Mondschein.

Ernst: Ja, weißt du, alle reden so durcheinander.

Anna: Diese neuen Pillen, die du mir verschrieben hast, sind gar nicht gut. Ich habe schwache Blutungen, und mir ist übel.

Ernst: Bist du sicher, daß es an den Pillen liegt?

Anna: Ich weiß nicht. Wie geht es dir selbst?

Ernst: Mir geht es gut.

Anna: Liebster Ernst. Ich kenne dich seit zwölf Jahren, und immer, wenn man dich gefragt hat, hast du geantwortet: »Ja, danke, mir geht es ausgezeichnet.«

Ernst: Es tut mir leid, Anna. Aber mir geht es fast immer ausgezeichnet. Komm mal nach Ostern in die Praxis, dann können wir uns unterhalten. Wenn du dich unterhalten willst, meine ich. Und da können wir ja die alten Pillen verschreiben, von denen ist dir doch nicht übel geworden. Oder?

Anna: Nein. Jetzt werden wir endlich zu Tisch gehen, glaube ich.

Ernst: Ja, ich habe Hunger wie ein Wolf. Ich habe seit heute morgen nichts mehr gegessen, außer zwei Bananen zum Lunch.

Anna: Du bist ein lieber Mensch, Ernst. Ich mag dich.

Ernst: Ich mag dich auch.

Die Dame des Hauses bittet zu Tisch. Die Türen zum Speisezimmer sind geöffnet worden. Kerzen brennen, es ist stilvoll gedeckt.

Die Plazierung um den runden Tisch zeugt von strategischer Finesse: Der Gastgeber führt die Gräfin Albrekt, und die Gastgeberin hat den Grafen zur Seite. (Zu Ehren der beiden ist ja die Abendgesellschaft arrangiert worden, als Abschied vor ihrer langen Auslandsreise.)

Anna hat Elis bekommen und Andreas Frau Eva. Sten Ahlman geleitet Magda Farman und der Doktor Frau Ahlman.

Das Essen ist außerordentlich gut zubereitet. Es besteht aus Suppe, Lammsteak in Dill und irgendeiner raffinierten Süßigkeit zum Nachtisch. Man trinkt Wein von gutem Jahrgang. Die beiden ältesten Töchter des Hauses helfen beim Servieren.

Andreas (zu Eva): Stell dir vor, ich finde meine Frau so schön. Ich kann immer noch in Erstaunen geraten und sie einfach nur anschauen. Das ist doch unnormal, oder nicht? Nach so vielen Jahren Ehe.

Eva: Habt ihr nie Komplikationen?

Andreas: Das haben wir schon. Aber wir haben immer miteinander sprechen können, und das, glaube ich, ist die Hauptsache in einer Ehe.

Eva: Du bist also ganz einfach in deine Frau verliebt?

Andreas: Ja, das bin ich.

Fredrik: Du, Edward, wirst du sie auf der Reise treffen?

Edward: Nein, da sei Gott vor. Es lohnt sich nicht, immer wieder davon zu reden. Außerdem kann es eine Frage der Zeit sein, bis es veröffentlicht wird. Und dann sitzen die Herren da.

Fredrik: Aber die Fabriken werden nicht stillgelegt.

Edward: Die wechseln den Besitzer. Von einem Tag zum anderen. Dieses Detail ist also vorbereitet. Jedenfalls bei uns.

Elis: Wie angenehm, hier neben dir zu sitzen.

Anna: Das war eine Überraschung. Ich frage mich manchmal, ob jemand etwas weiß.

Elis: Glaubst du, daß zum Beispiel Inger etwas weiß?

Inger (ruft): Ich habe wohl gehört, daß ihr über mich geredet habt.

Elis (höflich): Wir haben nur gesagt, daß du immer dafür sorgst, daß sich die Gäste überessen.

Anna: Hast du noch dein tüchtiges Fräulein Johansson?

Inger: Ja, aber sie wird nun aufhören, kannst du dir das vorstellen!

Anna: Was du nicht sagst?! Das ist aber schade.

Inger: Keiner ist wohl trauriger als ich. Aber sie hat irgend etwas mit dem Knie und soll nun operiert werden, und dann will sie zu ihrer Schwester in die Schären fahren und dortbleiben. Ja, du weißt, wie es zugeht!

Anna: Wie alt ist sie eigentlich.

Inger: Sie ist über siebzig. Charlottchen, es ist Zeit, wieder anzubieten. Findest du nicht, daß meine Töchter tüchtige kleine Hausmädchen sind?

Ernst: Charlotta ist kolossal gewachsen.

Inger: Mein Lieber, sie ist jetzt eine junge Dame.

Elis: Du hast einen so schönen Nacken . . . Sieh dich vor, daß ich dich nicht küsse.

Anna (vergnügt): Andreas!

Andreas: Ja, mein Liebling.

Anna: Elis sitzt hier und sagt, er will mich auf den Nacken küssen. Das darf er doch nicht?

Andreas (lacht): Wenn ihr so artig fragt, mag es wohl durchgehen. Aber ich will keinen Skandal.

Eva: Denk mal, eure Ehe ist nahezu die einzige glückliche Ehe, die ich kenne. Das ist doch merkwürdig.

Andreas: Deine und Elis' doch wohl auch.

Eva: Ich bin so oft weg. Ich habe ja ununterbrochen Schmerzen, verstehst du, und dann muß ich Tabletten nehmen, und dann bin ich wie betäubt. Das bringt es mit sich, daß Elis und ich uns voneinander entfernen. Aber nun sind wir auf etwas gekommen.

Andreas: Aha, ihr seid auf etwas gekommen.

Eva: Ja, eigentlich ist Elis darauf gekommen. Und das finde ich so rührend. Er begleitet mich nach Bad Gottheim und bleibt zwei Monate dort. Er nimmt seinen ganzen Urlaub und zusätzlich drei Wochen frei, damit wir ununterbrochen zusammensein können. Er muß eine Analyse schreiben, und das Material dazu und seine Sekretärin nehmen wir mit, unsere ausgezeichnete Frau Wettstein, weißt du, und dann hat er eine Villa mit Aussicht auf den Luganosee gemietet, damit wir nicht im Kurhotel zu wohnen brauchen. Ich kann jeden Morgen mit dem Auto zur Behandlung fahren, ist das nicht phantastisch? Weißt du, als Elis heimkam und mir das erzählte und sagte, daß er alles schon vorbereitet habe, war ich so froh, daß ich anfing zu weinen. Das ist typisch Elis, mit solchen plötzlichen Überraschungen zu kommen. Skål, meine liebe Frau! Wie munter du aussiehst.

Eva: Ja, wir haben unsere Geheimnisse, Andreas und ich.

Anna: Genau das habe ich immer vermutet. (lacht) Skål, Eva. Wir unterhalten uns später, nicht wahr?

Andreas: Eva erzählte gerade von eurer guten Idee. So etwas sollte man machen.

Elis: Ja, genau. Skål, Andreas.

Anna (lächelnd): Was ist das für eine gute Idee, Elis?

Elis: Ach nur, daß ich Eva zur Kur begleiten werde, damit sie dort nicht so allein zu sein braucht.

Anna (lächelnd): Wie lange wirst du weg sein?
Elis: So etwa fünf, sechs Wochen, denke ich.
Anna (lächelnd): Wann fahrt ihr?
Elis: Heute in einer Woche.
Anna: Kannst du deiner Arbeit so lange fernbleiben?
Elis: Ich bin gerade bei einer Analyse. Ich nehme sie mit.
Anna (lächelnd): Das war ja eine prima Überraschung, Elis.
Elis (errötend): Da verstehe ich dich.
Das Essen geht endlich zu Ende. Anna folgt Elis in den Salon und unterhält sich ein paar Minuten mit Inger Sernelius.
Sie bleibt mit einer Kaffetasse in der Hand stehen, und das Lächeln ist noch da. Langsam kommt das Gefühl der Unwirklichkeit, eine leichte Vergiftung. Elis wendet sich ihr zu und fragt sie, ob sie sich nicht wohl fühle. Sie schüttelt den Kopf, sagt aber, daß sie sich ausgezeichnet fühle, daß sie nur hinausgehen und sich pudern wolle. Inger faßt sie unter und sagt schnell, daß sie in ihr Zimmer gehen könnten.
Dort ist es still und kühl und alles zur Nacht vorbereitet. Die Nachttischlampe brennt, es duftet gut und sauber. Anna bittet Inger, das Deckenlicht nicht anzumachen. Sie sitzt auf dem Bett und atmet mehrmals ganz tief durch. Sie streicht mit der Handfläche über die Decke, als wollte sie eine unsichtbare Falte glätten. Inger fragt, ob sie ein Kind erwarte. Anna lächelt und sagt bedauernd: – Leider nicht. Inger fragt sie, ob sie eine Tablette haben wolle. Sie will nicht. Inger fragt weiter, ob Anna ganz einfach eine kleine Weile in Frieden gelassen werden möchte. Anna nickt der rundlichen, freundlichen Frau dankbar zu. Inger klopft ihr ein bißchen den Arm und rauscht ganz ruhig hinaus, in ihrem feinen Abendkleid, das über Hinterteil und Busen allzustramm sitzt.
Sie fahren durch stille, dunkle Vorortstraßen heimwärts. Anna sitzt am Steuer. Andreas hat sich bequem zurückgelehnt, die Brille abgenommen, er ist ein bißchen berauscht.
Sie fahren das Auto nicht erst in die Garage, obwohl es kalt ist und leichter Schnee fällt.
Im Wohnzimmer läuft der Fernsehapparat, er rauscht und knattert. In einem großen Sessel sitzt Henrik und schläft. Er hat sich in eine Decke eingehüllt, eine Coca-Cola steht neben ihm auf dem Fußboden. Anna bringt ihn schnell ins Bett, er jammert ein bißchen verschnupft und bekommt Wasser zu trinken. Ehe er einschläft, beklagt er sich darüber, daß im Fernsehen soviel Quatsch war. Er gibt der Mutter einen schläfrigen Kuß. Veronica schläft

mit einem Aufgebot von Puppen und Teddybären und Lieblingsbilderbüchern im Bett. Anna nimmt das meiste weg und schleicht sich aus dem Zimmer.
Auf dem Weg zum Bad zieht sie das lange Kleid aus. Der Mann kommt aus dem anderen Zimmer und legt ihr von hinten die Arme um den Hals. Sie wendet sich ihm zu und beginnt ihn mit plötzlicher Heftigkeit zu küssen, aber noch lächelnd und spielerisch.
Nachdem Andreas sie verlassen hat, fällt es ihr schwer einzuschlafen. Der Körper leistet Widerstand, sie hat Angst und ist angespannt. Die Gedanken irren umher, sie liegt im Dunkel und lauscht.
Sie erwacht plötzlich, weil ihr Mann im Zimmer steht, sie nimmt ihn undeutlich in dem vagen Nachtlicht wahr, ist sehr erschrokken.

Anna: Was ist denn, Andreas? Bist du krank?

Andreas: Verzeih, wenn ich dich erschreckt habe.

Anna: Was ist denn?

Andreas: Ich will mit dir sprechen.

Anna: Jetzt!

Andreas: Ja, jetzt sofort.

Anna setzt sich auf und knipst die Lampe an. Andreas ist sehr erregt.

Anna: Wie spät ist es denn? Halb vier. Herrgott, was ist los?

Andreas: Ich habe dich betrogen.

Anna: Du hast mich betrogen?

Augenblicke tiefer Verwirrung. Die beiden Eheleute betrachten einander. Anna fühlt, wie ihre Wangen heiß werden. Andreas setzt sich auf den Stuhl drüben neben dem Toilettentisch. Er legt die Gegenstände in Reih und Glied.

Andreas: Ich verstehe nicht, wie das passieren konnte. Ich war oben bei Ernst, um mit ihm ein bißchen über meine Gesundheit zu reden. Ich fühlte mich so elend, aber er war gerade weggegangen, und seine Helferin war da, du weißt, Schwester Ester. Und da – ja, es passierte nichts. Aber dann habe ich sie gestern vormittag angerufen und gefragt, ob sie Lust zu einer Autotour hat, und das hatte sie, denn ihr Mann war mit den Kindern unterwegs. Im Kino oder so. Und da habe ich sie abgeholt, und wir sind ein Weilchen rausgefahren. Später sind wir zu Ernsts Praxis gefahren, und dort haben wir miteinander geschlafen. Es ist das erste Mal, Ehrenwort, ich habe dich in den Jahren, die wir verheiratet sind, niemals betrogen, es hat keinen Grund gegeben.

Anna: Hat es denn jetzt Grund gegeben?

Andreas: Nein, ich verstehe es nicht.

Anna: Bist du verliebt in sie?

Andreas: Sie ist hübsch und nett und fraulich, und, ja, nett und fraulich. Aber verliebt bin ich nicht in sie.

Anna: Glaubst du, daß es wieder geschehen wird?

Andreas: Wie soll ich das wissen?

Anna: Das ist doch keine Antwort. Willst du, oder willst du nicht, daß es wieder geschieht?

Andreas: Ich will *nicht,* daß es wieder geschieht. Ich bin doch in dich verliebt. Ich will mit keiner anderen zusammensein. Die ganze Situation war völlig unwirklich. Was mich erschreckt, ist, daß es überhaupt passieren konnte. Und daß ich nicht weiß, warum.

Anna: Warum sprichst du so demütig? Hast du ein schlechtes Gewissen? Hast du das?

Andreas: Ich habe ein verdammt schlechtes Gewissen. Darum spreche ich ja über alles.

Anna: Bist du sicher, daß es nicht besser gewesen wäre, wenn du geschwiegen hättest?

Andreas (verblüfft): Aber wir sind doch übereingekommen, daß . . .

Anna: Sagt man das nicht bloß. (verändert) Nein, so habe ich es nicht gemeint. Alles ist so hoffnungslos verfahren.

Andreas (verwirrt): Wie meinst du das?

Anna: Nichts.

Andreas: Doch, ich bitte dich. Sag, was du denkst.

Anna: Ich will deine Aufrichtigkeit nicht.

Andreas: Ja aber, ich habe dich betrogen.

Anna: Du sagst, daß du mich liebst und daß sich das nicht wiederholen wird. Nun denn. Das reicht. Wir sprechen nie mehr über die Sache. Es ist vergessen.

Anna kann ihren Mann nicht ansehen, sondern fingert an der Nachttischlampe herum. Langes, unsicheres Schweigen.

Etwa eine Stunde später. Andreas hat sich ein Glas Kognak geholt. Die Flasche steht neben ihm auf dem Fußboden.

Andreas: Andreas Fromm und seine Frau Anna. Es gab keine Menschen, die mehr vom Glück gesegnet waren. Wir waren begabt, wir waren jung, und wir hatten Geld, und dann waren wir wirklich ineinander verliebt, nicht wahr? Und wir waren uns einig, daß wir etwas Großartiges, noch nie Dagewesenes aus unserer Ehe machen würden. Und dann plötzlich oder langsam, ohne daß man merkt, wie es zugegangen ist –

Anna: So ist es nicht.

Andreas: Ein komfortables Fiasko. Alles unverändert, nicht wahr? Aber das Mißlingen ist ein Faktum.

Anna (kühl): Was willst du dagegen tun?

Andreas: Wie gleichgültig sich das anhört.

Anna: Wie soll es sich denn anhören?

Andreas: Ich will, daß du begreifst, wovon ich spreche.

Anna: Ich begreife, wovon du sprichst, aber ich bin nicht deiner Meinung. Ich finde, daß du jammerst. Was willst du eigentlich. Soll ich dich bedauern? Ist es Verzeihung, die du haben willst? Ich verzeihe dir. Bitte sehr. Nun kannst du gehen und dich hinlegen und ein paar Stunden schlafen, dann wirst du sehen, daß sich das Fiasko des Lebens morgen früh weniger belastend ausnimmt.

Andreas: Sollten wir nicht miteinander sprechen können, du und ich. Einander zuhören, zu einem ehelichen Einvernehmen gelangen können. Haben wir das nicht früher gesagt? Alles wäre zu lösen, wenn man nur miteinander spräche?

Anna: Wenn man sich nicht mehr kennt, kann man nicht sprechen.

Andreas: Du meinst also, daß wir uns nicht kennen.

Anna: Ich kenne dich nicht, und ich weiß, daß du mich nicht kennst.

Andreas: Aber können wir einander nicht kennenlernen?

Anna: Würdest du es wollen?

Andreas: Tausendmal lieber als das hier.

Anna: Ist es nicht besser, wenn jeder von uns versucht, sein eigenes Leben zu leben, ein Leben neben dem anderen, ohne in dessen Gebiet einzudringen. Jeder führt sich so gut, wie er es versteht. Dann übernehmen wir für dieses und jenes gemeinsam die Verantwortung. Ist das nicht auf alle Fälle viel klüger?

Anna: Du glaubst es nicht?

Andreas: Ich glaube, daß du und ich die Voraussetzungen für ein anderes Leben haben.

Anna: Du weißt nicht, wovon du sprichst.

Andreas: Sag nicht dauernd solche Sachen. Das ist doch nur demütigend. Ich versuche, dich zu erreichen. Die Worte sind vielleicht nicht die richtigen, aber ich will dich erreichen!

Anna: Es ist, als ob du das alles in der Fragespalte einer Frauenzeitschrift gelesen hättest.

Andreas: Dann wird es wohl so sein. Nun gehe ich und lege mich hin.

Pause. Er steht auf und geht zur Tür.

Anna: Nein, bleib. (Pause) Wenn ich mich darauf verlassen könnte, daß du wirklich meinst, was du sagst.

Andreas: Ich weiß jedenfalls, daß ich dich liebe.

Anna (in tiefer seelischer Erschütterung): Wenn ich es glauben könnte.

Andreas: Du könntest es versuchen. (Pause)

Anna (nach langem Schweigen): Ich habe acht Jahre lang mit einem anderen Mann zusammengelebt. Ich bin nicht verliebt in ihn, aber ich bin von ihm abhängig. Er stellt mich zufrieden, oder wie ich es nennen soll. Wir treffen uns ein paarmal in der Woche. Es ist acht Jahre so gegangen. Ich habe dich die ganze Zeit belogen, wenn ich gesagt habe, daß ich gern mit dir zusammen bin. Es ist niemals gut gewesen. Jetzt weißt du alles. Jetzt weißt du, wie es mir geht.

Andreas sitzt da und fingert an seinen Nägeln, er schaut auf die Hände, auf den Teppich und die Wand. Langes Schweigen.

Andreas: Wer ist es?

Anna: Muß ich das sagen?

Andreas: Ich weiß nicht. Das hängt davon ab, was wir aus diesem Ausbruch der Wahrheit machen wollen.

Anna: Es ist Elis.

Andreas: Aha. Wollte Elis nicht mit seiner Frau für ein paar Monate verreisen? Wußtest du, daß er verreisen will, oder war es eine Überraschung für dich?

Anna: Er war zu feige, darüber zu sprechen. Oder vielleicht meinte er, es hätte keine Bedeutung. Aber ich habe nie vorgehabt, dir von Elis zu erzählen. Du warst es, der mich gebeten hat.

Andreas: Ich verstehe genau. Es paßt ausgezeichnet, *gerade jetzt* eine Ehe auf der Basis der Wahrheit zu starten. *Jetzt* ist es der Mühe wert. Nun, wo dein Liebhaber sich für immer abgesetzt hat. Daß du das Muster nicht siehst.

Anna (außer sich): Und wenn es so wäre. Was macht das! Wenn die Motive schlecht und niedrig und moralisch bedenklich sind, was macht das. Bist du es, der bestimmt, was gut oder schlecht ist? Hast du eine Art moralisches Oberwasser gepachtet?

Sie verstummt. Andreas klopft mit dem Zeigefinger an das Kognakglas, daß es klingt.

Anna: Ich werde allein fertig. Ich brauche dich nicht. Ich bin in der Lage, allein für die Kinder zu sorgen. Begreifst du nicht, daß ich trotz allem mit dir leben will. Ich *wollte* unsere Ehe nicht brechen. *Ich gehöre zu dir.* Verstehst du das nicht.

Andreas (schreit): Ich habe dir vertraut. Es hat niemals eine andere gegeben als dich. Versuch das doch in deinen verdammten hochmütigen Dickschädel zu bekommen.

Plötzlich umarmt er sie und küßt sie. Sie ist zuerst erschrocken, dann läßt sie sich mitreißen. Sie taumeln auf das Bett und küssen sich. Streicheln einander unbeholfen. Dann wird sie mit einemmal kalt, liegt erst still, kämpft dann darum hochzukommen. Er wird wütend und beginnt sie zu schlagen. Sie zerkratzt ihm das Gesicht und schreit. Sie reißt sich los und erhebt sich. Er bleibt auf dem Bett sitzen, keuchend und zerkratzt. Sie starren einander mit erschrockenem Erstaunen an. Dann geht er in sein Zimmer.

Als sie ihn nach einer Weile durch den Korridor zurückkommen hört, verschließt sie die Tür.

Er drückt die Türklinke herunter und bittet sie zu öffnen. Sie antwortet nicht. Er bittet sie nochmals, zu öffnen. Sie sagt: – Nein, ich mache nicht auf. Da schreit er: – Mach auf, verdammt noch mal, sonst geht es schief. – Ich denke nicht daran aufzumachen, schreit sie zurück. Es wird für einige Augenblicke still.

Er entfernt sich, ist jedoch schnell zurück.

Da sieht sie die Schneide der Axt mitten in der Tür, dann noch einmal. Sie dreht sofort den Schlüssel um und öffnet: – Du bist nicht bei Trost, was hast du vor? – Ich will dir nicht weh tun, sagt er atemlos und zitternd. Ich will dir nicht weh tun, aber du darfst dich nicht einschließen. Sie wird von einem Haß gepackt, der sie fast zerreißt. – Willst du mich denn nicht schlagen, oder willst du mich totschlagen. – Verzeih mir, daß ich dich geschlagen habe, ich wollte es nicht, erwidert er verwirrt. Ich weiß nicht, was über mich gekommen ist, es war ein Kurzschluß. Verzeih mir, Liebste. – Ich soll verzeihen? sagt sie ruhig und mit fremder Stimme. Du kannst dich zum Teufel scheren mit deinem: »Verzeih mir.« Sie starren einander voller Ohnmacht an. Er läßt die Axt fallen, faßt sie um die Schultern und drängt sie an die Wand, schlägt ihr ins Gesicht. Ihr wird schwindlig, die Nase blutet, und sie versucht sich mit den Händen zu schützen. Sie rutscht mit dem Rücken die Wand hinunter zu Boden. Dann übergibt sie sich. Er hat sich auf das Bett gesetzt. Seine Wut hat sich gelegt, er hat nur noch Angst.

Er versucht ihre Schultern zu umfassen, aber sie weicht heftig zurück. Berühr mich nicht. Faß mich nicht an. – Leg dich hin, sagt er, ich werde aufwischen. – Wenn ich dich nicht mehr sehen muß, geht es mir besser, erwidert sie und kommt auf die Knie. Trotz ihrer Abweisung faßt er sie vorsichtig unter die Arme und führt sie zum Bett. Sie hat Blut im Gesicht, an den Händen, im Haar.

– Ich muß mich waschen, sagt sie und wankt ins Badezimmer, schließt sich ein und spült ihr Gesicht ab. Er geht in die Küche und holt Scheuerlappen und Eimer. Als er auf allen vieren liegt und aufwischt, kommt sie wieder herein. Sie kriecht tief ins Bett. Er nimmt den Eimer mit hinaus, kommt mit einer Decke zurück und breitet sie über sie.

Ein paar Stunden später. Es wird langsam hell, und es regnet stark. Anna sucht Andreas in seinem Zimmer auf.

Anna: Ich habe etwas vorausgedacht, wenn es dich interessiert.

Andreas: Gewiß doch.

Anna: Wir lassen alles, wie es ist, in diesen Monaten, die noch verbleiben. Mitte Juni fahre ich für mein Stipendium nach Polen. Dann bleibe ich ein halbes Jahr fort. Inzwischen kann jeder für sich darüber nachdenken, wie wir es einrichten wollen.

Andreas: Ich brauche keine zwei Monate, um zu wissen, wie ich es einrichten will. Ich kann es jetzt sofort sagen.

Anna: Kannst du das?

Andreas: Ich will nicht mit einem Menschen zusammenleben, der mich während unserer ganzen Ehe ununterbrochen belogen hat.

Anna: Dann willst du es also nicht einmal versuchen?

Andreas: Das ist völlig undenkbar.

Anna: Ja, dann gibt es nichts mehr zu bereden.

Andreas: Es ist merkwürdig, was da alles auftaucht. Ich begreife nicht, wie ich damit fertigwerden soll. Jeder einzelne Gedanke, jede Erinnerung, jede Situation, alles ist vergiftet. Alles fällt auseinander, all die Male, wenn wir miteinander geschlafen haben und du gesagt hast, daß es schön war. Das ist so ekelhaft, daß ich fast nicht daran denken kann. All unsere Gespräche über Treue, darüber, daß man aufrichtig sein soll. Ich weiß ja nicht einmal, ob ich der Vater der Kinder bin. Ich wünschte, du hättest nie etwas gesagt.

Anna: Ich wünschte es auch.

Andreas: Ich glaube, man muß lügen und betrügen, um zusammenleben zu können. Wie, zum Teufel, ist es sonst möglich?

Anna: Es liegt an uns, daß es von Anfang an schiefgegangen ist.

Andreas: Bei allen geht es schief. Alles zusammen ist schief. Von Grund auf schief, und deshalb geht es zum Teufel. Es ist irre von Anfang bis Ende.

Anna (plötzlich): Liebster du, liebster Andreas.

Andreas: Nein, verflucht, sprich nicht in diesem Ton mit mir. Da weiß ich nicht, wo ich hin soll. Sei so gut und bleib in deinem eigenen Revier. Laß dich nicht herab in deiner grenzenlosen Großzügigkeit und Lebensbejahung.

Anna: Jetzt spielst du so schlecht Theater, daß ich beinahe lachen muß.

Andreas: Die Wahrheit, Anna, die Wahrheit ist, daß mir die Luft ausgegangen ist. Es ist nichts übriggeblieben.

Anna: Du. Ich habe eine Idee. Wir machen uns ein schönes Brot zurecht. Es ist unangenehm, das zuzugeben, aber ich bin hungrig. Du nicht auch? Ein bißchen hungrig?

Andreas: Bitte sehr.

Anna: Essen hilft immer.

Andreas: Einmal habe ich dich gefragt, ob du mich nicht trocken und langweilig findest, erinnerst du dich? Ob du es nicht langweilig findest mit einem Mann, der derart konventionell ist, denn darüber hast du immer geschimpft, daß ich so konventionell bin. Erinnerst du dich, was du damals gesagt hast? Für mich bist du der beste Mann der Welt. Das hast du gesagt. War das nur Lüge? Oder Trost?

Anna: Das nicht!

Andreas: War es Lüge?

Anna: Du bist hoffnungslos.

Andreas: Aha.

Anna: Es ist hoffnungslos.

Andreas: Ja, vielleicht.

Sie sieht ihren Mann mit kalten Augen an. Er begegnet ihrem Blick grau und scheu, berührt mit den Fingerspitzen die Wunde an der Wange.

Anna: Wollen wir nun das Brot zurechtmachen?
Andreas (müde): Wie du willst.
Aber sie rührt sich nicht. Er fragt sie leise, woran sie denkt, aber sie antwortet nicht.
Anna: Ich kann die Verantwortung für meine Kinder tragen, wie es sich gehört. Und ich muß die Verantwortung für mich selbst tragen, das ist auch selbstverständlich.
Andreas versucht nachzudenken, was er in diesem besonderen Augenblick sagen müßte. Aber er findet nicht die richtigen Worte. Seine Fingerspitzen berühren die Wunde an der Wange. Langes Schweigen. Schließlich fällt ihm ein, was er sagen kann. Er fühlt selbst, daß dies in der gegenwärtigen Situation nicht die richtigen Worte sind. Aber er hört sich selbst sagen: – *Ich weiß nicht, wie es ohne dich werden soll.* Sie schüttelt den Kopf, als wolle sie ihn bitten, still zu sein, sich nicht zu demütigen.
Andreas: Was ist, Anna?
Anna: Es tut weh.
Andreas: Geht es dir nicht gut?
Anna: Ich will nicht. Nein, ich will nicht.
Andreas: Was willst du nicht?
Sie antwortet nicht, sieht ihn aber die ganze Zeit an. Er will etwas erwidern, läßt es jedoch sein.

Fårö, im Mai 1969

Die Berührung

(Beröringen)

Es ist schwer, ein Filmmanuskript zu schreiben, aber ich frage mich, ob es nicht mindestens ebensoschwer ist, es zu lesen. Worte können ja niemals das ausdrücken, was der fertige Film vermitteln will. Manchmal sind es zu viele, und sie häufen sich ungeordnet auf das spontane Erlebnis. Manchmal sind es zu wenige, und sie lassen den Leser auf die schändlichste Weise im Stich. Auf jeden Fall ist das Manuskript immer ein Halbfabrikat, ein blasses und vages Spiegelbild.

Das gilt besonders für einen Film wie »Die Berührung«. Wenn ich mit einigem Anspruch auf Vollständigkeit das in Worten wiedergeben sollte, was in meinem gedachten Film geschieht, dann wäre ich gezwungen, ein umfangreiches Buch von geringem Lesewert und großer Umständlichkeit zu schreiben. Ich habe weder Begabung noch Geduld für diese Art heroischer Übungen. Außerdem würde ein solches Verfahren jede Gestaltungsfreude töten, sowohl bei mir als auch bei den Künstlern.

Somit lade ich den Leser zu einem recht summarischen Text ein, einer Art Chiffre, die bestenfalls an die Phantasie und das Einfühlungsvermögen des einzelnen appelliert.

Über den fertigen Film kann ich mich vorläufig kurz fassen: Seine Farben sind warm. Die Töne recht hell: Nähe, Zärtlichkeit und ein wenig Wehmut. Weitere Erklärungen wären lächerlich. Filme sind wie Menschen. Man mag sie, man mag sie nicht, man verhält sich gleichgültig.

In diesem speziellen Fall will ich, hoffe ich, würde ich wünschen, daß man sie mag.

Ingmar Bergman

I

Die altertümliche Ziegelfassade des Krankenhauses hinter den herbstlichen Bäumen. Die Station liegt im zweiten Stockwerk. In einem kleinen Aufenthaltsraum auf einem Treppenabsatz sieht man eine uralte Frau, gekleidet in die Uniform der Diakonissen. Sie steht am Fenster und läßt sich die Sonne in die Augen scheinen, sie hat die Hände unter der Brust gefaltet. Karin stockt einen Augenblick, die alte Frau nimmt keine Notiz von ihr.
Der lange, dunkle Gang der Station mit Türen auf beiden Seiten. Das Deckenlicht brennt bereits – es ist ein Herbstnachmittag. Die Pflegerinnen eilen mit den Abendbrottabletts von Zimmer zu Zimmer.
Karin erblickt den Arzt sofort, der ihr mit ausgestreckter Hand entgegenkommt. Ihre Mutter ist vor ungefähr fünfzehn Minuten verschieden, alles ist sehr still geschehen, kein eigentlicher Todeskampf.
Karin fragt, ob sie in das Krankenzimmer gehen könne, und die Stationsschwester hält die Außentür auf, schließt sie dann lautlos hinter ihr. Die innere Tür steht halb offen, und Karin kann den unteren Teil des Bettes sehen und den großen, dunklen Baum vor dem Fenster.
Sie tritt behutsam ein.
Als sie die tote Frau erblickt, füllen sich ihre Augen mit Tränen, und sie flüstert: – Du Arme, Arme, Arme.
Die Tote liegt mit dem Kopf zur Seite, die Augen sind geschlossen, der Mund steht ein wenig offen, und die Zähne schimmern hinter den gelben Lippen. Das volle graue Haar ist zurückgekämmt aus der niedrigen, breiten Stirn, in die das Leiden tiefe Furchen gegraben hat. Aber das Gesicht trägt keine Spuren von Schmerz, eher die eines geheimnisvollen Lächelns: die scharfen Lachfalten und die Augen, die weichen, hochgezogenen Mundwinkel.
Die Hände ruhen auf der Decke, die kurzen, breiten Hände mit knubbigen Fingerkuppen und kurzgeschnittenen Nägeln. Am Zeigefinger klebt ein kleines Pflaster.
Karin setzt sich auf den Besucherstuhl. Das Fenster steht ein wenig offen, und draußen von der Stadt her ist ein entferntes Brau-

sen zu hören. Wieder und wieder führt sie die Hand über die Augen, wieder und wieder steigt das Weinen hoch, ohne zum Ausbruch zu kommen.
Abgesehen von der kleinen Uhr, die eifrig auf dem Nachttisch tickt, ist es still. Schließlich geht Karin zum Bett, beugt sich über das Gesicht der Mutter und küßt sie auf die Wange. Steht dann ziemlich lange und schaut sie an, meint, daß sich die Augenlider der Toten bewegen, daß die Brust sich atmend hebt, aber es ist eine optische Täuschung – das geheimnisvolle Spiel des Todes mit den lebendigen Sinnen.
Die Stationsschwester empfängt sie im Korridor. Karin dankt ihr für alle Hilfe und Fürsorge. Die Schwester fragt, wie man mit den persönlichen Gegenständen verfahren solle. Karin sagt, daß sie morgen geholt würden. – Aber die Trauringe, wollen Sie die nicht gleich haben? Ehe Karin antworten kann, hat die Schwester sie geholt. – Bitte sehr. Nun liegen sie in Karins offener Hand. Zwei dicke Goldringe, fünfzig Jahre lang getragen. In dem einen steht Henrik und das Datum, in dem anderen nur Henrik. Sie sind abgewetzt, sehr zerkratzt.
Karin dankt, ohne noch zu wissen, was sie sagt. Die Garderobe ist dunkel und liegt etwas an der Seite, unmittelbar neben den Glastüren, die zur Station führen. Nun steht sie dort, das Gesicht dem schützenden Dunkel zugewandt, und weint über sich selbst und über den unfaßbaren Verlust.
Jemand bleibt stehen und kommt zurück. Einen Augenblick verharrt er schüchtern in zwei Meter Entfernung, schließlich fragt er: – Can I do something for you?
Karin wendet dem Besucher ihr verweintes Gesicht zu: – Please, leave me alone. Der Mann bleibt etwas verwundert und äußerst verlegen stehen, murmelt eine Entschuldigung. Karin wendet sich ab, schneuzt sich. Als sie wieder aufschaut, ist er weg. Eine Weile später erscheinen ihre Geschwister und die übrigen Verwandten.

2

– Der Garten ist unser Stolz, sagte Karin in ihrem besten Englisch zu David. – Wir haben alle beide Freude an Blumen, Bäumen und Büschen, fügt Andreas hinzu und legt seiner Frau den Arm um

die Schultern. Sie wandern zusammen in der herbstlichen Pracht umher, es ist ein milder Sonntagnachmittag mit einem Nachduft von Sommer.
– Wir arbeiten sooft wir können im Garten. Du mußt mal im Frühling oder Vorsommer herkommen. Da ist es schön, das kannst du glauben. Im Winter malen wir uns aus, was wir pflanzen und verändern werden. Unserer ältesten Tochter macht es auch Freude dabeizusein. Sie hat dort drüben ihre eigene Ecke, die sie ganz allein besorgt.
In der Villa hat das Telefon geklingelt, und besagte Tochter Agnes, vierzehn Jahre alt, ruft: – Papa wird am Telefon verlangt. Andreas entschuldigt sich und läßt Karin mit dem Gast allein. Erst schweigen sie, dann fragt Karin lächelnd, ob sich David eigentlich für Gärten, Blumen und Bäume interessiere. Er antwortet heiter, daß ihn das nicht im geringsten interessiere. Beide lachen. – Ich muß an mein Steak denken, sagt Karin. Willst du mich einen Augenblick entschuldigen? Dann verschwindet sie zur Rückseite des Hauses hin.
David sieht sich um. Die Villa ist geräumig und etwas altmodisch, nicht besonders schön. Der Garten umgibt sie von allen Seiten, zwei gewaltige Ahornbäume flankieren das Haus. Vom Rasen des Nachbarn hört man Lachen und Rufen, zwei junge Mädchen spielen ohne größere Energie Badminton. Im Obergeschoß wird ein Fenster geöffnet, und ein zehnjähriger Junge hängt sich waghalsig an einem Arm heraus und läßt ein Flugzeug fliegen, ein Modellflugzeug, das im schwachen Wind taumelt. – Hej, sagt David auf schwedisch. – Hej, sagt der Junge. Das Flugzeug landet in einem Baum, und er verschwindet vom Fenster.
Karin ist zurück. – Agnes ist sehr tüchtig, sagt sie in ihrem überlegten und etwas schulmäßigen Englisch. Im Grunde ist sie es nämlich, die das Essen zubereitet. Und eigentlich wird sie böse, wenn ich hereinkomme und aufpasse. Sie findet dich interessant, fügt sie hinzu und lacht. Sie findet, daß du wie ein Filmstar aussiehst. Anders, du darfst nicht vergessen, dich vorm Essen zu waschen und das Hemd zu wechseln, sagt sie unvermittelt zu dem Sohn, der gerade mit seinem Flugzeug vom Baum herunterkommt. – Mecker nicht, antwortet Anders.
– Ich verstehe, daß ihr euch hier wohl fühlt, du und Andreas, sagt David höflich, um etwas zu sagen.
– Andreas hat dieses Haus von seinen Eltern geerbt, sagt Karin. Wir könnten uns nicht vorstellen, mitten in der Stadt oder in der

Nähe des Krankenhauses zu wohnen. Andreas braucht diese Entspannung, er arbeitet viel zu hart.
– Die Ehe ist glücklich? fragt David ein ganz kleines bißchen ironisch. Karin sieht ihn an und lächelt. – Die Ehe ist ganz ungewöhnlich glücklich, sagt sie. Wir sind seit sechzehn Jahren verheiratet.
– Dann ist alles vollkommen, sagt David lachend, Karin bleibt stehen und wird ernst, denkt nach. – Es ist unerhört schwer, über so etwas zu sprechen, sagt sie nach einem Weilchen. Besonders wenn man eine fremde Sprache sprechen muß.
– Ich wollte nicht taktlos sein, sagte David. Karin sieht ihn erstaunt an. Er gibt plötzlich seinen Widerstand auf: – Verzeih mir, sagt er leise.
Das Gespräch versickert, aber das macht nicht viel. – Willst du einen Drink, sagt Karin plötzlich. Darauf habe ich ziemlich lange gewartet, erwidert David. Sie lachen beide.
Andreas steht auf der Treppe. – Drink? sagt er. Wir nehmen ihn draußen, nicht wahr? Wartet, ich komme sofort. Whisky, oder?
Sie lassen sich in der Hollywoodschaukel nieder. Andreas ist im großen Zimmer zu sehen, er ist mit den Drinks beschäftigt.
– Ich denke an unsere erste Begegnung, sagte David unvermittelt.
– Im Krankenhaus? – Ja, genau, als du in der Garderobe gestanden und geweint hast. Es ist vielleicht unpassend es dir zu erzählen, aber da habe ich mich in dich verliebt. Ich hätte nie gedacht, daß du es erfahren würdest. Aber nachdem wir durch Zufall – oder was es nun ist – Freunde geworden sind, kann ich es nicht lassen, es dir zu erzählen. Ich bin verliebt in dich, Karin. Dieses Bekenntnis soll dich nicht beunruhigen oder traurig machen. Aber ich bin verliebt in dich, und ich will, daß du es weißt.
Das Abendessen.
–Nein danke, es war außerordentlich gut, aber ich kann wirklich nicht mehr. Ich muß sagen, Agnes ist ein Meister in der Kochkunst. Ja, wir haben die Madonna durch einen Zufall gefunden. Einige Kilometer von hier sind sie dabei, eine Kirche zu restaurieren, in der Nähe des Ausgrabungsfeldes, wo ich arbeite. Die mittelalterliche Kirche von Hammar, wenn ihr die kennt. Nun. Sie waren bei einem Mauerdurchbruch. Als sie etwa einen halben Meter in das Mauerwerk vorgedrungen waren, entdeckten sie einen Hohlraum. Sie trugen die Mauer mit großer Vorsicht ab. Ja danke, ich nehme gern Kaffee. Was wollte ich gleich sagen? Ja, plötzlich konnte man im Dunkel etwas unterscheiden. Es war ein

Frauenantlitz – eine guterhaltene Holzskulptur, die Heilige Jungfrau darstellend. Nein, sie haben sie noch nicht freigelegt. Es dauert sehr lange. Man geht kolossal langsam vor, um nichts zu beschädigen, es können ja noch andere Gegenstände in dem Hohlraum sein. Soweit wir es beurteilen können, ist diese Skulptur etwas sehr Seltenes. Aber das eigentümlichste ist: wie ist sie in euer Land gekommen? Wie ist sie in diese abgelegene mittelalterliche Kirche geraten? Und das letzte, aber Wichtigste: warum hat man sie eingemauert. Danke, gerne einen Whisky. Nein danke, kein Eis. Bis jetzt kann man hinter der Steimauer nur das Gesicht erkennen und ein kleines Stück vom Oberkörper.
Später am selben Abend.
Andreas hat etliche seiner Blumen gefilmt. Nun führt er die Filme vor und kommentiert sie. David hört höflich lächelnd zu und versichert, daß er der interessierteste Zuschauer von Amateurfilmen der ganzen Welt sei. Zwischen Bildern von Bäumen und Blumen sind Bilder von den Kindern, von Karin, für einige Augenblicke erscheint die Mutter – immer Sommer, Meer, Sonnenlicht. Ab und zu sagt Karin, daß das doch David sicher nicht interessiere. Andreas sagt: – Ich dachte, daß gerade am Schluß dieses Films ein paar phantastische Bilder von einer Orchidee kommen müßten, ich hatte sie ganz zufällig gefunden. – Ja, das ist sie, seht mal, seht doch. Diese Farbe. Seht sie euch an.
Karin schaut nach, ob David zusieht: Er hat das Gesicht der Leinwand zugewandt, aber der Blick ist abwesend. Er hat während des Abends ziemlich stark getrunken, und seine Stirn ist ein wenig feucht. Die Gestalt ist zusammengesunken, und der Mann strahlt Müdigkeit und Unlust aus. Plötzlich wendet er Karin das Gesicht zu und sieht sie an. Sie begegnet seinem Blick und lächelt etwas konventionell.
–Hast du keine Aktbilder von deiner Frau, sagt David plötzlich. Ich würde gern sehen, wie Karin nackt aussieht.
Andreas lacht gutmütig und sagt, daß David sich mit den Orchideen begnügen müsse.
Der Gast bricht ziemlich zeitig auf. Andreas erbietet sich, ihn zu fahren, aber David lehnt lachend ab und sagt, daß sie sich nicht zu beunruhigen brauchten. Er werde keinen Skandal machen. Er umarmt Andreas herzlich, und sie klopfen einander auf den Rükken. Dann umarmt er Karin und gibt ihr einen unbeholfenen Kuß.
Nun ist Nacht.

Andreas und Karin gehen durch das Haus, löschen das Licht und schließen zu, lassen den Hund hinaus, gehen hinein zu Agnes, die daliegt und liest. Anders schläft bereits in seiner kleinen Kammer hinter der Küche.
– Gute Nacht, Agnes, und Dank für all deine Hilfe.
– Er war nicht nett, dieser David, sagt Agnes. – Findest du nicht, sagt Karin verwundert. – Nein, er war nicht nett, beharrt Agnes. – Warum denn? fragt Karin und sucht etwas in Agnes' Schublade. Wo hast du diesen BH, den ich für dich umtauschen sollte? – In der anderen Schublade, Mama, sagt Agnes gereizt. Karin findet, was sie sucht, und wünscht ihrer Tochter nochmals eine gute Nacht. Warum David nicht nett war, hat sie nicht erfahren.
Die Eheleute begeben sich in das gemeinsame Schlafzimmer. Unter ruhigem Geplauder machen sie sich beide abwechselnd im Badezimmer zu schaffen. – Wann mußt du morgen im Krankenhaus sein? – Um sieben, ich habe halb acht eine Operation. Wie fandest du David? Ich finde, er ist ein verdammt sympathischer Bursche. – Hat er nicht ein bißchen viel getrunken? – Meinst du? Das ist mir nicht aufgefallen. Andreas' Stimme klingt aufrichtig erstaunt! – Ja, ja, die Ausländer.
– Wie habt ihr euch eigentlich getroffen, du und David, fragt Karin plötzlich. Andreas zögert einen Augenblick: – Er hatte eine Nierenkolik, und Jacobi vom Museum rief an und bat mich, ihn mir mal anzusehen. So war das.
Sie kommen fast gleichzeitig ins Bett. Andreas sagt, daß er eigentlich vorgehabt habe, mit Karin zu schlafen, aber nun sei er so verdammt müde. Karin lacht und sagt, daß sie auch mächtig müde sei. – Ich kann heute abend nicht einmal mehr lesen, sagt Andreas und gähnt herzhaft. – Ich auch nicht, sagt Karin, angesteckt von dem gewaltigen Gähnen. – Dann schlafen wir also, sagt Andreas und macht das Licht aus. Wo ist deine Hand? – Hier ist meine Hand! – Es tut gut, deine Hand zu halten.
Schweigen, Einschlafen. – Hast du deine Pille genommen, murmelt Andreas. – Ich brauche heute abend nicht, was? Es ist wohl keine Gefahr? – Gefahr? sagt Andreas und lacht ein bißchen.

3

Ein stiller, verhangener Herbsttag. Die unansehnliche Kirche liegt auf einem Plateau oberhalb der verstreuten Häuser. In der Nähe erhebt sich ein alter Steinturm. Hier und da Baugerüste, aber es ist Samstag, und es sind keine Arbeiter zu sehen.
Die Wärme des Sommers verweilt immer noch in dem kahlen Kirchenraum, in dem der Geruch von verrottetem Holz und stiller Vergänglichkeit hängt. Links vom Altar, neben dem Eingang zur Sakristei, befindet sich der Mauerdurchbruch. Weiter oben verläuft ein halb zerstörter Fries mittelalterlicher Malereien, die Leben und Leiden Christi von der Verkündigung bis zur Kreuzigung darstellen. Der Altarschrein ist eine bäurische Version des Abendmahls.
– Karin, komm her und schau, sagt David. Er hat ein Stück Sackleinwand abgenommen, das teilweise das Mauerloch verdeckte. – Stell dich auf die Kiste da und sieh hinein. Er knipst eine Taschenlampe an und richtet sie in das geheimnisvolle Dunkel. – Kannst du sie sehen?
Die Madonna dadrinnen, schwach beleuchtet vom Tageslicht und von Davids Taschenlampe, scheint Karin ihr Antlitz zuzuwenden und sie mit einem kaum wahrnehmbaren Lächeln zu betrachten.
Sie ist eine irdische Frau ohne Heiligenschein, die Körperformen sind rund und sinnlich, die Hände, die das nackte, widerspenstige Kind halten, sind breite Arbeitshände. Unter dem sinnreich geschnittenen mittelalterlichen Gewand schwellen ihre Schenkel und Brüste, sie sitzt leicht vornübergeneigt, als wollte sie das Kind hindern, von ihrem Schoß zu klettern. Aber der Blick ist zum Betrachter gewandt, wie zu einem plötzlich eintretenden Besucher, und das Lächeln ist zutraulich, ohne Ängstlichkeit.
An der Außenwand der Kirche ist es sommermild. Sie lassen sich auf einer breiten Planke nieder, von der sie die Gegend und das Meer überblicken können.
Sie sind von Stille umgeben.
– Gib mir deine Hand, sagt David. Sie zögert ein wenig, zieht den Handschuh aus und reicht ihm ihre Hand. Er hält sie zwischen seinen Händen, legt sie an seine Wange, dann küßt er die Handfläche. Sie zieht die Hand hastig zurück und steht auf. – Nein, sagt sie, nicht so! Was willst du eigentlich von mir?

Er will erst nicht antworten. – Ich weiß nicht, sagt er dann. Ich will dich haben. – Warum? fragt sie.
– Ich bin doch verliebt in dich. Reicht das nicht? Sie schüttelt den Kopf. – Ich bin seit sechzehn Jahren verheiratet. Ich habe Andreas niemals betrogen. Niemals. Nun will ich nicht anfangen zu lügen und ihn zu hintergehen und so ein eigenartiges Doppelleben zu führen. Du findest mich vielleicht lächerlich, aber ich bin nicht sicher, ob es es so große Opfer wert wäre. Verstehst du, was ich meine? Es ist schwer, das in einer fremden Sprache zu erklären. Verzeih mir. Ich kann überhaupt nichts erklären.
Er beugt sich vor, um sie zu küssen. Aber sie weicht aus. – Nein, sagt sie. Nein. Wenn du mich küßt, dann – da –, ich weiß nicht, ich weiß nicht. Sie lächelt immer noch, ist aber sehr erregt.
Dann sagt sie plötzlich sehr nüchtern, daß sie sich beeilen müsse, um heimzukommen.
Sie bleiben kurz vor der Gartenpforte stehen, und er fragt, wann sie sich das nächstemal sehen könnten. Sie antwortet sofort: – Morgen ist Sonntag, und da kann ich nicht, und am Montag haben wir Herbstgroßreinemachen, da kommen zwei Frauen und helfen, da kann ich absolut nicht weg, aber am Dienstag können wir uns sehen. – Wo wollen wir uns sehen, fragt David ungeduldig. – Ich komme um halb drei zu dir nach Hause, sagt sie sachlich. Dann küßt sie ihn leicht auf die Wange und bringt sich hinter der Gartenpforte in Sicherheit.
Sie zieht den Mantel aus und hängt ihn in der Diele auf, schaut in den Spiegel, betrachtet ihr Gesicht im Spiegel, ihre Figur, hört Andreas in seinem Arbeitszimmer telefonieren, geht gleich zu ihm hinein, läßt sich auf seinem Schreibtischstuhl nieder. Er steht neben dem Schreibtisch und spricht mit einem Kollegen: – das beste ist, sie sofort einzuliefern, ich werde das Krankenhaus anrufen, wir sehen uns morgen, wir können uns wohl zum Lunch treffen, du findest mich in meinem Zimmer, nicht wahr? Ich bin ab halb eins dort. Sie dreht sich ein bißchen auf dem Stuhl und betrachtet interessiert ihren Mann. Er lächelt ihr zu und kneift den Mund auf lustige Art zusammen. Das Telefongespräch ist zu Ende.
– Habt ihr eine angenehme Tour gehabt? – Es war mächtig interessant, sagt Karin. – Warum hast du David nicht zum Essen eingeladen? – Ich habe ihn eingeladen, aber er wollte nicht.
Andreas ruft das Krankenhaus an: – Guten Tag, hier ist der Chef,

kann ich mit Schwester Gunhild von Station drei sprechen. Danke. Ich warte.
Karin steht auf und geht zur Tür. – Ich gehe hinunter und löse Agnes in der Küche ab, sie hat sich für heute abend mit ein paar Freunden etwas vorgenommen. – Sie muß spätestens um zwei zu Hause sein, verfügt der Vater. – Wir werden über die Sache sprechen, erwidert Karin ausweichend.
– Aha, bitten Sie Schwester Gunhild, mich anzurufen, sobald sie frei ist. Gut. Danke.
– Ja, ich wollte mit dir über etwas sprechen, sagt Karin an der Tür.
– Das klingt spannend, sagt Andreas. Die Augen blitzen hinter den starken Gläsern, und er lächelt erstaunt. Aber Karin überlegt es sich anders. Sagt statt dessen: – Ich glaube, daß ich doch keine Hilfe im Haushalt haben will. Es ist viel besser, alles selbst zu besorgen. Man vermeidet so viel Ärger.
– War es das, worüber du mit mir sprechen wolltest? fragt Andreas. – Ja, wieso? – Ja, ich fand, du hattest so ernst angefangen, daß ich dachte, es wäre etwas Wichtiges.

4

Sie ist sehr nervös, dennoch recht heiter, hat sich in derben langen Hosen und einem großen Pullover verschanzt. Das Haar ist ordentlich aufgesteckt, und auf der Nase sitzt eine Brille. – Ich muß die Brille tragen, wenn ich Auto fahre, erklärt sie. Sie zieht den Mantel aus und sieht sich in der tristen, rein zufällig gemieteten Wohnung um. – Es war verzwickt, herzufinden, in diesem alten Teil der Stadt führen die Einbahnstraßen, von uns aus gesehen, alle in die falsche Richtung. Ich hätte es beinahe überhaupt nicht gefunden. Verzeih, daß ich mich verspätet habe.
David hat Sherry gekauft und Gläser hingestellt. Er hat auch Blumen gekauft, die schon verwelken. – Die armen Blumen, sagt Karin. Ich werde die Stiele etwas einschneiden, dann erholen sie sich vielleicht. Sie beschäftigt sich damit in der Kochnische. – Wie hast du diese Wohnung hier erwischt? – Ein Kollege, sagt David und versucht deutlich zu sprechen. – Es ist eine greulich triste Wohnung, findest du nicht? – Das ist mir noch nicht aufgefallen, sagt David zur Entschuldigung. Auf jeden Fall besser, als im Hotel zu wohnen. – Ja, *jetzt* ist es besser, sagt Karin und lächelt ihn an.

Die Blumen stehen auf dem Tisch, wohlversorgt. – Willst du ein bißchen Sherry? fragt David. – Ich möchte eine Tasse Tee, sagt Karin und schaut in den Küchenschrank. Hast du Tee? – Ich fürchte, der Tee ist alle. Wenn du willst, kaufe ich welchen. – Nein, nein, wir nehmen deinen Sherry. Er öffnet die Flasche mit einer gewissen Mühe, als er eingießen will, zittert seine Hand stark, und er verschüttet etwas auf den Tisch. – Bist du nervös, David? fragt Karin lächelnd. – Ja, ich habe sechshundertneunzig Puls, sagt er. Bist *du* nicht nervös? – Ich bin fast bewußtlos, sagt Karin und lacht.
Sie trinken sich schweigend zu. – Verzeih, daß ich so einen häßlichen Pullover und diese alten Hosen angezogen habe, ich wollte eigentlich hübsch angezogen sein, wenn ich das erstemal zu dir komme, aber es ist plötzlich so mächtig kalt geworden.
David lächelt höflich und sagt, daß er glaube, sogar etwas Schnee in all dem Regen gesehen zu haben. – Ich hasse es, wenn es kalt ist, sagt Karin bekümmert. Das ist ein häßliches Klima hier an der Küste. Der Frühling kommt ziemlich spät. – Ja, aber es war ein ungewöhnlich schöner Herbst, sagt David und gießt Sherry ein. – Danke, für mich nicht, sagt Karin abwehrend, mir ist der Sherry schon zu Kopf gestiegen. Worüber wollen wir nun reden? Sie lachen beide. – Was sollen wir nun machen? – Ich finde, wir ziehen uns aus und legen uns hin und sehen, was passiert, findest du nicht, sagt Karin. Aber wir ziehen die Gardinen zu, nicht wahr? Ich bin ziemlich schamhaft. – Das bin ich auch, sagt David.
Als David aus dem Badezimmer zurückkommt, bekleidet mit seinem alten, abgetragenen Morgenrock, steht Karin nackt in der Dämmerung des Raumes und betrachtet sich in einem angeschlagenen alten Spiegel, der unmotiviert in einer Ecke hängt. Sie wendet sich ihm mit einem flüchtigen Lächeln zu, und als er sie umarmen will, schiebt sie ihn behutsam von sich. – Warte, sagt sie, warte ein bißchen. Du sollst mich erst ansehen. Er setzt sich auf die Bettkante, und sie steht vor ihm.
– Ich bin vierunddreißig Jahre alt, sagt sie lächelnd. Das kannst du in meinem Gesicht sehen, besonders um die Augen. Ich habe zwei Kinder geboren, habe sie gestillt. Meine Brüste waren vorher hübscher. Auf dem Bauch habe ich hier eine Falte, vom zweiten Kind. Anders war so groß, verstehst du. Ich bin keine besonders gute Geliebte. Andreas und ich, wir sind im Bett immer gut miteinander ausgekommen, es gab nie irgendwelche Probleme, wenn es auch nicht immer übermäßig leidenschaftlich zuging.

Ich habe kurze Beine und ein ziemlich großes Hinterteil, als junges Mädchen hatte ich damit ziemlich viel Kummer. Ich will nicht, daß du dir irgendwie besondere Mühe geben sollst, um mich glücklich zu machen, wenn du verstehst, was ich meine. Da werde ich nur ängstlich und verschlossen. Ich weiß überhaupt nicht, warum ich hierhergekommen bin und warum ich mit dir ins Bett gehe. Ich weiß nicht einmal, ob ich in dich verliebt bin. Ein bißchen schon, und dann erregt es mich natürlich mächtig, daß du sagst, du bist verliebt in mich und willst mich haben. Verzeih, daß ich soviel geredet habe. Das ist sicher kein guter Anfang für ein Verhältnis, aber ich bin noch nie in einer solchen Situation gewesen. Ich habe nur zwei vor dir gehabt, und an den ersten kann ich mich nicht mehr erinnern, so daß eigentlich nur Andreas zählt. Es ist klar, es quält mich sehr, daß ich ihn nun betrüge. Aber er soll nie etwas davon erfahren. Er ist für mich der beste Mensch der Welt. Liebster David, verzeih mir, daß ich das alles sage, aber ich will, daß du weißt, mit wem du ins Bett gehst. Für dich bedeutet das vielleicht kaum etwas, und ich mache vielleicht eine viel zu große Affäre aus dieser kleinen Affäre, aber für mich ist es keine kleine Affäre. Nun legen wir uns ins Bett, und du sollst mich wärmen, denn ich friere schrecklich.
David hat dieser langen Rede lächelnd zugehört, und als sie zu ihm ins Bett kommt, umarmt er sie und küßt sie behutsam auf den Mund. Dann liegen sie lange still und sehen einander ohne Angst und Beklemmung an.
– Du hast für uns sogar frisch bezogen, sagt Karin. Dann überlegt sie ein bißchen. Hast du andere Frauen hier auf dem Zimmer gehabt? Ja, du brauchst nicht zu antworten, es war eine dumme Frage. Leg deine Hand auf meine Brust.
Sie küssen sich wieder.
– Ich kann heute nicht, sagt David plötzlich. – War es mein langer Vortrag, der dich erschreckt hat, sagt Karin lächelnd. Das macht nichts. Wir sind einfach so hier zusammen. Das ist doch gut so.
Eine Weile später sagt sie still: – Ich muß nun gehen, David. Ich habe versprochen, Andreas vom Flugplatz abzuholen, er war heute in Stockholm. Sie sehen sich an und küssen sich, und dann steht Karin auf und beginnt schnell, sich anzuziehen. – Komm her, sagt er plötzlich, er sitzt noch im Bett mit zwei Kissen im Rükken. Sie geht zu ihm hin, und er nimmt ihre Hand. – Ich will dir etwas sagen, sagt David langsam. Aber ich weiß nicht, wie ich es ausdrücken soll. Sein Gesicht ist blaß, und die Augen sind rotge-

rändert. – Ich weiß nicht, wie ich es sagen soll, sagt er. Sie setzt sich auf die Bettkante, legt die Arme um seine Schultern und zieht ihn an sich, streicht ihm langsam über Ohr und Wange. – Ich mag dich so sehr, sagt sie in ihrer eigenen Sprache. Ich mag dich so sehr, sehr, sehr.

Dann steht sie vorsichtig auf und zieht sich fertig an. Er steht auch auf und streift den alten Morgenrock über. Bevor sie geht, küßt sie ihn hastig. – Bist du von mir enttäuscht, fragt David. Sie umarmt ihn fest und fängt an zu lachen.

Sie lacht und bringt ihn zum Lachen. Hält ihn in den Armen und sagt lächelnd: – Nein, nein, nein, nein, nein, nein! Dann geht sie schnell hinaus, entdeckt aber sofort, daß sie ihre Handschuhe vergessen hat, und klopft an die Tür. Er öffnet. – Ich habe meine Handschuhe vergessen, sagt sie etwas gehetzt, aber immer noch lächelnd.

Er versucht sie festzuhalten und küßt sie heftig. Sie spürt seine Lust und ist nahe daran, einem plötzlichen Impuls nachzugeben. – Ich kann jetzt aber nicht, nicht jetzt. Ich komme ein andermal wieder. Bald. Ich rufe dich morgen früh an.

5

– Hallo, hier ist Karin. Hast du gewartet? Ich wollte erst anrufen, wenn ich allein im Haus bin. Ich hatte solche Angst, daß du schon weg wärst.

– Ich habe nicht geglaubt, daß du von dir hören lassen würdest. Ich weiß nicht, warum. Übrigens bin ich nicht ganz nüchtern. Ich habe eine Schlaftablette genommen und konnte trotzdem nicht einschlafen. Und da habe ich ein bißchen getrunken und noch eine Schlaftablette genommen. Ich hätte Viertel nach acht oder spätestens halb neun draußen bei der Ausgrabung sein müssen. Aber ich gehe heute nicht hin. Ich kann ja auch mal krank sein. Du darfst dich nicht darum kümmern, daß ich nicht nüchtern bin, das ist wirklich nicht meine Gewohnheit. Ich habe nicht geglaubt, daß du anrufen würdest. Ich habe nicht geglaubt, daß wir uns noch treffen würden. Ich bin . . . Ich möchte dir etwas erklären. Es ist so eigentümlich, da ist etwas Wichtiges, worüber ich sprechen will, etwas, das ich noch keinem Menschen gesagt habe. Das möchte ich dir sagen, aber ich habe keine Worte. Ich bin ein seeli-

scher Analphabet. Kannst du nicht jetzt sofort zu mir kommen? Ich habe Sehnsucht nach dir. Was machst du? Mußt du Betten machen und saubermachen, oder was mußt du machen? Mußt du etwas zum Mittag einkaufen gehen? Bist du eine verdammte Dienstleistungseinrichtung, oder was bist du?
Kannst du nicht sofort kommen? Kannst du nicht kommen? – Ich kann jetzt nicht kommen. Ich kann nicht, das mußt du verstehen. Ich kann nicht einfach alles stehen- und liegenlassen. David, bist du noch da? Warum antwortest du nicht?
– Ich verstehe, sagt David, seine Stimme klingt weit und entfernt. Dann wird es still.
– Ich komme. Aber ich habe keine Zeit, ich kann nur eine Weile bleiben.

6

Dann kommt sie also doch. Sehr erregt und ohne es eigentlich zu wollen. Als sie sich treffen, ist sie ängstlich und kalt. Das Zimmer ist ungelüftet und stinkt nach kaltem Zigarettenrauch. Er ist nur halb angezogen, ist unrasiert und riecht nach Alkohol und Nachtschweiß. Er umarmt sie und zieht ihr den Mantel aus. Sie widersetzt sich schwach, sagt, daß sie keine Zeit habe zu bleiben. Er murmelt etwas, das sie nicht versteht, es klingt wie ein Schimpfwort. Ein kurzes Ringen an dem ungemachten Bett, er wirft sie um und fängt an, ihr die Kleider vom Leib zu reißen. Blaß vor Zorn und Demütigung, sagt sie ihm, er solle es bleibenlassen, sie ziehe sich selbst aus. Sie streift die Strumpfhosen und den Schlüpfer ab, zieht den Rock hoch und legt sich mit gespreizten Knien aufs Bett. Er legt sich auf sie und dringt in sie ein, ohne sie zu küssen oder zu umarmen. Sie hält die Augen fest geschlossen und läßt ihn gewähren. Er stöhnt leise, er ist wütend, verkrampft und rücksichtslos. Sie öffnet die Augen und sieht ihn an: Sein Gesicht ist bleich vor Haß, und unter den Augen haben sich schwarze Vertiefungen eingegraben. – Sieh mich nicht an, verflucht, sagt er mit heiserer Stimme und legt ihr die rechte Hand über das Gesicht. Dann sagt er ein paar Worte in einer fremden Sprache. Es klingt erschreckend. Der Mund öffnet sich, die Lippen verziehen sich und entblößen die Zähne, der Körper verkrampft sich, und aus seiner Kehle kommt ein Laut, der wie Weinen oder ein halberstickter Schmerzensschrei klingt. Dann liegen sie still und abwesend, Bettzeug, Kleider, Körper schwer vor Überdruß und Einsamkeit. Das Tageslicht steht hart und grau vor dem großen Fenster mit seinen zerlöcherten Gardinen. Karin macht sich los und steigt aus dem Bett, geht ins Badezimmer.

7

Am Nachmittag desselben Tages arbeiten Andreas und Karin im Garten, sie sammeln Fallobst in große Körbe. Es nieselt, aber es ist nicht besonders kalt. Die Sonne wandert hinter den Regenwolken und bricht dann und wann in brennenden Streifen durch die alternden Bäume.
– Ich habe dich heute morgen ein paarmal angerufen, habe dich aber nicht erreicht, sagt Andreas beiläufig. – Nein, ich war auf dem Boden und habe saubergemacht. Wir haben ja eine Masse alter Sachen herumhängen, die ich sortiere und die wir dem Roten Kreuz schicken können. – Das ist eine gute Idee, sagt Andreas und richtet sich auf. Bist du traurig über irgend etwas? Karin antwortet nicht gleich. – Es ist nichts, sagt sie. Ich bekomme nur meine Tage, und da werde ich ja ein bißchen melancholisch. – Ist es wirklich nichts anderes? fragt Andreas ruhig. – Nein, ich glaube nicht, erwidert Karin und lächelt. Dann geht sie zu dem Mann und legt den Arm um ihn.

8

Gleich unterhalb der alten Kirche, die restauriert wird, hat man die Reste eines Klosters und eines Gräberfeldes aus dem ersten Jahrhundert vor Christus gefunden, sehr wenige und schwerbestimmbare Überreste. Das Gebiet ist jedenfalls abgesperrt und teilweise freigelegt. Von der Kirche hört man die Bohrmaschine und den Schlag von Spitzhacken. Hier draußen ist es still. Zwei Männer in dicker Schutzkleidung liegen auf dem Bauch und stochern mit kleinen Metallspaten in der Erde. Es ist ein Herbsttag, unruhig, mit unvermitteltem Wechsel zwischen Licht und Re-

genschatten. Karin nähert sich schüchtern, bleibt ein Stück entfernt stehen, traut sich nicht weiter. Als David sie erblickt, sagt er etwas zu seinem Mitarbeiter, klopft sich die Erde von den Knien und kommt zu ihr. Sein Gesicht ist ernst, fast abweisend.
– Warum läßt du nichts von dir hören, fragt Karin sofort. Ich habe mehrmals versucht dich anzurufen, aber niemand hat geantwortet, und gestern war ich da und habe an deiner Tür geklingelt, und ich habe gehört, daß du zu Hause warst, aber du hast nicht aufgemacht.
David hat sie beim Arm genommen und durch das Feld geführt, hinüber zum Waldrand. Dort setzen sie sich hinter ein paar immer noch belaubte Bäume, neben ein stilles Wasser.
– Warum tust du das? fragt sie. Ich halte dein Schweigen nicht aus, das ist das einzige, was ich nicht aushalte. Sie streicht ihm plötzlich sanft übers Gesicht.
– Es ist nichts, sagt er. Wenn du nur Geduld mit mir haben wolltest.
– Ich habe grenzenlose Geduld, sagt Karin und lächelt. – Ich habe keine Forderungen. Glaub nicht, daß ich irgendwelche Forderungen hätte. Ich verstehe ja selbst nicht, was geschehen ist. Ich weiß nur, daß ich keinen Gedanken denken kann, der nicht mit dir zu tun hat. Ich kann nicht eine Minute leben, ohne daß es dich in dieser Minute gibt. So ist das.
David nickt: – Ich weiß nicht, was ich mit mir anfangen soll in dem Tumult all dieser Gefühle.
Karin streicht ihm wieder über das Gesicht. – Wenn wir einander nur nicht verlieren, dann macht es nichts, sagt sie leise und hastig. – Das ist das wichtigste. Daß du mich nicht aus deinem Leben ausschließt. Dann werde ich völlig hilflos, verstehst du.
Dann können sie nicht mehr viel sagen. Sie sitzen da und sehen sich an und streicheln sich mit ungewohnten, unbeholfenen Bewegungen. – Ich wünschte, ich könnte es dir erklären, sagt David.
– Ich weiß, sagt Karin. Ich weiß. Er streichelt sie, und sie bekommt Erde an die Wange.

9

Ein Gedicht von Gunnar Ekelöf

Weck mich zum Schlaf in dir
wecke meine Welten zu dir
entzünde meine erloschenen Sterne näher bei dir.

Träume mich fort aus meiner Welt
heim zur Heimstatt der Flammen
gebäre mich, lebe mich, töte mich näher bei dir.

Näher zu dir
näher dem Herd der Geburt
umfange mich wärmer, nimm mich näher zu dir.

10

Dann ist Winter. Sie treffen sich fast jeden Nachmittag einige Stunden, immer in seiner schäbigen gemieteten Wohnung. Eines Tages hilft sie ihm saubermachen, findet im Bücherregal ein Album voll alter Fotografien. Setzt sich ans Fenster und blättert. Er beugt sich über sie.

– Ich schleppe dieses Fotoalbum mit mir herum, wo immer ich auch bin, sagt David. Ich weiß nicht, warum. Vermutlich eine Art dunkler Sentimentalität. Mein Vater und meine Mutter, alle meine Verwandten sind fort. Wir wohnten in Berlin etwas außerhalb der Stadt, mein Vater war Chef einer privaten psychiatrischen Klinik. Ich war vierzehn, als Vater plötzlich Mutter und mich und meine Schwester in die Schweiz schickte. Ein halbes Jahr später verloren wir den Kontakt zu unserer Familie in Deutschland. Sie wurde in verschiedenen Lagern umgebracht. Nach dem Krieg und Mutters Tod fuhr ich nach Israel, wo ich meine Ausbildung erhielt. Ich glaube, ich behalte dieses Album wegen Mutter. Hier siehst du sie als junges Mädchen, gerade verlobt. Findest du nicht, daß sie schön ist? Sie war warmherzig und impulsiv, leidenschaftlich und sehr heftig. Meistens war sie etwas derb, außer wenn man krank war. Dann war ihre Zärtlichkeit grenzenlos. Manchmal ist es so hoffnungslos einsam ohne Mutter, ist das nicht lächerlich? Ich bin doch ein erwachsener Mann.

Ich erinnere mich, als sie mit meiner Schwester schwanger war. Ich war wohl nicht älter als sechs. Durch Zufall sah ich sie eines Morgens nackt, mit dem gewaltigen Bauch, ich bekam Angst und fing an zu weinen. Mutter nahm mich zu sich. Ich erinnere mich, daß ich ein Leibchen anhatte und fror. Mutter nahm mich zu sich ins Bett. Sie war immer noch nackt, und ich durfte mit der Hand ihren Bauch befühlen, und ich spürte, wie das Kind sich bewegte. Ich erinnere mich ganz stark daran, aber Mutter leugnete alles, als ich erwachsen war und mit ihr darüber sprach. Sie wurde sogar ein bißchen ärgerlich.
Du hattest eine Schwester, fragt Karin. – Ja, hier siehst du sie, wir waren als Kinder unzertrennlich, wir haben immer zusammen gespielt, obwohl ich sechs Jahre älter bin. – Wo ist deine Schwester jetzt, fragt Karin. David schweigt einen Augenblick. – Sie ist fort, sagt er dann. Ich habe keine Verwandten, keine Kontakte. Ich war verheiratet, aber es nahm ein Ende mit Schrecken für uns beide. – Ist deine Schwester während des Krieges gestorben, fragt Karin hartnäckig. – Ich weiß nicht, sagt David etwas irritiert. Sie ist fort. Ich weiß nichts von ihr.

11

David ist außer sich, beherrscht sich aber. Er lächelt, als er Karin die Tür öffnet. Es ist spät am Nachmittag. – Wo bist du gewesen? Ich habe auf dich gewartet. – Das kann nicht sein, ich habe gesagt, daß ich heute spät kommen. – Du hast gesagt, du kommst um drei Uhr, aber jetzt ist es vier. – Ich erinnere mich genau, daß ich keine Zeit gesagt habe, weil ich nicht wußte, ob ich sie einhalten könnte, denn ich wußte nicht, wie lange der Lunch dauern würde.
Karin lächelt und küßt ihn auf den Mund und zieht den Pelz aus. Sie ist fein heute, mit Schmuck und hohen Absätzen.
– Also habe ich keine Zeit gesagt, sagt sie und küßt ihn wieder. Aber weil du so hartnäckig warst, habe ich versprochen, auf jeden Fall zu kommen, auch wenn es nur für eine kurze Weile sein würde. Wie dunkel es hier drinnen ist, wollen wir nicht Licht machen? Karin ist sehr guter Laune. Aufgeräumt, belustigt über Davids Zorn. Er faßt sie bei den Armen und küßt sie heftig.
– Du hast geraucht, sagt er verärgert. – Ja, das habe ich, sagt sie

lächelnd. – Wir hatten uns doch versprochen, mit dem Rauchen aufzuhören. – Ja, aber heute fand ich, daß es gut schmeckte nach all dem schweren Essen. Ich habe fünf Zigaretten geraucht, sie hält fünf Finger hoch und lacht. Wie böse du nun bist. – Überhaupt nicht, sagt er kalt, aber wir hatten ein Übereinkommen. Außerdem hast du eine Menge getrunken. – Ja, das habe ich auch, sagte Karin und nickt viele Male. Ich bin vielleicht ein bißchen beschwipst. Ich bin ein bißchen beschwipst. Ich bin schon betrunken. Komm und nimm mich jetzt. Ich habe es ziemlich eilig, verstehst du. Gib mir wenigstens einen Kuß und sag, daß du mir verzeihst.
Sie umarmt und küßt ihn. Er versetzt ihr einen heftigen Schlag ins Gesicht. Sie taumelt zur Seite, der Schlag hat sie hart an Wange und Mund getroffen. Ihr treten vor Zorn, Verwunderung und Demütigung Tränen in die Augen. David ergreift einen Stuhl und schleudert ihn zu Boden, er landet zerbrochen in einer Ecke.
– Mich hat noch nie jemand geschlagen, sagt Karin nach einer Weile. Ich bin in meinem ganzen Leben noch niemals geschlagen worden. – Ich ertrage es nicht, wenn du so bist, sagt David rasend. Ich war nur vergnügt. – Du bist nicht nüchtern, und dann hast du geraucht, schreit er, außer sich vor Zorn.
– *Ich war vergnügt,* wiederholt Karin. Ich war zu einem Lunch für eine ausländische Delegation, das habe ich dir vorher erzählt. Ich habe mich amüsiert. Andreas hat sich gewaltig gewundert, warum ich es so eilig hatte. Es war schwierig, heute herzukommen. Aber ich bin gekommen, weil du mich so sehr gebeten hattest. – Ich ertrage diesen verdammten Andreas nicht, schreit David. Diesen verdammten, verlogenen Idioten und Stümper. Er kann sich zum Teufel scheren.
– Du bist nicht gescheit. Laß dieses Schreien. Karin fängt an zu lachen. Das ist ja gräßlich, wie böse du aussiehst.
– Verschwinde, sagt er kalt. Scher dich zur Hölle. Geh nach Hause zu deiner verdammten Spießbürgerlichkeit. Da paßt du hin. Es ist völlig sinnlos, was wir hier machen. Hörst du nicht, was ich sage? Scher dich zum Teufel und laß mich in Frieden.
– Jetzt benimmst du dich dumm, sagt Karin ruhig und zieht den Pelz an. Aber er ist noch nicht fertig mit seinem ohnmächtigen Zorn. – Ich bin deiner müde, es ist schön, daß Schluß ist. Ich bin deiner müde und überdrüssig, hörst du? Karin stockt, dreht sich um, sieht ihn an. – Armer David, sagt sie in einem anderen Ton-

fall. Armer David und arme Karin. Wie schwer wir es haben werden.

– Deshalb ist es viel besser, jetzt gleich Schluß zu machen, sagt David hönisch. Karin schüttelt den Kopf, nun ist sie traurig. – Wenn es so einfach wäre, sagt sie.

Dann geht sie zu ihm hin und sieht ihn ernst und forschend an. – Wenn du etwas von mir willst, kannst du mich wie gewöhnlich morgen früh anrufen. Dann streicht sie ihm flüchtig über die Wange.

Draußen vor der Tür bleibt sie einen Augenblick stehen und horcht. Es ist ganz still. Sie geht langsam die Treppe hinunter, und jetzt fängt sie an zu weinen. Die Tränen rinnen, es ist nicht einmal ein richtiges Weinen, es ist mehr wie eine unerträgliche Schwere, eine plötzliche Einsicht.

Sie geht Schritt für Schritt hinunter, die Hand am Geländer. Als sie auf die Straße will, stößt sie mit einer Frau zusammen, die sie mit einem neugierigen Lächeln grüßt. Sie erwidert den Gruß und öffnet die Haustür. Da hört sie ihn hinter sich die Treppe hinunterspringen.

Sie sind wieder in dem dämmrigen Zimmer, sie sind wieder beieinander. In Nähe und Zärtlichkeit und Verzeihung, aber auch in einer geheimen Verzweiflung, die tief ihrer innersten Gemeinschaft schmerzt.

12

Am selben Abend sitzt Karin Andreas gegenüber im Arbeitszimmer, jeder in einem bequemen Stuhl, bei einer Partie Schach. Das Grammophon spielt etwas Ruhiges. Der Hund schläft auf dem Teppich.

Sohn Anders kommt mit einer Coca-Cola herein und sinkt in einen Sessel. – Hat's Spaß gemacht im Kino, fragt Andreas. – Es geht, sagt der Sohn. Eine Masse idiotische Liebe, und das ist ja mächtig langweilig. – Aha, gab es keinen anderen Film, sagt Karin. – Nein die anderen hatte ich schon gesehen. – Hast du Hunger, fragt Karin weiter. – Nein, ich habe mir eine Stulle genommen. Gutnacht. Wer gewinnt? – Wie immer Mama, sagt Andreas. Gutnacht. Anders hievt sich aus dem Sessel und verschwindet.

– Ich komme nachher hinauf und sagte Gutnacht und mache das Licht aus, ruft Karin, aber Anders antwortet nicht darauf.
– Wo ist Agnes, fragt der Vater. – Sie ist tanzen, das weißt du doch. – Aber sie war doch so erkältet. – Nicht heute abend, Agnes ist samstags nie krank.
Andreas schaut hoch und lächelt flüchtig. – Was hast du an der Lippe? – Ich weiß nicht, was es sein kann, sagt Karin etwas abweisend. Ich habe es selbst vorhin gesehen. Ob das Vitaminmangel sein kann?
– Das glaube ich nicht, sagt Andreas und lächelt.
Sie spielen schweigend eine Weile weiter. – Ich muß im April nach Rom zu einem Kongreß, hast du Lust mitzufahren, fragt er.
– Das wäre mächtig verlockend, sagt Karin ausweichend. Rom ist schön im April, nicht wahr? Ich bin nicht sicher, ob ich kann. Ich müßte jemanden finden, der herkommen und nach den Kindern sehen könnte. – Ist bereits geschehen, sagt Andreas vergnügt. Ich habe heute nachmittag meine Schwester Eva angerufen, und sie hat gesagt, es paßt ihr ausgezeichnet. Sie fand die Aussicht sogar richtig angenehm. Sie ist ja nun allein nach der Scheidung, die Arme. – Wir können die Sache ja überlegen, sagt Karin. – Das klingt jedenfalls nicht sonderlich enthusiastisch, sagt Andreas ein wenig traurig.
– Du weißt doch, wie ich bin, sagt Karin und lächelt schuldbewußt. Verzeih. Andreas reckt sich und gähnt: – Und ob ich weiß, wie du bist. Nun legen wir uns hin. Du gewinnst diese Partie sowieso. Ich will bloß Fia hinauslassen. Er lockt den Hund. Karin räumt die Gläser weg, stellt das Grammophon ab und macht das Licht aus.
Sie ziehen sich aus. Andreas steht vor dem großen Spiegel im Ankleidezimmer. Er ist nackt. Er ruft nach Karin. Sie hat schon das Nachthemd an und die Haarbürste in der Hand. Er stellt sie vor sich hin und zieht ihr das Hemd aus. Er betrachtet sie lange und eingehend im Spiegel. Sie erträgt es mit plötzlicher Erschöpfung. Dann dreht er sie zu sich um und küßt sie neben die Wunde an der Lippe. Dann läßt er sie auf den Teppich gleiten und nimmt sie, langsam und mit aller ehelichen Erfahrung.

13

Ein sonniger, doch windiger Vorfrühlingstag. Die Heilige Jungfrau ist aus ihrem Verließ befreit worden und hat ihren Platz wieder in der behutsam restaurierten Kirche erhalten, die nach frischer Malerfarbe und jungem Holz duftet. Das Gräberfeld am Abhang ist erforscht, durchgegraben, fotografiert und registriert. Auf der Orgelempore probt ein kleines Ensemble für die Wiedereinweihung am kommenden Sonntag.

– Die Madonna war nicht so bedeutend, wie man zuerst geglaubt hatte, sagt David. Aber brauchbar ist sie jedenfalls. Sie nehmen an, daß sie aus Dänemark, aus dem 13. Jahrhundert stammt.

– Warum ist sie eingemauert worden? fragt Karin. – Das weiß man nicht. Vielleicht war sie zu weltlich.

– Ich habe mir vorgenommen, sie manchmal zu besuchen, sagt Karin. Wenn du abgereist bist und mich allein gelassen hast. – Bist du gläubig? fragt David. – Nein, sagt Karin. Ich bin nicht gläubig.

Sie lassen sich an der Kirchenmauer nieder, die Sonne scheint stark und warm. Sie sitzen eng beieinander und lauschen dem Gesang. – Wann fährst du? fragt Karin. – Morgen, sehr früh.

– Wann kommst zu zurück? – In einem halben Jahr. Im September oder Oktober. – Wie lange wirst du dann bleiben? Ungefähr genausolange. – Was wirst du machen, wenn du wieder in London bist? – Ich werde eine Vorlesungsreihe vorbereiten. Achtzehn Vorträge. – Im Sommer? – Ja, genau, im Sommer.

Sie schweigen. Die Musik ist stärker zu hören. – Wirst du mir schreiben? fragt Karin. – Ich werde dir schreiben, sooft ich kann.

– Du wirst auch von mir Briefe bekommen.

Erneut Schweigen und Abschiedsmelancholie.

– Wir haben ein halbes Jahr zusammengelebt, sagt Karin ruhig. Es wird schrecklich schwer, wenn –, es wird schrecklich schwer, fügt sie leise hinzu. Sie nimmt seine Hand zwischen ihre beiden Hände und küßt sie, liebkost sie mit den Lippen. – Was ist das für Musik? fragt sie. – Ich glaube, sie proben etwas für die Wiedereinweihung der Kirche am Sonntag, sagt David.

– Wir sagen Adieu, hier und jetzt. Nicht wahr? Andreas wollte, daß du heute zu uns zum Abendessen kommst, aber ich habe gesagt, daß ich glaube, du hättest etwas anderes vor.

David nickt: – Es ist viel besser, wenn wir uns jetzt verabschie-

den, wo wir allein sind. Daß es so schwer sein muß. Ich glaube, wir begreifen nicht, wie qualvoll es *dann* sein wird.
Sie sitzen ziemlich lange schweigend. Dann küßt sie ihn schnell. – Ich gehe jetzt, sagt sie. – Nein, noch nicht, Karin. – Doch, ich gehe jetzt. Ich muß jetzt gehen. Sonst wird es zu schwer. Sie küßt ihn wieder.

14

David, Liebster, ich hatte nicht geglaubt, daß es so weh tun würde, ohne dich zu sein. Es tut physisch weh. Es ist auch schwer, nichts zeigen zu dürfen. Ich habe ja niemanden, mit dem ich sprechen kann. Wenn ich nur einen Freund hätte, dem ich alles erzählen könnte. Es ist klar, ich habe Freundinnen, aber ich traue ihnen nicht. Hier ist es wieder kalt und herbstlich geworden, obwohl wir mitten im Mai sind. Wir sind alle tüchtig erkältet gewesen, ich hatte einen fürchterlichen Schnupfen. Und das war ganz gut, denn ich habe so oft für mich allein geweint. So konnte ich ungeniert mit roter Nase und rotgeränderten Augen erscheinen.

Karin, meine geliebte Karin. Es ist sonderbar, wieder draußen in der Welt zu sein. Deine kleine Stadt mit ihrer alten Mauer, den stillen Straßen und der Domkirche mit ihrem Glockenspiel lag gleichsam außerhalb der Wirklichkeit. Verstehst du, was ich meine? Es war wie ein geschützter Platz, weit weg von allem Bösen. Ich fühlte mich sicher und geborgen. Nun sind wir seit sechs Wochen getrennt, und wir haben einander praktisch jeden Tag geschrieben. Wo ich so schlecht bin im Briefschreiben. Eines Tages bin ich ganz plötzlich auf der Straße stehengeblieben und habe laut zu mir gesagt: »Wir sind schmerzhaft miteinander verbunden.«

Folgende Fotos stammen aus dem Film ›DIE BERÜHRUNG‹.

›Nähe, Zärtlichkeit und ein wenig Wehmut . . . Filme sind wie Menschen. Man mag sie, man mag sie nicht, man verhält sich gleichgültig.‹
Mit Bibi Andersson, Barbro Hiort of Ornaes, Ake Lindström, Max von Sydow.

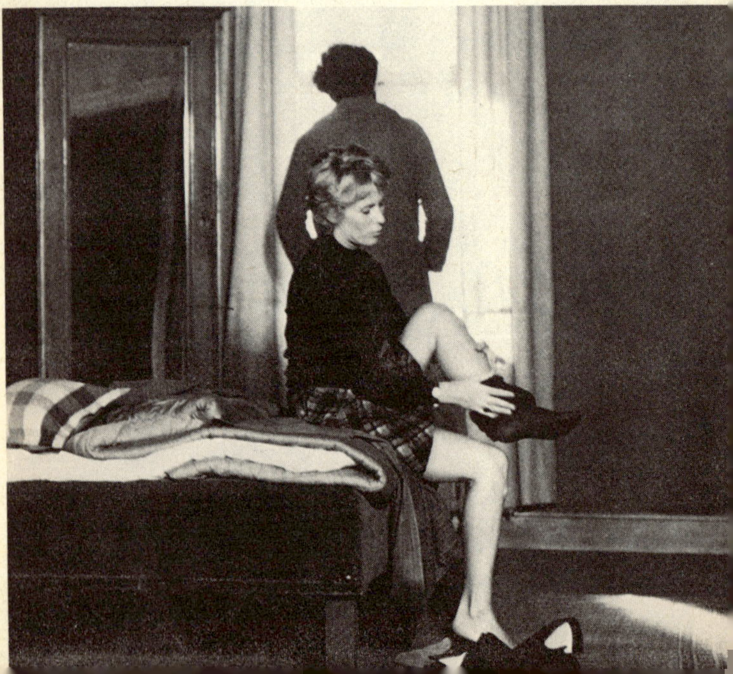

David, mein liebster Freund auf der Welt. Kannst du mir verzeihen, daß ich dir mehrere Tage nicht geschrieben habe.
Wir haben Frühjahrsreinemachen gehabt. Du findest sicher, daß dies ein trivialer Grund ist, nicht zu schreiben, aber ich habe von morgens bis abends keine Minute für mich selbst gehabt. Ich hatte das Haus voller Leute. Ja, es war schrecklich anstrengend. Sei mir nicht böse. Du verstehst, daß es manchmal schwer ist, wenn man keinen Platz hat, wo man mit sich allein sein kann.

Liebste Karin. Ich bin jetzt in Südfrankreich auf einer Art Sommerkongreß für Archäologen. Es ist furchtbar warm und wir schleppen uns durch ein unendliches Programm von Vorlesungen und Demonstrationen und Filmvorführungen. Ich habe Bescheid bekommen, daß ich am vierzehnten Oktober zurück nach Schweden kommen kann. Es sind genau sechsundneunzig Tage bis dahin. Ich hake sie in meinem Kalender ab. Ich finde, das ist lange.

Lieber, lieber David. Nun sind wir wieder in der Stadt, und das ist wirklich schön. Die Kinder gehen wieder zur Schule, und ich habe ein bißchen mehr Zeit für mich selbst. Ich werde trotz allem anfangen, Italienisch zu lernen, das ist die große Neuigkeit des Tages. Ansonsten verwende ich viel Zeit darauf, Agnes zu trösten, die ihren ersten Liebeskummer gehabt hat. Ja, das waren viele Tränen. Nun dauert es nur noch sieben Wochen, bis du kommst.

Karin. In aller Eile ein kleiner Brief. Ich konnte unsere alte, häßliche, schäbige Wohnung mieten. Fliege am Donnerstag hier ab. Ich rufe dich Freitag früh um acht an. Es ist wirklich – ich weiß nicht was es ist.

15

Nun ist es acht Uhr an diesem Freitagmorgen, und das Telefon soll klingeln. Sie beschäftigt sich lustlost, sortiert Zeitungen auf zwei Stapel, solche, die weggeworfen werden, und solche, die nicht weggeworfen werden sollen. Dann entschließt sie sich, alle wegzuwerfen. Es gibt anderes zu tun. Sie geht hinunter in den

Keller und füllt die Waschmaschine, ab und zu unterbricht sie die Arbeit und horcht, aber das Telefon klingelt nicht. Jetzt ist es sieben Minuten nach acht. Sie hebt den Hörer ab, um zu prüfen, ob das Telefon funktioniert. Es funktioniert. Sie nimmt sich Rechnungen vor und fängt an Postgiroformulare auszufüllen, da ist sie auf jeden Fall in der Nähe des Telefons. Jetzt ist es zwölf Minuten nach acht. Da klingelt es. Jemand fragt nach dem Professor. Karin antwortet mit bemühter Höflichkeit, daß der Professor in seinem Dienstzimmer im Krankenhaus sei. – Aha, sagt der Mann langsam und enttäuscht. Dort ist es wohl unmöglich, ihn zu erreichen.
– Sie können mit der Sekretärin des Professors sprechen, sagt Karin. Sie ist Ihnen sicher behilflich. – Ja, aber ich müßte mit dem Professor selbst sprechen, erwidert der Mann. – Er beginnt um acht zu operieren, so daß es wohl etwas schwierig wird. – Beginnt er zu operieren? sagt der Mann erstaunt. – Jeden Tag, erwidert Karin. Jeden Tag um acht. – Samstags auch? fragt der Mann verwundert. – Nein, samstags nicht. – Mit wem spreche ich, fragt der Mann hartnäckig. – Mit seiner Frau. – Ach so, ja, aber ich wollte doch mit dem Professor sprechen. – Das habe ich verstanden, sagt Karin. – Adieu dann? sagt der Enttäuschte in fragendem Tonfall. Adieu, versuchen Sie es auf jeden Fall bei der Sekretärin, sagt Karin verbindlich.
Sie legt den Hörer auf und starrt das Telefon an. Es ist nun sechzehn Minuten nach acht. Da ruft Karin an. Ein Tonband antwortet. Sie wählt die genannte Nummer. Bekommt Bescheid: das Telefon ist gesperrt.
Gleich darauf klingelt es wieder. Jetzt ist es David. – Na endlich, sagt er, es war verdammt schwierig, dich zu erreichen. Ich bin in einem Café in der Nähe. Ich wußte ja nicht, daß dieses verdammte Telfon gesperrt ist. Wie geht es dir? – Gut, mir geht es gut, sagt Karin, völlig blockiert. – Ja, nun bin ich ja jedenfalls hier, sagt David mit plötzlicher Kühle. – Wir könnten uns vielleicht sehen, sagt Karin nach einer kleinen ängstlichen Pause. – Das ist keine dumme Idee, sagt David und lacht freudlos. Paßt es dir am Nachmittag? Ich muß um zwei ein paar Figuren treffen, aber ich kann um halb fünf. – Kannst du nicht früher, sagt Karin. Das wird so knapp. Ich muß zum Abendessen zu Hause sein, verstehst du, da bleibt knapp eine Stunde. – Wir können bis morgen warten, sagt er etwas gemessen. – Nein, nein, so habe ich es nicht gemeint, sagt Karin.

– Was machst du jetzt? fragt er plötzlich. – Jetzt? sagt Karin. Ich habe die Waschmaschine angestellt, und dann will ich mich um zehn mit Anders' Lehrerin treffen. – Komm *jetzt,* sagt David. Das kann ich nicht, antwortet Karin ängstlich. Das kann ich nicht, das ist unmöglich. Ich kann nicht alles einfach stehen- und liegenlassen. – Nur einen Augenblick. Und morgen sehen wir uns dann richtig. Das Telefon knattert beunruhigend. – Ich komme, sagt Karin verzweifelt. Ich komme sofort. – Es ist höllisch schmutzig oben in der Wohnung, sagt David. In dem halben Jahr hat dort keiner saubergemacht, glaube ich. – Das macht nichts. Ich komme jetzt.

Sie legt den Hörer auf und sieht sich in dem vertrauten Zimmer um, das ihr plötzlich so fremd ist. Sie zieht den Mantel an und sucht nach den Autoschlüsseln. Sie besieht sich hastig im Spiegel und hält in ihrer Bewegung inne: eine fremde Frau. Eine fremde Frau in einem fremden Zimmer auf unbekanntem Weg zu einem fremden Mann. – Was tue ich, ich bin nicht bei Trost, sagt sie zu sich selbst.

Dann ist sie auf dem Weg. Es ist dichter Nebel, und die Straßen der kleinen Stadt sind ziemlich leer. Sie parkt in der gewohnten Querstraße hinter der Ecke. Im Treppenhaus hängt noch der gleiche Gestank nach Katzendreck. Sie klingelt an der Tür. Er öffnet sofort. Er nimmt ihre Hand und zieht sie in die dunkle Diele, schließt die Tür. Nun stehen sie einander gegenüber, ängstlich und gespannt.

– Wie mager du geworden bist, sagt sie. – Ich bin die letzte Zeit krank gewesen, erwidert David. Aber nun bin ich gesund. – Ich habe nicht eine Zigarette geraucht, seit du abgereist bist, sagt Karin. Deshalb bist du auch noch schöner geworden. – Ich habe zugenommen, und das ist gar nicht gut.

Sie stehen immer noch in der Diele. Da lächelt sie plötzlich und küßt ihn, während sie zugleich seine Hand faßt und sie unter dem Mantel auf ihre Brust legt. Sie zieht ihn auf die schmutzige Bettdecke. – Leg dich auf mich, sagt sie. Er schlägt die Arme um sie und legt sich auf sie und küßt sie wieder und wieder, langsam und suchend.

Dann helfen sie einander mit den Kleidern, die um sie herum zu Boden fallen, und als er in sie eindringt, murmelt sie plötzlich: Das ist alles wert.

16

Nachmittag und Herbstdämmerung. Es klingelt an der Tür, David sagt, daß es sein Assistent sei, der versprochen habe, einige Bücher zu bringen. Er steht auf und zieht den Morgenrock an. Karin bleibt im Dunkel des Schlafzimmers liegen. Im Halbschlaf.

David öffnet die Wohnungstür. Andreas lächelt verlegen und fragt, ob er hereinkommen dürfe. David zögert einen Augenblick und nickt dann. Andreas geht durch die kleine Diele in das große Zimmer. (Es ist möglich, daß er Karins Kleidungsstücke sieht, aber er läßt es sich jedenfalls nicht anmerken).

– Können wir ein bißchen Licht machen, sagt er. David macht die Deckenlampe an, die früher von einem Schirm verdeckt war, jetzt ist da nur eine nackte Glühbirne. – Darf ich mich einen Augenblick setzen, sagt Andreas. Ich will nicht lange bleiben. Er setzt sich und nimmt die Brille ab; Müdigkeit und Verwirrung.

– Die Menschen sind so freundlich, sagt er und lächelt ein wenig. Ich habe ein paar Briefe bekommen. Das ist ja eine kleine Stadt hier. Jeder kennt jeden. Er legt einen Brief auf den Tisch. – Anonym, versteht sich, fügt er hinzu und lächelt wieder. Ich würde mich natürlich nicht um dieses Geschmiere kümmern, wenn ich nicht glaubte, daß es die Wahrheit ist. Ich weiß nicht so recht, warum ich hergekommen bin. Es war ziemlich unüberlegt, das gebe ich zu, aber ich meinte, es ist notwendig. Man weiß ja selten genau, warum man Dinge tut, nicht wahr?

– Ich habe nichts zu sagen, erwidert David kalt.

Karin sieht die beiden Männer in dem hellerleuchteten Raum. selbst ist sie vom Dunkel des Schlafzimmers relativ verborgen.

– Nein, ich habe wirklich nichts zu sagen, wiederholt David. Ich verabscheue sogenannte Szenen. Im übrigen finde ich immer, daß es sinnlos ist, über Gefühle zu diskutieren. Es werden meistens vage Vermutungen. Ich verstehe nicht, warum du mich aufgesucht hast. Es hat den Anschein, als würdest du dir einbilden, du hättest irgendwelche Rechte. Karin hat gesagt, daß sie dir und eurer Ehe gegenüber eine starke Loyalität empfindet. Ich finde, du solltest für diese Loyalität dankbar sein und hoffen, daß sie Karins und mein Verhältnis überlebt. Ich finde, du solltest mit Karin sprechen. Ich finde, du solltest ihre Loyalität ausnützen. Ich finde, du solltest dich rührend und hilflos machen. Ich finde, du solltest mit ihr über die Kinder und all eure gemeinsamen Jahre

sprechen. Du bist im Vorteil, Andreas. Beunruhige dich nicht.
– Ich bin nicht hergekommen, um über mich selbst zu sprechen, sagt Andreas. Das weiß ich ganz sicher. Ich glaube, ich bin gekommen, um mit dir über Karin zu sprechen. Obwohl ich das möglicherweise erst jetzt denke.
– Das ist aber rührend, sagt David und lacht. – Was willst du mir denn über Karin erzählen, was ich nicht schon wüßte.
– Ich weiß eigentlich nicht, wer du bist, sagt Andreas langsam und bleibt sitzen. Ich kenne dich nicht. Ich mag dich übrigens. Ich mochte dich vom ersten Augenblick an, als ich dich im Krankenhaus nach deinem Selbstmordversuch unter die Finger kriegte.
– Es war kein Selbstmordversuch, erwidert David kalt. Es war ein Unfall mit diesem verdammten Gasherd.
– Ich glaube nicht, daß ich mich falsch erinnere, sagt Andreas etwas verwundert. In dieser Dienstagnacht, als wir uns unterhielten, hast du selbst deinen Unfall als Selbstmordversuch bezeichnet. Habe ich unrecht? – Nein, aber wir wollten nie darüber sprechen. – Das ist wahr, verzeih mir, sagt Andreas und lächelt flüchtig. Verzeih mir. Ich wollte nicht verletzend oder indiskret sein. Das ist übrigens gleichgültig. Was ich sagen wollte, ist faktisch, daß ich dich mag. Ich meine, wir standen einander ziemlich nahe. Mein Gefühl hat sich in diesem Punkt nicht verändert.
Schweigen.
– Hast du etwas anderes, hast du noch mehr zu sagen, fragt David, eigentlich nur, um etwas zu sagen. – Ich glaube nicht, daß Gewohnheiten, Ehe und Kinder ein stabiler Schutz gegen die Umwelt sind, sagt Andreas müde. – »Die Umwelt«, zitiert David ironisch. – Nenn es, wie du willst, sagt Andreas. Erotische Anziehung oder sexuelle Besessenheit oder Verwirrung der Gefühle oder Angst vor der Leere oder einfach nur Überdruß. Ich weiß nicht. Es war dumm von mir herzukommen.
Er steht auf und geht zur Tür.
– Wenn du glaubst, daß ich Karin ein Ultimatum stellen will, so irrst du dich. Ich habe auch nicht vor, sie gefühlsmäßig zu erpressen. Ich habe überhaupt nicht vor, irgend etwas zu tun. Karin ist es, die sich entscheiden muß. Das ist schwer genug. Sie haßt nämlich jede Form von Entscheidung.
Andreas verabschiedet sich höflich und schließt vorsichtig die Tür hinter sich.

David setzt sich auf einen Stuhl, lacht vor sich hin. Karin zieht sich schweigend an.
– Das war ja ergreifend, sagt David. Das war ja ganz verdammt ergreifend. Das war geradezu höllisch ergreifend. Glaubst du, er hat gewußt, daß du hier bist, er hat natürlich gewußt, daß du hier bist. Er ist nicht so dumm – diese Type.
Karin setzt sich David gegenüber und sieht ihn an, nimmt seine Hand zwischen ihre Hände, schüttelt den Kopf, küßt ihn auf die Wange und auf den Mund.
– Rufst du mich morgen früh an wie gewöhnlich? fragt sie ernst.
– Ich weiß nicht, erwidert David gereizt. – Mach, was du willst, erwidert Karin ruhig und steht auf, um zu gehen.
– Diese Situation ist unmöglich, sagt David. Sie ist unerträglich. Oder nicht?
– Hast du einen Vorschlag? fragt Karin, weiter ernst. – Ich benehme mich wie ein verwöhntes Kind, sagt David, nicht wahr? Wie ein quengliges, verdammt unangenehmes Kind. Nicht wahr? – Genau, sagt Karin. Aber hat irgend jemand etwas anderes von dir erwartet.
Er fängt plötzlich an zu lachen. Er reckt die Arme über den Kopf und lacht lauthals und trostlos. Dann streckt er die Hand aus und zieht Karin heftig an sich und küßt sie so, daß es weh tut. Sie jammert laut, erwidert aber den Kuß. Er legt die Hand auf ihre Brust.
– Es ist eigentümlich, daß eine so hoffnungslos kindliche Vorstellung ohne die geringste Ermunterung durch Jahre hindurch lebendig sein kann, dafür hat sie um so mehr Enttäuschungen zur Folge gehabt. Willst du wissen, was ich meine? Er sieht sie lächelnd und verzweifelt an. *Wir kommen einander niemals unter die Haut.* Ich werde niemals in dir verschwinden können. Du kannst niemals in mir leben. Es sind nur kurze, hoffnungslos kurze Augenblicke, in denen wir uns einbilden, daß das Gefängnis sich geöffnet hätte. Aber es ist nicht wahr, es ist nur eine Lüge unter den anderen Lügen. Weißt du, was ich glaube? Ich glaube, es ist eine dunkle Erinnerung an den Mutterleib. Das ist die einzige Gemeinschaft, die es gibt, und dann ist für alle Ewigkeit Schluß.
Er lacht und erhebt sich. – Nun haben wir uns etwas zu Trinken verdient. Oder nicht? – Ich muß wirklich gehen, sagt Karin. – Verstehst du, was ich meine? fragt David und holt eine Flasche und zwei Gläser. – Ich verstehe, was du meinst, erwidert Karin

lächelnd. Aber ich finde, es sind nur schöne Worte. – Genau das, sagt David, genau das! Es sind nur Worte, Karin weiß es besser! Karin geht zu ihm und schlingt die Arme um ihn und drückt die Stirn gegen seine Schulter. – Warum muß das so sein, sagt sie verzweifelt in ihrer eigenen Sprache. Ich halte es bald nicht mehr aus. Warum muß es so schwer sein?
– Sprich so, daß ich es verstehe, sagt David sanft. Das hört sich so traurig an. – Gar nicht, sagt Karin. Es ist schlimmer als das.
– Geh nicht, sagt er plötzlich angstvoll. Geh jetzt nicht. Ich weiß, wie es sein wird. Du kommst nach Hause, und alles ist unverändert, und die Kinder wollen, daß du ihre Sorgen teilst, und du hilfst Anders bei den Schularbeiten und tröstest Agnes in ihrem Liebeskummer. Und dann bereitest du das Abendessen, und Andreas erzählt, wie sein Tag im Krankenhaus gewesen ist. Und dann ruft jemand an und lädt euch für nächste Woche Freitag zum Abendessen ein. Und dann seht ihr fern und redet ein bißchen, und dann geht ihr ins Bett, und du schläfst ein, Andreas' Hand in deiner. Ich weiß, wie es ist. Ich weiß es. Ich will, daß du heute abend hier bei mir bleibst. Ich will, daß du Andreas zu Hause anrufst und sagst, daß du nicht kommen kannst. Ich will es. Er muß es verstehen und akzeptieren. Er kann nicht alle Rechte auf seiner Seite haben.
Ich weiß überhaupt nicht, wie es sein wird. Vielleicht werden wir uns streiten. Vielleicht werden wir uns einen Rausch antrinken. Oder vielleicht benehmen wir uns ganz kleinbürgerlich. Wir gehen aus, essen irgendwo und gehen ins Kino. Aber du kannst wohl bei mir bleiben, nur diesen einzigen Abend und diese Nacht.
Karin steht mitten im Zimmer in dem harten Licht. Sie steht unbeweglich, mit geschlossenen Augen und gesenktem Kopf. – Nein, sagt sie. Nein, es geht nicht. Du kannst mich nicht zwingen. Wenn du mich zwingst, und ich bleibe, bin ich trotzdem nicht hier. Und es wird mir schwer werden, dir zu verzeihen – hinterher. Es ist besser, wenn ich gehe.
– Ich verstehe, sagt David weich. Ich verstehe, obwohl ich nicht verstehe. Verzeih mir, daß ich dich darum gebeten habe.
Plötzlich geht sie zum Telefon und ruft an. Andreas meldet sich. Karin sagt: – Andreas, ich bleibe heute abend und heute nacht bei David.

17

In dieser Nacht kann Karin nicht schlafen. David liegt auf dem Rücken, die Hände auf der Brust. Er atmet fast unhörbar, sein Gesicht ist bleich und kummervoll, der Mund fest geschlossen. Leise und vorsichtig steigt sie aus dem Bett und nimmt ihre Sachen, schleicht in das andere Zimmer, macht dort Licht und zieht sich eilig an.
Als sie nach Hause kommt, sieht sie sofort, daß in Andreas' Arbeitszimmer Licht ist. Sie geht langsam die Treppe hinauf und bleibt in der Tür stehen. Andreas hebt den Kopf und nimmt die Brille ab. Er sitzt am Schreibtisch, aber er hat nichts zum Arbeiten vor sich. – Arbeitest du? fragt Karin. – Nein, erwidert der Mann. Ich sitze hier nur so. Ich hatte keine Lust, ins Bett zu gehen. Karin verbirgt das Gesicht hinter einer Hand.
Andreas geht zu ihr. Sie beginnt heftig zu weinen und macht sich frei von ihm, bleibt aber stehen. Er legt wieder den Arm um ihre Schultern. – Komm, wir gehen ein bißchen, sagt er. So gehen sie in dem dunklen Raum hin und her.

18

Sie ist unterwegs zum Einkaufen, zusammen mit Tochter Agnes, die einen neuen Wintermantel braucht. Karin sieht ihn sofort draußen vor dem Schaufenster. Er hat die beiden entdeckt, nun steht er da und wartet. Er kommt von der Arbeit, hat noch die Arbeitskleidung an, ist schmutzig und unrasiert, das alte Auto hat er mitten auf einem Fußgängerüberweg geparkt. Karin versucht das Verkaufsgespräch im Geschäft in die Länge zu ziehen, aber er bleibt stehen. Schließlich entdeckt Agnes ihn und macht die Mutter auf seine Anwesenheit aufmerksam. Es kommt nicht zum Mantelkauf.
Karin verspricht wiederzukommen und nimmt ihre Tochter bei der Hand. Sie gehen hinaus, es ist später Nachmittag, und die Straße ist ziemlich belebt. David schneidet ihnen den Weg ab. Er streckt Agnes die Hand entgegen.
– Guten Tag, Agnes, wie geht es dir, ich fand den grünen Mantel richtig schick. Warum habt ihr ihn nicht gekauft? Darf ich einen Augenblick mit deiner Mutter sprechen? Agnes wirft ihm einen verächtlichen Blick zu und geht hinüber zu einem Schaufenster.

– Wir können hier nicht stehen, sagt Karin äußerst peinlich berührt. – Nein, natürlich nicht, das verstehe ich. Wir müssen einen Treff vereinbaren. Wann kann ich mit dir sprechen?
– Wir können uns morgen nachmittag um drei an der Kirche treffen. Laß mich jetzt gehen. David lächelt blaß. Er berührt sie, faßt ihren Arm, hält sie fest. Karin schüttelt den Kopf: – Laß mich jetzt gehen. Er läßt sie sofort los und ist verschwunden. Karin geht zu Agnes, die trotzig in ein Schaufenster mit Damenschuhen starrt.
– Na, hast du etwas Hübsches gefunden? sagt Karin. – Ich verstehe nicht, daß du mit dieser Type reden magst. *Er ist wirklich zu ekelhaft!* – Das finde ich nicht, erwidert Karin.

19

Ein verregneter Tag gegen Ende des Winters. Die Kirche ist geschlossen, aber sie haben sich den Schlüssel im Pfarrhaus geliehen. In dem großen Raum herrscht Halbdämmer, und es ist naßkalt. Sie gehen zu dem Marienbildnis und schauen es eine Weile an.
– Ich habe gehört, daß etwas Eigentümliches geschehen ist, etwas, das keiner richtig erklären kann. Bevor sie eingemauert wurde, war sie Nistplatz für ein heute unbekanntes Insekt. Die Larven haben fünfhundert Jahre dadrinnen im Dunkel geschlafen. Nun sind sie aufgewacht und zerfressen das Bildnis von innen her. Kein bekanntes Bekämpfungsmittel wirkt auf die Zerstörer. Eigentlich sind sie schön. Jedenfalls genausoschön wie das Bildnis selbst.
Sie stehen schweigend und betrachten das eigentümliche kleine Insekt, das sich langsam von der Brust der Heiligen Jungfrau zu ihrem Gesicht hinauf bewegt. – Sieh mal, sagt David, hier auf dem Kind sitzt ein ganzer Klumpen und hält Winterschlaf. Es ist nicht sicher, daß sie gerettet werden kann.
Sie sind gespannt und feindselig, weit entfernt voneinander, enttäuscht und ängstlich. Sie suchen einander mit den Händen und mit den Lippen, aber sie können den Abstand nicht überwinden.
– Es ist kalt hier drin, sagt Karin. Sie sehen sich an, stumm. – Du versuchst die ganze Zeit, mich zu zwingen, sagt sie dann. Ich ertrage das nicht. Ich habe den Boden unter den Füßen verloren,

oder wie man das nennt. Vorher fühlte ich mich in meiner Welt ziemlich sicher. Nun fühle ich mich zu Hause unsicher und bei dir unsicher.

Sie spricht schnell und leise, als schämte sie sich! – Ich kann ohne dich nicht sein, du bist die ganze Zeit da. Ich verstehe es nicht. Du bist wie mein neugeborenes Kind. Zugleich bist du eine gewaltige Bedrohung. Wenn ich frei wäre, würde ich dir sonstwohin folgen. Das ist wahr, David. Ich würde sonstwas tun, um dich froh zu machen. Nein, sei still, laß mich versuchen, dir zu sagen, wie es ist, es ist so schwer zu erklären: Ich *verstehe,* wie du denkst. Ich *verstehe,* was dich quält. Ich *weiß,* warum du mich zwingst, und es macht mich rasend, aber das bindet mich nur noch fester an dich. Ich frage mich, ob irgend etwas mit mir nicht stimmt, weil ich das so empfinde.

Ja, du lachst über mich. Aber ich werde dir etwas sagen: *Ich weiß, daß du mich verlassen wirst.* Ist das nicht sonderbar? Ich sehe das völlig klar, und ich weiß, daß es immer näher kommt. Ich glaube, daß du fast in der gleichen Weise an mich gebunden bist wie ich an dich. *Trotzdem wirst du mich verlassen.* Ich weiß, warum. Du haßt dich selbst, und darum haßt du irgendwie auch mich. Ein Stück deines Ich will töten und zerstören. Du haßt dich selbst, weil du meinst, daß du immer enttäuscht und betrogen hast. Doch, das ist wahr, David, du glaubst das von dir selbst, und du haßt dich selbst deswegen. Und du wirst dir selbst niemals verzeihen können. Und du hast keinen Gott, der dir verzeihen kann. Und keine Mutter, die dich in ihre Arme nehmen und dir verzeihen kann. Du hast von Anfang an geglaubt, ich wäre eine Mutter, die dich alles, was dich quält, vergessen machen könnte. Aber keine Frau auf der Welt kann diese Rolle für dich spielen.

Du tust mir so furchtbar leid, und ich versuche dich zu erreichen, ich versuche die ganze Zeit, dich zu erreichen, liebster David. Aber ich weiß, daß du dich mehr und mehr von mir entfernst, und das tut weh. Ich möchte immer nur schreien und weinen.

Nein, warte, ich habe noch mehr zu sagen, ich habe dies alles genau durchdacht. Was wollte ich jetzt sagen? Ach so, nun weiß ich es: Ich verstehe nicht, was in der Welt geschieht. Ich lese keine Zeitungen und sehe kein Fernsehen, es bleibt fast nie Zeit dafür. Agnes hat schon angefangen mit mir zu schimpfen, weil ich nicht verfolge, was geschieht. Ich glaube nicht an Gott, die Grausamkeit um mich herum erschreckt mich, ich hasse Gewalt, ich bin zu Tode gedemütigt, wenn du mich schlägst.

Ich glaube nur an eine einzige Regel: Ich glaube, daß man versuchen soll, freundlich zu sein, ich glaube, daß man versuchen soll, anderen Menschen nicht weh zu tun. Ich glaube nicht an irgendeinen Sinn des Lebens, nein, das tue ich nicht. Trotzdem habe ich immer gern gelebt. Ich bin kein Idealist. Ich habe ziemliche Angst vor allen großen Worten. Ich glaube, daß man vernünftig sein muß. Und ich will versuchen, vernünftig zu sein, sogar jetzt, obwohl es fast unmöglich ist.
Du kannst mich niemals ändern, es sei denn, an der Oberfläche. Nein, das ist auch nicht wahr. Du hast mich durch und durch verändert. Aber du kannst meine Gedanken und meinen Verstand nicht ändern. Und ich kenne die furchtbare Wahrheit, *daß du mich verlassen wirst.*
Es ist schwer, zwei Leben zu leben, ich empfinde es manchmal als fast unmöglich, aber ich weiß, daß es zu machen ist, und ich weiß, daß Andreas es akzeptieren würde, weil er schon etwas müde und alt geworden ist. Ja, das ist wahr. Es ist möglich, zwei Leben zu leben und sie vielleicht langsam zu einem einzigen klugen und guten Leben zusammenzuführen, das zu Nutzen und Freude sein könnte.
Aber es geht nicht, mit deinem Selbsthaß zu leben, David. Das ist eine tödliche Krankheit. Das ist eine Geschwulst, die immer nur wächst und wächst. Ich kann nichts dagegen tun, wie sehr ich dich auch mag und wie sehr ich mich auch anstrenge. Verstehst du mich, David? Daß das Leben so schwer sein muß. Daß es so viel Abstand und so viel Einsamkeit geben muß. Daß es so viel Sehnsucht und so viel Hoffnungslosigkeit geben muß. Daß es so unerbittlich sein muß.
Sie sieht David mit unverstelltem Gesicht an, ohne zu weinen, fast ausdruckslos.
– Ich friere, sagt sie plötzlich. Kannst du mich nicht ein bißchen in die Arme nehmen? Er umfaßt sie. – Sag mir etwas, etwas Liebes. Aber David schüttelt den Kopf. Nein, er kann nichts sagen. Er kämpft mit einem wortlosen Zorn, den er fast nicht beherrschen kann.
– Sag, daß du mich magst, trotz allem, sagt Karin. Aber er schweigt.
– Ich fühle, daß du mir böse bist. Ja, das bist du. Sieh mich an, David. Du darfst mir gern böse sein, wenn du mich nur nicht verläßt. Ich weiß doch nicht, was ich anfangen soll, wenn ich dich nicht habe. Sie streicht ihm mehrere Male zärtlich übers Gesicht.

Du, ich bin ja hier bei dir. Wir sind zusammen. Das ist das einzig Wichtige.
Der graue Spätwintertag sinkt herab und wird flackernd und unruhig. Sie müssen sich vor dem Wind ducken, der sie vor der Kirchentür packt. Die Tür fällt mit dumpfem Echo ins Schloß. Kein Mensch ist zu sehen. Schnee stürmt durch die Dämmerung. Karin treten Tränen in die Augen. Wolken ziehen schnell über die Himmelsfläche. Das Herz zerbricht vor Sehnsucht, vor Einsamkeit. Die Augen der Mutter ganz klar, kindlich und so verzweifelt gequält. Die Hand mit den Trauringen: Was ist zu tun. Wenn ich mich dennoch rechtzeitig mit den Grenzen und mit der Grausamkeit aussöhnen könnte. Der unabsichtlichen, der übermächtigen Grausamkeit.
David sieht Karin an: ich durfte, ich konnte keine Zärtlichkeit zeigen, all das – Berührung und Nähe, das einzige, was gilt, das einzige, was die Angst und den Zorn lindert. Das einzige, was das Ausgesetztsein in der Welt mildert. Er hält sie zurück und sagt wieder und wieder ihren Namen. Der Abstand verschwindet, der Haß und die Angst versinken, ein kurzer Augenblick plötzlicher Begnadung. Das bist du. Ich erkenne dich wieder, ich kann dich erfassen.
Sie gehen ineinander auf, versuchen nicht mehr, zu erklären oder zu verstehen. In diesem dämmrigen, öden Winterland, frierend und mit nassen Gesichtern.
– Verzeih mir, sagt er. Verzeih mir, verzeih mir, Karin. Nun sind wir beieinander, das sind wir doch? Gerade jetzt, gerade jetzt. Karin sagt: – Ja, ja, nun sind wir beieinander. Und einen kurzen Augenblick lang ist es so.
– Sie laufen doch wohl nicht mit dem Kirchenschlüssel davon, sagt der Pfarrer ängstlich und kommt keuchend den Hügel herauf.

20

All das geschieht vor Ostern. Es ist Mittwoch. David ruft zu der vereinbarten Zeit morgens um acht nicht an. Wie so oft vorher, wartet Karin mit steigender Unlust und Gereiztheit auf das Läuten des Telefons. Es fällt ihr schwer, ernstlich mit all den Vorhaben des Tages in Gang zu kommen. Außerdem ist Anders nicht in der Schule, er spielt krank und hat Rechenhausaufgaben bekommen, die er unter zornigem Protest erledigt. Gegen halb neun wählt Karin Davids Telefonnummer, niemand meldet sich. Sie wählt erneut, um sicher zu sein, daß es die richtige Nummer war. Niemand meldet sich.

Plötzlich brennen bei ihr alle Sicherungen durch. In zunehmender Panik fährt sie zum Museum, dort ist noch geschlossen, aber sie schlüpft durch den Eingang für das Personal, erkennt einen der Assistenten wieder und fragt ihn nach David. – Wollte er heute nicht im Museum sein? – Doch, er wollte heute im Museum sein, wir haben sehr viel zu sortieren. Er zeigt ihr einen langen Arbeitstisch, beladen mit Plasttüten und Gegenständen. – Aber er kommt gern ein bißchen später. Soll ich ihm etwas ausrichten? – Nein, das ist nicht nötig, ich werde ihn später anrufen. – Wir sind den ganzen Nachmittag hier, sagt der Assistent und lächelt höflich. – Ja, das ist gut, antwortet Karin zerstreut. Ich wollte ihn zum Abendessen einladen, fügt sie hinzu. – Ich verstehe, sagt der Assistent. David ist wirklich sehr sympathisch. Karin antwortet nicht darauf, sie nickt kurz und geht.

Sie schließt die Tür zur Wohnung mit ihrem eigenen Schlüssel auf. Dort ist es leer und still. David hat gepackt und ist abgereist. Er ist fort. Er ist abgereist.

Sie sitzt lange auf dem Bett und sieht durch das schmutzige Fenster. Dort gegenüber ist die graue Fensterreihe mit ihren schwarzen Hohlräumen. Hier ist das ungemachte Bett. Der eingesessene Lehnstuhl. Er hat seine Pantoffeln vergessen, sie stehen verlassen neben dem Tisch. In der Küche herrscht Unordnung. Der Aufbruch war eilig. Sie sieht sich um. Kein Brief, keine Mitteilung. Die Schlüssel liegen auf einem Tisch im großen Zimmer. Ein physischer Schmerz breitet sich in ihren Gliedern aus, ein Brennen in den Augen, es fällt ihr schwer zu atmen.

Sie öffnet den Schreibtisch, dort liegen die Fotografien, die sie ihm geschenkt hat, aber auch die Briefe, die sie ihm geschrieben hat, und ihre kleinen Mitteilungen. Es ist ein ziemlich großes Bündel.

Sie geht in die Küche und füllt ein Glas mit Wasser. Trinkt gierig, aber das lindert die Qual nicht. Sie läßt das Glas auf die harte Fläche des Abwaschtisches fallen. Das Wasser spritzt, die Scherben liegen da, scharf und verlockend. Sie schneidet sich in die Hand, sieht das Blut in die Handfläche steigen. Das lindert einen Augenblick.

21

Zur Lunchzeit sucht Karin ihren Mann im Krankenhaus auf. Das Dienstzimmer befindet sich in dem gewaltigen Gebäude ganz oben. Im Zimmer der Sekretärin herrschen Fleiß und Ordnung. (Die Sekretärin ist eine hübsche junge Frau, äußerst gepflegt, äußerst freundlich, äußerst unpersönlich). Während Karin auf Andreas wartet, fühlt sie sich verpflichtet, die Gattin des Chefs zu unterhalten. Sie beginnt mit den Kindern, sie hat selbst eine kleine Tochter. Beklagt sich darüber, daß so viele krank waren in diesem langen Winter, daß alle Menschen krank waren. Erzählt dann, daß sie im Beet neben der Hauswand an der Südseite Schneeglöckchen gefunden habe. Fragt höflich, ob Karin schon Schneeglöckchen hatte. Karin hatte. Sagt plötzlich, daß sich der Professor zuviel Arbeit auflade, diese große Analyse über die neurologische Klinik sei wirklich belastend. Und Dozent Backman habe sich krank schreiben lassen. Das sei nicht loyal. Nein, das sei es nicht.
Andreas kommt eilig herein, lächelt Karin zur Begrüßung zu, wird jedoch sofort ernst, als er ihr Gesicht sieht. Er wechselt ein paar Worte mit der Sekretärin. – Ich will nur ein paar Minuten mit dir sprechen, sagt Karin diszipliniert. – Ich verstehe, sagt Andreas. Jacobi möchte bitte lieber am Nachmittag kommen, da können wir uns in aller Ruhe unterhalten. Ich bin übrigens elend müde. – Jacobi um halb sechs, paßt das? – Ja, gut, sagt Andreas und hält die Tür zum inneren Raum auf.
– Dann gehe ich zum Lunch, sagt die Sekretärin. –
Tu das, sagt Andreas und nickt. Sie sind allein in dem inneren Raum, der ziemlich groß und schön, aber unpersönlich eingerichtet ist. Andreas streift die Schuhe ab. – Du entschuldigst wohl, wenn ich mich hinlege, sagt er, streckt sich auf dem Sofa aus und schiebt sich ein Kissen unter den Kopf. Ich habe verdammte Kopfschmerzen.
Karin setzt sich an den Schreibtisch.
– Was wolltest du mir sagen? Vermutlich ist es etwas Unangenehmes, sagt Andreas und lächelt kläglich.
– Ich muß nach London fahren, sagt Karin. Ich weiß, daß ich nicht fahren sollte, aber es ist so: David hat mich verlassen. Ich muß ihn aufsuchen. Ich muß mit ihm sprechen. Er muß mir sagen, *warum* er mich verlassen hat. Versuch mich zu verstehen.
– Ich verstehe dich *nicht*, sagt Andreas ruhig. Ich gedenke nicht

zu akzeptieren, daß du Hals über Kopf ins Ausland fährst, um deinen Liebhaber aufzusuchen. Es gibt eine Grenze für meine Toleranz. Ich finde, du hast diese Grenze überschritten. Wenn du fährst, brauchst du nicht zurückzukommen. Wenn du hingegen hierbleibst und versuchst über deine Panik hinwegzukommen, verspreche ich dir, daß ich dir in jeder Weise helfen werde.
– Ich will nur für ein paar Tage hinüberfahren.
– Du hörst, was ich sage. Wenn du fährst, gibt es keinen Weg zurück, das ist sehr einfach. Wenn du nicht fährst, werden wir einander helfen, mit all diesem Schweren und Unbegreiflichen zurechtzukommen.
– Nur für einen Tag, Andreas. Ich bitte dich. Sei fair.
– Du solltest nicht von Fairneß sprechen, sagt Andreas mit plötzlichem Haß. Du solltest nicht an Rücksicht oder Verständnis appellieren. Übernimm jetzt deine Verantwortung und trage sie. Triff deine Entscheidung, Karin. Und trage *ein einziges Mal* die Konsequenzen.
Andreas richtet sich auf, er ist blaß und hat tiefe graue Schatten unter den Augen. Er sieht sie mit gleichmütiger, ruhiger Verachtung an.
– Dieses Drama geht jetzt fast zwei Jahre. Nun bin ich müde. Ich will nicht in noch einem Akt mitspielen.
Karin sieht ihren Mann an, ohne den Blick abzuwenden. Für einen kurzen Augenblick verspürt sie die Süße der endgültigen Katastrophe. – Ein Leiden muß doch ein Ende haben, Karin. Es kann nicht ewig weitergehen. Ich will nicht von Haß und Bosheit vergiftet werden. Ich will dich nicht hassen.
– Ich muß fahren, sagt Karin still.
– Ich verstehe das, sagt Andreas ruhig. Wir müssen die praktischen Konsequenzen klären, wenn du zurückkommst. Sprichst du selbst mit den Kinder? Oder soll ich es tun?
– Es ist besser, wenn du mit ihnen sprichst.
– Ich wäre dankbar, wenn du jetzt gehen würdest, sagt Andreas müde.
Und da geht sie.

22

Sie steht vor der Paßkontrolle auf dem Londoner Flugplatz. Der Beamte fragt sie, was sie in England wolle. Sie gerät aus der Fassung, denn auf diese Frage ist sie nicht vorbereitet. – Ich weiß nicht, sagt sie. Ich will mich mit Bekannten treffen. – Mit was für Bekannten, sagt der Mann gelangweilt. – Mit guten Freunden? – Ich bin als Tourist hier, erwidert Karin. – Sie sind also auf Touristenreise, sagt der Mann erleichtert und fügt hinzu: Das hätten Sie gleich sagen können.

– Sie zieht in ein schäbiges Riesenhotel im Zentrum der Stadt, wird in ein elendes Kabuff verfrachtet, ganz hinten am Ende eines endlosen, schmutzigen Korridors. Die Aussicht besteht aus einer Hauswand, die so nahe ist, daß sie sie anfassen könnte. Sie wäscht sich, wechselt die Kleidung und begibt sich hinunter in die Stadt.

Es ist ein schwüler Frühlingsabend, ein gewaltiges Gewitter hängt in schwarzen und gelben Wolken über der Stadt. Sonntag. Die grauen Abgründe der Straßen, entferntes Glockenläuten. Ein Tanzlokal entzündet in der Gewitterdämmerung seine Lichtreklame. Hinter den Säulen und auf den Treppen stehen ein paar ausgemergelte Mädchen und Jungen in sonderbarer Kleidung. Sie stehen halb verdeckt, sehen aus wie bläuliche Schatten, sprechen nicht miteinander.

Karin findet ein Taxi, das sie zur richtigen Adresse bringt. Es ist ein unendliches Wohnviertel mit halbhohen, verfallenen und ungepflegten Häusern entlang langer, schmutzigroter Straßen. Hier und da ein paar Kinder, die Fußball spielen oder sich wie hungrige Vögel lärmend davonmachen. Eine andere Kirchglocke läutet, aber es ist derselbe schwere Gewitterhimmel, derselbe Traum, dieselbe Angst ohne Linderung.

Sie geht vier Treppen hinauf, an der Wohnungstür ist kein Namensschild, sie klopft.

Eine Frau öffnet. Sie ist ziemlich klein. Das anliegende, wenig vorteilhafte Sonntagskleid betont die großen Brüste und die breiten Hüften. Die Augen sind blau und kindlich. Das Gesicht ist kindlich rund und der Mund breit, mit bitteren Winkeln.

– Wohnt David hier, fragt Karin sofort. Die Frau nickt. – Er wohnt hier, aber er ist nicht zu Hause. – Kann ich auf ihn warten? – Ich glaube nicht, daß er heute nach Hause kommt. Karin schaut weg, erträgt den Blick der anderen nicht, ist sehr müde. – Wollen Sie nicht hereinkommen und sich ein Weilchen ausruhen, sagt die Frau freundlich. – Ich heiße Sara, fügt sie hinzu und lächelt. Ich weiß, daß Sie Karin sind.

Karin tritt in die Wohnung, die aus zwei Zimmern und einem

kleinen Küchenraum besteht. Es gibt fast keine Möbel, keine Bilder an den Wänden. Jede der beiden Frauen setzt sich an dem wackligen und fleckigen Tisch auf einen Stuhl. Sara bietet ein Glas Kognak an, das Karin dankbar annimmt.
– Sind Sie seine Frau? fragt Karin. Sara lacht unvermittelt, als ob die Frage komisch wäre. – Ich bin seine Schwester, sagt sie. Ich führe ihm den Haushalt.
– Zu mir hat er gesagt, daß er keine Verwandten hat. Sara zuckt die Schultern und stochert mit dem Finger in einem schlechten Zahn.
– Wollen Sie etwas zu essen haben, fragt sie. Ich habe ein bißchen Wurst und Käse da. Ich kann ein paar belegte Brote machen, wenn Sie hungrig sind. – Nein danke, sagt Karin. Nein, danke, das ist sehr freundlich, aber ich habe keinen Hunger.
Die beiden Frauen betrachten einander schweigend. – Erwarten Sie ein Kind? fragt Sara. Karin nickt. – Wessen Kind ist es? fragt Sara. Ist es von David oder von Ihrem Mann? –
Spielt das eine Rolle? fragt Karin. – Warum sind Sie schwanger geworden? fragt Sara. Ich weiß es nicht. Das wirkt sicher etwas eigenartig, nicht wahr?
– Nicht auf mich, sagt Sara und trinkt ihr Glas aus. Karin sieht ihre Hände an, die das Glas schief und unbeholfen halten. Sara bemerkt ihren Blick. – Sie schauen auf meine Hände, nicht wahr? Es ist Muskellähmung. Atrophie. Sie liegt in unserer Familie und soll wissenschaftlich unerklärlich sein. David leidet auch daran, wenngleich nicht so ausgeprägt. Sie befällt Hände und Füße.
Dann lächelt sie ein bißchen und sagt mit Davids Tonfall:
– Was wollen wir nun machen? Wollen wir über David sprechen?
– Sie können doch von sich selbst erzählen, sagt Karin, die von einer aufkommenden Übelkeit und einer unbestimmten Angst gequält wird.
Sara schüttelt den Kopf: – Ich glaube nicht, daß Sie das interessieren könnte. – Sie sind doch Davids Schwester, sagt Karin lahm. – Ja, eben, wir haben alles gemeinsam, auf jeden Fall in den letzten Jahren. Sara lächelt. – Wir sind unzertrennlich.
– Sind Sie verheiratet? fragt Karin.
– Ich habe meinen Mann im Sechstagekrieg verloren. David hat seine Ausbildung an der Universität in Tel Aviv erhalten. Als er sein Examen gemacht hatte, verließ er das Land. Ich fand, das war undankbar. Sie gießt den letzten Rest aus der Flasche ein. – Als ich dann allein war, habe ich David hier in London aufgesucht.

Wir sind, wie gesagt, unzertrennlich, David und ich. Er sagt, daß er mich niemals verlassen will. Wenn Sie verstehen, was ich meine.
Schweigen. Ein kurzer ängstlicher Blick: – Sie verstehen, nicht wahr? Karin steht auf. – Danke, ich werde jetzt gehen. – Kommen Sie morgen wieder? – Nein, ich glaube nicht, daß ich wiederkomme.
Sie verabschieden sich, und Karin steht unten auf der Straße. Als sie am Haus hinaufsieht, erscheint Sara flüchtig am Fenster.
Am Abend sitzt Karin ganz still in ihrem Hotelzimmer. Die Dämmerung senkt sich herab, und an Decke und Wänden erscheinen Reflexe der Straßenlaternen. Vom Korridor hört sie fremde Stimmen und Schritte, eine Frau lacht und schreit erregt im Zimmer über ihr. Von irgendwoher hört man Tanzmusik.
Sie sitzt, die Hände auf den Knien gefaltet, und schaut aus dem Fenster, die Stunden vergehen. Dann und wann weint sie still, die Tränen rinnen, sie schluchzt trocken und seufzt ein wenig. Dann trocknen die Tränen. Und es kommen neue. Der Abend wird zur Nacht.

23

Es ist Frühherbst, Anfang September. Karin und Agnes sitzen am großen Küchentisch. Zwischen sich haben sie einen gewaltigen Korb, gefüllt mit Äpfeln aus dem Garten. Sie sind mit Schälen und Zerkleinern beschäftigt. Die Sonne scheint kräftig, und die Fenster stehen offen. Karins Schwangerschaft ist nun fortgeschritten. Sie arbeiten unter friedlichem Schweigen.
– Ich möchte dich etwas fragen, sagt Agnes. Karin nickt. – Ja gewiß. Aber es kommt keine Frage. Agnes vertieft sich in das Schälen eines großen Apfels.
– Nun, was wolltest du fragen?
– Ich möchte wissen, ob du uns und Papa wirklich im Stich lassen wolltest, als du im Frühjahr nach London gefahren bist. Wolltest du uns wirklich im Stich lassen und mit diesem David leben?
Karin gewinnt eine kurze Bedenkzeit. Anders spaziert wütend durch die Küche und schreit nach einem Pflaster oder was man, zum Teufel, auch immer dafür nehmen könnte; er ist mit seinem Fahrrad gestürzt und hat sich das Knie aufgeschlagen. Die Behandlung wird durchgeführt, die Ruhe wiederhergestellt, und Anders entfernt sich.

– Du hast vergessen, auf meine Frage zu antworten, sagt Agnes und fährt mit dem Schälen und Zerkleinern fort. Karin denkt nach, legt das Messer weg und wischt sich die Hände an der Hose ab. – Ich weiß nicht, was ich sagen soll, antwortet sie. Ich habe niemals an dich und Anders und Papa gedacht. Ich habe überhaupt nicht gedacht.
– Das verstehe ich nicht, sagt Agnes mit einer Spur von Verachtung.
– Nein, sagt Karin. Ich verlange nicht, daß du etwas verstehst, was ich selbst nicht verstehe.
Karins Hände arbeiten. Ihr Bewußtsein trägt an Erinnerungen und Erfahrungen: Sie hat zwei Kinder geboren und wird wieder ein Kind gebären, das sie sich wünscht und das sie ersehnt. Sie weiß alles über den Alltag. Er gibt ihr ständig Aufgaben, sie überschaut sie und löst sie mit Erfahrung und Klugheit. Sie kennt weder Überdruß noch Müdigkeit. Das Leben ist für sie eine Selbstverständlichkeit.
Sie fragt nicht, klagt nicht an. Die Tage vergehen, einer unterscheidet sich nicht viel vom anderen, das schreckt sie nicht. Sie reift, sie sammelt Wissen. Während einer kurzen Zeit ihres Lebens war sie von einem schweren Fieber befallen, das sie zwang, auf eine ihr fremde Weise zu handeln, eigentümliche Beschlüsse zu fassen, Leiden zu verursachen. Danach kehrte sie mit Demut in ihre vertraute Wirklichkeit zurück und versuchte gutzumachen, was sie meinte verbrochen zu haben.
– Es war am schwersten für Papa, sagt Karin und sieht Agnes fest an.

24

Ein grauer und regnerischer Winternachmittag, kurz vor Einbruch der Dämmerung. Karin ist auf dem Weg zu ihrem Italienischkursus und nimmt den kürzesten Weg durch den Botanischen Garten der Stadt, der jetzt nackt und kahl ist. Sie ist hochschwanger, aber sie bewegt sich trotzdem mit Leichtigkeit.
Sie sieht ihn schon aus der Entfernung. Er wartet auf sie am vereinbarten Treffpunkt: an der Brücke über den kleinen Fluß, der durch den Park fließt. Er sieht ins Wasser hinunter, er ist barhäuptig und trägt einen alten Regenmantel. Als er sie erblickt,

geht er ihr sofort entgegen, versucht sie zu umarmen, aber sie entzieht sich ihm hastig, wagt nicht, ihm in die Augen zu sehen.

– Warum müssen wir uns an diesem idiotischen Platz hier treffen, sagt David heftig. Komm, wir gehen in mein Hotel.

– Nein, sagt Karin. Nein, das will ich nicht. Wir haben nur fünf Minuten Zeit. Ich bin auf dem Weg zu meinem Italienischkursus. Er fängt um vier an. Hier können wir miteinander reden, ohne daß uns jemand sieht (lächelt schwach). Mir reichen die Skandale. Du hast nie daran gedacht, daß dies hier eine kleine Stadt ist.

– Das hast du auch nicht getan, erwidert David lächelnd. – Ich habe daran gedacht, aber ich habe darauf gepfiffen.

Sie wissen nicht,was sie sagen sollen, stehen stumm. Karin friert ein wenig. – Wollen wir nicht ein bißchen gehen, ich friere, es ist so elend kalt. Das ist die schlimmste Zeit des Jahres. – Doch, bitte sehr, sagt David müde und geht neben ihr her. Dann schweigen sie wieder.

– Du wolltest mit mir sprechen, sagt Karin. Ohne daß sie es eigentlich will, ist der Tonfall formell.

– »Du wolltest mit mir sprechen«, ahmt David sie nach und lacht auf.

– Was verlangst du eigentlich? sagt Karin und wendet sich ihm zu. Da kommst du plötzlich angereist, Gott weiß woher, dann rufst du mich mitten beim Essen zu Hause an und sagst, daß du mich treffen willst, daß es furchtbar wichtig ist, daß ich in dein Hotel kommen muß. Ich glaube, du bist nicht recht gescheit. Du hast kein Recht, herzukommen und ich weiß nicht was zu fordern.

Sie sieht ihn voller Angst an. David steht schweigend, seine Augenlider zucken ein wenig.

– Ich habe versucht, ohne dich zu leben, sagt er nach einer Weile. Ich glaubte, es wäre möglich. Ich glaubte, daß ich zu meinem früheren Dasein zurückkehren könnte. Ich kann es nicht. Es tut physisch weh, ohne dich zu sein.

Es ist wie ein ständiger Schmerz, was ich mir auch vornehme, ich kann ihn nicht loswerden. Ich wußte nicht, daß es so kommen würde. Ich wußte nicht, daß ich so unvorstellbar an dich gebunden bin. Ich dachte, es ginge vorüber. Als ich von dir wegfuhr, wollte ich weiteren Gefühlen, Tränen, Ausbrüchen entkommen. Ich ertrug es nicht länger. Ich wollte all das abschneiden. Ich wollte endlich Frieden haben. Aber es wurde durchaus nicht so. Alles wurde nur schlimmer. Ich kann ohne dich nicht leben. Es klingt so schrecklich lächerlich: »Ich kann ohne dich nicht leben«. Aber es ist wahr. Es läßt sich nicht besser ausdrücken. Alles hat sich verändert, ich weiß nicht, was geschehen ist, ich verstehe es nicht. Ich bin nicht mehr derselbe Mensch, ich denke und reagiere und fühle ganz anders. Früher, bevor ich dich getroffen habe, konnte ich leben, ohne zu leben, es machte nichts, alles war ja sowieso gleichgültig.

Sie schüttelt den Kopf. – Du sollst nichts mehr sagen, David. Es wird so schwer.

Er wird plötzlich sachlich. – Hör mal, Karin. Ich habe eine Dozentur an der Universität in Århus angeboten bekommen. Wir könnten ein geordnetes Leben führen, so wie du es gewöhnt bist. Du kannst die Kinder mitnehmen, alles soll werden, wie du es willst. Du sollst deine Geborgenheit haben. Ich will dich nicht mehr hetzen. Ich meine nicht, daß du dich sofort entscheiden mußt. Ich kann warten. Ich werde Geduld haben.

– Ich kümmere mich nicht länger um irgendwelche Geborgenheit, sagt Karin schnell. Ich kümmere mich nicht darum, weil ich weiß, daß keine Geborgenheit existiert, außer der, die aus einem selbst kommt.

Sie hat nichts mehr zu sagen. – Leb wohl, David. Du mußt mich nun gehen lassen. Das hier ist sinnlos. Wir haben nichts mehr zu besprechen.

– Du kannst mich nicht einfach so verlassen, sagt David außer sich und packt sie hart am Arm, als wolle er sie zurückhalten. Ich bitte dich, geh nicht.

– Sie sieht ihn plötzlich an. – Armer David. Ich liebe dich so. Ich liebe dich.

– Das ist nicht wahr.

– Doch, es ist wahr. Es ist die Wahrheit. Kein Mensch hat mir je so weh getan wie du. Kein Mensch hat mir je so gut getan wie du. Ich komme trotzdem nicht mit dir, David. Das wird mich vielleicht quälen, solange ich lebe. Ich weiß, daß es immer weh tun wird.

– Du mußt starke Gründe haben, wenn es so ist, wie du behauptest, sagt David mit plötzlicher Ironie.

– Für mich sind es starke Gründe, für dich sind es keine akzeptablen Gründe, das weiß ich. Für dich sind es vielleicht überhaupt keine Gründe.

Sie sieht weg, dann faßt sie Mut und sagt leise und hastig: – Ich meine, es ist meine Schuldigkeit, dort zu bleiben, wo ich bin. Das kann ein Selbstbetrug sein, aber ich glaube es nicht. Ich *will* bei dir sein, *alles in mir will bei dir sein.* Ich könnte alles verlassen. Ich habe keine Angst mehr. Vielleicht, wenn Mutter noch lebte – dann wäre es anders. Ich weiß nicht. Aber ich meine, daß es meine Schuldigkeit ist hierzubleiben, und deshalb tue ich es.
Er packt sie sehr hart an den Armen. – Ich weiß, daß du lügst. Das sind nur Ausflüchte. Du meinst nicht, was du sagst. Ich kenne die wirklichen Gründe. Sie sind so höllisch verkorkst und trivial und feige, daß ich es nicht über mich bringe, sie hervorzuholen. Erkennst du nicht das Muster, Karin!
Karin antwortet nicht, sie hat die Augen geschlossen, ihr Gesicht und ihren Körper verschlossen. Einige Augenblicke später läßt er sie so heftig los, daß sie das Gleichgewicht verliert und zur Seite taumelt. Er steht unbeweglich, das Gesicht abgewandt.
– Ich weiß, daß du lügst, wiederholt er ruhiger und in kaltem Ton.
Sie antwortet nicht, schüttelt den Kopf. – Ich weiß, daß du lügst, hörst du.
Als sie immer noch nicht antwortet, verläßt er sie. Es hat angefangen zu regnen. Sie hebt mühsam die italienischen Lehrbücher auf, die sie fallengelassen hatte.

Schreie und Flüstern

(Viskningar och rop)

I

Liebe gute Freunde.
Wir werden nun zusammen einen Film machen. Weil er anders aussehen wird als unsere früheren Arbeiten, wird auch dieses Manuskript anders aussehen. Wir werden die Ressourcen des Mediums auf eine recht komplizierte Art herausfordern. Ich muß deshalb mehr als gewöhnlich darüber sprechen, worauf ich aus bin, dann können wir uns gemeinsam überlegen, wie wir unsere Probleme kinematographisch und künstlerisch gestalten werden.
Da ich mit diesem Projekt in Gedanken spiele, erscheint es niemals als abgeschlossenes Ganzes. Es sieht vor allem aus wie ein dunkel strömendes Wasser: Gesichter, Bewegungen, Stimmen, Gebärden, Ausrufe, Schatten und Licht, Stimmungen, Träume, nichts Festes, nichts richtig Wahrnehmbares, außer für den Augenblick und auch da nur scheinbar. Ein Traum, eine Sehnsucht oder vielleicht eine Hoffnung, eine Furcht, wo das Furchtbare nie ausgesprochen wird. – Ich könnte wer weiß wie lange fortfahren, Tonart und Farbe zu beschreiben, wir werden dadurch nicht klüger. Es ist besser, anzufangen.
Die Szenerie ist ein Hof, halb Schloß, halb Herrenhaus. Gebaut vielleicht irgendwann im achtzehnten Jahrhundert, um als Abstellplatz für die Geliebte eines vornehmen Herrn zu dienen. Ich weiß es nicht. Auf jeden Fall nicht zu groß und nicht zu klein. Da ist auch ein alter, nicht besonders gepflegter Park, der in herbstlicher Pracht glüht. Alles ist abgelegen, still, manchmal ein wenig öde.
Zeitpunkt der Handlung ist die Jahrhundertwende. Die Gewänder der Frauen sind reich, kostbar, verhüllend und enthüllend. Wir brauchen uns nicht auf eine genaue Jahreszahl festzulegen, es geht nicht konkret um den Beginn des Jahrhunderts. Es können ebensogut die achtziger wie die neunziger Jahre sein. Wichtig ist, daß die Kleidung in Einklang steht mit unserer Forderung nach sinnlicher Suggestion. Dasselbe gilt in höchstem Grad für die Interieurs, die nach den Lichtverhältnissen, die wir wünschen, geschaffen werden müssen: Morgendämmerungen, die nicht aussehen wie Abenddämmerungen, milder Kaminfeuer-

schein, das geheimnisvolle indirekte Licht eines schneeigen Tages, die milde Ausstrahlung der Petroleumlampe. Die Qual des klaren, sonnigen Herbsttages. Ein einsames Licht im Dunkel der Nacht und all die unruhigen Schatten, wenn jemand, in einen weiten Morgenmantel gehüllt, durch die großen Räume eilt.

Gleichzeitig ist es wichtig, daß unsere Dekoration niemals in den Vordergrund tritt. Sie soll sich anpassen, umschließen, entgleiten und wieder gegenwärtig sein, suggestiv wirken, ohne aufdringlich zu sein.

Da gibt es indessen eine Eigentümlichkeit: Alle unsere Interieurs sind rot, in verschiedenen Nuancen. Fragt mich nicht, *warum das so sein soll,* ich weiß es nicht. Ich habe selbst über die Ursache nachgedacht und die eine Erklärung immer komischer gefunden als die andere. Die ungeschliffenste, aber zugleich haltbarste ist wohl, daß alles zusammen das Innere betrifft und ich mir schon seit der Kindheit die Innenseite der Seele als eine feuchte Haut in roten Nuancen vorgestellt habe.

Möbel, Attribute und übriges Zubehör sollen äußerst präzise sein, aber wir wollen sie je nach Laune benutzen können, gerade wie es zu unseren Absichten paßt. Aber schön und stimmig muß es sein. Es soll wie im Traum sein: etwas ist da, weil wir es wünschen oder weil wir es brauchen, gerade in einem bestimmten Augenblick.

Es gibt vier Hauptpersonen. Vier Frauen. Ich will sie in aller Kürze vorstellen (ohne Rangordnung).

Agnes ist die eigentliche Besitzerin des Anwesens, sie ist nach dem Tod der Eltern dageblieben. Es ist ihr nie eingefallen wegzuziehen – sie gehört seit ihrer Geburt hierher, und sie hat ihr Leben still und unbemerkt dahinfließen lassen, ohne ihm einen bestimmten Sinn zu geben und ohne unglücklich zu sein. Sie hat vage künstlerische Ambitionen: sie malt ein wenig, sie spielt ein wenig Klavier, alles ein bißchen rührend.

Kein Mann ist in ihr Leben getreten. Die Liebe hat sich ihr niemals offenbart, ist für sie ein verschlossenes Geheimnis geblieben. Im Alter von siebenunddreißig Jahren erkrankt sie an Unterleibskrebs und bereitet sich nun darauf vor, genauso still und demütig aus der Welt zu verschwinden, wie sie in ihr gelebt hat. Die meiste Zeit der Tage und Nächte verbringt sie im Bett, in ihrem großen Bett in dem schönen doch etwas überladenen Schlafzimmer der Eltern. Dann und wann kann sie immer noch aufstehen, bis die Schmerzen sie überwältigen. Sie klagt nicht viel, und sie ist nicht der Meinung, daß Gott grausam ist. In ihren Gebeten wendet sie sich in demütiger Erwartung an Christus. Sie ist sehr abgemagert, aber ihr Leib ist angeschwollen, als wäre sie hochschwanger.

Karin, ihre zwei Jahre ältere Schwester, hat sich reich verheiratet und ist in einen anderen Teil des Landes gezogen. Sie hat sehr bald festgestellt, daß ihre Ehe ein Mißgriff war. Der Mann, der zwanzig Jahre älter ist, stößt sie physisch und psychisch ab. Sie ist Mutter von fünf Kinder, wirkt aber dennoch unberührt von Mutterschaft und ehelicher Tristesse. Ihr Äußeres ist untadelig, sie gilt als hochmütig, schwer zugänglich. Ihre Loyalität gegenüber der Ehe ist unerschütterlich. Tief unter der Fassade von Selbstkontrolle verbirgt sie einen ohnmächtigen Haß auf den Mann und einen beständigen Zorn auf das Leben. Ihre Angst und Verzweiflung treten niemals zutage, außen in ihren Träumen, die sie hin und wieder quälen. Mitten in diesem Tumult von gezügeltem Zorn trägt sie an einer Begabung zu Hingabe, Innerlichkeit und Sehnsucht nach Nähe. Dieses große Kapital liegt unbeweglich eingeschlossen und ungenutzt.

Maria ist die jüngste der Schwestern, auch sie vermögend und solide verheiratet mit einem gutaussehenden und erfolgreichen Mann in angemessener gesellschaftlicher Stellung. Sie hat eine fünfjährige Tochter. Maria ist selbst wie ein verwöhntes Kind, sanft, verspielt, lächelnd, mit einer ständig aktiven Neugier und Genußsucht. Sie ist sehr auf ihre Schönheit und auf die Genußfähigkeit ihres Körpers fixiert. Ihr fehlen alle Vorstellungen von der Welt, in der sie lebt. Sie ist sich selbst genug und wird nie von eigenen oder den moralischen Grundsätzen anderer gequält. Ihr einziges Gesetz ist zu gefallen.

Anna ist Dienstmädchen im Hause. Sie ist ungefähr dreißig Jahre alt. Als junges Mädchen bekam sie eine Tochter, und Agnes nahm sich ihrer und des Kindes an. So kam es dazu, daß Anna sich an Agnes band. Zwischen den beiden einsamen Frauen entstand eine schweigsame, niemals ausgesprochene Freundschaft. Das Kind starb im Alter von drei Jahren, aber die Beziehung zwischen Anna und Agnes blieb bestehen. Anna ist sehr schweigsam, sehr scheu, unzugänglich. Aber sie ist ständig gegenwärtig, sie sieht, forscht und hört zu. Alles an Anna ist Schwere. Ihr Körper, ihr Gesicht, ihr Mund, ihr Blick. Aber sie spricht nicht, vielleicht denkt sie nicht einmal.

Die Grundsituation, wenn der Film (oder wie wir nun unser Projekt nennen sollen) beginnt, ist diese:
Agnes' Krankheit hat sich schnell verschlimmert, und nach Aussage des Arztes wird sie nicht mehr lange leben. Die beiden Schwestern (ihre einzigen Verwandten) sind an ihr Sterbebett gekommen.

2

Die Uhren in der grauen Morgendämmerung. Sie haben alle ihre Persönlichkeit, ihre Stimme. In dem ungewissen, fließenden Licht sind sie recht bemerkbar, fast aufdringlich. Und dann schlagen sie, eine nach der anderen, und von einigen vermischen sich die Klänge. Nur die Pendüle im Schlafzimmer mit ihrem Flöte spielenden Hirten steht still. Das Feuer im offenen Kamin ist heruntergebrannt, die Petroleumlampe blinzelt mühsam, die Augen der Familienporträts starren rund und gleichgültig in den neuen Tag, der zögernd zwischen den herbstlichen Bäumen des Parks näher kommt.
Agnes' Augen sind von Schlaflosigkeit und zurückgehaltenem physischem Schmerz entzündet. Sie hat eine oder zwei Stunden gelegen und mit der Qual gekämpft. Da ist es besser aufzustehen, sich zu bewegen, in einem Sessel zu sitzen, vielleicht in einem Buch zu blättern. Es ist vielleicht besser, wenn sich der Zeiger der Pendüle bewegen darf. Es ist schwerer, wenn sie schweigt.
Agnes steht lange am Fenster, es ist Nebel, und es nieselt gegen die Scheibe, draußen im Park sind alle Konturen verwischt.
Da fällt ihr ein, daß sie vielleicht etwas in ihr Tagebuch schreiben sollte. Während ihr Körper sich gegen den zuschlagenden Schmerz spannt, sucht sie das Buch aus der Tiefe der Nachttischschublade, schlägt es auf und setzt sich an den zierlichen Sekretär. Nach einigen Augenblicken des Nachdenkens schreibt sie:
Es ist früher Montagmorgen, und ich habe Schmerzen. Meine Schwestern und Anna wechseln sich mit dem Wachen ab. Das ist nett. So brauche ich mich nicht so allein zu fühlen mit der Dunkelheit . . .
Die Tür zwischen dem Schlafzimmer und dem großen Zimmer ist angelehnt. Draußen wacht Maria, das heißt, sie ist tief im Sessel, in einen gesunden Schlaf gefallen. Ihr Gesicht ist wie das Gesicht eines Kindes, der Mund halb offen, die Züge aufgelöst.

Agnes löscht die flackernde Lampe. Da hört sie Annas Schritte im Korridor. Sie kommt durch das dunkle Speisezimmer, stellt ein Tablett auf den Tisch, das dicke Haar ist für die Nacht zu einem Zopf geflochten, sie ist barfuß und trägt ein einfaches Nachthemd.
Agnes legt sich ins Bett, auf die Seite, so tut es am wenigsten weh. Sie hört Anna mit Maria flüstern.
Nun kommt Karin in den Salon. Agnes sieht sie durch das Rechteck der Tür – drei weißgekleidete, schimmernde Gestalten im herbstlichen Morgenlicht. Das Dienstmädchen macht Feuer auf der verglimmenden Glut. Maria reckt sich im Sessel und gähnt. Karin steht in der Tür und sieht Agnes an, die sich schlafend stellt.
Maria kommt unter der warmen Decke hervor und erhebt sich aus dem Sessel. Sie geht zum großen Spiegel des Salons, der sich von der Wand in den Raum neigt (mit facettiertem und nachgedunkeltem Glas, Marmorplatte und verziertem Goldrahmen). Sie tritt für einen kurzen Augenblick vor den Spiegel und betrachtet ihr Bild, lächelt schnell, dann dreht sie sich unentschlossen zu Karin um, als wünschte sie irgendeinen Auftrag, aber Karin hat ihre Handarbeit aufgenommen und kümmert sich nicht um sie. Seufzend entschließt Maria sich, in ihr Zimmer zu gehen.

(Die im folgenden beschriebene Szene hat mich über ein Jahr verfolgt. Im Anfang wußte ich natürlich nicht, wie die vier Frauen heißen und warum sie in weiße, fußlange Gewänder gekleidet sind oder warum sie sich im grauen Morgenlicht in einem Zimmer mit roten Tapeten bewegen. Ich habe dieses Bild wieder und wieder verworfen und mich geweigert, es einem Film [oder was es nun auch sein mag] zugrunde zu legen. Aber das Bild war hartnäckig und zäh; widerwillig habe ich es identifiziert: drei Frauen, die darauf warten, daß die vierte sterben wird, und die abwechselnd wachen.
Wenn ich jetzt schreibe, daß der Wind die hohen Bäume vor dem Schlafzimmerfenster bewegt und daß der Nebel sich zu lichten beginnt und daß die Sonne einen kurzen Augenblick die Wände des Zimmers in einer tieferen Nuance färbt, wenn ich das schreibe, so meine ich diesmal, daß wir versuchen müssen, dieses Phänomen auf die eine oder andere Weise zustande zu bringen. Es ist auch wichtig, daß die Schatten der Fensterquadrate weich, fast unmerklich sichtbar werden und wieder verschwinden).

Maria hat sich in ihrem alten Jungmädchenzimmer zur Ruhe gelegt – das Sonnenlicht streift die Möbel und Figuren der Puppenstube. Ein paar große Rosen glühen in einer durchsichtigen dünnen Porzellanschale. Gegenüber von dem Bett hängt ein Jugendbildnis der Mutter, sie ist in Weiß gekleidet und hat den offenen, forschenden Blick auf den Betrachter gerichtet. Maria schwebt an der Grenze zwischen Schlaf und Wachsein.
Karin beugt sich über ihre Handarbeit. Das Sonnenlicht trifft sie von der Seite und gleitet über ihre Augen und unter die Augenlider, blendet und behindert sie. Sie wendet den Kopf zum Licht und läßt die Hände sinken. Die Sonne schwimmt wie eine brennende Kugel zwischen den Nebelwolken. Plötzlich beginnt Karin zu weinen, nicht heftig oder verzweifelt, eigentlich ist es nur so, daß ihr die Tränen die Wangen herunterlaufen.
Anna sitzt in ihrer einfachen Bodenkammer auf der Bettkante, als die Sonne plötzlich ihr Haar berührt. Sie zieht langsam das weiße Nachthemd aus, löst den dicken Zopf und läßt das Haar über die Schultern fallen. Dann fängt sie an, sich mit trägen Bewegungen zu kämmen. Ihr Gesicht ist ausdruckslos, verschlossen. Auf dem wackligen Tisch stehen eine Schale mit Äpfeln und eine verblichene Fotografie: Anna zusammen mit der verstorbenen Tochter.
Diese ist eine von Annas guten Erinnerungen:
In der großen Spieldose sind viele Tanzmelodien. Eines Tages geht ein Gewitter über dem Anwesen nieder. Da zündet Agnes die vielen Kerzen im Salon an. Zusammen mit Anna und ihrer kleinen Tochter tanzt und spielt sie, während der Regen gegen die Scheiben rauscht. Dann bauen sie sich unter dem großen Speisezimmertisch ein Haus. Dort sind sie dicht beieinander, wie ein einziger Körper, in gemeinsamem schauderndem Genuß, unberührt von dem mächtigen Unwetter. Auf diese Weise vergessen sie ihre Angst.
(Wenn wir ein einziges Mal ein ordentliches Gewitter zustande bringen könnten. Wenn wir das schwere, eigentümliche Halblicht hervorrufen könnten. Und die Blitze gegen die Fenster. Ja, Herrgott!)

Agnes ist endlich eingeschlafen, die Schmerzen haben aufgehört, der Körper ist taub geworden, und das Sonnenlicht zittert ein wenig über dem großen Bett, in dem sie klein und zusammengekrümmt liegt, mit offenen Händen. Dann und wann fährt ein

Schauern durch den mageren Körper, fast wie ein Weinen, aber dennoch ist es jetzt ruhig, und die kleine Pendüle mit dem Flöte spielenden Hirten mißt ungestört die Zeit.

3

Es ist schwer, Leiden und Tod in Wort und Bild zu schildern. Der gespielte Tod oder das ausgestellte Leiden werden leicht unanständig, obszön. Wenn wir uns dennoch daranwagen, ein Sterbebett ziemlich eingehend zu schildern, so tun wir es nicht aus Neugier oder um uns und die Zuschauer genüßlich zu schrecken. Wir tun es, um einen haltbaren, sorgfältig fundierten Boden für unser Projekt zu haben.
Ich stelle mir vor, daß Agnes im Bett sitzt, mit vielen Kissen im Rücken. Anna ist mit einer Milchsuppe zu ihr hereingekommen und setzt sich neben das Bett. Aber Agnes hat keinen Appetit, sie schiebt die Tasse weg, als ob sie sich vor dem Essen ekelte. Maria und Karin befinden sich im Zimmer davor, sie stehen am Fenster und unterhalten sich leise. Ein anderes Fenster ist geöffnet, vielleicht ist Sonntagvormittag, im Zimmer herrscht mildes Licht. Agnes scheint etwas zu hören: es ist ein Hund, der weit entfernt bellt.
Ein großer Vogel erhebt sich lautlos aus der alten Eiche. Da hört sie Schritte. Sagt geradeheraus und noch ohne Furcht, daß da draußen jemand gehe. Die drei Frauen sehen sie fragend an. Sie wiederholt: – Da draußen geht jemand.
Plötzlich öffnet sich die Tür zum Salon – und der Arzt mit seiner schwarzen Tasche tritt ein. Er begrüßt Karin und Maria, geht hinein zu Agnes, schließt gar nicht erst die Tür hinter sich, setzt sich auf die Bettkante und spricht murmelnd mit seiner Patientin. Er untersucht sie schnell, legt die Hand auf ihren aufgetriebenen Leib, fühlt ihr den Puls, betastet die Drüsen in den Achselhöhlen. Agnes hat den Kopf auf die Brust gesenkt, versucht die Hand des Doktors festzuhalten.
Der Arzt ist ein Mann in den vierziger Jahren mit blassem, wohlgestaltetem, doch etwas aufgedunsenem Gesicht. Die Augen verbirgt er hinter einem blitzenden Kneifer. Das Haar ist bereits grau. Er trägt einen zerknitterten, schlechtsitzenden Anzug. Seine Hände sind groß und weich, die Stimme ist klangvoll und

hat einen sarkastischen Tonfall. Karin geht zu Agnes hinein, und Maria folgt dem Doktor zur Haustür. Sie stehen schweigend und eine Spur unschlüssig, ohne sich zu verabschieden. Maria sieht den Mann lächelnd und ermunternd an. Als er die Tür öffnen will, nimmt sie schnell seine Hand und führt sie an ihren Mund. Dann schlingt sie die Arme um seinen Hals und küßt ihn. Sie taumeln in einer heftigen Umarmung gegen die Wand.
– Wann darf ich zu dir kommen, sagt sie. Er schüttelt den Kopf und befreit sich.

4

Agnes' Tagebuch:
Mutter ist fast jeden Tag in meinen Gedanken. Sie liebte Maria, weil sie sich in jeder Hinsicht so ähnlich waren. Ich war Vater zu ähnlich, als daß sie es mit mir hätte aushalten können. Wenn Mutter in ihrer leichten, ungeduldigen Art mit mir sprach, verstand ich nicht, was sie meinte. Ich habe mich fürchterlich angestrengt, aber es gelang mir nie, sie zufriedenzustellen. Dann wurde sie ungeduldig, sie war fast immer ungeduldig, am meisten gegenüber Karin. Ich war ja krank und elend als Kind, aber Karin erging es schlecht, weil Mutter sie so plump und unbegabt fand. Mutter und Maria hingegen hatten sich so viel zu erzählen. Ich wunderte mich oft, worüber sie flüsterten und warum sie so vergnügt miteinander waren. Sie hatten immer kleine Geheimnisse, und dann foppten sie mich und Karin.
Ich liebte Mutter. Weil sie so weich und schön und temperamentvoll war. Weil sie so – ich weiß nicht, wie ich es nennen soll –, weil sie so gegenwärtig war. Aber sie konnte auch kalt und abweisend sein. Wenn ich kam und sie um Zärtlichkeit bat, war sie gleichgültig und abgehetzt oder ein bißchen spielerisch grausam. Dennoch tat sie mir auch irgendwie leid, und nun, wo ich älter geworden bin, verstehe ich sie viel besser. Ich würde ihr so gern wieder begegnen und ihr erzählen, was ich von ihrem Überdruß, ihrer Ungeduld, ihrer Panik und ihrer Weigerung, aufzugeben, verstanden habe.
Ich erinnere mich, einmal, es war im Herbst, kam ich durch den Saal in den Salon gelaufen, ich hatte wohl ein wichtiges Anliegen (das hat man ja immer mit zehn Jahren). Da entdeckte ich, daß Mutter vornübergebeugt in einer eigentümlich erstarrten Weise

dasaß. Ich ging zu ihr hin. Da sah sie mich mit einem Blick so voll von Trauer an, daß ich beinahe anfing zu weinen. Aber statt dessen habe ich ihr die Wange gestreichelt. Sie schloß die Augen und ließ es geschehen. Damals waren wir einander sehr nahe.

5

Herbstnacht.
Agnes sitzt halbaufgerichtet in dem großen Bett. Sie hat die Augen geschlossen, auf der Stirn steht Schweiß. Der Mund ist wund und zerbissen. Dann und wann bebt ihr Körper von dem ständig gegenwärtigen Schmerz. Jetzt ist sie eingeschlafen.
Im Salon (mit weitgeöffneter Tür zum Schlafzimmer) beugt sich Karin über ihre Handarbeit. Im offenen Kamin brennt ein Feuer. Die Petroleumlampe wirft ein mildes Licht über ihr Gesicht und ihre Hände. Es ist vollkommen still. Die Uhren ticken, sprechen zueinander mit leisen, weichen Stimmen.
Karin läßt die Handarbeit sinken und heftet den Blick auf das große italienische Gemälde, das die heilige Therese im heiligen dritten Stadium des Gebetes darstellt.
Wir wollen uns eine Weile mit Karin beschäftigen.

Im Speisezimmer mit seinen schweren Möbeln und den dunkelroten Goldledertapeten sitzt Karin mit ihrem Mann am Tisch. Es ist bereits Abend, und die schweren Vorhänge sind vor die Fenster gezogen. Tischtuch und massives Silber glänzen im gelben Licht der Lampen.
Die Eheleute sind schwarzgekleidet. Vielleicht ist Karfreitag, oder vielleicht tragen sie Trauer für einen verstorbenen Verwandten, oder vielleicht sind sie bei irgendeinem Nachmittagsempfang im Außenministerium gewesen.
Anna – auch sie in Schwarz, Dienstmädchenschwarz – wartet diskret und mit gesenktem Kopf. Sie wartet auf die Order, Platten und Schüssel aufzutragen.
Karins Mann ist bedeutend älter, das Gesicht ist mager, der Mund scharf, der Blick ruhig, aber durchdringend, das Lächeln liebenswürdig, doch sarkastisch. Sein Kopf zittert ein klein wenig. Die Hände sind kräftig, mit langen, stumpfen Fingern, behaart. Der kurze Bart und das graue Haar sind gepflegt.

Mann und Frau soupieren schweigend. Dieses Schweigen ist mit Haß geladen, einem gegenseitigen, fast greifbaren Haß, ohne Erbarmen und ohne Ende. Keiner der beiden hat während der vergangenen fünfzehn Jahre einen tiefen Atemzug der Befreiung oder Erleichterung getan. Man könnte fast von der Loyalität des totalen Hasses sprechen. Sie sind einander nichts schuldig. Sie trägt breite Trauringe und zwischen ihnen ein paar kostbare Ringe mit Diamanten. Sie trägt auch eine einreihige Kette aus großen echten Perlen, altertümlich geformte große Ohrringe. Er hat ihr im Laufe der Jahre viel Schmuck geschenkt.
Wie gesagt: Sie essen unter Schweigen, aber es ist nicht irgendein beliebiges alltägliches Schweigen. Und dann dies: sein Kopf zittert ein klein wenig. Jetzt wendet er sich an Anna und bittet sie höflich, ihm noch etwas von dem Fisch zu servieren. Sie eilt mit der Schüssel herbei, die auf einem Seitentisch auf einer Wärmeplatte gestanden hat. Er lächelt und dankt ihr, fragt gleichzeitig seine Frau, ob sie ihm nicht Gesellschaft leisten wolle – das will sie nicht (Kopfschütteln). Er lächelt sogar über diese Bekräftigung: Wir werden sehen, wer von uns am längsten durchhält. Wer zuerst fällt in diesem grausamen und niemals endenden Zweikampf.
– Warum lächelst du? – Ich lächle nicht. – Willst du den Kaffee im Salon nehmen, oder gehen wir gleich zu Bett? – Ich will keinen Kaffee – danke. Ihr Weinglas schwankt, und fällt um, die dünne Schale mit ihrem blassen Muster zerbricht, und der Wein ergißt sich über die Weiße des Tischtuchs. Sie sieht ihn mit einem Funken von Furcht an, aber er tut, als hätte er nichts bemerkt. Er beendet seine Mahlzeit, wischt sich den Mund mit ruhiger Umständlichkeit. Dann wirft er die Serviette zusammengeknüllt auf den Tisch und erhebt sich. – Es ist spät, ich schlage vor, daß wir zu Bett gehen. Er wartet nicht auf ihr Ja oder Nein – warum sollte er? Er verläßt die beiden Frauen und schließt hinter sich lautlos die Tür zum Arbeitszimmer. Anna beginnt sofort abzudecken. Als sie sich abwendet, nimmt Karin eine der kleinen Scherben des Weinglases und hält sie einen Augenblick zwischen Daumen und Zeigefinger, ja, sie ist klein und scharf mit abstehenden Spitzen, fast wie ein Stern. – Es ist nur ein Knäuel von Lügen, sagt sie leise und deutlich und ohne Leidenschaft. – *Es ist nur ein Knäuel von Lügen.*
Zum Schlafgemach gehört Karins Boudoir. Sie sitzt vor dem Spiegel und läßt sich von Anna auskleiden. Aus dem schwarzen

Kleid, aus dem Schmuck, aus Korsett, Beinkleidern und Strümpfen und knisterndem Leinen befreit sich der Körper einer Frau. Er wächst gleichsam und dehnt sich aus, erlöst von der Schwere und Enge der Kleidung. Nachdem sie die weiten Nachtgewänder übergezogen hat, steht sie unschlüssig mitten im Raum. Anna sieht sie an. Karin dreht sich zu dem Dienstmädchen um und sagt leise: – Sieh mich nicht an. Sieh mich nicht so an, sage ich. Dann hebt sie die beringte Hand und gibt ihr einen harten Schlag auf die Wange. Anna zieht die eine Schulter hoch, weicht aber mit dem Blick nicht aus. – Verzeih, sagt Karin, von dem Blick der Frau erschreckt. Verzeih mir. Aber Anna schüttelt den Kopf, das nicht, nicht Verzeihung. – Du kannst gehen, sagt Karin. Anna knickst und zieht sich zurück, schließt die Tür hinter dem Vorhang.

Die kleine Glasscherbe mit den scharfen Spitzen liegt auf dem Spiegeltisch. Karin nimmt sie, setzt sich auf den Hocker und zieht das Nachthemd hoch, spreizt die Beine weit, führt die Scherbe vorsichtig in ihr Geschlecht. Dann sitzt sie einige Augenblicke weit vornübergebeugt.

Danach steht sie auf und streicht sich das Haar und den kalten Schweiß von der Stirn, die Augen sind schwarz und weit aufgerissen. – Es ist ja nur ein Knäuel von Lügen, sagt sie wieder mit der gleichen abwesenden, leidenschaftslosen Stimme. Sie öffnet die Tür zum Schlafzimmer.

Der Mann wendet sich ihr zu, er ist in einen fußlangen Morgenrock gekleidet, steht mit einem offenen Buch in der Hand, die Brille in die Stirn geschoben. Sie geht an ihm vorbei, zieht die Decke hoch und entblößt ihren Schoß. – Du blutest ja, sagt der Mann voll Ekel. Da lächelt Karin.

6

Da lächelt Karin zum Bild der heiligen Therese, die sich dem Gebet hingibt, es ist ein sarkastisches, fast obszönes Lächeln. Sie nimmt ihre Handarbeit wieder auf.

Anna kommt lautlos ins Zimmer. Karin erhebt sich sofort und legt die Näharbeit in einen geflochtenen Korb, der neben ihr auf kleinen Rohrbeinen steht. Sie sagt etwas zu Anna, geht zur Tür und betrachtet Agnes, die sich schlafend stellt. Ich glaube, sie schläft, sagt Karin und wendet sich Anna zu.

Plötzlich verspüren sie irgendwie die Nähe des Todes. Sie sehen einander in einem Augenblick unverhohlener Furcht an. Die Unbeweglichkeit der Nacht, das erdrückende Schweigen, das leidende Antlitz der Kranken, schwach beleuchtet von der Nachtlampe, die flüsternden Stimmen der Uhren. – Ich friere, sagt Karin zu sich selbst. Dann verläßt sie das Zimmer.
Anna geht zur Petroleumlampe und schraubt sie noch weiter herunter, so daß der Docht nur glüht. Sie setzt sich so, daß sie Agnes sehen kann, zieht den dunklen Schal enger um sich.
Agnes öffnet die Augen und flüstert etwas. Sie muß es wiederholen. – Komm her, Anna! Komm zu mir! Du bist so weit weg.
Anna erhebt sich sofort und schließt die Tür hinter sich, steht am Fußende des Bettes. – Komm zu mir, bleib bei mir, sagt Agnes schwach. Anna läßt den Schal fallen, zieht die dicken warmen Strümpfe aus und gleitet in das Bett. Dann öffnet sie das Nachthemd, entblößt die großen Brüste, umfaßt die Kranke behutsam, flüstert unhörbare, tröstende Worte, wiegt sie in ihrem Arm, küßt ihren Mund und die Wangen, hält sie fest. Agnes versinkt in ihrer Zärtlichkeit, wird still, die harte Spannung in ihrem gequälten Körper mildert und löst sich. – Du bist lieb, sagt sie flüsternd. Du bist so lieb. Anna streicht der Kranken mit ihrer großen, feuchten Hand über den Kopf und das Gesicht. So schlafen sie ein, einander umfassend.

7

Am Morgen gegen sieben in der fließenden grauen Dämmerung wird Agnes bewußtlos. Sie atmet schwer und röchelnd, der Mund steht offen, als ob sie ersticken müßte, und der Puls ist kaum spürbar, eine tiefe, fleckige Röte färbt die Wangen, während die Lippen bläulich werden und anschwellen.
Gegen halb neun geht das schwere Atmen in heftige Krämpfe über, Arme und Beine der Kranken krümmen sich. Die Augen öffnen sich halb, und sie spricht undeutlich. Die Erstickungssymptome verstärken sich, und sie wirft sich vornüber, als ob eine gewaltige Hand ihren Körper gepackt hätte und ihn zusammenpreßte.
Nach einer weiteren Stunde geht der Anfall vorbei, und der gemarterte Körper erschlafft. Das Gesicht nimmt nun wieder seine

natürliche Blässe an. Ihr Atem ist jetzt kaum zu hören, sie bittet um etwas zu trinken, die Lippen sind trocken und zerbissen, das dünne Haar ist zerzaust und naß vom Schweiß. Anna und Karin helfen einander, das Laken zu wechseln, den magernen Körper mit lauwarmem Wasser zu waschen, sie kämmen ihr das Haar und ziehen ihr ein frisches Nachthemd an.
Der Arzt nimmt eine kurze Untersuchung vor. Die Kranke bekommt eine Morphiumspritze und sinkt in einen leichten, unruhigen Schlummer. Alle bleiben im Salon vor dem Schlafzimmer, jeder seinen Gedanken preisgegeben.
Gegen fünf Uhr nachmittags brechen Sonnenstrahlen wie schimmernde horizontale Speerspitzen hervor. Die Wartenden starren geblendet und stumm in das harte, glänzende Licht. Agnes wimmert, und das röchelnde, schwere Atmen beginnt erneut. Die Krämpfe sind diesmal heftiger. Der Körper wird im Bett hin und her geworfen. Plötzlich schreit sie: – Könnt ihr mir nicht helfen? Helft mir, ich will nicht. Ich will nicht. Sie schreit gellend und schlägt mit den Armen um sich, bis ein neuer Erstickungsanfall ihre Rufe abbricht und sie sich mit weit aufgerissenem Mund zurückbeugt.
Der Arzt gibt ihr eine neue Dosis Morphium, aber nichts hilft. Eine gewaltige, gleichsam von außen kommende Kraft erschüttert den gefolterten Körper. Plötzlich erbricht sie, es spritzt über das Bett. Sie ruft wieder und wieder, nun sind die Worte nicht mehr zu verstehen.
Sie sinkt zurück, ganz hinunter auf das Bett, der Körper bebt heftig, und die Augen öffnen sich.
Maria beginnt zu weinen, vielleicht sind es die Spannung und die Angst, die nachlassen, Karin führt eine Hand über das Gesicht, wie um ein Spinnwebe fortzuwischen. Anna hilft dem Doktor, die Tote zurechtzulegen, man öffnet ein Fenster einen Spalt, schließt Agnes die Augen, legt ihre Hände auf die Brust.
Das Sonnenlicht erlischt langsam und unmerklich, der große Raum füllt sich mit einer blauen Dämmerung, keiner kommt auf den Gedanken, Licht zu machen. Nun ist eine geheimnisvolle Stille eingetreten.

8

Agnes' Tagebuch:
Manchmal möchte ich die Hände vors Gesicht schlagen und sie nie wieder fortnehmen. Was soll ich mit der Einsamkeit anfangen? Den langen Tagen, den schweigenden Abenden, den schlaflosen Nächten. Was soll ich mit all der Zeit machen, die sich über mich wälzt? So gehe ich hinein in meine Verzweiflung und lasse mich verbrennen. Ich habe es ja gemerkt, wenn ich versuche, ihr auszuweichen oder sie auszusperren, wird alles nur schwerer. Es ist besser, sich zu öffnen, das entgegenzunehmen, was quält oder weh tut. Nicht die Augen schließen oder ausweichen, wie ich es früher getan habe.
Wenn ich von Einsamkeit schreibe, bin ich übrigens ungerecht. Anna ist mein Freund und Kamerad. Und ich glaube, ihre Einsamkeit ist schlimmer als meine. Ich kann mich ja dennoch trösten mit meiner Malerei, meiner Musik und meinen Büchern. Anna hat nichts. Ich versuche manchmal, mit ihr über ihr Leben zu sprechen. Da wird sie schüchtern und verschlossen.

9

Wir müssen uns nun einen verhangenen, fast dunklen und vollkommen stillen Herbstmorgen vorstellen, den Tag nach Agnes' Tod. Die Leichenfrauen sind gekommen, zwei Witwen, alt und erfahren. Auch zwei andere Frauen sind da, um sauberzumachen. Das Haus ist erfüllt von flüsternden Stimmen und Kaffeeduft.
Die Leichenfrauen schließen sich mit der toten Frau im Schlafzimmer ein und führen mit feierlicher Genauigkeit ihr wichtiges Gewerbe aus: Sie waschen, kämmen, kleiden an, schminken, stopfen Watte in die Wangen. Lange weiße Strümpfe, weiße Seidenschuhe, Unterkleid und dann das glatte, frischgebügelte Hemd mit den weiten Ärmeln. Die kleine Haube auf das Haar mit einem diskreten Band unter dem Kinn.
Schließlich die gelbe Rose zwischen die unauffällig geschminkten Hände.
Dann zünden sie die Kerzen an, hängen Laken vor die Fenster, nehmen die weltlichen Vorhänge ab, die das große Bett umgaben, entfernen Bilder und Möbel aus dem Raum.
Die Türen zum Salon werden weit geöffnet, und die beiden Lei-

chenfrauen, nun selbst in würdigen und angemessenen seidenschwarzen Feiertagsstaat gekleidet, stehen knicksend und selbstbewußt-berufsstolz (doch demütig) und bitten den alten Hofprediger, die Schwestern und das Dienstmädchen, in diesen (durch ihren Fleiß und ihre würdevolle Sachkenntnis) geweihten Raum einzutreten.

(Ich weiß nicht, wie ich das jetzt beschreiben soll? Alles zusammen, soll *eine Bewegung* sein, beinahe wie ein ritueller Tanz, ohne Übertreibung. Vielleicht eine Pavane für eine tote Prinzessin.).

Der Hofprediger, ein alter frommer Mann, dreht sich um. Er will sehen, ob auch die Reinemachefrauen in der Türöffnung erschienen sind, er wartet, daß Husten und Füßescharren aufhören, daß es still wird. Sein Gesicht ist ruhig von strenger Würde, der Situation entsprechend, sein magerer Körper ist in die schwarze Uniform seines Amtes eingeschlossen.
Nun ist alles ruhig. Er faltet die Hände und spricht das Gebet für die tote Agnes.
– Gott, unser Vater, hat in seiner Allweisheit beschlossen, dich in der Blüte deiner Jugend heimzurufen. Vorher befand er dich für würdig, ein schweres und langwieriges Leiden zu tragen. Du hast dich ihm geduldig unterworfen, ohne zu klagen, in der Gewißheit, daß deine Sünden dir durch den Kreuzestod deines Herrn Jesus Christus vergeben würden. Möge dein Vater im Himmel sich deiner Seele erbarmen, wenn du vor ihn hintrittst. Mögen dich seine Engel der Erinnerung an deinen irdischen Schmerz entheben.
Der Hofprediger verstummt, als überwältige es ihn, er steht verwirrt, mit geschlossenen Augen. Dann läßt er sich mühsam auf die Knie nieder. Die übrigen Anwesenden tun es ihm gleich, ohne zu verstehen, unsicher und ungewohnt. Er wischt mit einer Hand über die Augen und stützt die andere auf einen Stuhl, um nicht zu fallen.
– Wenn du unser Leiden in deinem armen Körper vereint hast, wenn du es mit dir durch den Tod getragen hast, wenn du Gott dort in dem anderen Lande begegnest, wenn er sein Angesicht dir zuwendet, wenn du dort eine Sprache sprechen kannst, die dieser Gott versteht, wenn du dort sprechen kannst zu diesem Gott . . . Wenn es so ist – bitte für uns, Agnes, liebes Kindchen,

höre, was ich dir jetzt sage. Bitte für uns, die wir hiergeblieben sind auf dieser dunklen, schmutzigen Erde unter einem leeren und grausamen Himmel. Lege deine Bürde des Leidens Gott zu Füßen und bitte ihn, uns zu begnadigen, bitte ihn, uns endlich zu befreien aus unserer Angst, unserem Überdruß und unserem tiefen Zweifel. Bitte ihn um einen Sinn für unser Leben, Agnes, die du so unfaßbar und so lange gelitten hast, *du mußt würdig sein, für uns zu sprechen.*

Verwirrt und ermattet erhebt sich der Hofprediger und sieht sich verlegen und traurig lächelnd um. Fühlt, daß er etwas erklären muß:

– Sie war meine Konfirmandin. Wir haben oft lange und eingehende Gespräche geführt. Ihr Glaube war stärker als meiner.

Er bricht ab und wird die Amtsperson, die sich in der rechten Weise aufzuführen weiß. Sein Lächeln wird formell. Er zieht den schwarzen Rock zurecht, der über dem Bauch ein paar Falten schlägt, geht danach herum und reicht allen die Hand. Zu Karin:

– Wenn Karin morgen in die Kanzlei kommt, so können wir die Formalitäten für die Beerdigung besprechen.

Maria erbietet sich, den alten Pfarrer zur Tür zu begleiten. Als sie allein sind, ergreift Maria seinen Arm: – Darf ich einen Augenblick mit Onkel Isak sprechen? Er nickt etwas unbestimmt. Maria öffnet eine Tür zum nächsten leeren Zimmer. Dort steht nur ein großer Holztisch vorn am Fenster und mitten im Zimmer ein alter Sprossenstuhl. Sie geht zum Fenster und stützt die Hände auf den Tisch. Der alte Mann bleibt einige Schritte von der Tür entfernt stehen. – Was willst du von mir, Maria?

– Kannst du, Onkel Isak, mir meine Sünden vergeben? Jetzt gleich?

Der alte Mann schweigt einen Augenblick, dann sagt er: – Ich kann dir gar nichts vergeben. Aber du kannst dir selbst vergeben.

– Onkel Isak soll mir seinen Segen geben, sagt Maria hastig. Doch, ich will es.

Er legt seine Hand auf ihre Schulter, und sie sinkt willig auf die Knie. Sie hebt den Kopf und sieht ihn vertrauensvoll und voller Erwartung an. Er beugt sich vor und schlägt ein hastiges Kreuzzeichen über ihrer Stirn. Sie schließt die Augen (dies ist für sie ein Genuß).

– Maria, die du den Namen der Heiligen Jungfrau trägst, mögest du immer in deinem eigenen Licht leben dürfen. Frei von Schuld und Reue. Eingeschlossen in die Reinheit, die deine Freiheit ist.

Er macht wieder das Kreuzzeichen über ihrer Stirn und fragt leise: – Bist du nun zufrieden? – Ja, ich glaube es, erwidert Maria.

10

Wir wollen uns mit einer Episode aus Marias früherem Leben beschäftigen.
Die Umgebung bleibt jedoch dieselbe. Ich meine die fließenden roten Töne, die schweren Möbel, die kostbaren Draperien, die Bilder, die Teppiche. (Alles, was in unserem Film vorkommt, kann sich mühelos im selben Milieu abspielen, das bereitet uns an und für sich keine Sorgen). Der Hausarzt macht abends einen Besuch. Annas dreijährige Tochter ist krank. Anna sitzt auf einem Stuhl, ohne Tränen, vollkommen beherrscht, nur: ihre Schultern sind schwer und krumm geworden. Er beendet die Untersuchung und geht hinaus in die Küche, wo er die Hände in einer schon bereitgestellten Schüssel wäscht. Er trocknet die großen, blassen Hände sehr gründlich ab und zieht das Jackett an, das Maria ihm hinhält, wendet sich dann an Anna und sagt etwas Freundliches, Aufmunterndes. Sie knickst schweigend. Er klopft ihr die Wange, sie senkt den Kopf und knickst noch einmal.
– Der Doktor muß hungrig sein, sagt Maria. Wir haben im Eßzimmer gedeckt, wenn es recht ist.
Der Doktor dankt höflich und sagt, daß es guttun werde. Der Tisch ist an der einen Schmalseite gedeckt. Sie setzen sich, und Maria gießt Wein ein. Sie trinken sich schweigend zu.
– Agnes und Karin sind immer noch in Italien, sagt Maria im Plauderton. Ich habe vorige Woche einen Brief von ihnen bekommen, nein, Moment, es war am Mittwoch. Agnes geht es viel besser, sie hustet nicht mehr und hat wieder mit ihrer Malerei angefangen. Karins Mann wird über Ostern zu ihnen hinunterfahren. Sie haben schönes Wetter, beinahe Sommer. Aber die Abende sind natürlich kühl.
Der Arzt hebt den Kopf und betrachtet sie ohne Verstellung.
– Wo ist dein Mann, fragt er dann.
– Joakim ist in Geschäften in der Stadt und kommt vor morgen nicht zurück. Ich habe gesagt, daß ich dich bitten würde zu kommen, damit du nach Annas Kleiner siehst. Er läßt dich vielmals grüßen.

Der Doktor lächelt ein klein wenig und nippt am Wein. Maria leert ihr Glas und schenkt sich und dem Gast nach.
– Ich habe für dich im Gästezimmer aufgebettet, sagt Maria unvermittelt. Es ist viel zu schlechtes Wetter, als daß du heute abend nach Hause fahren könntest.
Der Doktor lächelt in sich hinein und widmet sich eine Weile dem guten Essen.
– Du hast dich verändert, konstatiert Maria. Hast du eine andere?
– Es ist immer eine andere, erwidert der Doktor ernst. Übrigens habe ich nicht gedacht, daß dich diese Problematik interessiert.
– Das tut sie auch nicht, erwidert Maria und seufzt.
Das Gästezimmer ist warm und behaglich. Ein Feuer glüht im Kachelofen, das große Bett mit all seinen Kissen und Polstern schimmert im Dunkel. Der Doktor hat sich in einen bequemen Stuhl niedergelassen, er hat die Brille aufgesetzt und sich in ein Buch vertieft. Es klopft an die Tür, und ehe er antworten kann, wird sie geöffnet, und Maria ist im Raum. Sie hat sich für die Nacht zurechtgemacht, das lange Haar ist offen. Der Doktor steht auf, läßt das Buch fallen, faßt sie an den Armen.
– Du hast jetzt eine Brille, sagt sie. Er betrachtet sie forschend.
– Was willst du von mir, sagt er. – Warum bist du so feierlich, flüstert Maria. Können wir nicht vergessen, was gewesen ist. Sie küßt ihn leicht auf die Wange, dann auf den Mundwinkel, dann auf den Mund.
Da lächelt der Doktor, aber es ist kein gutes Lächeln. Er hält sie hart an den Armen und dreht sie zum Wandspiegel. Nimmt die Tischlampe, stellt sie auf ein kleines Bord, so daß sie ihre Gesichter beleuchtet, schraubt den Docht höher. Maria leistet keinen Widerstand. Sie fügt sich vertrauensvoll, als wäre es ein interessantes Spiel, etwas, das dazu dient, den Augenblick spannender zu machen. Sie begegnet ruhig ihrem Spiegelbild.
– Sieh dich selbst genau an, Marie! (Er nennt sie Marie, nicht Maria). Du bist schön. Vielleicht bist du schöner als früher. Aber du hast dich verändert. Du sollst selbst sehen, daß du dich verändert hast. Deine Augen werfen jetzt schnelle, berechnende Seitenblicke. Früher sahst du geradeaus, offen, ohne dich zu maskieren. Dein Mund hat einen kleinen Zug von Mißvergnügen und Gier bekommen. Früher war er nur weich! Deine Haut ist blasser als früher, du schminkst dich. Die feine, breite Stirn hat über jeder Augenbraue vier Falten bekommen, nein, das kannst du in die-

sem Licht nicht sehen, aber im scharfen Tageslicht sind sie sichtbar. Weißt du, woher die Falten kommen? Es ist die Gleichgültigkeit, die ihre Namenszeichen eingeritzt hat. Siehst du diese feine Linie vom Ohr bis zur Kinnspitze? Sie wirkt nicht mehr so selbstverständlich. Dort sitzen Bequemlichkeit und Faulheit. Und hier an der Nasenwurzel – da kannst du es sehen: du lächelst zu oft höhnisch, Marie! Warum lächelst du höhnisch? Siehst du es, Marie? Und unter den Augen die scharfen, fast unmerklichen Runzeln von Überdruß und Ungeduld.
Maria hat die Vorlesung des Doktors mit zunehmendem Lächeln angehört. – Du schimpfst auf mich, sagt sie sanft. Kannst du das alles wirklich in meinem Gesicht sehen? – Nein, antwortet der Doktor. Ich fühle es, wenn du mich küßt. Sie schüttelt den Kopf. – Du foppst mich nur, sagt sie lachend, aber plötzlich wird sie ernst. Ich weiß, wo du es siehst, sagt sie schnell. – Und wo sollte das sein? – Du siehst es in dir selbst. Du siehst es in dir selbst.
Der Arzt nickt fast unmerklich und wendet sie zu sich um. – Es ist, weil wir uns so ähnlich sind, du und ich, sagt sie leicht. – Wieso ähnlich, fragt er. – Es wird mir zuviel, das aufzurechnen, und mir ist es auch egal, sagt Maria.
Da sagt er plötzlich: – Selbstsucht, Kälte, Gleichgültigkeit.
– Dein Räsonieren hat mich fast immer gelangweilt, flüsert Maria mit mißvergnügtem Gesicht. Du liebst es, interessante Sachen zu sagen. Über dich selbst und andere.
– Und du liebst es, dich im Spiegel zu sehen – ist das ein Unterschied? Er küßt sie und berührt sie leicht: – Gibt es keine mildernden Umstände für solche wie du und ich? fragt er plötzlich. – Ich habe nicht das Bedürfnis nach Begnadigung, erwidert Maria und küßt ihn wieder und wieder.

Am Vormittag kehrt Joakim, Marias Mann, von seiner Geschäftsreise zurück. Er ist eine schmächtige, rastlose Person mit feingeschnittenen Gesichtszügen und einem dunkel forschenden

---

Folgende Fotos stammen aus dem Film ›SCHREIE UND FLÜSTERN‹.

Vier Frauen in einem älteren Landhaus, das ganz in verschiedenen Rottönen ausgestattet ist und inmitten eines etwas verwilderten Parks liegt. Drei Schwestern und das Dienstmädchen Anna. Eine der Schwestern ist todkrank und die beiden anderen sind an ihr Sterbebett gekommen. Mit Harriet Andersson, Ingrid Thulin, Liv Ullman, Kari Sylwan, Erland Josephson.

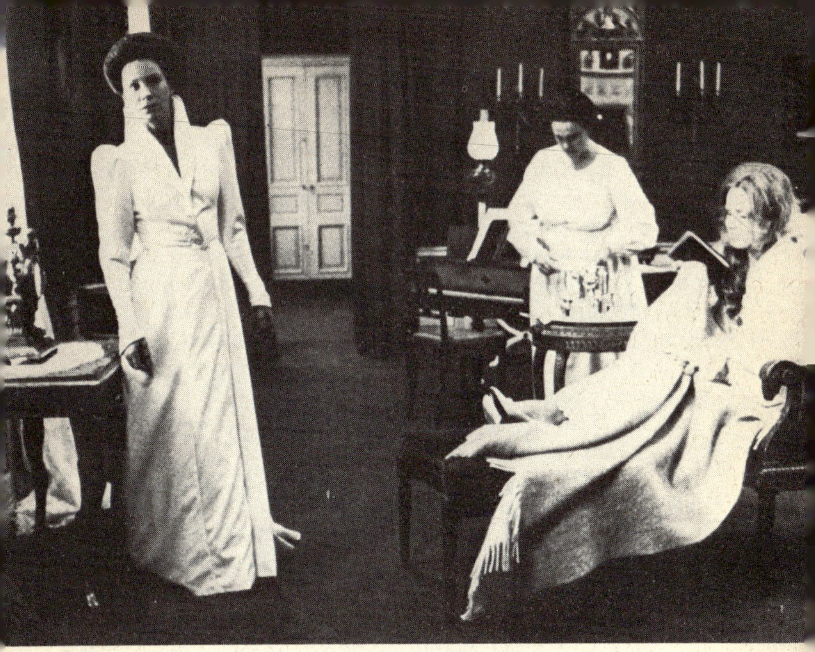

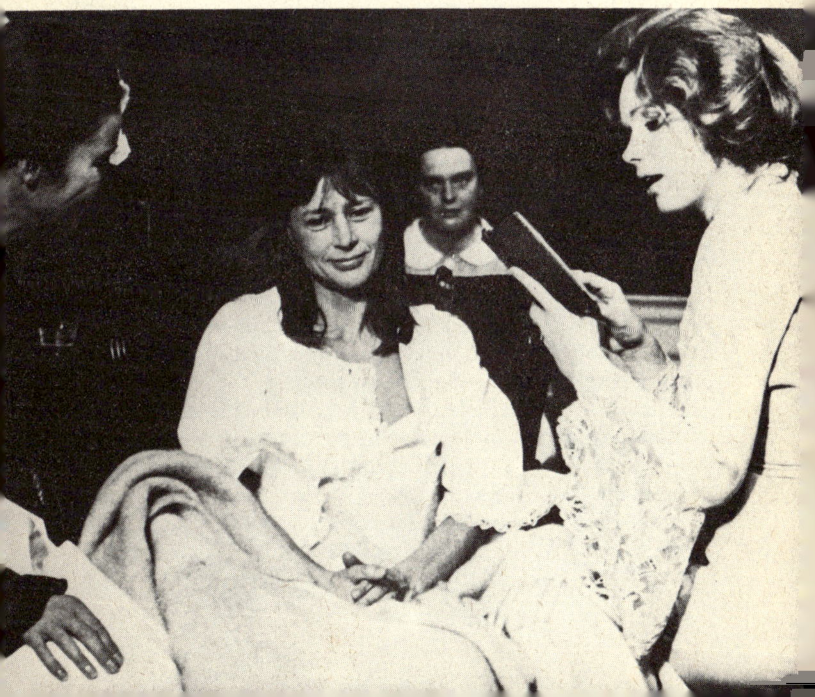

Blick. Er hat sich in sein Arbeitszimmer zurückgezogen und sich in eine neue Tageszeitung vertieft. Ab und zu nippt er vorsichtig an seinem Kaffee, den Anna ihm gerade serviert hat.
Maria ist ins Zimmer gekommen und hat sich auf dem breiten Sofa niedergelassen, sie spielt kindlich plappernd mit ihrer kleinen Tochter und deren Puppe.
– Der Doktor war gestern hier. Er läßt dich vielmals grüßen, und er hofft, daß ihr euch bald mal trefft und wieder Schach spielt. Ich habe ihn gebeten, über Nacht zu bleiben – es war ja solch ein Unwetter gestern abend. Er ist heute morgen zeitig abgefahren, bevor jemand von uns wach war. War es angenehm in der Stadt, oder gab es nur viel Arbeit? Der Mann läßt die Zeitung sinken und nickt schweigend, trinkt einen Schluck Kaffee, lächelt zur Tochter hin, die ihre Puppe hochhält.
– Wir haben eine Einladung von Egermans in Högsätra bekommen, fährt Maria fort. Sie möchten, daß wir die Osterfeiertage über bleiben. Ich finde, das könnte ganz hübsch werden, ich meine, zur Abwechslung. Was sagst du zu der Sache? Tante Ella wollte allerdings über Ostern herkommen, aber das läßt sich vielleicht ändern. Es ist ja nicht gerade das größte Vergnügen, Tante Ella von morgens bis abends um sich zu haben.
– Wir werden mal sehen, sagt Joakim und faltet umständlich die Zeitung zusammen, dann trinkt er seinen Kaffee aus. Er stellt vorsichtig die Tasse hin, beugt sich vor und küßt seine Tochter auf die Stirn, streicht seiner Frau mit dem Handrücken über die Wange. Dann geht er in ein angrenzendes Zimmer (das Schlafzimmer des Mannes, das Ehepaar hat getrennte Schlafzimmer).
Maria wird plötzlich von einer dunklen Angst getrieben. Sie geht hin und her, beißt sich in die Hand. Bleibt stehen und horcht. Dann gibt sie allen Widerstand auf und eilt ins Nebenzimmer. Der Mann sitzt in einem unbequemen Lehnstuhl, mit dem Rükken zur Eintretenden. Als er ihre Schritte hört, versucht er den Kopf in ihre Richtung zu drehen, sein Gesicht ist bleich und der Mund halboffen. Er hat die Weste aufgeknöpft und ein scharfes Papiermesser zwischen die Rippen gepreßt.
– Hilf mir, sagt er mit heller, kindlicher Stimme. Der Blutfleck auf dem blendendweißen Hemd vergrößert sich.
Aber Maria weicht ein paar Schritte zurück, bis das Bücherregal sie aufhält. Sie schüttelt den Kopf. – Nein, sagt sie.
Da zieht er das Messer heraus und wirft es auf den Boden. Fängt an zu weinen, heftig und hickend.

Von diesem Augenblick an wird Maria von zwei gegensätzlichen und dennoch irgendwie gleichartigen Vorstellungen verfolgt: Die eine zeigt, wie sie zu dem Mann hinstürzt und das Messer aus seiner Wunde reißt, ihn mit Küssen und Beteuerungen überhäuft, wie sie den Blutstrom mit zärtlichen Umarmungen und Bitten um Verzeihung aufhält.
Die andere Vorstellung genauso deutlich und genausooft wiederkehrend, zeigt, wie sie das Messer mit aller Kraft tiefer in die Brust des Mannes drückt, in einem Augenblick brennender Befriedigung.

11

Am meisten erschreckend ist immer das unbewegliche, starke Sonnenlicht. Meine grausigsten Träume sind von unerträglichem Sonnenlicht durchströmt.
– Ich will, daß wir Freunde sind, sagt Maria zu Karin. Ich will, daß wir einander berühren, ich will, daß wir miteinander sprechen. Wir sind ja trotz allem Schwestern. Wir haben so viele gemeinsame Erinnerungen – wir können über unsere Kindheit sprechen. Liebste Karin, es ist so seltsam, daß wir einander nicht berühren, daß wir nur unpersönlich reden. Warum wollen wir nicht Freunde sein? Wir sind beide unglücklich und glücklich gewesen, wir könnten Tage und Nächte miteinander sprechen, wir würden zusammen lachen und weinen, wir würden einander in den Armen halten. Manchmal, wenn ich hier im Heim unserer Kindheit bin und alles fremd und wohlbekannt zugleich ist, so fühle ich mich irgendwie in einen Traum verwickelt, und ich habe ein Gefühl, als würden wir von etwas Entscheidendem betroffen werden, von etwas, das unser Leben ein für alle Mal verändern wird. Ich weiß nichts, ich verstehe nichts. Ich bin kindisch und oberflächlich. Du hast soviel mehr gelesen als ich, du hast soviel mehr gedacht als ich, und du hast soviel größere Erfahrung. Liebste Karin, sollten wir nicht die Tage, die wir hier zusammen sind, nutzen, um uns kennenzulernen, um einander näherzukommen. Ich halte Abstand und Schweigen nicht aus. Habe ich etwas gesagt, das dich vielleicht verletzt hat? Karin, habe ich das? Das geschieht so leicht, aber ich schwöre, daß ich dann nichts Böses damit gemeint habe.

Das Sonnenlicht brennt auf die alten Familienporträts. Anna geht lautlos durch den Raum und läßt die Tür zum Schlafzimmer halb offen. Agnes ist auf dem weißen, fast selbstleuchtenden Bett nur undeutlich zu erkennen.
Karin schüttelt den Kopf.
– Du hast unrecht, sagt sie mit Mühe. Du hast unrecht. Ich habe nur Angst.
– Wovor hast du Angst? Du hast doch wohl keine Angst vor mir? Ich verstehe nicht, was du meinst. Hast du Angst, mir dein Vertrauen zu schenken, traust du mir nicht? Darf ich dich nicht anrühren?
– Nein, rühr mich nicht an, sagt Karin. Rühr mich nicht an. Ich hasse jede Art von Berührung. Komm mir nicht zu nahe.
Da ruft Agnes ganz schwach nach ihren Schwestern, ihre Lippen bewegen sich, und sie ruft mit flüsternder Stimme, aber sie hören sie nicht. Anna verharrt in der Türöffnung und lauscht zum Schlafzimmer hin.
– Nein, das war sicher nur ein Vogel draußen vor dem Fenster, sagt sie leise. Maria ist trotz der Warnung der Schwester aufgestanden und nähert sich ihr vorsichtig mit zögernden, weichen Bewegungen. Dann fällt sie vor ihr auf die Knie, hebt die Hand und streicht ihr über die Stirn und die Wange, hebt auch die andere Hand und streicht ihr über den Mund, hält ihr die Hände vor die Augen. Karin sitzt still und läßt es geschehen.
Nun beugt sich Maria zu ihr vor und küßt sie vorsichtig. Erst auf die Wangen und dann auf die Augenlieder, dann auf den Mund. Alles geschieht sehr selbstverständlich, ohne Leidenschaft, doch mit Behutsamkeit.
Nein, flüstert Karin. Nein, ich will nicht, daß du das tust. Ich will nicht.
– Sei jetzt still, flüstert Maria. Sie streichelt sie die ganze Zeit, sachte und mit Zärtlichkeit.
Karin beginnt zu weinen. Es ist kein gutes Weinen, es ist gewaltsam, häßlich, plump, mit Räuspern und plötzlichen Schreien.
– Ich kann nicht, ruft Karin. Ich kann nicht. Alles das, was nicht zu ändern ist. Alle Schuld. Es ist eine ständige Angst. Das ist wie die Hölle. Ich kann nicht mehr atmen vor all der Schuld.
Sie gewinnt die Beherrschung zurück, sitzt mit den Händen über dem Knie, das Gesicht zum Fenster gewandt. (Das Licht ist hart und weiß.) Dann wendet sie sich plötzlich mit einem höflichen Lächeln zu Maria. Ihre Stimme ist klar und ruhig.

– Ich bedaure, daß ich die Beherrschung verloren habe. Ich verstehe nicht, wie das geschehen konnte. Wahrscheinlich hat uns Agnes' Tod so durcheinandergebracht. Wir haben ja so viel von ihr gehalten (Plötzlich mit veränderter Stimme:) Nichts, keiner kann mir helfen. (Wieder mit gewöhnlicher Stimme:) Wenn die Beerdigung vorüber ist, werde ich unseren Rechtsanwalt bitten, alle juristischen Formalitäten zu erledigen. Das beste wird wohl sein, wir verkaufen das Anwesen. Du und ich können vorher die Hinterlassenschaft aufteilen, ich meine die Einrichtung, die Services, die Bilder, das Tafelsilber, die Bücher. Ich glaube, wir werden uns schon einigen. Was meinst du, wie wollen wir es mit Anna machen? Ich für mein Teil würde vorschlagen, daß jeder von uns ihr ein bißchen Geld gibt und daß wir ihr dann kündigen. Wir können ihr ja auch ein Andenken an Agnes geben, sie war ihr ja so zugetan; soweit ich es verstehe, hingen die beiden ziemlich aneinander. Jetzt klebt sie ja an uns und macht sich in den ungeeignetsten Situationen intim. Ich glaube, daß . . . (mit veränderter Stimme:) ja, es ist wahr, ich habe sehr oft daran gedacht, mir das Leben zu nehmen. Ich habe Schlafmittel. Es ist ekelhaft, es ist erniedrigend, ich bin durch und durch verkorkst, es ist immer dasselbe, es ist (mit gewöhnlicher Stimme:) nichts. Ich meine, es ist kein ernstes Problem. Jedenfalls nicht für mich. Ich kann dir versichern, daß Henrik ein zuverlässiger Jurist ist (ohne Veränderung der Stimme:) er ist seit fünf Jahren mein Liebhaber, was ist das für ein einfältiges Wort. Als ob unser Verhältnis etwas mit Liebe zu tun hätte, es ist eine schmutzige Lust, es sind einige Augenblicke Bewußtlosigkeit, es ist ein bißchen Rache an Fredrik, er ist (ohne Veränderung der Stimme:) ein ausgezeichneter Jurist, das sagte ich wohl eben schon.
Plötzlich öffnet sie den Mund und schreit tierisch. Dann verstummt sie und nimmt wieder ihren früheren Gesichtsausdruck an. Maria hat Karins Monolog ohne Reaktion, aber mit einem kalten, verhaltenen Lächeln angehört.
Mein Mann sagt, daß ich so ungeschickt bin, und er hat recht. Ich bin plump. Ich habe zu große Hände, verstehst du. Sie gehorchen mir nicht. Nun sitzt du da und lächelst so pikiert. Es war nicht diese Art Gespräch, die du dir gedacht hattest; begreifst du, wie ich dich hasse, begreifst du, wie ich dich hasse, mit deiner Gefallsucht und deinem schleimigen Lächeln. Wie habe ich dich bloß ertragen und schweigen können, immer schweigen können. Ich weiß doch, wer du bist, du mit deinen Zärtlichkeiten und deinen

falschen Versprechungen. Kannst du fassen, wie ein Mensch mit so viel Haß, wie ich ihn tragen muß, leben kann. Es gibt keine Gnade, keine Linderung, keine Hilfe, nichts. *Und ich sehe.* Nichts entgeht mir, verstehst du. Warum ertrage ich Annas flehende Augen nicht, warum schlage ich ihr ins Gesicht? Warum fand ich Agnes ekelhaft, mit ihrer Weichheit und ihrer Geschäftigkeit, ihrer Altjüngferlichkeit? Und ihren lächerlichen Künstlerambitionen? Nun kannst du hören, wie es klingt, wenn Karin redet. Sie lacht und steht auf.

– Du lächelst dein verhaltenes, kaltes Lächeln. Was denkst du? Würdest du mir das erzählen? Darf ich deine Ansicht hören? Nein, das konnte ich mir denken. Du ziehst es vor zu schweigen. Daran tust du recht, Maria. (Spricht plötzlich mit anderer Stimme:) Du willst mir vielleicht nur Gutes tun. Du willst vielleicht nur deine Schwester kennenlernen. Arme kleine Maria, wie ich dich erschreckt habe. Ich schwatze nur, verstehst du, nein, das ist auch nicht wahr. Sieh mir in die Augen. Nein, sieh mich an, Maria.

Wie in einem gemeinsamen Impuls hervorbrechender Zärtlichkeit umarmen sich die Schwestern. Ihre Gesichter sind nun sanft, sie sprechen leise und eindringlich.

– Liebste Maria, ich höre mich selbst all diese unbegreiflich schrecklichen Worte sagen. Das bin ich, und trotzdem bin ich es auch nicht.

– Ich will nicht kalt und gleichgültig sein, sagt Maria fast gleichzeitig. Es ist wie eine Krankheit, verstehst du. Ich will doch warm und lieb und zärtlich sein.

– Können wir nicht von vorn anfangen, sagt Karin flehend. Können wir nicht alles ausstreichen, was wir einander gesagt und angetan haben.

– Ich glaube, wenn wir einander helfen würden, könnten wir alles ändern. Wir kennen uns doch so gut. Und wir haben diese Kenntnis nur angewandt, um uns gegenseitig zu verletzen.

Sie halten sich an den Händen. Sie sehen sich in die Augen und lächeln sich an, offen, ohne Hinterlist oder Angst.

12

Ich stelle mir vor, daß es neben der Küche einen Raum gibt, eine Art Vorratskammer mit Waschkörben voller Äpfel und Regalen voller Hausgerät. Mitten im Raum steht eine Handmangel.

Anna arbeitet allein an dem grünen Eisenrad, das sich unter Aufbietung all ihrer Kräfte dreht. Die halbfeuchten, duftenden Handtücher werden langsam zwischen den Rollen hervorgepreßt. Dann hält das Rad an, sie hängt über dem Handgriff und der Holzplatte, ringt nach Atem.

Da hört sie einen eigentümlichen Laut, sehr schwach, sehr entfernt. Sie hebt den Kopf und lauscht aufmerksam. Nein, jetzt ist es nicht mehr zu hören.

Aber als sie die frischgemangelten Handtücher in den Wäscheschrank legt, hört sie wieder das kindliche, verzweifelte Weinen. Sie horcht hinaus zu den großen, öden Räumen. Ja, es muß hier sein, es muß hier jemand sein, der getröstet werden will. Sie geht durch das Speisezimmer in den Salon.

Dort, wie auch in den anderen Räumen, herrscht ein schattenloses Licht, wie kurz vor Sonnenaufgang (obwohl es vielleicht auch ein verhangener Nachmittag sein kann). Auf einem Stuhl sitzt Maria, erstarrt, wie eine Wachsfigur. Am Fenster steht Karin und blickt hinaus in das vage Licht. Anna versucht zu ihnen zu sprechen, aber *ihre Stimme ist nicht hörbar.* Sie öffnet den Mund, die Lippen formen Worte, sie hört ihr eigenes Atmen, sie kann auch das Rauschen des Rockes hören, die Füße auf dem Teppich, sie kann die rastlosen Stimmen der Uhren hören, aber sie kann nicht sprechen.

Sie berührt vorsichtig mit den Fingerspitzen Marias Augenlider. Maria wendet ihr den Kopf zu und sieht sie mit einem verzweifelten Flehen an, sie bewegt den Mund, atmet tief, *aber was sie zu sagen versucht, ist unbegreiflich.*

Da geht Anna zu Karin ans Fenster, sie sieht, *daß Karin ihr etwas sagen will. Aber es ist vergeblich.*

Jetzt ist wieder das Weinen des Kindes zu hören, nahe und vernehmlich.

Anna beeilt sich, so gut es geht (jeder Schritt fällt ihr schwer, jede Bewegung ist fast unmöglich), sie eilt ins Schlafzimmer, wo Agnes ruht. Dort herrscht Halbdämmer. Die beiden Kerzen neben dem Bett leuchten mit schläfrigen Flammen.

Die Laken vor den Fenstern. Der Duft welkender Rosen. Die kleine Pendüle mit dem Hirten.
Das Weinen ist verstummt.
(Ich weiß nicht recht, wie ich das erklären soll. Wichtig ist, daß alles an dieser Situation natürlich erscheint, wirklich und dennoch geheimnisvoll, in Spannung.)
Nun sieht Anna, daß die tote Frau geweint hat, die Tränen sind über die Wangen auf das weiße, spitzengesäumte Kopfkissen gelaufen. Die Augen sind zwar geschlossen, aber die Augenlider zucken schwach. Anna will wieder sprechen, aber sie kann nicht. Deshalb setzt sie sich auf die Bettkante, abwartend, nicht ängstlich oder aufgeregt. Sie faßt Agnes' magere Hände, ohne deren Lage zu verändern. Agnes' Lippen bewegen sich, und dann spricht sie. Die Stimme scheint von weither zu kommen, sie klingt verändert und mühsam, tief erschöpft.
– Fürchtest du dich nun vor mir? fragt sie. Anna schüttelt den Kopf. Nein, sie fürchtet sich nicht.
– Ich bin tot, weißt du, sagt Agnes.
Anna sieht Agnes nur an und hält sie fest an den Händen.
– Es ist nur so, daß ich nicht schlafen kann. Ich kann euch nicht verlassen. Sie wimmert schwach, und Tränen pressen sich unter den geschlossenen Augenlidern hervor. Kann mir keiner helfen, wimmert sie. Ich bin so müde.
– Es ist nur ein Traum, flüstert Anna in einer plötzlichen Eingebung.
– Nein, es ist kein Traum, erwidert Agnes gequält. Für euch ist es vielleicht ein Traum. Aber nicht für mich.

13

Kurze Unterbrechung:
Wie satt ich es habe, daß die Phantasie immer vom Verstand zur Verantwortung gezogen wird! Die Eingebung soll sich gegenüber den Anklagen der Wirklichkeit zurückhalten. Ist Agnes vielleicht scheintot? Ist sie ein Gespenst? Wollen wir einen Gespensterfilm machen? Nein, daran hatte ich eigentlich nicht gedacht.
Dann muß es doch eine Absicht geben. Was ist beabsichtigt? Worauf will Bergman hinaus? Kann man wirklich alles beliebige zusammenrühren? Was denn – alles beliebige?

Mehrere Monate lang waren diese Damen meine Gesellschaft, sie haben sich in Situationen und Szenen gezeigt, die ich, so gut ich kann, wiederzugeben versuche. Der Tod ist die äußerste Einsamkeit, das ist es doch, was wichtig ist. Agnes' Tod verharrt auf dem Weg in das Nichts auf halber Strecke. Ich kann nicht finden, daß dies so merkwürdig ist. Doch, das ist verdammt merkwürdig! Man hat diese Situation niemals gesehen, weder in Wirklichkeit noch im Kino.
Die Phantasie soll sich schämen. Das ist demütigend, aber notwendig. Jeden Tag sage ich mir, daß dieses Gerichtsverfahren ermüdend, unbehaglich und außerdem sinnlos ist. Jeden Tag gelobe ich mir selbst, dieses Projekt meiner ständigen Verärgerung wegzulegen. Jeden Tag nehme ich meinen Beschluß zurück und fange aufs neue an oder zerreiße schon Geschriebenes oder fahre fort zu bauen. Die Lust ist unbestimmt, doch hartnäckig. Was will ich mit diesen Bildern? Was wiederum ist der sogenannte *Sinn*? Ich weiß es nicht, ich kann es niemals mit irgendeiner Art von Sicherheit behaupten. Möglicherweise kann ich hinterher etwas hineininterpretieren. Ich weiß nur, daß ich von einer Lust getrieben werde, einen Zustand freizulegen, einen Raum zu schaffen mitten in einem Chaos von Verwirrung und widerstreitenden Impulsen, einen Raum, wo Phantasie und Formwille in gemeinsamer Anstrengung eine Komponente meines Lebensgefühls herauskristallisieren: die unbillige und niemals gestillte Sehnsucht nach Gemeinschaft, die unbeholfenen Versuche, Abstand und Isolierung aufzuheben.
Nehmt es nicht als Gebrauchsanweisung, oder nehmt es als Gebrauchsanweisung, oder als was, zum Teufel, auch immer, wenn es nur angewendet wird, seht es, wenn nötig, als kleinen Nasenstüber an.
Ich kann es nicht ändern, daß es so ist, obwohl ich es sonderbar finde, in gewissen Fällen genannt, wenn ich es mit den Von-außen-her-Augen des Verstandes betrachte. Ich versuche mich an die Sache zu halten, ich spreche jedenfalls mit eigener Stimme und trete in eigenem, teuer bezahltem Anzug auf. Jeden Tag hake ich in meinem Kalender auf dem Schreibtisch die Strecke ab, die ich zurückgelegt habe. Gerade jetzt ist da keine Endstation, das gibt mir ein Gefühl, das sich aus Zorn, Eigensinn und Selbstmitleid zusammensetzt.
Wie auch immer. Einer Person, verwickelt in ein künstlerisches Handgemenge, pflegt es ja oft übel zu werden, das ist an und für

sich nichts Merkwürdiges. Ebensowenig dieser Ausbruch von Ungeduld und Überdruß. Vielleicht liegt es an dem Tag, der dunkel, regnerisch oder herbstlich ist. Vielleicht ist es die Verzweiflung, an einer unsichtbaren Grenze zu stehen oder auf sie einzuschlagen, ohne sie durchdringen zu können. Vielleicht höre ich ein Gähnen irgendwo unter den Mitarbeitern. (Das Publikum darf gähnen, soviel es will).

Ich wiederhole: Dies ist nicht mit dem Verstand zu erfassen. Dies ist eine Angelegenheit zwischen Phantasie und Gefühl. Die Zeit kommt schon, wo wir vernünftig, bewußt, klug sein müssen, wenn wir an die szenische Durchführung unseres Projekts gehen. Wenn wir alle diese Zustände, Spannungen und Bewegungen materialisieren müssen. Während ich schreibe und während ihr lest, müssen wir schamlos beeinflußbar sein, offen.

Jeder neue Film ist ein Abenteuer. (Nicht nur in ökonomischer Hinsicht!) Ich glaube, es war Schiller, der sagte, daß man sich rechtzeitig kompromittieren müsse. Ich möchte dieses weise Wort erweitern und sagen, daß man sich andauernd kompromittieren muß. Schluß des Ausbruchs.

Dies ist Fortsetzung und Abschluß des Traums:

Schattenloses Dämmerlicht. Die Gesichter der vier Frauen, deutlich hervorgehoben, scharf abgegrenzt, Augen, Lippen, Haut, die Bewegungen der Hände. Das Schlafzimmer abgelegen, fast schwebend, das kranke Licht der Kerzen am Bett. Die bleichen Flächen: die Rechtecke der Fenster überspannt mit weißen Laken. Anna steht in der Tür zwischen den beiden Zimmern.

– Agnes, will, daß Karin zu ihr kommt.

Ohne sichtbare Reaktion und mit niedergeschlagenen Augen geht Karin schnell in das Schlafzimmer. Sie bleibt am Fußende stehen. Agnes bittet sie flüsternd, ihre Hände zu halten, sie zu wärmen, sie zu küssen. Agnes sagt, daß alles um sie herum Leere sei, sie bittet die Schwester um Hilfe. Agnes bittet Karin, bei ihr zu bleiben, bis das Schreckliche vorüber ist.

– Ich kann nicht, sagt Karin. Kein Mensch könnte das, was du verlangst. Ich lebe, und ich will mich nicht mit deinem Tod befassen. Vielleicht wenn ich dich liebte. Aber ich liebe dich nicht. Das, worum du mich bittest, ist widerlich. Ich verlasse dich jetzt. In einigen Tagen reise ich ab.

Agnes lauscht mit geschlossenen Augen.

Karin verläßt das Schlafzimmer. Die Uhr schlägt. Ein Windstoß

geht durch die Bäume, dann ist es wieder still. Anna steht zum zweitenmal in der Tür.
– Agnes will, daß Maria kommt.
Maria macht eine Bewegung unverhüllten Entsetzens, dann beherrscht sie sich und wirft einen schnellen Blick zu Karin, deren Gesicht bleich, erschöpft ist.
Sie geht zum Bett, stockt dann aber. Da bittet Agnes sie, sich nicht zu fürchten, bittet, sie zu berühren, mit ihr zu sprechen, ihre Hände zu halten, sie zu wärmen.
Maria macht zögernd den letzten Schritt. Zögernd und ängstlich faßt sie die Hände der Schwester.
– Ich will gern bei dir bleiben, so lange du mich brauchst. Du bist meine Schwester, und ich will dich nicht allein lassen. Du tust mir so grenzenlos leid. Erinnerst du dich, als wir klein waren und zusammen in der Abenddämmerung spielten. Plötzlich und zur gleichen Zeit fürchteten wir uns, und da krochen wir ganz dicht zueinander und hielten uns umfaßt. Geradeso ist es jetzt. Nicht wahr? – Ich höre nicht, was du sagst, klagt Agnes. Du mußt lauter sprechen, und dann mußt du dich mehr zu mir beugen. Maria beugt sich weiter hinunter. Sie verschließt Augen und Gesicht in einem Gefühl von kalter Furcht und Ekel.
Nun hebt Agnes mit einer schlafwandlerischen Bewegung die Hand und nimmt die Kämme aus Marias Haar. Es wallt über ihre Gesichter herab. Dann legt Agnes ihre Hand in Marias Nacken und zieht sie an sich, drückt ihre Lippen gegen Marias Mund.
Maria schreit auf und macht sich frei, wischt mit den Händen über den Mund, schwankt rückwärts, spuckt aus. Dann flüchtet sie ins Nebenzimmer, versucht die Türen zum Speisezimmer zu öffnen, aber sie sind zu, versucht die Türen zur Diele zu öffnen, aber sie sind verschlossen.
Die Uhren schlagen, und wieder geht ein Windstoß durch die Bäume des Parks. Dann ist Agnes' Klage zu hören, sehr schwach und entfernt, aber anhaltend. Anna steht in der Tür.
– Agnes bittet mich, bei ihr zu bleiben. Ihr braucht euch nicht länger zu fürchten. Ich werde mich um sie kümmern.
– Ich habe ja meine Tochter, an die ich denken muß, sagt Maria. Das muß sie verstehen. Ich habe meinen Mann, der mich braucht.
– Es ist widerlich, sagt Karin. Es ist ekelhaft und sinnlos. Ihr Körper fängt ja schon an zu verwesen. Sie hat große Flecken an den Händen.

– Ich gehe zu ihr hinein, sagt Anna. Ich bleibe bei ihr.
Anna schließt jetzt die Türen. Maria und Karin verbleiben in der Lähmung des Traums. Agnes' Klage ist immer noch zu hören. Die Dämmerung erlischt vor den Fenstern. Die Parkbäume stehen unbeweglich und schwarz.
Die Gesichter der Frauen schimmern undeutlich in der zunehmenden Dunkelheit. Alle Farben werden ausgelöscht. Die roten Wände verdunkeln sich in der unbestimmten, wechselvollen Dämmerung.
Agnes' Klage wird schon schwächer. (Es klingt, als ob sich ein Kind in den Schlaf weinte, aber immer noch ein bißchen wimmert.)
Dann wird es ganz still. Das Weinen verstummt.
Die Tür wird geöffnet und Anna erscheint. (Ihre Augen, ihr Mund, der schwere Körper, die breiten Hände.)
– Nun schläft sie, sagt Anna und geht durch das Zimmer, öffnet die Türen zum Saal. Da fängt Maria an, sich wie ein aufgeschreckter Vogel hin und her über den Fußboden zu bewegen. Sie hält mit der linken Hand den rechten Arm und versucht ihn zu bewegen.
– Ich weiß nicht, was mit meiner Hand ist, ruft sie. Was ist mit meiner Hand geschehen? Ich kann sie nicht bewegen. Sie ist versteinert.
– Schrei nicht, sagt Karin. Du weckst Agnes, und alles fängt wieder von vorn an. Ich will nicht den Verstand verlieren. Nichts wird uns passieren. Nichts ist uns passiert. Alles war nur ein Traum. Hörst du, was ich sage, Maria? Alles war nur ein Traum!

14

Agnes' Tagebuch
Trotzdem fahre ich fort zu malen, zu formen, zu schreiben, zu spielen. Früher habe ich mir eingebildet, daß ich durch mein Schaffen Kontakt mit der Umwelt aufnehmen, aus meiner Einsamkeit herauskommen könnte. Nun weiß ich, daß es nicht so ist. Letzten Endes ist mein sogenannter künstlerischer Ausdruck nur ein verzweifelter Protest gegen den Tod. Dennoch mache ich weiter. Niemand außer Anna sieht, was ich zustande bringe. Ich weiß ja nicht, ob es gut ist oder schlecht. Vermutlich ist es

schlecht. Ich habe ja so wenig vom Leben gesehen. Ich habe mich nie darum gekümmert, in der Wirklichkeit der anderen Menschen zu leben. Obwohl ich mich frage, ob deren Wirklichkeit soviel handgreiflicher ist als meine Wirklichkeit, ich meine die Krankheit.

In diesem Zusammenhang sollte ich vielleicht etwas über Agnes' Atelier sagen. Es ist ein langgestrecktes, ziemlich geräumiges Zimmer mit gardinenlosen Fenstern auf der Nordseite. Mitten auf dem Fußboden steht eine Staffelei mit einem unvollendeten Gemälde. Agnes' Malerei ist sehr farbenreich und ziemlich romantisch. Ihr Motiv sind hauptsächlich Blumen.
Im rechten Winkel zu der einen Schmalseite steht eine alte Tafel, übersät mit Noten. Darüber hängt eine große und kraftvolle Kohlezeichnung, die Anna darstellt. Auf einem Holztisch rechts von der Tür drängen sich andere, zum Teil recht rührende Resultate von Agnes' unablässigem Fleiß: Skulpturen in Ton, Mosaikarbeiten, Keramiken in leuchtenden Farben, Malgerätschaften, diverse Gegenstände verschiedenster Art, Stapel von Zeichnungen und Aquarellen. Unter das Fenster hat Agnes den abgenutzten Schreibtisch aus ihrer Kindheit gestellt, er ist überladen mit Büchern, Heftern und Papieren. Eine große Fotografie von der Mutter, als sie jung war. Eine Spieldose, erfinderisch konstruiert, voll mit alten Schlagern und Tanzmelodien. In der Ecke lehnt ein großer Schrank mit Glastüren, der eine Menge von dem, was es zwischen Himmel und Erde gibt, enthält: Bücher, Weinflaschen und Gläser, eine Gruppe chinesischer Tonfiguren, ein paar Marionetten, eine alte Kamera und so weiter.
An der Tür hängt ein Bild oder ein Anschlag, es ist ein Vers, umgeben von kleinen Aquarellen, und der Text lautet: *Wo ist der Freund, den überall ich suche, im Morgengraun wird's Sehnen mir zum Fluche, es flieht der Tag, hab ihn noch nicht gefunden, wenn auch das Herz mir brennt in tausend Wunden.*

15

Die Schwestern sind zusammen mit ihren Männern von der Beerdigung gekommen. Sie haben im Salon Platz genommen und wärmen sich mit einer Tasse Tee und einem Glas Sherry, wäh-

rend sie auf die Wagen warten, die sie zum Bahnhof bringen sollen.
Anna ist mit dem Packen und Schleppen von Reisetaschen beschäftigt. Sie durchquert das Zimmer, ununterbrochen tätig.
Es schneit weich und anhaltend.
Das Gespräch fließt langsam. Zwischen den Schwägern herrscht eine kalte, eine Spur verächtliche Höflichkeit. Die Schwestern verhalten sich abwartend.
– Es war auf jeden Fall ein erträgliches Begräbnis, sagt Fredrik. Keiner hat geweint oder ist hysterisch geworden. Die Musik war schön, und der Hofprediger hat sich kurz gefaßt.
– Apropos, müssen wir nicht etwas für Anna tun, sagt Joakim plötzlich.
Fredrik sperrt seine Augen zu einer erstaunten Grimasse auf:
– Was *tun?* Verzeihung, jetzt verstehe ich nicht, was du meinst.
– Sie hat doch Agnes während der letzten zwölf Jahre umsorgt. Könnten wir ihr nicht eine Anerkennung in bar geben oder ihr eine Art Anstellung vorschlagen.
– Das kommt nicht in Frage, sagt Fredrik. Sie ist jung und stark und hat bisher einen guten Tag gelebt. Wir haben keinen Grund, uns die Verantwortung für ihr weiteres Schicksal aufzuladen.
– Ich habe ihr versprochen, daß sie sich ein Andenken mitnehmen darf, sagt Karin.
– Zum Aussuchen?
– Ja, natürlich. Sie hat ein Recht darauf, finde ich.
– Wie ich diese Art von Spontaneität verabscheue, sagt Fredrik, aber gesagt ist gesagt. Das beste ist, wir sprechen gleich mit ihr.
Maria ruft Anna, sie tritt gleichmütig ins Zimmer. Joakim erklärt, was man beschlossen hat.
Anna überlegt einen Augenblick und sagt, daß sie nichts haben wolle. Sie sagt das in einem solchen Ton, daß Fredrik sich ärgert. Er zuckt die Schultern, sagt auf deutsch: – Sie versucht eine schöne Rolle zu spielen. Aber dafür kriegt sie gar nichts!
– Dann fährt Anna Ende des Monats ab? sagt Karin. Anna nickt.
– Also haben wir im Augenblick nichts mehr zu erledigen, sagt Joakim und erhebt sich federnd. Wir müssen zusehen, daß wir wegkommen, bevor die Wege zum Bahnhof total zugeschneit sind.
Man bricht auf. Karin und Maria geben Anna die Hand und danken ihr für die vergangene Zeit. Maria drückt dem Dienstmäd-

chen einen Schein in die Hand, sie nimmt ihn entgegen und dankt mit einem Knicks. Karin wartet in der Tür und bittet Maria auf ein paar Worte. Sie gehen wieder in den Salon zurück. Beide sind abgehetzt und unsicher.

– Jener Abend, als wir uns nähergekommen sind, sagt Karin ängstlich. Hast du über das nachgedacht, worüber wir da gesprochen haben?

– Natürlich habe ich darüber nachgedacht, sagt Maria lächelnd.

– Können wir nicht mit unseren Vorsätzen Ernst machen?

– Aber liebste Karin, warum sollten wir es nicht tun?

– Ich weiß nicht. Alles ist so anders als an jenem Abend.

– Ich finde, wir sind uns nähergekommen, sagt Maria lächelnd.

– Woran denkst du, sagt Karin plötzlich.

– Ich denke an das, worüber wir gesprochen haben, erwidert Maria ertappt.

– Nein, das tust du überhaupt nicht, sagt Karin mit plötzlicher Schärfe.

– Ich denke daran, daß Joakim auf mich wartet und daß er das gar nicht leiden kann. Ich verstehe nicht, warum du mir plötzlich Rechenschaft für meine Gedanken abverlangst. Was willst du denn?

– Nichts, antwortet Karin müde.

– Ja, wenn du nicht willst, so hoffe ich, daß du nicht verletzt bist, wenn ich mich jetzt verabschiede, erwidert Maria kalt.

– Du hast mich berührt, sagt Karin plötzlich und sieht ihre Schwester ernst an. Erinnerst du dich nicht?

– Ich kann mich nicht an alle Dummheiten erinnern, und vor allem will ich nicht für sie zur Rechenschaft gezogen werden. Adieu, liebste Karin. Paß auf dich auf und grüße die Kinder. Und dann sehen wir uns wohl am Dreikönigsfest wieder, wie üblich.

Sie will Karins Wange küssen, aber Karin entzieht sich. Maria lächelt entschuldigend und schüttelt den Kopf. Wie schade, sagt sie und geht eilig aus dem Zimmer.

Alle sind abgereist.

Nun ist Anna allein.

Sie geht von Zimmer zu Zimmer und kann sich nicht entschließen, eine Lampe anzuzünden oder sich etwas Vernünftiges vorzunehmen. Statt dessen wird sie immer erregter. Ab und zu drückt sie die Hand gegen den Mund, als wollte sie einen hervorbrechenden Schrei unterdrücken.

– Es macht nichts, sagt sie zu sich selbst. Es macht nichts. Ich weiß, daß es nichts macht.
Sie steht am Fenster und sieht hinaus in den Park. Der Schnee fällt dichter, und Wind ist aufgekommen. Es dämmert stark, dennoch zündet sie keine Lampe an. Der Duft welkender Blumen vermischt sich mit dem Zigarrenrauch und dem Geruch von fremden Menschen.
Im Saal stehen immer noch die schwarzverkleideten Böcke und die hohen Kerzen.
Anna lauscht.
Sie hört schwach das Weinen des Kindes.
Sehr entfernt und kaum wahrnehmbar.

15

Agnes' Tagebuch:
Ein Sommertag. Es ist kühl wie von nahendem Herbst, aber dennoch mild und schön. Meine Schwestern, Karin und Maria, sind hier, um mich zu besuchen. Es ist wunderbar, wieder zusammen zu sein wie in alten Tagen – wie in der Kindheit. Ich fühle mich auch viel gesünder, wir können sogar einen kleinen Spaziergang zusammen machen – das ist ein so großes Erlebnis, besonders für mich, die ich ziemlich lange nicht mehr außer Haus war. Wir sind ganz langsam hinunter zu der alten Gartenschaukel an der Eiche gegangen. Und dann haben wir uns alle vier (Anna war auch mit) in die Schaukel gesetzt und haben sie schwingen lassen, langsam und gemächlich.
Ich schloß die Augen und fühlte den Wind und die Sonne im Gesicht. Aller Schmerz war weg. Die Menschen, die ich am meisten auf der Welt mag, waren bei mir, ich konnte sie um mich herum plaudern hören, ich fühlte die Gegenwart ihrer Körper, die Wärme ihrer Hände. Ich hatte die Augen ganz fest geschlossen, wollte den Augenblick festhalten und dachte: Das hier ist auf jeden Fall Glück. Ich kann mir nichts Besseres wünschen. Nun darf ich einige Augenblicke Vollkommenheit erleben. Und ich empfinde eine große Dankbarkeit gegenüber meinem Leben, das mir so viel gibt.

Fårö, Donnerstag, 3. Juni 1971